# 日英対訳で読みひらく 新しい 日本文化史

# A New and Open History of Japanese Culture in Bilingual Japanese-English Translation

斎藤公太◎著

神戸大学出版会

# はじめに

本書は日本文化史の入門書である。そもそも日本文化史の入門書自体があまりないのだが、本書には他の本には見られない特徴がいくつかある。一つは日英対訳であること。それにより、留学生などさまざまなバックグラウンドの人々にとって読みやすい本となることを目指した。逆に日本人が英語で日本文化について説明するときにも、本書は役に立つだろう。

また、日本文化に関しては、しばしば学術的な根拠にもとづかない説明が世の中に出回っている。そこで本書は、できるかぎり新しい学術的研究の成果を反映させることを心がけた。ただし普通の教科書のように項目を網羅《もうら》することよりも、本としての読みやすさに重点を置いている。各章には内容に関連する写真やウェブサイトの QR コードも載せた。

以上のような特徴を持つ本書は、学生だけではなく、あらためて日本文化について学びたいと考えている社会人などの方々にとっても興味ある内容となっているはずだ。本書がさまざまな人にとって「日本文化」について学び、考えるための入口となることを願っている。

# Introduction

This book is an introduction to the history of Japanese culture. There are few introductory books on Japanese cultural history, but this book has several features that have yet to be found in other books. The first is that it is bilingual (Japanese-English). This is intended to make the book easy to read for people of various backgrounds, such as international students. Conversely, this book will also be helpful for Japanese people who want to explain Japanese culture in English.

In addition, explanations of Japanese culture that are not based on academic evidence are often circulated in society. Therefore, in this book, I have tried to reflect the results of new scholarly research in the content as much as possible. However, the emphasis is on readability as a book rather than covering all the topics as in a regular textbook. Each chapter also includes a photo and QR codes for the websites related to the content.

With these features, this book should be of interest not only to students but also to working people who want to learn more about Japanese culture. I hope this book will serve as a gateway to learning and thinking about "Japanese culture" for various people.

# 目　次



凡例
・旧字体の漢字による表記は基本的に新字体に改めた。
・特定の資料の現代語訳や英語訳を引用した場合はアスタリスクを付け、巻末の参考文献の該当する章に引用元の文献を記載した。

## Table of Contents

第1章

# あいまいな「日本」の文化

## Ambiguous “Japanese” Culture

キーワード / Keywords

日本文化、縄文文化、倭国、古墳、律令制、天皇

Japanese culture, Jōmon culture, Wa, *kofun*, ritsuryō system, Emperor

### 「日本」と「日本人」

「日本文化とは何か」――もしこのように質問されたら、あなたは何と答えるだろうか。ある人は能や浮世絵《うきよえ》といった古典的な芸能や美術を挙げるかもしれない。またある人は、マンガやアニメといった現代のポップカルチャーや、寿司《すし》、天ぷらなどの食文化を挙げるかもしれない。あるいは「おもてなし」や礼儀正しさといった、日本人ならではの心こそが日本文化だ、という人もいるだろう。日本文化について多少なりとも勉強したことがある人は、「恥《はじ》の文化」や「集団主義」といった言葉を挙げるかもしれない。

いずれにしても共通しているのは、「日本文化」とは日本に存在する文化、あるいは日本人の文化であると考えられていることだ。それでは「日本人」とは一体誰のことなのだろうか。最もわかりやすい答えは、日本人とは日本国籍を持つ人間である、というものだ。しかし、日本社会の多くの人々がイメージしている「日本人」は、それとはまた少し違うものだろう。日本人の両親から生まれ、日本語を話し、黒い髪や黄色い肌といった身体的特徴を持ち、一定の習慣や行動のルールを共有する人々……。それが一般にイメージされる「日本人」である。

このような、いわば民族的集団としての「日本人」が存在することは、多くの人が日々の生活のなかで実感していることだろう。だが、こうした意味での「日本人」は、実はそれほど明確な存在ではない。たとえば同じ「日本人」といっても、地域によって言語や習慣、文化は大きく異なる。典型的な例としてよくいわれるのは、関東と関西のあいだにある言語や文化の違いである。まじめな関東人とユーモラスな関西人……という対比はステレオタイプだが、関東と関

## "Japan" and "Japanese"

If you were asked the question "What is Japanese culture?", what would you answer? Some people might mention classical theater and arts such as noh and *ukiyoe*. Others might mention modern pop culture such as manga and anime, or food culture such as sushi and tempura. Others may say that Japanese culture is the spirit of hospitality and politeness that characterizes the Japanese. Those who have studied Japanese culture to some extent may mention words like "shame culture" or "collectivism."

In any case, what all these answers have in common is that "Japanese culture" is considered to be the culture that exists in Japan, or the culture of the Japanese people. So who exactly are the "Japanese"? The most obvious answer is that a Japanese person is a person of Japanese nationality. However, the image of "Japanese" as perceived by many in Japanese society may be somewhat different. People who are born of Japanese parents, speak Japanese, have physical characteristics such as dark hair and yellow skin, and share certain customs and rules of behavior......This is the general image of the "Japanese."

The existence of "Japanese" as such an ethnic group is something that many people are aware of in their daily lives. However, "Japanese" in this sense is not so clear-cut. For example, even though they are all the same "Japanese," language, customs, and culture vary greatly from region to region. A typical example is the language and cultural differences between the Kanto and Kansai regions. Although the contrast between serious Kanto people and humorous Kansai people is stereotypical, many people may feel the difference between the Kanto and Kansai atmospheres. These differences are generally thought of as "dialects" or "prefectural characteristics," but in fact, they show that even among the seemingly identical "Japanese," there are divisions and diversity.

In addition, with the recent progress of globalization, the number of people born to "Japanese" and "non-Japanese" parents, so-called "mixed roots" people, is increasing in Japanese society. The question of whether they are "Japanese" indicates that the boundaries of "Japanese" are rather vague.

Thus, "Japanese" is actually an ambiguous entity. If this is the case, then "Japanese culture," the culture of the Japanese people, is also ambiguous. People think that something definite exists, based on fragmentary facts about "Japanese"

西の雰囲気《ふんいき》の違いを感じる人は多いだろう。それらは一般に「方言」や「県民性」の違いとして考えられているが、実は、同じように見える「日本人」の内部にすら、分裂や多様性があることを示している。

また、近年グローバル化が進むなかで、「日本人」と非「日本人」の両親から生まれた、いわゆるミックスルーツの人々が日本社会のなかで増えつつある。彼ら彼女らが「日本人」なのかという問いは、むしろ「日本人」の境界線《きょうかいせん》自体があいまいなものであることを示している。

このように、「日本人」とは実はあやふやな存在である。だとすれば、日本人の文化である「日本文化」もまた、実ははっきりしないものだといえる。人々は「日本人」や「日本文化」についての断片的《だんぺんてき》な事実にもとづき、それを想像力で補うことにより、何かはっきりしたものが存在するかのように考えているのだ。

では逆に、なぜ人々は一貫した「日本人」や「日本文化」が存在すると考えがちなのだろうか。理由の一つは、現代の人々が基本的に**国民国家**《こくみんこっか》と呼ばれる体制のなかで生きていることにある。国民国家は「国民（ネーション）」という人々のまとまりのもとに成り立つシステムである。そのため、「国民」の文化的つながりを象徴するものを絶えず必要とする。そこでしばしば「国民」の「伝統」とされるものが新たに作り出されることもあった。

たとえば現代の日本でも、「**武士道**《ぶしどう》」こそが日本人の「伝統」だ、といわれることがある。武士道とは、武士（侍《さむらい》）の生き方や価値観を指す。しかし、少し考えてみればわかるように、かつて武士道を実践していたと考えられるのは武士だけである。江戸時代であっても、武士は全人口のなかでわずかな割合しかいない。そのような武士道を、すべての「日本人」にとっての「伝統」と考えてよいのだろうか。実は現代の日本人がイメージするような「武士道」は、明治時代になって作り出されたものなのである。

別の例でいうと、神社《じんじゃ》で行われる結婚式、いわゆる「神前結婚式《しんぜんけっこんしき》」は、今では日本の伝統的な結婚式であると考えられている。だが実は、神前結婚式も明治期になって作られたものにすぎない。歴史学ではこのような例を「**創《つく》られた伝統（伝統の創造）**」と呼ぶことがある。

だとすれば、「日本文化」というものは、本当は存在しないのだろうか。「日本文化」について学ぶという本書の目的は、最初から意味がないのだろうか。

and "Japanese culture," and supplementing them with their imagination.

Why, then, do people tend to think that there is a consistent "Japanese" or "Japanese culture"? One reason is that people today basically live in what is called a **nation-state**. The nation-state is a system based on a group of people called "the nation." Therefore, there is always a need for something that symbolizes the cultural ties of the "nation." Then, the "traditions" of the "nation" were often newly created.

For example, in today's Japan, it is sometimes said that "**bushido**" is the "tradition" of the Japanese people. Bushido refers to the way of life and values of the samurai. However, as a little reflection reveals, only the samurai are considered to have practiced bushido in the past. Even during the Edo period, samurai made up only a small percentage of the total population. Can we consider such bushido as a "tradition" for all "Japanese"? In fact, "bushido" as the Japanese imagine it today was created in the Meiji era.

To take another example, a wedding ceremony held at a Shinto shrine, the so-called "Shinto wedding ceremony," is now considered to be a traditional Japanese wedding ceremony. However, the Shinto wedding ceremony was only created in the Meiji era. In historical studies, such examples are sometimes called "the **invention of tradition**."

If so, is there no such thing as "Japanese culture"? Is the purpose of this book, to learn about "Japanese culture," meaningless from the start? Before drawing any immediate conclusions, let us turn our attention to a bit of history.

## The Beginning of "Japan"?

Before Japan became a distinct country, people were already living in the Japanese archipelago during the **Jōmon period** (from about 16,000 years ago until around the 10th century B.C.). **Pottery**, **clay figurines**, and **stone tools** excavated from Jōmon period sites indicate that a certain type of culture existed from this period. For this reason, some people try to find the origin of pure Japanese culture in the Jōmon period. But such a view should be taken with caution. There have been many changes and discontinuities between the Jōmon and modern Japanese, and they cannot be simply linked in a straight line.

During the **Yayoi period**, which is said to have begun in the 10th century B.C., rice paddy cultivation became widespread, and eventually, many small countries

すぐに結論を出す前に、ここで少し歴史に目を向けてみよう。

## 「日本」のはじまり？

日本にまだ明確な国ができる前、約1万6千年前から紀元前10世紀頃までの**縄文時代**《じょうもんじだい》には、すでに日本列島に人々が住んでいた。縄文時代の遺跡から発掘される**土器**や**土偶**《どぐう》、**石器**は、この時代からある種の文化が存在していたことを示している。そのため、縄文時代に日本人の純粋な文化の起源を見出そうとする人々もいる。だがそうした見方には注意が必要である。縄文人から現代の日本人に至るまでには膨大な変化や断絶があり、単純に直線で結びつけることができるものではないからだ。

およそ紀元前10世紀から始まるとされる**弥生時代**《やよいじだい》には、水稲耕作《すいとうこうさく》が普及し、やがて多くの小さな国々が成立した。古代中国では、日本列島に存在する国を「**倭**《わ》」と呼んだ。倭の範囲は列島の全域ではなく、おおよそ東北地方南部から九州地方南部までの部分的な領域《りょういき》と考えられる。倭国を構成する小さな国々は互いに争いをくりかえした。古代中国の記録によれば、「倭」の国々は**邪馬台国**《やまたいこく》の**卑弥呼**《ひみこ》を共通の王として連合を結成し、争いを終わらせたという。

その流れのなかで、3～4世紀に大和《やまと》地方（現在の奈良県、特に奈良盆地）を中心とする政治連合が出現した。これはヤマト政権（ヤマト王権）と呼ばれることもある。この時代に西日本を中心として、権力者の巨大な墓である**古墳**《こふん》が数多く作られるようになった。**古墳時代**の始まりである。当時はすでに「**大王**《おおきみ》」と呼ばれる共通の王が存在していたが、王の血統は複数存在しており、様々な勢力がせめぎあう不安定な状態が続いた。6世紀前半、後に**継体天皇**《けいたいてんのう》と呼ばれる大王が即位したことをきっかけとして、大王の血統は一つに確定し、大王を中心とする国家の体制が形成されていった。そして倭国は日本列島各地への支配も強めていった。

こうして倭国の支配体制が確立されていくにつれ、古墳は作られなくなっていった。7世紀頃から**飛鳥時代**《あすかじだい》に入ると、645年に**乙巳の変**《いっし》という政変が起こり、その後、中大兄皇子《なかのおおえのおうじ》（**天智天皇**《てんじてんのう》、626～671）のもとで国家体制の改革が進められた。672年の内乱である壬申《じんしん》の乱に勝利して即位した**天武天皇**《てんむてんのう》(?～686）は、さらに国家体制の改革を進めた。

7世紀後半から8世紀はじめにかけて、天武とその後の持統天皇《じとうてんのう》、文武天皇《もんむてんのう》

were established. In ancient China, the countries that existed in the Japanese archipelago were called **Wa**. The territory of Wa is not considered to have covered the entire archipelago, but rather a partial region extending roughly from the southern Tohoku region to the southern Kyushu region. The small countries that made up Wa repeatedly fought with each other. According to ancient Chinese records, the "Wa" countries allied with **Himiko** of **Yamatai** as their common ruler and ended their conflicts.

In this vein, a political union centered on the Yamato region (present-day Nara Prefecture, especially the Nara Basin) emerged in the 3rd to 4th centuries. This is sometimes called the Yamato regime (Yamato kingship). During this period, a large number of ***kofun***, which were huge tombs of powerful people, were built mainly in western Japan. This was the beginning of the **Kofun period**. At that time, there was already a common king known as the ***ōkimi***, but there were multiple lineages of kings, and the situation remained unstable as various forces jostled for power. In the first half of the 6th century, with the accession to the throne of the *ōkimi* later known as **Emperor Keitai**, the lineage of the *ōkimi* was established as one, and a system of state centered on the *ōkimi* was formed. Wa also strengthened its control over the various regions of the Japanese archipelago.

As the ruling system of Wa was established, *kofun* were no longer built, and from around the 7th century, during the **Asuka period**, a political upheaval called the **Isshi Incident** occurred in 645. Thereafter, the state system was reformed under the leadership of Prince Naka no Ōe (**Emperor Tenji**, 626-671). **Emperor Tenmu** (?-686), who ascended to the throne after winning the victory in the Jinshin War of 672, further promoted reforms of the state system.

From the late 7th to the early 8th century, Emperor Tenmu and his successors, Empress Jitō and Emperor Monmu, introduced the **ritsuryō system**, a system of state governance used in the Tang Empire and Silla. As a result, Wa became a centralized bureaucratic state rationally governed by law. And roughly around this time, people changed the name of the country from "Wa" to "Nihon (Japan)," and the king who had been called "*ōkimi*" began to be called "*Tennō* (Emperor)." These names indicated that "Japan" and "Emperor" stood alongside China and its emperor. Before this reform, Japan had been defeated by the combined forces of Tang and Silla at the Battle of Hakuchon River in 663 on the Korean peninsula. The adoption of the new names may have been intended to counter the Tang and

は、唐や新羅《しらぎ》で採用されていた国家統治の制度である**律令制**《りつりょうせい》を倭国に導入した。それにより、倭国は法律によって合理的に運営される官僚制的《かんりょうせいてき》な中央集権国家《ちゅうおうしゅうけんこっか》となっていった。そしてこの頃から人々は、従来「倭」と呼ばれていた国の名前を「**日本**」と改め、「大王」と呼ばれていた王を「**天皇**」と呼びはじめた。これらの名前は、「日本」と「天皇」が中国とその皇帝に並び立つ存在であることを示していると考えられる。この改革より前、663年に朝鮮半島で行われた白村江《はくそんこう》の戦いで、日本は唐と新羅の連合軍に敗北していた。新たな名前の採用には、国際関係の緊張のなかで、国内の支配を強化しつつ、唐や新羅に対抗するという意図が込められていたのだろう。

このようにして、天皇の存在と密接に結びついた「日本」という国家のあり方が、古代のある時期に、特定の歴史的・政治的状況のなかで形作られていった。それは現代の「日本」にそのまま直結するものではない。むしろ、「日本」の基本的枠組《わくぐ》みとなるものが、この時代にできあがったというべきだろう。この枠組みはその後の政権や権力者に参照される一方で、現実の「日本」は歴史のなかで変容し続けていったのである。

またこの時代には、現代のような「日本人」や「日本文化」という概念はいまだ存在しなかった。「単一民族」としての「日本人」が、最初から存在していたわけではない。古代の日本（倭）は中国や朝鮮半島と積極的に交流し、人々の交流も盛んだった。また、日本（倭）の支配にしたがわない人々は常に列島のなかに存在し、戦いと併合《へいごう》が繰り返された。このような過程のなかで、さまざまな民族的集団が混じり合い、後世から「日本人」と呼ばれる集団が徐々に形成されていったのである。言い換えれば、「日本人」とは最初からあいまいで流動的な存在だった、ということだ。

## 「日本文化」の歴史を学ぶ意味

このように、「日本」という国の存在を基準として考えると、その領域のなかに「日本人」というある程度のまとまりを持った民族的集団が存在してきたことがわかる。そしてその「日本人」がある程度まとまりのある文化を共有してきたこともたしかだろう。同時に「日本」と「日本人」は、常に内なる分裂や多様性を抱《かか》え、歴史のなかで変化し続けてきた。したがって「日本文化」についても、「これが日本文化だ」というように、一つの本質で説明できるわけ

Silla while strengthening domestic rule amidst strained international relations.

In this way, the state of "Japan," which was closely linked to the existence of the emperor, took shape at a certain time in antiquity and under specific historical and political circumstances. Modern "Japan" is not a direct continuation of this ancient state. Rather, it should be said that the basic framework of "Japan" was created during this period. While this framework has been referenced by later regimes, the actual "Japan" has continued to change throughout history.

In this period, the concepts of "Japanese" and "Japanese culture" as we know them today did not yet exist. The "Japanese" as a "single ethnic group" did not exist from the beginning. In ancient times, Japan (Wa) had active exchanges with China and the Korean peninsula, and the people of Japan (Wa) were very active in their interactions. In addition, people who did not accept Japanese rule always existed in the archipelago, and battles and annexations were repeatedly fought and carried out. Throughout this process, various ethnic groups mixed and gradually formed the group that would be called "Japanese" in later generations. In other words, the "Japanese" were ambiguous and fluid from the beginning.

## The Meaning of Studying the History of "Japanese Culture"

Thus, when we consider the existence of the state of "Japan" as a standard, we can understand that there has existed an ethnic group called "Japanese" with some degree of cohesion within the territory of "Japan." It is also clear that these "Japanese" have shared a coherent culture to some extent. At the same time, "Japan" and "Japanese" have always had internal divisions and diversity, and have continued to change throughout history. Therefore, "Japanese culture" cannot be explained in terms of a single essence, and we cannot easily say that this or that is Japanese culture. It is cohesive to a certain degree, but at the same time, it has many divisions and has been constantly changing. This book considers "Japanese culture" as such.

Therefore, the term "Japanese culture" used in this book is only a temporary category for the sake of convenience. When we look back at history from a contemporary perspective, there may appear to be a consistent flow of development of "Japanese culture." However, this is probably a figment of our imagination. Talking about "Japanese culture" and its history, as this book does, has the effect of making "Japanese culture" seem like a definite entity,

ではない。ある程度までのまとまりを持ちつつ、同時に分裂を抱え、たえず変化してきたもの。本書はそのようなものとして「日本文化」をとらえる。

したがって本書で用いる「日本文化」とは、あくまで便宜的《べんぎてき》な仮のカテゴリーにすぎない。現代の視点から過去の歴史を振り返るとき、そこには「日本文化」の一貫した発展の流れがあるように見えるかもしれない。しかしそれは、たぶんに私たちの想像の産物である。本書のように「日本文化」とその歴史について語ることは、「日本文化」を明確な一つの実体と思わせる効果を持ち、一定の政治性を免《まぬが》れない。とはいえ本書はそのことに自覚的でありつつ、できる限り客観的に歴史を描こうとする試みである。同様に、これから本書で用いる「古代」や「中世」、「近代」といった歴史区分もまた、現代の視点から歴史を再構成した際の便宜的なカテゴリーであることに注意が必要である。

それではあらためて、日本文化の歴史について学ぶことにはどのような意味があるといえるのだろうか。先ほど述べたように、日本文化には何か一つの本質があるわけではない。本書は、「これが日本文化だ！」というわかりやすい答えを与えるものではない。しかし、過去の「日本文化」の断片は地層のように積み重なり、今でも知らず知らずのうちに、日本に暮らす人々の人生に影響を与えている。だからこそ、過去の「日本文化」について学ぶことは、現在の日本とそこに生きる人々を理解する上で、何らかのヒントを与えてくれるはずだ。

同時に過去の文化には、人々が――日本人自身でさえも――抱いている「日本」のイメージをくつがえすような側面も含まれている。したがって本書の道のりは、未知の文化と出会う発見の旅でもあるだろう。

**世界遺産「百舌鳥《もず》・古市古墳群《ふるいちこふんぐん》」の公式ウェブサイト**
Official website of the World Heritage Site “Mozu-Furuichi Kofun Group”
（https://www.mozu-furuichi.jp/）

and it cannot escape a certain political nature. Nevertheless, this book attempts to depict history as objectively as possible, while being conscious of this fact. Similarly, it should be noted that the historical divisions used in this book, such as “ancient,” “medieval,” and “modern,” are also categories of convenience in reconstructing history from a modern perspective.

What, then, is the significance of learning about the history of Japanese culture? As mentioned earlier, there is no single essence of Japanese culture. This book is not intended to give a simple, easy-to-understand introduction to Japanese culture. However, fragments of past “Japanese culture” have accumulated like a geological stratum and are still unknowingly influencing the lives of people living in Japan. Therefore, learning about past “Japanese culture” should provide us with some hints for understanding the present Japan and its people.

At the same time, the culture of the past includes aspects that may overturn the image of “Japan” that people—even the Japanese themselves—have of the country. Reading this book will therefore be a journey of discovery to encounter an unknown culture.

**土偶（九州国立博物館蔵）**

*Dogū*（Cray Figurine）（Kyushu National Museum）

＊出典：ColBase 国立文化財機構所蔵品統合検索システム

（https://colbase.nich.go.jp/collection_items/kyuhaku/J627?locale=ja）

第2章

# 共感しづらい「古代人」
Hard to Sympathize with the “Ancients”

## 飛鳥・奈良時代 (1)
The Asuka and Nara Periods (1)

キーワード / Keywords

神祇祭祀、神道、古事記、日本書紀、万葉集

*Kami* rituals, Shinto, *Kojiki*,
*Nihon shoki*, *Man'yōshū*

710年に元明《げんめい》天皇が都を**平城京《へいじょうきょう》**に移し、**奈良時代《ならじだい》**がはじまる。奈良時代においては飛鳥時代から引き続いて律令国家の形成が進められていった。701年に完成した**大宝律令《たいほうりつりょう》**をもとに**養老律令《ようろうりつりょう》**も編纂《へんさん》され、757年に施行される（ただしその施行の実態については慎重に考える必要がある)。このような国家形成の過程は同時にさまざまな文化的・宗教的な営みも伴っていた。その一つがカミの祭りの形成であり、もう一つが『日本書紀《にほんしょき》』や『万葉集《まんようしゅう》』に代表されるような神話や歴史書、歌集の編纂《へんさん》である。

### 神祇祭祀の形成

古代の文献や祭祀遺跡《さいしいせき》からは、当時の人々の宗教的な信仰をある程度推測することができる。たとえば人々は**カミ**と呼ばれる霊的存在に畏敬《いけい》の念を持ち、それを丁重《ていちょう》に祭っていたことがわかる。カミは特定の場所や自然物に宿ると信じられた。たとえば、山や岩、川辺《かわべ》や海辺《うみべ》といった場所である。カミは恵みをもたらすだけではない恐ろしい存在であり、自然災害や疫病《えきびょう》はカミの「**祟《たた》り**」だと信じられた。そのためカミに対する「**マツリ**」、すなわち**神祇祭祀《じんぎさいし》**が行われた。

古墳時代に当たる4世紀後半〜5世紀頃の遺跡《いせき》からは、鏡や刀剣、勾玉《まがたま》といった祭祀の道具が見つかっている。そのためこの時代にはすでに神祇祭祀の原型ができていたことがわかる。また4世紀の祭祀遺跡から建物と推測される遺跡が見つかることもあり、神祇祭祀に関わる建築物も早い段階からあったと推測される。このような神祇祭祀の形成は、前章で見た倭国による支配権力の確立過程と連動していたと考えられる。

In 710, Emperor Genmei moved the capital to **Heijo-kyō**, marking the beginning of the **Nara Period**. The Nara Period saw the formation of the Ritsuryō State, which continued from the Asuka Period, and the **Yōrō Code**, based on the **Taihō Code** of 701, was enforced in 757 (although the reality of its enforcement should be carefully considered). This process of state formation was accompanied by various cultural and religious activities. One of these was the formation of *kami* rituals, and another was the compilation of myths, history books, and poetry collections, as typified by the *Nihon shoki* and *Man'yōshū*.

## Formation of the *Kami* Rituals

Ancient literature and ritual sites provide some insight into the religious beliefs of the people of that time. For example, we know that people held spiritual beings called ***kami*** in awe and reverently worshipped them. *Kami* were believed to dwell in specific places and natural objects. For example, mountains, rocks, riversides, and seasides. *Kami* were believed not only to bring blessings but also to be terrifying beings, and natural disasters and epidemics were believed to be ***tatari***, or calamities brought about by *kami*. Therefore, ***matsuri***, or ***kami* rituals**, were performed.

Ritual implements such as mirrors, swords, and sacred beads (*magatama*) have been found at ruins dating from the late 4th to the 5th century, which corresponds to the Kofun period. This indicates that the prototype of the *kami* rituals had already been established by this time. In addition, it is also possible to find remains of what are presumed to be buildings at ritual sites dating from the 4th century, suggesting that buildings related to the *kami* rituals were already in existence from the early stages of the rituals. This formation of *kami* rituals is thought to have been linked to Wa's establishment of dominance, as seen in the previous chapter.

Furthermore, after the mid-7th century, when the Ritsuryō state was being formed, the *kami* rituals were institutionalized. For example, the system of ***jinja*** (Shinto shrines) were established, including the Ise Jingu Shrine (in Mie Prefecture), which was dedicated to the ancestral deity of the emperor, ***Amaterasu Ōmikami***, and other shrines dedicated to the *kami*. The Japanese Ritsuryō included unique regulations concerning the *kami* rituals, and a

さらに律令国家が形成されていく7世紀半ば以降に、神祇祭祀の制度も確立されていった。たとえば天皇家の祖先神・**天照大神**《あまてらすおおみかみ》を祭る伊勢神宮《いせじんぐう》（三重県）をはじめとして、カミを祭る場である**神社**《じんじゃ》の体制が整えられた。また、日本の律令にはカミの祭祀に関する独自の規定が盛り込まれ、**神祇官**《じんぎかん》という神祇祭祀を担当する官庁も設置された。神祇官は朝廷で行われる祭祀や、全国の主要な神社の祭祀を管理した。ただし、実際には各地の神祇祭祀は地域の氏族《しぞく》によって行われており、神祇官の統制は不完全だったことにも注意する必要がある。

この頃に確立された祭祀や制度のなかには、現代日本の主要な宗教の一つである**神道**《しんとう》や、現代の**皇室祭祀**《こうしつさいし》に（形を変えて）受け継がれているものが少なくない。たとえば、農作物の豊作《ほうさく》を祈る**祈年祭**《きねんさい》や、収穫した農作物を神にささげる**新嘗祭**《にいなめさい》、天皇の即位の時に行われる**大嘗祭**《だいじょうさい》などである。したがって古代の神祇祭祀は、神道や皇室祭祀の原型であると一応はいえよう。神道は単なる素朴《そぼく》なアニミズムや自然信仰ではなく、元々国家と結びついた政治的側面を持っていたのである。

その一方で、カミに対する信仰の内容や、「神道」という概念の意味は、時代に応じて大きく移り変わってきた。神道には現代に至るまで一貫した「本質」があるとはいいがたい。その変化の過程がもたらした「神道」の多様性に目を向けることも必要だろう。

## 『日本書紀』と『古事記』

奈良時代には歴史書も編纂《へんさん》された。712年に完成したという『**古事記**《こじき》』と、720年に完成した『**日本書紀**《にほんしょき》』である。いずれも天武天皇の命令を受けて編《へん》纂《さん》を始めたとされ、天皇家の歴史を内容の中心としている。なお、713年に出された国家からの命を受け、各地の地理や伝説などを記した『**風土記**《ふどき》』も編纂された。

『古事記』は稗田阿礼《ひえだのあれ》が暗唱《あんしょう》していたという古くからの伝承を、太安麻呂《おおのやすまろ》が文字に書き記したものとされる。範囲としては神々の時代から推古天皇《すいこてんのう》までを扱う。『古事記』は基本的には漢文《かんぶん》（古典中国語）で書かれているが、ところどころ漢字で和文《わぶん》の音を表記する特殊な文体となっている。内容に関しても神話や歌の比重が大きく、『日本書紀』とは性格が異なる。

他方で『日本書紀』は舎人親王《とねりしんのう》を中心とする複数の人々の共同作業によって

government office called ***Jingikan*** was established to oversee the *kami* rituals. Jingikan controlled the rituals performed at the imperial court and at major shrines throughout the country. It should be noted, however, that in practice, the *kami* rituals in various regions were carried out by local clans, and the control of *Jingikan* was imperfect.

Many of the rituals and systems established at this time have been handed down (in different forms) to **Shinto**, one of the major religions of contemporary Japan, and to modern **imperial rituals**. Examples include the ***Kinensai***, which is held to pray for a good harvest, the ***Nīnamesai***, which is held to offer the harvest to the kami, and the ***Daijōsai***, which is held at the time of a new emperor's accession to the throne. Thus, it can be said that ancient *kami* rituals were the prototype of Shinto and imperial rituals. Shinto was not merely a simple animism or nature worship, but originally had a political aspect connected to the state.

At the same time, the content of *kami* worship and the meaning of the concept of "Shinto" have changed dramatically over time. It is difficult to say that Shinto has maintained a consistent "essence" until the present day. It is necessary to look at the diversity of "Shinto" that has resulted from this process of change.

## The *Nihon shoki* and the *Kojiki*

Two history books were compiled during the Nara period: the ***Kojiki*** (*Records of Ancient Matters*), said to have been completed in 712, and the ***Nihon shoki*** (*Chronicle of Japan*), completed in 720. Both were compiled under the order of Emperor Tenmu, and their main content is the history of the emperor's family. Also, in response to a state order issued in 713, the ***Fudoki*** were compiled, describing the geography and legends of various regions.

The *Kojiki* is said to have been written down by Ō no Yasumaro, based on an ancient tradition that was recited by Hieda no Are. It covers the period from the age of the *kami* to the Emperor Suiko. The *Kojiki* is basically written in classical Chinese, but in some places it has a special style in which Japanese sounds are written in Chinese characters. The content of the *Kojiki* differs from that of the *Nihon Shoki* in that it is heavily weighted toward myths and poems.

On the other hand, the *Nihon shoki* was compiled by the joint efforts of several people led by Prince Toneri, and covers the period from the age of the *kami* to the age of Emperor Jitō. It follows the style of Chinese dynastic history books,

編纂され、神々の時代から持統天皇の時代までを扱っている。中国の王朝の歴史書のスタイルにのっとっており、文章も比較的正確な漢文によって書かれている。このように『日本書紀』は中国の文明を意識して書かれており、国家の公式の歴史書として編纂されたと見られる。

以上のように、両書のあいだには内容や形式の面で多くの違いがある。その理由をめぐって長いあいだ議論が行われてきた。そもそも国家が意図的につい対となる二つの書物を作ったわけではなく、『日本書紀』以外にも存在していたさまざまな歴史書のなかで、結果的に残ったのが『古事記』だったという見方もある。

両書に記されている神話や歴史のおおよその内容は共通している。それらの神話では、最初に男女のカミであるイザナギ・イザナミが日本の国土を生み、さらにその後太陽神アマテラスが生まれ、その子孫である天皇家が日本を治めるに至る経緯《けいい》が語られる。このように『日本書紀』と『古事記』は昔から伝承されてきた神話の要素を用いながら、天皇と国家の支配を正当化する内容へと編集したと考えられる。

とはいえ神話に関しても両書には違いが見られる。『日本書紀』の神話は中国の陰陽論《いんようろん》を取り入れているが、『古事記』の神話は、「ムスヒ」と呼ばれる神のエネルギーによる世界の生成に重点を置いているように見える。両書の神話はしばしば**記紀神話**《ききしんわ》としてまとめて捉えられるが、実際には異なる世界観《せかいかん》にもとづくテクストなのである。

『古事記』と『日本書紀』に登場する神々は、いずれも泣き、怒り、笑う人間的な存在として描かれる。特に『古事記』は世界の非合理性《ひごうりせい》、悲劇性《ひげきせい》を強調する傾向がある。たとえば『日本書紀』の中心的な神話では、イザナギとイザナミはともに生き続けるが、『古事記』ではイザナミは火のカミを産んだ時の火傷《やけど》が原因で死に、イザナギとは永久に別れてしまう。また、『日本書紀』で偉大な英雄として描かれるヤマトタケルは、『古事記』においては少年時代に兄を殺害するという残酷《ざんこく》さを持つ。同時にヤマトタケルは父にうとまれ、危険な戦場へと送られることに苦しみ、涙を流すのである。

もちろん『日本書紀』と『古事記』の両書が持つ政治的な性質は否定しがたい。しかしとりわけ『古事記』は、国家の支配の正当化という目的とは矛盾するかのような、躍動感《やくどうかん》のある神々と人々の物語を記している。その不可解《ふかかい》な性

and the text is written in relatively accurate classical Chinese. Thus, the *Nihon shoki* was written with an awareness of Chinese civilization, and it appears to have been compiled as an official history of the country.

As described above, there are many differences between the two texts in terms of content and format. The reasons for these differences have long been the subject of debate. Some believe that the state did not intentionally create two complementary books in the first place, and that there were various history books other than the *Nihon shoki*, of which the *Kojiki* was the only one that survived.

Most of the myths and history recorded in both books are the same. The myths tell the story of how the male and female *kami*, *Izanagi* and *Izanami*, first gave birth to the land of Japan, followed by the birth of the sun goddess Amaterasu and her descendants, the emperors, who ruled Japan. In this way, the *Nihon shoki* and the *Kojiki* are thought to have been compiled to justify the rule of the emperor and the state, while using elements of mythology handed down from long ago.

Nevertheless, there are also differences between the two books in terms of mythology. While the myths of the *Nihon shoki* incorporate the Chinese theory of yin-yang, the myths of the *Kojiki* seem to focus on the creation of the world through the energy of *kami* called *Musuhi*. Although the myths of both books are often grouped together as **Kiki mythology** (The titles of both books end with "-*ki*."), they are in fact texts based on different worldviews.

The *kami* in the *Kojiki* and *Nihon shoki* are depicted as human-like beings who weep, rage, and laugh. The *Kojiki*, in particular, tends to emphasize the irrationality and tragedy of the world. For example, in the central myth of the *Nihon shoki*, both Izanagi and Izanami continue to live, but in the *Kojiki*, Izanami dies from a burn sustained when she gave birth to the *kami* of fire and is separated from Izanagi forever. Yamato Takeru, who is portrayed as a great hero in the *Nihon shoki*, is also portrayed as cruel in the *Kojiki*, murdering his elder brother as a boy. At the same time, Yamatotakeru suffers from his father's disapproval and tears at being sent to a dangerous battlefield.

Of course, the political nature of both the *Nihon shoki* and the *Kojiki* is undeniable. But the *Kojiki*, in particular, tells a story of *kami* and people with a sense of dynamism that seems to contradict the goal of legitimizing the rule of the state. How to understand its puzzling character remains a question.

格をどのように理解するかということは、今でも一つの問題である。

## 和歌と『万葉集』

飛鳥時代から奈良時代にかけては、古代日本語で書かれた詩である**和歌**《わか》（大和歌《やまとうた》）も発達した。和歌には様々な形式の詩が含まれる。たとえば長編の詩である「長歌《ちょうか》」もかつては存在した。しかし、単に「和歌」と言うときには、５音・７音・５音・７音・７音の言葉で成り立つ**短歌**《たんか》を指すことが多い（ただし、単に「短歌」と言う場合には近代短歌を指すことが多い）。

和歌は古代の「日本人」全体に共有されていたものではなく、貴族社会の中で形式が整えられ、できあがったものである。中国文化の輸入によって漢字が使われるようになると、人々はそれを使って和歌を記録するようになった。すなわち漢字の音で日本語を表記する**万葉仮名**《まんようがな》という文字表記を用い、さらにそれを漢文と複雑に組み合わせることで和歌を記したのである。そのようにして記録された和歌を集めたのが**『万葉集』**《まんようしゅう》である。

『万葉集』は現存するなかで最古の歌集であり、約 4,500 首の歌を収める。年代が明らかな歌のなかで、もっとも古いのは舒明《じょめい》天皇の時代（629 ～ 641）のものである。『万葉集』の正確な成立時期や編纂者《へんさんしゃ》はわかっていない。何度か増補や改編を行いながら、最終的に奈良時代末頃、８世紀後半に成立したと見られる。全 20 巻で構成され、全体的には歴代の天皇の治世にしたがっておおむね時代順に編纂されている。そのため『日本書紀』や『古事記』と同じく、天皇と国家による統治を正当化するという目的が背景にあったと考えられる。

『万葉集』に収録されている歌は基本的に「**雑歌**《ぞうか》」「**相聞歌**《そうもんか》」「**挽歌**《ばんか》」という三つの種類に分類されている。「雑歌」は公的行事で詠まれた歌など、相聞歌と挽歌以外の多様な歌を指す。「相聞歌」は愛を主題とする歌だが、必ずしも異性の恋愛関係には限られない。そして「挽歌」は人の死をいたむ歌である。

『万葉集』の内容的な特徴の一つは、心情の描写と重ね合わせつつ、自然の美しさを描いた点にある。もう一つの特徴は、「銀《しろかね》も金《くがね》も玉も何せむに優《まさ》れる宝子《たからこ》にしかめやも（銀も、金も、珠玉も、どうしてすばらしい宝である子に及ぶだろうか＊）」（山上憶良《やまのうえのおくら》、巻五・803）という歌のように、人間のありのままの感情を素朴《そぼく》な表現で歌にした（ように読める）点にある。また、『万葉集』には、「**東歌**《あずまうた》」と呼ばれる東国（関東・東北地方）の民衆の歌や、防人《さきもり》（辺境

## Waka and the *Man'yōshū*

From the Asuka to the Nara period, poetry written in ancient Japanese called **waka**, or *yamato-uta* (Japanese poetry), also developed. Waka includes various forms of poetry. For example, there used to be *chōka* (long poems). However, when Japanese people say waka, they usually refer to ***tanka*** (short poems), which are poems that follow a 5-7-5-7-7 pattern of syllables (it should be noted that when Japanese say *tanka*, they often refer to modern *tanka*).

Waka poetry was not shared by all "Japanese" in ancient times, but was formalized and developed among the aristocracy. When Chinese culture was imported and Chinese characters came into use, people began to use them to record waka poetry. They wrote waka poetry by using Chinese characters to represent Japanese sounds (this was called ***Man'yō-gana*** script) and combining this script with classical Chinese in a complex manner. The ***Man'yōshū*** (*Collection of Ten Thousand Leaves*) is a collection of waka poetry recorded in this way.

The *Man'yōshū* is the oldest extant collection of waka poetry, containing approximately 4,500 poems. Among the poems of known date, the oldest is from the reign of Emperor Jomei (629-641). The exact date of the *Man'yōshū* is not known, nor is its compiler. It is believed that the *Man'yōshū* was compiled in the late 8th century, around the end of the Nara period, with several revisions and additions. It consists of a total of 20 volumes, compiled generally in chronological order according to the reigns of successive emperors. The purpose behind the compilation, like the *Nihon shoki* and the *Kojiki*, is thought to have been to legitimize the reign of the emperor and the state.

The poems included in the *Man'yōshū* are basically classified into three types: ***zōka***, ***sōmon-ka***, and ***banka***. *Zōka* refers to various types of poetry other than *sōmon-ka* and *banka*, such as poetry composed for public events. *Sōmon-ka* are poems about love, but they are not necessarily limited to romantic relationships between the opposite sex. *Banka* are poems of mourning for someone's death.

One of the features of the *Man'yōshū* is that it depicts the beauty of nature while overlapping the description of emotions. Another characteristic of poems in the *Man'yōshū* is that they can be read as a simple expression of human emotions, as in the poem "How can silver, gold, and jewels compare with a child, who is the most precious of treasures" (Yamanoue no Okura, vol. 5, 803.)

を防衛する兵士）の歌とされる作品も収録されている。以上のことから、『万葉集』は「天皇から民衆に至る人々が、自らの気持ちを素直に歌った歌集」というイメージが生まれ、特に近代に入ると「国民的歌集」としての性格が強調された。

しかし、近年の研究では、東歌には何らかの形で貴族や官人が関与したと推測されている。防人の歌に関しても、地方官人の子弟層などが作ったという見方がある。したがって、『万葉集』が天皇から民衆に至るまでの歌を収録した歌集とは断言しがたい。やはり基本的には貴族文化から生まれたものというべきだろう。

また、和歌は「社会的な詩」（渡部泰明）ともいわれる。たとえば『万葉集』の和歌では**枕詞**《まくらことば》、**序詞**《じょことば》、**掛詞**《かけことば》といった独特のレトリックが用いられる。枕詞とは、文脈や意味とは関係なく、特定の言葉を修飾する言葉である。その例としては、「あしひきの山」や「草枕旅《くさまくらたび》」などがある。こうした枕詞などのレトリックは、和歌を詠むことが共通の型にもとづく儀礼的行為としての性格を持っていたことを示す。

和歌の儀礼的性格は、『万葉集』の他の面にも表れている。

たとえば『万葉集』には、天智天皇とその一行が蒲生野《がもうの》で狩りを行ったとき、**額田王**《ぬかたのおおきみ》と大海人皇子《おおあまのおうじ》（後の天武天皇）が詠んだ次のような歌が収録されている。

あかねさす紫草野《むらさきの》行《ゆ》き標野《しめの》行《ゆ》き野守《のもり》は見ずや君が袖振《そでふ》る〔紫草の生えた野の、標野の中を行ったり来たりして、野守が見ないはずはありませんよ、あなたが袖を振るのを*〕（額田王、巻一・20）

紫草《むらさき》のにほへる妹《いも》を憎《にく》くあらば人妻《ひとづま》ゆゑに我恋《あれこ》ひめやも〔紫草のように美しいあなたを憎く思うなら、人妻なのに、どうしてこんなに私は恋しがるでしょうか*〕（大海人皇子、巻一・21）

有名な女性の歌人である額田王は、一時期大海人皇子と結婚していた。しかしその後大海人皇子の兄である天智天皇の妃になったと言われることもある。そして、古代において「袖を振る」は愛情を表わす行為だった。以上をふまえると、これらの歌は大海人皇子と額田王とのあいだにいまだ恋愛感情があった

The *Man'yōshū* also contains *Azuma-uta*, or poems written by the people of the eastern provinces (Kanto and Tohoku regions), as well as poems written by *sakimori*, or soldiers defending the frontier. The above factors have given rise to the image of the *Man'yōshū* as a collection of poems in which people, ranging from the emperor to the commoners, honestly expressed their feelings, and especially in the modern era, its character as a "national collection of poems" was emphasized.

However, recent studies have suggested that aristocrats and government officials were involved in some way in the creation of *Azuma-uta*. As for the songs of the *sakimori*, there is a view that they were composed by the children of local officials and others. Therefore, it is difficult to say for sure that the *Man'yōshū* is a collection of poems that includes poems from the emperor and the commoners. It is basically a product of aristocratic culture.

Waka poetry is also said to be "social poetry" (Watanabe Yasuaki). For example, waka poems in the *Man'yōshū* use unique rhetoric such as ***makura-kotoba***, ***jo-kotoba***, and ***kake-kotoba***. Makura-kotoba are words that modify specific words regardless of context or meaning. Examples include "*ashihiki-no-yama*" and "*kusamakura-tabi*." The rhetoric of these *makura-kotoba* and others indicates that the composition of waka poetry was a ritualistic act based on a common pattern.

The ritualistic nature of waka poetry is also evident in other aspects of the *Man'yōshū*. For example, the *Man'yōshu* contains the following poems composed by **Princess Nukata** and Emperor Prince Ōama (later Emperor Tenmu) when Emperor Tenji and his party were hunting in Gamōno:

Riding through the purpling field
roped off for your Imperial family,
you beckon me [wave sleeves], but oh my love,
what will the watchman think?*
(Vol. 1, No. 20, Princess Nukata)

Oh if I had no love for you
beautiful as a violet bright,
would I, alas, sue for your heart,

ことを暗示しているように読める。しかしこれらの歌は「相聞」ではなく「雑歌」に分類されている。そのため、公的な行事である狩りの宴《うたげ》で作られた、演技による戯《たわむ》れの歌という説が現在では有力である。

以上のように、『万葉集』は単に人々が素朴な心情を表現した歌集ではない。それはむしろ――神祇祭祀や『古事記』と同じく――「現代」の日本人と単純に同一視できない「古代」の人々のありようを伝えているのである。

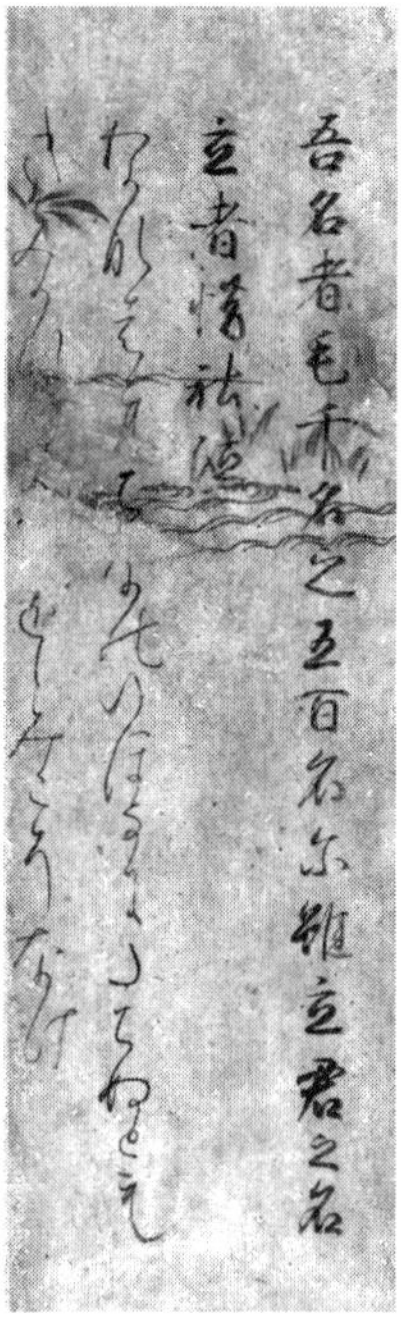

**源兼行筆 万葉集（栂尾切）（11 世紀、東京国立博物館蔵）**

Part of Volume 4 of the *Collection of Ten Thousand Leaves*

（One of the “Togano'o Fragments”） written by Minamoto no Kaneyuki

（11th century, Tokyo National Museum）

＊出典：ColBase 国立文化財機構所蔵品統合検索システム

（https://colbase.nich.go.jp/collection_items/tnm/B-3245?locale=ja）

aware thereto I have no right?*
(Vol. 1, No. 21, Prince Ōama)

The famous female poet Princess Nukata was married for a time to Prince Ōama, and it is sometimes said that she may have later become a consort of Emperor Tenji, the elder brother of Prince Ōama. In ancient times, "waving sleeves" was an act of expressing affection. Given the above, these poems can be read to imply that there was still a romantic relationship between Prince Ōama and Nukata no Ōkimi. However, these poems are classified as *zōka* rather than *sōmonka*. Therefore, the current prevailing theory is that the songs were composed at a banquet after a hunt as a public event and that they were composed as a playful performance.

As described above, the *Man'yōshū* is not simply a collection of poems in which people express their simple sentiments. Rather, like the *kami* rituals and the *Kojiki*, it conveys the way of life of the "ancient people," who cannot be simply equated with the "modern" Japanese.

**Shinto Portal（國學院大學研究開発推進機構日本文化研究所）**
Shinto Portal
(The Institute for Japanese Culture and Classics, Kokugakuin University)

第3章

# 仏教が「悟り」以外にもたらしたもの

## What Buddhism Brought Besides "Enlightenment"

## 飛鳥・奈良時代（2）

## The Asuka and Nara Periods（2）

キーワード / Keywords

仏教、聖徳太子、僧尼令、寺院、仏像、日本霊異記

Buddhism, Prince Shōtoku, *sōniryō*, temples, Buddhist statues, *Nihon ryōiki*

他の東アジアの国々と同じく、日本は仏教を受容し、それは飛鳥《あすか》時代から奈《な》良《ら》時代にかけて少しずつ社会に根付いていった。仏教は日本の文化史にきわめて大きな影響をもたらしたが、日本の仏教受容に関しては不正確なイメージが広まっている。この章ではそのようなイメージと実際の歴史との違いに注意しながら、仏教受容の過程について学んでいきたい。

### 仏教のはじまり

仏教は、**ゴータマ・シッダッタ**の教えにもとづき、今から約2,500年前のインドで成立した宗教である（ゴータマの生没年は紀元前566～486年とする説と、紀元前463～383年とする説がある）。ゴータマは**ブッダ**とも呼ばれるが、それは「目覚めた人」という意味の尊称《そんしょう》であり、人名ではない。また、ゴータマの教えがそのまま現在あるような仏教になったわけではない。仏教とは、ゴータマの教えを一つの源流として発展した巨大な宗教的・文化的運動といえる。

現在ではブッダ（ゴータマ）本人の教えを復元することは困難だが、**初期仏教**の経典《きょうてん》からはおおよそ次のような教えが見出される。すなわち人間とは感覚器官や身体、さまざまな能力の集合体であり、本当は自己という実体は存在しない。そのため人間は自己とその人生を思い通りにすることができない。にもかかわらず人間は生き続けることや快楽を求め、それに執着する。そこから人間の苦しみが生じる。そこでブッダは、このような苦しみが生じる仕組みを認識し、執着を捨てることで**悟**《さと》**り**や**涅槃**《ねはん》と呼ばれる苦しみのない状態に達すると

Like other East Asian countries, Japan accepted Buddhism, which gradually took root in its society from the Asuka to the Nara periods. Although Buddhism has had a profound impact on Japanese cultural history, an inaccurate narrative of Japan's reception of Buddhism is prevalent. In this chapter, we will study the process of Buddhism's reception in Japan, attention to the differences between popular perceptions and the actual history of Buddhism.

## The Beginning of Buddhism

Buddhism is based on the teachings of **Gautama Siddhartha** and was established in India about 2,500 years ago (some say that Gautama was born and died between 566 and 486 B.C.; others say between 463 and 383 B.C.). Gautama is also called **Buddha**, but that is a title meaning "the awakened one," not a person's name. Nor were Gautama's teachings directly transformed into Buddhism as we know it today. Buddhism is a huge religious and cultural movement that developed from Gautama's teachings.

Although it is difficult today to reconstruct the teachings of Gautama, we can find the following teachings in the scriptures of **early Buddhism**. The human being is an aggregate of sense organs, or body and various faculties, and there is no such entity as the self. Therefore, one cannot control oneself and one's life as one wishes. Despite this, human beings seek and cling to life and pleasure. This is where human suffering arises. The Buddha recognized the mechanism by which such suffering occurs and taught that by abandoning attachment, one can attain a state of ***bodhi*** (enlightenment), or ***nirvana*** without suffering. Specifically, it is necessary to become a monk, study the teachings, live by the precepts, and engage in meditation and other training.

Important to understanding the above Buddhist teachings are the concepts of ***karma*** and ***samsara*** (reincarnation), which originate in the Indian religious worldview. Simplified, it means that good deeds bring good rewards and bad deeds bring bad rewards in life. This is called *hetu-phala* or ***inga ōhō*** (law of cause and effect) in Japanese. And since human beings are reborn as other human beings or other creatures after death, the chain of cause and effect continues forever. According to the Buddha, we cannot escape suffering as long as we remain in the cycle of reincarnation. However, by attaining nirvana, one can

説いた。具体的には、出家《しゅっけ》し、教えを学び、戒律《かいりつ》による生活を送り、瞑想などの修行を行うことが必要となる。

以上のような仏教の教えを理解する上で重要なのは、**業**《ごう》と**輪廻転生**《りんねてんしょう》というインドの宗教的世界観に由来する概念である。単純化して説明すると、人生のなかで良い行いをすれば良い報《むく》いがもたらされ、悪い行いをすれば悪い報いがもたらされるということである。これは**因果応報**《いんがおうほう》と呼ばれる。そして人間は死んだ後も別の人間や生物に生まれ変わるため、行為と結果の連鎖《れんさ》は永遠に続くことになる。ブッダによれば、生まれ変わりのなかに留まる限り苦しみからは逃れられない。しかし涅槃に至ることで生まれ変わりから抜け出せるという。それが**解脱**《げだつ》である。

ブッダの死後、その弟子たちは教えと戒律を受け継ぎ、まとめていった。しかしやがて解釈の違いが明らかになっていき、仏教の教団は複数のグループに分かれていった（**部派仏教**《ぶはぶっきょう》）。その流れを継ぎ、スリランカや、ミャンマー、タイなど東南アジアの国々を中心に広まったのが**上座**《じょうざ》（**部**《ぶ》）**仏教**《ぶっきょう》である。紀元前１世紀頃からは、従来の仏教とは異なる**大乗仏教**《だいじょうぶっきょう》という革新運動が起こった。大乗（マハーヤーナ）とは「大きな乗り物」を意味する。大乗仏教は従来の仏教が自分の救いばかり目指していたと批判し、まさに大きな乗り物のように、出家者以外も含むすべての人々を救うことを主張した。この点に大乗仏教の一つの大きな特徴がある。

大乗仏教の第二の特徴は、さまざまな仏《ほとけ》や**菩薩**《ぼさつ》への信仰が生まれたことである。ゴータマは永遠の仏（ブッダ）の現われであるとされ、またゴータマ以外に多様な仏が存在すると考えられた。そしてこれらの仏や、悟りの直前にまで達した菩薩という存在は、人々を救う神秘的な力を持つと信じられた。そこで大乗仏教では、このような仏と菩薩に救いを求めるという新たな形の信仰が生まれたのである。日本でよく見られる**観音菩薩**《かんのんぼさつ》や**地蔵菩薩**《じぞうぼさつ》は、こうした信仰の対象となった菩薩たちである。

第三に、大乗仏教の教えの特徴として、あらゆる存在は相対的で実体がないという**空**《くう》の観念を挙げることができる。また大乗仏教では、あらゆる人間にはブッダとしての性質、すなわち悟りを開く可能性が本質的にそなわっているとされ、それは**仏性**《ぶっしょう》や**如来蔵**《にょらいぞう》と呼ばれた。

escape reincarnation. That is ***moksha*** (liberation).

After Buddha's death, his disciples took over his teachings and precepts and compiled them. However, differences in interpretation eventually became apparent, and the Buddhist sects split were divided into several groups (**early Buddhist schools**). **Theravada Buddhism**, which spread mainly in Sri Lanka and other Southeast Asian countries such as Myanmar and Thailand, has its origins in this trend. Around the 1st century B.C., an innovative movement called **Mahayana Buddhism** emerged, which differed from conventional Buddhism. Mahayana means "great vehicle." Criticizing conventional Buddhism for aiming only at the salvation of monks and nuns, Mahayana Buddhism insisted on saving everyone, including lay people, just like a big vehicle. This is one major characteristic of Mahayana Buddhism.

The second characteristic of Mahayana Buddhism is the emergence of belief in various Buddhas and **Bodhisattvas**. It taught that Gautama was the manifestation of the eternal Buddha, and there were many other Buddhas besides Gautama. These Buddhas and Bodhisattvas, who had reached the point just before enlightenment, were believed to have mystical powers to save people. This led to a new form of belief in which people sought salvation from these Buddhas and Bodhisattvas. The Bodhisattvas ***Kannon*** (*Avalokitesvara*) and ***Jizō*** (*Ksitigarbha*), commonly seen in Japan, were the objects of such belief.

Third, Mahayana Buddhism is characterized by the concept of ***sunya*** (emptiness), the belief that all existence is relative and insubstantial. In Mahayana Buddhism, it was also believed that all human beings have Buddha-like qualities, or the potential for enlightenment, which were called **Buddha-nature** or ***tathagatagarbha***.

## Introduction of Buddhism

Mahayana Buddhism spread mainly in East Asia. First, Buddhism was introduced to China during the period of the Later Han Dynasty around the 1st century and spread widely during the period of the Eastern Jin Dynasty and the Sixteen Kingdoms of the Five Hu States in the 4th century. Therefore, the three states on the Korean peninsula (Koguryo, Baekje, and Silla) also introduced Buddhism, and under their influence, Wa also adopted Buddhism. It is thought that Buddhism was introduced from Baekje to Wa in the 6th century, but the

## 仏教の伝来

大乗仏教の流れは、東アジアを中心に広まっていった。まず1世紀頃の後漢の時代に仏教が中国に伝わり、4世紀の東晋・五胡十六国時代になると広く普及した。そこで朝鮮半島の三国（高句麗《こうくり》、百済《くだら》、新羅《しらぎ》）も仏教を導入し、その影響を受けて倭国《わこく》（後の日本）も仏教を取り入れた。6世紀には百済から仏教が伝わったと考えられるが、正確な時期は不明である。

いずれにしても倭国における仏教の受容は、東アジア全体における仏教の普及の一部としてとらえる必要がある。当時、仏教は単に教義だけではなく、建築や彫刻、経典、美術、音楽、技術など、さまざまな要素を含む進んだ「文明」として受け取られた。また、仏・菩薩や僧侶が持つとされる神秘的な力も求められたのである。

仏教が伝わった当初の様子は、『日本書紀』の欽明《きんめい》天皇13年の記事に記されている。仏教を受け入れるべきかという天皇の問いに対し、蘇我稲目《そがのいなめ》は受け入れに賛成した。しかし物部尾輿《もののべのおこし》と中臣鎌子《なかとみのかまこ》は、異国の神を受け入れては日本の神々を怒らせるとして反対したという。このエピソードは有名だが、完全には信頼できない。蘇我氏はたしかに仏教を積極的に受け入れたが、実際には物部氏も寺院を建てるなど、仏教を受容していたことがわかっているからである。事実、この記事に類似する表現が仏教経典や中国の仏教書から見つかっており、それを参照して作られた物語であることが明らかになっている。

## 聖徳太子をめぐる伝説

倭国における仏教の受容は、当初は国全体というよりも、蘇我氏などの氏族を中心として行われた。しかし推古《すいこ》天皇の時代（593～628）が一つの画期となり、国家レベルで仏教を盛んに受容するようになったと考えられる。この時代には**遣隋使《けんずいし》**とともに僧侶が中国に派遣され、最新の中国仏教を日本に持ち帰った。また推古天皇の摂政《せっしょう》を務めた**聖徳太子《しょうとくたいし》**（574～622）が、仏教の受容に大きな役割を果たしたと考えられてきた。

たとえば聖徳太子は仏教経典の注釈書を執筆し、また604年には官人に対する規範である**憲法十七条《けんぽうじゅうしちじょう》**（**十七条憲法**）を制定したとされる。憲法十七条には、「篤《あつ》く三宝《さんぼう》を敬《うやま》へ。三宝とは仏と法と僧となり」という一節があり、仏教的な理念による統治を目指していたことがうかがえる。

exact date is unknown.

In any case, the acceptance of Buddhism in Wa must be viewed as part of the spread of Buddhism throughout East Asia. At that time, Buddhism was received not only as a doctrine, but also as an advanced "civilization" that included architecture, sculpture, sutras, art, music, technology, and many other elements. People also desired the mystical powers that Buddhas, Bodhisattvas, and monks were believed to possess.

The initial introduction of Buddhism is described in an article from the 13th year of Emperor Kinmei in the *Nihon shoki*. When asked by the Emperor if Buddhism should be accepted, Soga no Iname answered in the affirmative. However, Mononobe no Okoshi and Nakatomi no Kamako opposed the idea, claiming that accepting foreign *kami* would offend the Japanese *kami*. This episode is well-known but not entirely reliable. The Soga clan did indeed actively embrace Buddhism, but it is known that the Mononobe clan also embraced Buddhism and built temples. In fact, expressions similar to this article have been found in Buddhist scriptures and Chinese Buddhist texts, indicating that the story was created in reference to them.

## Legends about Prince Shōtoku

The acceptance of Buddhism in Japan was initially centered on clans such as the Soga, rather than the country as a whole. However, the reign of Emperor Suiko (593-628) is thought to have marked a turning point, when Buddhism was actively embraced at the state level. During this period, Buddhist monks were sent to China with the **Japanese missions to Sui** and brought back the latest Buddhism to Japan. Also, **Prince Shōtoku** (574-622), who served as regent to Emperor Suiko, is thought to have played a major role in the acceptance of Buddhism.

For example, Prince Shōtoku wrote commentaries on Buddhist scriptures, and in 604 he is credited with establishing the **Seventeen Articles of the Constitution**, a set of rules for government officials. An article of the Constitution states, "Respect the Three Treasures venerably. The Three Treasures are the Buddha, the Dharma, and the monks," suggesting that the government was aiming to govern based on Buddhist principles.

Today, however, the prevailing theory is that the various stories about Prince

しかし現在では、憲法十七条も含め、聖徳太子にまつわるさまざまな物語は『日本書紀』の編纂《へんさん》時《じ》に創作されたという説が有力であり、「聖徳太子」の実像をめぐる議論が続いている。とはいえ日本の歴史のなかで、聖徳太子は仏教を日本にもたらした聖なる存在と信じられた。聖徳太子は観音菩薩の化身《けしん》とされ、彼自身が信仰の対象となったのである。また聖徳太子は天皇家と仏教の特別な関係を象徴する存在となっていった。

## 「国家仏教」の誕生？

仏教と国家のより強い結びつきが見られるようになるのは、天武《てんむ》・持統《じとう》天皇の時代のことである。これまでの章で見てきたように、この時代は天皇を中心とする国家体制を作ることが目指された。そこで仏教の力も活用されたのである。たとえば**薬師寺**《やくしじ》（奈良県）の創建、大規模な儀式の開催、国の守護を説く経典の普及といったことが行われた。

さらに日本の律令では、「**僧尼令**《そうにりょう》」という編目が加えられた。これは国家が僧侶を管理するための法律だった。たとえば出家して僧侶になるには国家の許可が必要とされ、所属する寺院以外での活動を禁止された。このように、国家と仏教が強く結びついたあり方を「**国家仏教**」と呼ぶことがある。奈良時代の聖武天皇《しょうむてんのう》の時代（724 ～ 749）に、「国家仏教」の体制は一つの頂点に達した。それぞれの国に**国分寺**《こくぶんじ》・**国分尼寺**《こくぶんにじ》を設置し、**東大寺**（奈良県）に巨大な仏像、**大仏**《だいぶつ》を建立したことがこの時代の出来事として有名である。その後、753 年には唐から僧侶・**鑑真**《がんじん》（688 ～ 763）が招かれて来日し、正式な戒律を授けている。

以後、時代ごとにさまざまな変化はありつつも、国家や天皇と結びついた日本の仏教のあり方は、長い歴史を通じて続いていく。ただし、奈良時代の仏教を単なる「国家仏教」として説明することには問題がある。実際には僧尼令による管理はそれほど完全だったわけではない。たとえば当時は国家の許可を受けていない僧侶、**私度僧**《しどそう》も数多く活動していた。その代表者である**行基**《ぎょうき》は、僧尼令に背き、民衆に対して布教活動を行なった。さらに行基は、氏族の違いをこえ、僧侶と民衆の両方が参加する独自の教団を作った。また貧しい人々に対する衣食・医療の提供といった活動や、土木事業も行った。国家は当初行基を弾圧したが、最終的にその勢力を無視できなくなり、認めるに至った。このような例は、「国

Shōtoku, including the Seventeen Articles of the Constitution, were created during the compilation of the *Nihon shoki*, and the debate over the real image of "Prince Shōtoku" continues. Nevertheless, throughout Japanese history, Prince Shōtoku was believed to be a holy being who brought Buddhism to Japan. He was considered to be an incarnation of the bodhisattva Kannon, and he became an object of worship. He also became a symbol of the special relationship between the Emperor and Buddhism.

## The Birth of "State Buddhism"?

It was during the reigns of the Emperors Tenmu and Jitō that a stronger connection between Buddhism and the state began to emerge. As we have seen in the previous chapters, the goal of this period was to create a state system centered on the emperor. Buddhism was also utilized for this purpose. For example, the **Yakushiji Temple** (Nara Prefecture) was built, large-scale ceremonies were held, and Buddhist scriptures were disseminated to promote the protection of the state.

In addition, the Japanese ritsuryō added a section called ***sōniryō*** (the ordinance of monks and nuns). This was a law for the state to control monks and nuns. For example, a person needed permission from the state to become a monk or nun, and was prohibited from working outside of the temple to which he or she belonged. This strong connection between the state and Buddhism is sometimes referred to as "**state Buddhism**." During the reign of Emperor Shōmu in the Nara period, the "state Buddhism" system reached its zenith. The establishment of ***Kokubunji*** and ***Kokubunniji*** (national temples and nunneries) in each province and the construction of a gigantic statue of Buddha, ***Daibutsu***, at **Todaiji Temple** (Nara Prefecture) are well-known events of this period. Later, in 753, the monk **Jianzhen** (Ganjin in Japanese, 688-763) was invited from the Tang Dynasty China and came to Japan to give the formal precepts.

Since then, Buddhism in Japan has continued to be associated with the state and the Emperor throughout its long history, although there have been various changes from era to era. However, it is problematic to describe Buddhism in the Nara period as simply "state Buddhism." In fact, the control by *sōniryō* was not so complete. For example, at that time, there were many ***shidosō***, or monks who were not authorized by the state. One example of a *shidosō* was **Gyōki**, who disobeyed *sōniryō* and carried out missionary activities among the people.

家仏教」というとらえ方自体、見直す必要があることを示している。

## 仏教と美術

仏教は日本の建築や美術の歴史においても大きな意味を持った。仏教の受容とともに、寺院が作られるようになったのである。初期の寺院としては、蘇《そ》我馬子《がのうまこ》が建立したとされる飛鳥寺《あすかでら》（奈良県）や、聖徳太子が建立したと伝えられる法隆寺《ほうりゅうじ》（奈良県）と四天王寺《してんのうじ》（大阪府）などが有名である。

飛鳥時代には日本でも仏像が作られるようになった。《釈迦如来像《しゃかにょらいぞう》（飛鳥大仏《あすかだいぶつ》）》（飛鳥寺）や《法隆寺金堂釈迦三尊像《ほうりゅうじこんどうしゃかさんそんぞう》》はその代表例であり、非写実的で抽象的な表現に特徴がある。7世紀から唐に遣唐使が派遣されるようになると、飛鳥時代の後期には唐の文化の影響が見られるようになる。美術史ではこの時代の文化を**白鳳文化《はくほうぶんか》**と呼ぶことがある。《興福寺仏頭《こうふくじぶっとう》》はこの時期を代表する仏教彫刻である。

奈良時代に入ると、唐の文化の影響はいっそう強まる。聖武天皇の治世を中心とするこの時期の文化を**天平《てんぴょう》文化**と呼ぶ場合もある。仏像に関しては《興福寺阿修羅像《あしゅらぞう》》のように、発達した技術により写実的で繊細《せんさい》な表現が生み出されるようになった。仏教美術以外にも目を向けると、東大寺の正倉院《しょうそういん》に所蔵される《鳥毛立女屏風《とりげりゅうじょのびょうぶ》》のように、唐の絵画様式を受容していたこともわかる。またアジアの各地から集められた**正倉院宝物《しょうそういんほうもつ》**は、この時代に行われた海外との文化的交流をよく示している。

## 仏教の広まり

「国家仏教」のイメージとは異なり、古代では支配階層だけではなく、民衆のレベルにまである程度仏教が普及した。その様子を描いているのが、景戒《きょうかい》が著わした**『日本霊異記《にほんりょういき》』**（『日本国現報善悪霊異記』）である。本書は弘仁《こうにん》年間（810～824）に成立したと考えられ、仏教にまつわる多くの説話を収録している。たとえば暴風雨により沖に流された漁師が仏に助けを求めると淡路島《あわじしま》に流れ着き、命が助かった（下巻25）といった物語が記されている。

これらの物語は当時仏や僧侶が神秘的な力を持つと信じられていたことや、その信仰が民衆にまで広まっていたことを示している。また『日本霊異記』には前世の悪い行いが報いをもたらす説話もしばしば見られる。そこから当時因

Gyōki's appeal transcended clan distinctions and his followers included both monks and laypeople. He also provided food, clothing, and medical care to the poor, and carried out civil engineering projects. The state initially suppressed Gyōki but eventually recognized his power because it could no longer ignore it. Such examples indicate that the concept of "state Buddhism" itself needs to be reevaluated.

## Buddhism and Art

Buddhism was also significant in the history of Japanese architecture and art. With the acceptance of Buddhism, temples began to be built. Famous early temples include Asukadera Temple (Nara Prefecture), said to have been built by Soga no Umako, as well as Hōryūji Temple (Nara Prefecture) and Shitennōji Temple (Osaka Prefecture), both of which are said to have been built by Prince Shōtoku.

In the Asuka period, Buddhist statues began to be produced in Japan. *Shaka Nyorai Zō* (Asukadera Temple) and *Shaka Sanson Zō* in the Kondo Hall of Hōryūji Temple are representative examples, characterized by their unrealistic and abstract expressions. The influence of Tang culture can be seen in the latter half of the Asuka period when the Japanese missions to Tang were sent to the Tang Dynasty China from the 7th century. In art history, the culture of this period is sometimes referred to as the ***Hakuhō* culture**. The *Kofuku-ji Buddha Head* is a representative Buddhist sculpture from this period.

In the Nara period, the influence of Tang culture became even stronger. The culture of this period, centering on the reign of Emperor Shōmu, is sometimes referred to as ***Tempyō* culture**. In the area of Buddhist statues, the development of technology led to the creation of realistic and delicate expressions, such as the *Kōfukuji Ashura Zō*. Looking beyond Buddhist art, we can also see that the Japanese were receptive to Tang painting styles, such as the *Torige Ryūjo no Byōbu* in the Shosōin Repository at Todaiji Temple. **The treasures of the Shosōin Repository**, collected from various parts of Asia, are also a clear indication of the cultural exchange with foreign countries that took place during this period.

果応報や輪廻転生といった教えが重視されていたこともわかる。

『古事記』に見られるように、古代の日本では、カミが不可解な理由で人間に祟《たた》りをもたらすと信じられていた。また恨みを持って死んだ人間も、人々に害をなすと信じられた。それに対して仏教は、この世界の出来事を因果応報などの普遍的な原理によって説明し、祟りに対処することを可能にしたのである。また輪廻転生の教えは死後のゆくえを明確に説明し、その先の救いをも示した。これらもまた当時の人々に仏教がもたらしたものだっただろう。

なお、仏教の普及とともにカミに対する信仰との融合、いわゆる**神仏習合**《しんぶつしゅうごう》も見られるようになる。しかしその点については第７章であらためて説明することにしよう。

**誕生釈迦仏立像（7 世紀、東京国立博物館蔵）**
*The Buddha Shaka at Birth* (7th century, Tokyo National Museum)
＊出典：ColBase 国立文化財機構所蔵品統合検索システム
（https://colbase.nich.go.jp/collection_items/tnm/C-1856?locale=ja）

## Spread of Buddhism

In contrast to the image of "state Buddhism," Buddhism spread not only to the ruling class but also to some extent the general population in ancient times. This is depicted in the ***Nihon ryōiki*** (*Record of Miraculous Events in Japan*) written by Kyōkai. The book is thought to have been written during the Kōnin period (810-824) and contains many stories related to Buddhism. For example, a story is told of a fisherman who was swept out to sea by a storm, and when he asked Buddha for help, he was washed ashore on Awaji Island and his life was saved (Volume 3, Chapter 25).

These tales indicate that Buddhas and priests were believed to possess mystical powers at the time, and that belief in them spread to the general populace. The *Nihon ryōiki* also often tells tales of the *inga ōho* due to bad deeds in previous lives. This indicates that the teachings of the law of cause and effect and reincarnation were important at that time.

In ancient Japan, it was believed that *kami*, for some inexplicable reason, would bring about calamities, as is seen in the *Kojiki*. It was also believed that people who died with a grudge were also believed to bring harm to others. Buddhism, on the other hand, explained the events of this world in terms of universal principles such as cause and effect and made it possible to deal with calamities. In addition, the doctrine of reincarnation clearly explained what happens after death and showed the salvation that lies beyond it. These were also the teachings that Buddhism brought to the people of that time.

With the spread of Buddhism, there was also a fusion of *kami* and Buddhist beliefs, the so-called ***shinbutsu shūgō***. This point will be explained later in Chapter 7.

正倉院の公式ウェブサイト
The official website of Shōsōin
(https://shosoin.kunaicho.go.jp/)

第4章

# 「恋」と「四季」の誕生

## The Birth of “Love” and the “Four Seasons”

# 平安時代

## The Heian Period

キーワード / Keywords

王朝文化、仮名、和歌、『古今和歌集』、『源氏物語』

Heian court culture, *kana*, *waka*,
*Kokin wakashū*, *Tale of Genji*

奈良時代（710～784）、首都は平城京《へいじょうきょう》におかれていた。その後、桓武天皇《かんむてんのう》が784年に首都を長岡京《ながおかきょう》に移し、さらに794年に**平安京《へいあんきょう》**（現在の京都市の中心地）に移した。それ以降の約400年間を**平安時代《へいあんじだい》**と呼ぶ。

現在の人々が日本の「伝統」や「古典文化」としてイメージするものの源流は、しばしば平安時代にある。それゆえ平安時代に「**国風文化《こくふうぶんか》**」が確立したといわれることもある。しかし、平安時代の文化として知られるものは、当時京都に住んでいた少数の**貴族**（公家《くげ》）たちの文化であり、日本列島に住んでいた多くの人々とはほぼ無関係だった。そのため本章では「国風文化」ではなく、「**王朝文化《おうちょうぶんか》**」という名称を用いる。

とはいえ平安時代の貴族が確立した文化は、その後の歴史の中で一つの理想としてイメージされ、受け継がれていった。したがって王朝文化の歴史的な重要性はやはり否定できないだろう。

### 「国風文化」という問題

平安京に移って以降、おおよそ9世紀の文化を**弘仁《こうにん》・貞観《じょうがん》文化**と呼ぶ。この文化を代表するのが**嵯峨天皇《さがてんのう》**の治世（809～823）である。嵯峨天皇は律令制の再建を目指しつつ、唐の文化を積極的に取り入れ、漢詩文《かんしぶん》（漢文による文学）などが盛んになった。また前の時代から引き続いて**遣唐使《けんとうし》**と呼ばれる唐への使節《しせつ》も派遣《はけん》され、唐の文化を持ち帰る役割を果たした。このような時代状況のもとで、儒教や漢詩文を学んだ貴族官僚が活躍した。その代表が**菅原道真《すがわらのみちざね》**（845～903）である。

During the Nara period (710-784), the capital was located in Heijō-kyō. Later, Emperor Kanmu moved the capital to Nagaoka-kyō in 784, and then to **Heian-kyō** (the current center of Kyoto City) in 794. The following 400 years are called the **Heian period**.

The origins of what people today associate with Japanese "tradition" and "classical culture" are often traced to the Heian period. Therefore, it is sometimes said that "***Kokufū*** **(national style) Culture**" was established in the Heian period. However, what is known as Heian-period culture was the culture of a small number of aristocrats (***kuge***) living in Kyoto at the time, and had almost nothing to do with the many people living in the Japanese archipelago. For this reason, this chapter uses the term "***Ōchō Bunka*** **(court culture)**" rather than "*Kokufū* Culture."

Nevertheless, the culture established by the aristocrats of the Heian period was imagined and reinterpreted as one ideal in subsequent history. Therefore, the historical importance of Heian court culture is still undeniable.

## The Problem of "*Kokufū* Culture"

The culture of the ninth century, roughly after the relocation to Heian-kyō, is called the **Kōnin-Jōgan culture**. The reign of **Emperor Saga** (809-823) is representative of this culture. Emperor Saga actively adopted Tang culture while aiming to rebuild the ritsuryō system, and **Chinese poetry and literature** flourished. In addition, envoys called ***kentōshi*** were dispatched to Tang China, continuing from the previous period, and played a role in bringing back Tang culture to Japan. Under these circumstances, aristocratic bureaucrats who had studied Confucianism and Chinese poetry played an active role. One representative of these was **Sugawara no Michizane** (845-903) .

It is generally believed that after the abolition of *kentōshi* in 894, cultural imports ceased and the "*Kokufū* Culture" developed. However, there are various problems with this explanation. For example, there is now a theory that Japan did not actually abolish *kentōshi* in 894 (although the envoys eventually ceased to exist with the fall of the Tang Dynasty in 907). Furthermore, Chinese culture continued to be imported through merchants after that. Also, the development of a unique culture, known as the "*Kokufū* Culture," had already begun in the 9th

一般には894年に遣唐使が廃止されたあと、文化の輸入が止まり、「国風文化」が発達したとされることが多い。しかしこの説明にはさまざまな問題がある。たとえば現在では、894年に遣唐使が廃止されたわけではないという説がある（907年に唐が滅んだことで、結局遣唐使はなくなったが）。さらに、その後も商人を通じて引き続き中国の文物は輸入されていた。また「国風文化」といわれるような独自の文化の発達は、9世紀の段階からすでにはじまっていた。たしかに10世紀に入ると文化的な変化が見られるが、その時代においても中国文化は引き続き尊重されていた。たとえば**唐物**《からもの》と呼ばれる中国からの輸入品や、『**和漢朗詠集**《わかんろうえいしゅう》』（1013）に見られるような漢詩文の重視である。

## 王朝文化の確立

このように、「国風文化」の形成過程はそれほど単純なものではない。いずれにしても、9世紀からの変化を受け継ぎつつ、おおよそ10世紀以降に独自の王朝文化が確立されていった。漢字をもとにして日本独自の文字である**仮名**《かな》が作り出され、また仮名を使用した**書道**《しょどう》も発達した。中国の「唐絵《からえ》」とは異なる絵画様式である**やまと絵**、**十二単**《じゅうにひとえ》に代表される華麗《かれい》な服装も登場した。さまざまな**年中行事**《ねんじゅうぎょうじ》や儀礼も形成され、貴族たちは先例を守る生活を送った。そこでは**穢れ**《けが》と呼ばれる一種の宗教的な不浄を避けることが重視された。また中国の陰陽《いんよう》五行説《ごぎょうせつ》などをもとに、占いや呪術の体系である**陰陽道**《おんみょうどう》が確立され、仏教や神祇祭祀とともに貴族の生活を規定していった。

桓武天皇や嵯峨天皇は自ら積極的に政治を行ったが、次第に貴族の**藤原氏**《ふじわらし》、特にその北家《ほっけ》が自らの娘を天皇と結婚させて親族関係を持ち、「摂政《せっしょう》」や「関白《かんぱく》」、「内覧《ないらん》」と呼ばれる天皇の補佐役《ほさやく》として、事実上の支配者としての地位を確立していくようになった。このような政治を**摂関政治**《せっかんせいじ》と呼ぶ。摂関政治は9世紀半ばから始まり、10世紀後半から11世紀頃までに確立し、発展した。この時代は**摂関期**《せっかんき》と呼ばれる。

摂関期に貴族社会は繁栄《はんえい》を迎えたが、そこで文化の担い手として活躍したのが**女房**《にょうぼう》と呼ばれる女性たちである。女房とは、貴族の中でも特に位の高い人々、たとえば天皇の后妃《こうひ》に仕えた女性たちだった。ではなぜ女房は王朝文化の担い手となったのだろうか。

当時の貴族社会は一夫多妻制《いっぷたさいせい》だったため、天皇の后妃も数多く存在した。天

century. Although cultural changes were evident in the 10th century, Chinese culture continued to be respected during that period. For example, there was an emphasis on imported Chinese goods called ***karamono*** and Chinese poetry, as seen in the ***Wakan Rōeishū*** (1013).

## Establishment of Heian Court Culture

The process of forming the "*Kokufū* Culture" was not as simple as it seemed. In any case, a unique court culture was established roughly from the 10th century onward, inheriting changes from the 9th century. ***Kana***, a writing system unique to Japan, was created based on Chinese characters, and ***shodō*** **(Japanese calligraphy)** using *kana* was also developed. The ***Yamato-e*** style of painting, which differed from the Chinese "*Kara-e*" style, and the splendid garments represented by the ***jūni-hitoe*** also appeared. Various annual events and rituals (***nenjū gyōji***) were also formed, and the aristocrats lived a life that observed precedent. They emphasized the avoidance of a kind of religious impurity known as ***kegare***. ***Onmyō-dō***, a system of divination and magic based on Chinese theories such as yin-yang and the five elements, was also established, and together with Buddhism and *kami* rituals, it governed the lives of the nobles.

Although Emperors Kanmu and Saga actively engaged in politics, gradually the **Fujiwara nobles**, especially the *Hokke* family, married their daughters to the emperors and established kinship with them, and using titles such as "*sesshō*," "*kanpaku*," and "*nairan*," they became advisors to the emperors. By doing so, they came to establish themselves as the de facto rulers of the country. This style of government is called ***Sekkan*** **(regency) government**. *Sekkan* government began in the mid-9th century and was established and developed from the late 10th to the 11th century. This period is called the **Sekkan period**.

During the Sekkan period, aristocratic society flourished, and women called ***nyōbō*** played an active role as bearers of culture. *Nyōbō* were women who served the highest ranks of the noble women, such as the empresses. Why, then, did *nyōbō* become the bearers of court culture?

At that time, aristocratic society was polygamous, and there were many empresses for an emperor. When an empress bears a child and that child is crowned as the next emperor, not only the mother but also her relatives gain immense power. Therefore, the empresses were always in competition with each

皇の愛情を得て子供を生み、さらにその子が次の天皇に即位すると、母親である后妃だけではなく、その親族も絶大な権力を手にすることができる。そのため天皇の后妃たちは常に競争《きょうそう》していた。当時の貴族社会では、異性を惹《ひ》きつける魅力とはすなわち教養と知性とされており、天皇の后妃たちにとっては教養を身につけることが切実な課題であった。

そこで后妃の親族は、教養と才能がある女性を抜擢《ばってき》して女房とし、后妃のサポートをさせた。当時の貴族の女性は結婚して夫を支えるのが普通だったが、女房たちは自分の才能によって活躍する場を得た。その結果、后妃を中心として女房たちの文化的サロンができあがり、王朝文化が発展したのである。

## 平安時代の和歌

平安時代初期は漢詩が主流であり、和歌は公《おおやけ》の場では詠《よ》まれなくなっていた。しかし次第に和歌は復活していく。9 世紀後半には「**六歌仙**《ろっかせん》」と呼ばれる歌人が活躍した。さらに醍醐天皇《だいごてんのう》の命令により、**紀貫之**《きのつらゆき》（? ～ 945）らが編纂《へんさん》した歌集が 10 世紀初頭に完成する（序文は 905 年）。これが『**古今和歌集**《こきんわかしゅう》（**古今集**《こきんしゅう》）』である。

『古今和歌集』はその後の文化や文学の歴史において、きわめて大きな意味を持つ。天皇の命令によって作られた歌集を**勅撰和歌集**《ちょくせんわかしゅう》と呼ぶが、『古今和歌集』は最初の勅撰和歌集だった。これ以降、天皇の権威と歌集の編纂が密接に結びつき、天皇を中心とする和歌の共同体という「日本」のイメージが形成されていく。

また、『古今和歌集』には紀貫之が漢字と仮名で書いた二種類の序文があり、これは仮名で書かれた最初の公的な文章だった。ここで貫之は、「やまとうたは、人の心を種として、よろづの言の葉とぞなれりける」（和歌は、人の心を種として、多くの言葉となったものである＊）と述べて和歌の理念を示し、後世まで影響を及ぼした。

『古今和歌集』のもう一つの重要な意義は、和歌の基本的なモデルを確立したことである。『万葉集』の段階からすでに和歌のレトリックはあったが、『古今集』はそれをさらに洗練《せんれん》させた。仮名を使用できるようになったことも大きな要因である。

『古今集』が発達させたレトリックの一つは**掛詞**《かけことば》である。六歌仙の一人、**小**《お》

other. In the aristocratic society of the time, attractiveness to the opposite sex was considered to be a combination of culture and intelligence, and the empresses had a serious need to acquire culture.

Therefore empresses' relatives selected educated and talented women to serve as *nyōbō* and provide support for the empresses. While it was common for aristocratic women of the time to marry and support their husbands, *nyōbō* were allowed to use their talents to play an active role in society. As a result, a cultural salon for *nyōbō* was created around the empresses, and the court culture developed.

## Waka Poetry in the Heian Period

In the early Heian period, Chinese poetry was the mainstream, and waka poems were no longer composed in public. Gradually, however, waka poetry made a comeback, and in the late 9th century, poets known as the ***Rokkasen*** (six poets) were active. In addition, at the order of Emperor Daigo, a collection of waka poems compiled by **Ki no Tsurayuki** (?-945) and others was completed in the early 10th century (the preface was written in 905). This is the ***Kokin wakashū*** (***Kokinshū***).

The *Kokin wakashū* held great significance in the subsequent history of culture and literature. The *Kokin wakashū* was the first ***chokusen wakashū*** (imperially commissioned waka poetry anthology). From this point on, the emperor's authority and the compilation of waka poetry anthologies were closely linked, and the image of "Japan" as a waka poetry community centered on the emperor was formed.

The *Kokin wakashū* also contains two prefaces written by Ki no Tsurayuki, one in Chinese characters and one in *kana*. The latter was the first official text written in *kana*. Here, Tsurayuki wrote, "Waka are many words that blossomed from the seed of the human heart," thus demonstrating the philosophy of waka poetry and influencing later generations.

Another important significance of the *Kokin wakashū* is that it established a basic model for waka poetry. The rhetoric of waka poetry had already existed from the stage of the *Man'yōshu*, but the *Kokinshū* further refined it. The ability to use kana was also a major factor.

One of the rhetorical devices developed by the *Kokinshū* was the use of

**野小町**《ののこまち》の歌を例にとろう。「花の色は移りにけりないたづらにわが身世《みよ》にふるながめせしまに」（花の色は色あせてしまった、むなしく長雨《ながあめ》の間に。そして私もこの世の中に生き長らえてもの思いをしている間に、むなしく年老いてしまった＊）。この歌の第一の意味は、「長い雨が降っている間に花（桜）の色があせてしまった」というものである。しかし「世に降る」は「世に経《ふ》る（年をとる）」、「長雨《ながめ》」は「眺《なが》め（思い悩むこと）」とそれぞれ同じ音の言葉であるため、二重の意味を持つ。したがってこの歌は、「物思いをしながら生きているうちに、いつのまにか若さが失われ、むなしく年老いてしまった」という意味の文としても読める。つまり同音異義語《どうおんいぎご》を使うことで、歌全体が二つの意味を持つのである。

このようなレトリックが用いられる『古今集』は、その後の和歌の方向性を決定づけた。自分の気持ちの素直な表現というよりも、特定のテーマとレトリックの中で技巧《ぎこう》の美しさを追求するという方向性である。

『古今集』のもう一つの意義は、和歌の典型的《てんけいてき》なテーマを設定したことである。『古今集』は特に**恋**と**四季**《しき》（自然）を重視した。詩の中で自然のイメージを用いることは中国文学にも古くから見られるが、『古今集』は自然のイメージを発達させ、体系化した。

都市の中に住んでいる貴族は、現実の野生《やせい》の自然に触れる機会はほとんどなかった。しかし文学や芸術のなかで自然を再現し、それを愛でる文化が発達した。それは調和の取れた、人間にとって親しみやすい自然であり、現実の自然とは異なる「二次的自然」（ハルオ・シラネ）だった。貴族たちは季節ごとに自然を分類し、さらにそれぞれの自然に特定のイメージを結びつけた。たとえば春＝桜＝はかない、といった連想である。このような自然の連想の体系は、現在でも**和服**《わふく》や**和菓子**《わがし》など、「日本文化」のさまざまな例に見出される。

また貴族たちは特定の場所を、歌の題材となる名所、**歌枕**《うたまくら》として設定し、特定のイメージと結びつけた。たとえば吉野《よしの》は桜の、須磨《すま》は月の歌枕となった。

こうして和歌を中心として「二次的自然」の体系化が進み、文学、視覚芸術、建築、年中行事、娯楽にまで影響を与えた。時代がくだるにつれて、それは民衆にまで普及していった。春の花見はその一例である。さらにそれは、「自然の調和がとれた美しい日本」という現実の自然環境とは必ずしも一致しないイメージを生み出した。このように王朝文化は、現在の多くの日本人の生活にも、

***kakekotoba***. Take, for example, the poem by **Ono no Komachi**, one of the *Rokkasen*.

*Hana no iro wa*
*utsuri ni keri na*
*itazura ni*
*waga mi yo ni furu*
*nagame seshi ma ni*

The first meaning of this poem is that the color of the flowers (cherry blossoms) has faded during the long rain. However, since "raining down on the world (*yo ni furu*)" and "long rain (*nagame*)" are words with the same sound as "getting old (*yo ni furu*)" and "be lost in thought (*nagame*)," respectively, they have a double meaning. Thus, the poem can also be read to mean, "I, too, have grown old in vain while I live long in this world and am lost in thought." In other words, by using homonyms, the entire poem has two meanings.

The *Kokinshū*, with its use of such rhetoric, determined the direction of subsequent waka poetry. Rather than a straightforward expression of one's feelings, the trend was to pursue the beauty of technique within the context of a particular theme and rhetoric.

Another significance of the *Kokinshū* was that it set themes that are typical of waka poetry. The *Kokinshū* placed particular emphasis on **love** and the **four seasons** (nature). The use of images of nature in poetry has been seen in Chinese literature since ancient times, but the *Kokinshū* developed and systematized the images of nature.

Aristocrats living in cities had few opportunities to come into contact with real wild nature. However, a culture developed that reproduced and admired nature in literature and art. It was a harmonious, human-friendly nature, a "**secondary nature**" (Haruo Shirane) that was different from the real nature. The nobility classified nature according to the seasons and associated each with a specific image. For example, spring = cherry blossoms = transient. This system of associations with nature can still be found today in various examples of "Japanese culture," such as ***kimono*** (traditional Japanese clothing) and ***wagashi*** (Japanese confectionery).

自覚していない部分で影響を与え続けている。

## 物語の発展

平安時代の文学は、和歌だけではなく、**清少納言**《せいしょうなごん》の『**枕草子**《まくらのそうし》』(1000 年頃成立)に代表される**随筆**《ずいひつ》や、紀貫之の『**土佐日記**《とさにっき》』(935 年頃成立)などの**日記文学**、紀行文なども発達した。しかしとりわけ重要なのは、**物語**《ものがたり》と呼ばれる仮名で書かれたある種の小説が発達したことである。最初期の物語とされるのが『**竹取**《たけとり》**物語**《ものがたり》』であり、この作品は月の世界からやってきた「かぐや姫」の成長と別れを描いている。

とりわけ後世に古典として重視されたのが、『**伊勢物語**《いせものがたり》』と『**源氏物語**《げんじものがたり》』である。『伊勢物語』は 10 世紀の初めから後半にかけて、複数の人々の手によって形成されたと考えられる。ある男の生涯を短い物語の寄せ集めによって描き、洗練された貴族的な美である「**みやび**」を表現した作品である。それぞれの物語には必ず和歌が登場し、そのなかには歌人・**在原業平**《ありわらのなりひら》(825 ~ 80)の歌も含まれる。そのため、『伊勢物語』は業平の生涯を描いた物語とかつて信じられていたが、実際にはほぼ虚構と見られている。

他方、**紫式部**《むらさきしきぶ》の『**源氏物語**《げんじものがたり》』は 11 世紀初めに成立したとされているが、正確な成立の時期や経緯《けいい》は不明である。作者の紫式部は子供時代から優れた学問の才能を見せたが、女性であるため活躍の道を得られなかった。早くに夫と死別し、その絶望の中で『源氏物語』の執筆を開始したとされる。それが評判を呼び、天皇の后妃である中宮彰子《ちゅうぐうしょうし》に仕える女房になった。

『源氏物語』は全 54 巻で構成される。架空の貴族(天皇の子供)・**光源氏**《ひかるげんじ》とその周囲の人々の恋愛と人生を描く。物語の中心にあるのは光源氏とその継母(天皇の后妃)・藤壺《ふじつぼ》との恋である。藤壺との別れを強いられた光源氏は、その後彼女に似た紫《むらさき》の上《うえ》と結婚するが、様々な女性との恋愛を繰り広げる。そして物語では光源氏の栄華と晩年の失意《しつい》、紫の上の死を経て出家を決意するまでが描かれる(最後の 10 巻は光源氏の子孫の物語)。

『源氏物語』はさまざまな読み方が可能である。平安時代の貴族の生活がくわしく描かれているため、王朝文化を学ぶための古典としての意味を持つ。また、文学的表現、特に繊細《せんさい》でリアルな心理描写も注目される。

『源氏物語』の中で主題としてしばしば表れるのは「**宿世**《すくせ》」という観念であり、

The aristocrats also associated certain places with specific images by designating them as famous places or ***utamakura***, which became the subject of their poems. For example, Yoshino became an utamakura for cherry blossoms, and Suma for the moon.

The systematization of "secondary nature" centering on waka poetry thus progressed, influencing literature, visual arts, architecture, annual events, and even entertainment. As time went by, it spread to the masses. *Hanami* (cherry blossom viewing) in spring is one example. Furthermore, it created an image of "a beautiful Japan in harmony with nature," an image that did not necessarily correspond to the actual natural environment. In this way, the court culture continues to influence the lives of many people in Japan even today, in ways they are not even aware of.

## The Development of *Monogatari*

Literature of the Heian period included not only waka poems, but also essays (***zuihitsu***) such as **Sei Shōnagon**'s ***The Pillow Book*** (*Makura no Sōshi*) (written around 1000), diary literature such as Ki no Tsurayuki's ***Tosa Diary*** (*Tosa Nikki*) (written around 935), travelogues, and other writings. Of particular importance, however, was the development of a type of novel written in kana, called *monogatari*. The earliest known *monogatari* is ***The Tale of the Bamboo-Cutter*** (*Taketori Monogatari*), which depicts the life of Kaguyahime (Princess Kaguya), who came to earth from the moon.

***The Tales of Ise*** and ***The Tale of Genji*** were especially important as classics in later generations. *The Tales of Ise* (*Ise Monogatari*) is thought to have been composed by several people in the early to late 10th century. It depicts the life of a man through a collection of short stories that express the redefined and aristocratic beauty of ***miyabi***. Waka poems appear in each tale, including ones by the poet **Ariwara no Narihira** (825-80) . It was once believed that the *Tales of Ise* was a story about the life of Narihira, but in fact, it is almost entirely fictional.

**Murasaki Shikibu**'s *The Tale of Genji* (*Genji Monogatari*) is said to have been written in the early 11th century, but the exact date and circumstances of its creation are unknown. Murasaki Shikibu, the author of the tale, showed great academic talent in childhood, but as a woman, she could not pursue a career. She lost her husband early in life, and it is said that she began writing *The Tale of*

その背景には因果応報《いんがおうほう》や因縁《いんねん》という仏教的思想がある。しかし『源氏物語』のなかではむしろ、あらがいがたい何かによって人生が思いがけない展開をしていくことを表現するために、「宿世」という概念が用いられている。そこには、古代の貴族社会に生きる女性として、多くの理不尽《りふじん》に直面した紫式部の経験が反映されていると読むこともできるだろう。

光源氏と藤壺の恋に表われているように、王朝文化から生まれた古典は時に反道徳的な内容を含むものだった。しかし、平安時代の終わりとともに、貴族社会が衰退したあとも、これらの古典は長く受け継がれ、道徳を超えた美意識の系譜《けいふ》を形作っていくことになる。

**土佐光吉《源氏物語絵色紙帖 野分 詞青蓮院尊純》**
**（17 世紀、京都国立博物館蔵）**
Tosa Mitsuyoshi, *Scene from the Tale of Genji Chapter: An Autumn Tempest* (*Nowaki*) (17th century, Kyoto National Museum)
＊出典：ColBase 国立文化財機構所蔵品統合検索システム
（https://colbase.nich.go.jp/collection_items/kyohaku/A 甲 16-28?locale=ja）

*Genji* in despair. The work was well received, and she became the *nyōbō* of the empress, Chugū Shōshi.

*The Tale of Genji* consists of 54 volumes. It depicts the love and lives of the fictional aristocrat (and emperor's child) **Hikaru Genji** and the people around him. At the center of the story is the love between Hikaru Genji and his stepmother, the empress Fujitsubo. After being forced to part with Fujitsubo, Hikaru Genji marries Murasaki no Ue, who resembles Fujitsubo, and goes on to fall in love with a variety of other women as well. The story describes Hikaru Genji's prosperity, the disappointment of his later years, the death of Murasaki no Ue, and his decision to join the priesthood (the last 10 volumes are the stories of Hikaru Genji's descendants).

*The Tale of Genji* can be read in a variety of ways. Since it describes in detail the life of the aristocrats of the Heian period, it is a classic for learning about the culture of the imperial court. It is also notable for its literary expressions, especially its sensitive and realistic psychological descriptions.

*The Tale of Genji* is often associated with the idea of *sukuse* (destiny), which is based on the Buddhist ideas of *inga ōhō*. In *The Tale of Genji*, however, the concept of *sukuse* is used to express the unexpected development of life caused by something unforeseeable. This may be read as a reflection of Murasaki Shikibu's experience as a woman living in an ancient aristocratic society, where she was confronted with a great deal of absurdity.

As shown in the love story between Hikaru Genji and Fujitsubo, the classics that emerged from the court culture sometimes contained immoral content. However, even after the decline of aristocratic society at the end of the Heian period, these classics would be handed down for a long time, forming a lineage of aesthetic sensibilities that transcended morality.

# 移ろいゆく歴史と社会
## History and Society in Transition
## 院政期・鎌倉時代
## The Insei and Kamakura Periods

キーワード / Keywords

顕密仏教、『新古今和歌集』、『平家物語』、『愚管抄』

Kenmitsu Buddhism,
*Shin Kokin Wakashū, Tale of the Heike, Gukanshō*

日本の「中世」がいつから始まったかについてはさまざまな説があるが、現在では、**院政期**《いんせいき》（11 世紀末～ 12 世紀）とされることが多い（おおむね平安時代後期にあたる）。古代から続いてきた日本の社会と文化は、院政期以降に大きく変化した。この章では中世の社会と文化の基本的特徴を見た上で、歴史を主題とする中世の物語と思想を紹介する。

### 中世社会の特徴

中世社会の特徴の一つは、公家、武家や大きな寺社が特権的な所有権を持つ**荘園**《しょうえん》と呼ばれる土地が拡大したことにある。それは国司《こくし》が支配する公領《こうりょう》と並んで存在し、**荘園公領制**《しょうえんこうりょうせい》と呼ばれる状態が成立していった。また、「**院**《いん》（**上皇**《じょうこう》）」と呼ばれる存在も中世社会の特徴の一つである。平安時代では藤原氏が務める摂政・関白が実質的な最高権力者になったが、摂関家《せっかんけ》の権力は天皇との血縁関係にもとづいていた。1068 年にはそのような関係を持たない後三条天皇《ごさんじょうてんのう》が即位し、藤原氏から独立した政治を目指した。

そこから進んで、特に**白河天皇**《しらかわ》（1053 ～ 1129）以降、退位した天皇が上皇となって自分の子孫に皇位を継承させ、強大な権力をふるうようになった。こうして中世の朝廷では上皇、特に「**治天**《ちてん》**の君**《きみ》」と呼ばれる上皇が中心的な権力者となっていった。しかし、「治天の君」が現役の天皇や他の上皇と対立することもある。そのため、天皇家を誰が継承するかをめぐって、天皇家内部の争いが起きるようになった。こうした争いに貴族社会の内部対立もからんで、**保元**《ほうげん》**の乱**《らん》（1156）と**平治**《へいじ》**の乱**《らん》（1159）が起こった。

There are various theories as to when the “Middle Ages” began in Japan, but the **Insei period** (late 11th century - 12th century) is often regarded as the starting point (roughly corresponding to the late Heian period). Japanese society and culture, which had continued since ancient times, underwent major changes after the Insei period. This chapter looks at the basic characteristics of medieval society and culture and then introduces medieval literature and historical thoughts on the subject of history.

## Characteristics of Medieval Society

One of the characteristics of medieval society was the expansion of manors called ***shōen***, in which *kuge* (the aristocrats) and *samurai*, as well as large temples and shrines held privileged ownership rights. These lands existed alongside *kōryō* (public domains), which were ruled by *kokushi* (provincial officials). This dual form of government is called the ***shōen-kōryō* system**. Another characteristic of medieval society was the existence of the ***in*** (***jōkō***, retired emperor). In the Heian period, *sesshō* and *kanpaku*, offices that were typically served by the Fujiwara clan, became the de facto supreme authorities, but the Fujiwara Clan’s power was based on their blood relationship with the emperor. In 1068, Emperor Go-Sanjo, who had no such relationship with the Fujiwara clan, ascended the throne and sought to establish a government independent of the Fujiwara.

From then on, and especially from **Emperor Shirakawa** (1053-1129) onward, emperors began to retire early and pass the throne on to their descendants, wielding great power behind the scenes. Thus, retired emperors, especially those called ***Chiten no Kimi*** (sovereigns of heaven), became the central power in the medieval imperial court. However, the *Chiten no Kimi* sometimes came into conflict with the reigning emperor or other retired emperors. This led to internal disputes within the emperor’s family over who would succeed to the emperor’s throne. These conflicts, combined with internal conflicts within aristocratic society, led to the **Hōgen (1156) and Heiji (1159) rebellions**.

Starting with the Hōgen and Heiji rebellions, it became common practice to settle political disputes within the imperial court by military force, and the samurai grew in power as the emperors/retired emperors and aristocrats began to

保元・平治の乱からは、朝廷内部の政治的な争いを武力で決着させることが一般化し、天皇・上皇と公家が**武士《ぶし》**を積極的に用いはじめたことで武士は勢力を伸ばしていった。軍事を担う存在である武士の台頭もまた中世の特徴である。

武士の起源については諸説あるが、地方に派遣された軍事担当の貴族が一つの源流だったと見られる。そのなかからやがて武士の勢力をたばねる一族が登場した。まず保元・平治の乱で大きな役割を果たした**平氏《へいし》**（**平家《へいけ》**）の**平清盛《たいらのきよもり》**（1118 ～ 81）が朝廷のなかで権力を得て政権を確立した。しかし**源氏《げんじ》**を中心とする勢力との戦いである**治承《じしょう》・寿永《じゅえい》の乱《らん》**（いわゆる源平合戦《げんぺいかっせん》、1180 ～ 85）によって平氏政権は敗北する。こうして**源頼朝《みなもとのよりとも》**（1147 ～ 99）により、1180 年代に武士の政権である**鎌倉幕府《かまくらばくふ》**が確立され（時期については諸説ある）、**鎌倉時代《かまくらじだい》**が始まる。

以上のように、基本的に朝廷に権力の中心があった古代とは異なり、中世でふは朝廷の政務や儀式を担当する公家、軍事を担当する武家、宗教を担当する寺社がそれぞれ大きな勢力となった。そして天皇や上皇の王権によって統合されながら、各勢力がそれぞれの役割を果たし、国を支配する体制が確立された。しかし安定した均衡《きんこう》状態はいつまでも続かず、戦乱が繰り返された。特に武家政権の登場により、朝廷の力は弱まっていく。鎌倉幕府の実質的支配者である北条義時《ほうじょうよしとき》を倒すため、1221 年に**後鳥羽上皇《ごとばじょうこう》**（1180 ～ 1239）が**承久《じょうきゅう》の乱《らん》**を起こすが、敗北してしまう。それにより朝廷に対する幕府の優位が決定的となるのである。

### 中世の宗教

中世は仏教を中心とする宗教が力を増した時代でもある。まず平安時代の段階で、奈良時代以来の仏教諸宗派が**南都六宗《なんとろくしゅう》**として確立され、さらに**真言宗《しんごんしゅう》**と**天台宗《てんだいしゅう》**が加わった。

真言宗は**密教《みっきょう》**の流れを継ぐ宗派である。密教はインドで大乗仏教の末期（7 世紀後半）に登場した。その特徴は、ヒンドゥー教などの神秘的な呪術や世界観を取り入れたことにある。密教は、すべての存在の実態を「無」や「空」と見なすそれまでの仏教とは異なり、この世界は真理そのものである**大日如来《だいにちにょらい》**という仏の現われでもあると考える。そして神秘的な修行法によって大日如来と一体化することで悟りを開くことができると説いた。

actively use the **samurai** (***bushi***). The rise of the samurai as military leaders was another characteristic of the medieval period.

There are various theories regarding the origin of the samurai, but some may have started as aristocrats who were dispatched to the provinces to oversee military affairs. From among these aristocratic warriors, clans who ruled over the samurai eventually emerged. First, **Taira no Kiyomori** (1118-81) of the **Heike clan**, who played a major role in the Hōgen and Heiji rebellions, rose to power and established himself in the Imperial Court. However, the Taira government was defeated in the **Jishō and Juei Rebellions** (1180-1185), also known as the Genpei War, by **Genji clan and their allies**. Thus, **Minamoto no Yoritomo** (1147-99), **the leader of the Genji**, established a samurai government known as the **Kamakura shogunate** in the 1180s (there is debate about the precise timing), and the **Kamakura period** began.

As described above, unlike in ancient times when the Imperial Court was the center of power, in the Medieval Period power was divided among different factions: the aristocrats (*kuge*) were in charge of court affairs and ceremonies, the samurai were in charge of military affairs, and the temples and shrines were in charge of religion. In this new system, each of these groups played a role in ruling the country while being united by the authority of the emperor or retired emperor. However, the status quo did not last forever, and wars were fought repeatedly. In particular, the emergence of the samurai government weakened the power of the imperial court. In 1221, **Retired Emperor Gotoba** (1180-1239) launched the **Jōkyū Rebellion** to overthrow Hōjō Yoshitoki, the real ruler of the Kamakura shogunate but was defeated. The result was a decisive victory for the shogunate over the imperial court.

## Religion in the Middle Ages

The Middle Ages were a period in which religion, especially Buddhism, grew in power. First, during the Heian period, the various Buddhist sects that had existed since the Nara period were established as the **six schools of Nara Buddhism**, and then new schools such as **Shingon and Tendai Buddhism** appeared.

Shingon Buddhism is a continuation of **Esoteric Buddhism**. Esoteric Buddhism appeared in India at the end of the Mahayana Buddhism period (late 7th century). Its distinctive feature is that it incorporates the mystical spells and worldview

日本では**空海**《くうかい》（774 ～ 835）が 9 世紀に唐から本格的な密教を持ち帰って日本に広め、真言宗を確立した。密教の呪術はさまざまな願いごとを可能にすると信じられたため、天皇や貴族も密教に頼るようになっていった。また密教は古代以来の**山岳信仰**《さんがくしんこう》と結びつき、後に**修験道**《しゅげんどう》と呼ばれる信仰の形態を生み出した。

一方、天台宗は 6 世紀末に中国の**智顗**《ちぎ》（538 ～ 597）が確立した教えを源流とする宗派である。そもそも中国ではインドにおいて発展したさまざまな仏教の経典が入ってきたため、それぞれの教えに矛盾が見られた。そこで智顗は、ブッダが相手に合わせて段階的に異なる説明の仕方をとったとし、**『法華経』**《ほけきょう》を頂点として多様な教えを一つに体系化した。この天台宗の教えを**最澄**《さいちょう》（767 ～ 822）が唐から持ち帰り、9 世紀に日本で広めた。天台宗の拠点となった**比叡山**《ひえいざん》は、さまざまな仏教の教えを学ぶことができる場としての役割を果たし、その後の仏教発展の基盤となった。

また最澄は、悟りを開いて仏となる可能性（**仏性**《ぶっしょう》）があらゆる人間にあることを強調した。さらに最澄は僧侶の資格をさずける場所である戒壇《かいだん》も独自に確立したが、そこでは在家者向けの簡単な戒律を採用した。このような人間の平等性の強調や戒律の相対化も、その後の日本の仏教に影響を与えることになる。

以上の八つの宗派は互いに競合しながらも、中世になると王権のもとでゆるやかに統合され、**顕密**《けんみつ》**仏教**と呼ばれる大きな勢力となっていった。顕密仏教の大寺院は自らも荘園を所有し、また政治権力と仏教は互いに支え合うという**王**《おう》**法仏法相依**《ほうぶっぽうそうい》の理念を主張して、人々の支配を正当化する役割を果たした。このようにして中世では仏教が政治や社会の体制と深く結びついた。そのため社会に仏教的世界観が広まり、目に見えない神仏の存在が重要性を増すようになる。

他方でこのような状況は仏教にある種の世俗化をもたらした。上皇や位の高い貴族はしばしば出家《しゅっけ》して僧侶となったが、その後も寺院で世俗的な生活を送り、政治に関与した。摂関家（摂政と関白を出す藤原氏の家系）や皇族出身の人物が務める**天台座主**《てんだいざす》（天台宗のトップ）は、こうした時代の象徴である。また教学の研究が重視される一方で、修行や戒律が軽視される傾向もあった。こうして仏教が世俗的になったために、本当の意味での出家、**遁世**《とんせい》を目指す僧侶も現れた。その代表例が、武士でありながら遁世し、放浪の旅をした歌人、**西**《さい》**行**《ぎょう》（1118 ～ 90）である。また各地を漂泊しながら修行や民衆への布教を行

of Hinduism and other Indian religions. Esoteric Buddhism differs from earlier Buddhism, which regarded the reality of all existence as "nothingness" or "emptiness," and instead teaches that the world is also the manifestation of the Buddha, ***Dainichi Nyorai*** (*Mahāvairocana*), who is the Truth itself. Esoteric Buddhism taught that enlightenment could be attained by becoming one with *Dainichi Nyorai* through mystical practices.

In Japan, **Kūkai** (774-835) brought back orthodox esoteric Buddhism from the Tang Empire in the 9th century and spread it in Japan, establishing Shingon Buddhism. Esoteric Buddhism was believed to be able to grant various wishes, and emperors and aristocrats came to rely on it. Esoteric Buddhism was also associated with **mountain worship** since ancient times, giving rise to a form of belief later called ***Shugendō***.

Tendai Buddhism, on the other hand, originated from the teachings established by **Zhiyi** (538-597) in China at the end of the 6th century. In China, various Buddhist scriptures developed in India were introduced, and contradictions were found between the teachings of the various schools. Zhiyi, therefore, suggested that the Buddha explained things differently depending on his audience, and he attempted to systematize the Buddha's various teachings into a coherent whole, with the ***Lotus Sutra*** at the top. **Saichō** (767-822) brought these Tendai teachings back from Tang China and spread them in Japan in the 9th century. **Hieizan**, the headquarters of the Tendai sect, served as a place where people could study various Buddhist teachings and became the foundation for the subsequent development of Buddhism.

Saichō also emphasized that all human beings have the potential to attain enlightenment and become Buddhas (**Buddha-nature**). Furthermore, Saichō established an original *kaidan*, a place to ordain monks, and adopted simple precepts that were originally intended for lay believers. This emphasis on the equality of human beings and the relativization of precepts would also influence later Buddhism in Japan.

Although the above eight sects competed with one another, they were loosely integrated under the kingship in the Middle Ages and became a major force known as **Kenmitsu Buddhism**. The great temples of Kenmitsu Buddhism possessed their own *shōen*, and they played a role in legitimizing the government's rule over the people by asserting the principle of ***Ōhō Buppō***

なう聖《ひじり》と呼ばれる僧侶たちも活躍した。彼らは顕密仏教と断絶したわけではなく、それを支える役割も果たしていたが、そのなかからやがて新しい仏教の動きも生まれることになる。

## 中世の和歌と文学

『古今和歌集』以降も多くの勅撰和歌集《ちょくせんわかしゅう》が作られたが、中世において最も重要なのが、後鳥羽上皇が中心となって編纂《へんさん》し、13世紀はじめに成立した『**新古今和歌集**《しんこきんわかしゅう》』（『新古今集』）である。『新古今和歌集』の特徴の一つが、過去の歌の言葉を模倣《もほう》する**本歌取り**《ほんかどり》である。それは過去の歌が呼び起こすイメージを使いながら、別のイメージを付け加え、奥行《おくゆ》きのある世界を生み出す方法だった。当時、平安時代の文化を取り戻そうとする古典主義が盛んだったこともその背景にあるだろう。

本歌取りが示すように、微妙で奥行きがある美しさが『新古今和歌集』の歌の特徴である。たとえば、「見わたせば花も紅葉《もみじ》もなかりけり浦《うら》の苫屋《とまや》の秋の夕暮れ（見わたすと花も紅葉も何もないよ、苫葺《とまぶ》きの小屋がところどころにある海辺の秋の夕暮れは*）」という**藤原定家**《ふじわらのていか》（1162～1241）の歌はその代表例である。花と紅葉がない寂しさに美を見出すこの歌は、『新古今和歌集』の特徴をよく表わしている。その背景には不安定な時代を生きる人々の虚無感もあっただろう。このような美意識は**幽玄**《ゆうげん》とも呼ばれる（ただし、『新古今集』や中世全体の美意識として「幽玄」を強調するようになるのは近代以降である）。

中世には歴史を描いた文学も発達した。公式の歴史書である**六国史**《りっこくし》は『日本三代実録』（901）が最後だったが、その後、和文による物語の形式で書かれた**歴史物語**《れきしものがたり》が登場した。すなわち『栄花物語《えいがものがたり》』、『大鏡《おおかがみ》』、『今鏡《いまかがみ》』、『増鏡《ますかがみ》』である。また戦争を題材とした『保元物語』や『平治物語』などの**軍記物語**《ぐんきものがたり》も書かれた。

歴史を題材とした中世の文学の中でも最も有名な作品が**『平家物語《へいけものがたり》』**である。この物語は、栄華《えいが》をきわめた平氏の人々が源氏と戦い、滅んでいく過程を描いている。成立は鎌倉時代と見られるが、作者については諸説あり、はっきりとはわかっていない。『平家物語』は単に書物として読まれただけではなく、琵琶法師《びわほうし》の語りによっても伝えられた。

「祇園精舎《ぎおんしょうじゃ》の鐘《かね》の声、諸行無常《しょぎょうむじょう》の響《ひび》きあり」という冒頭の一節はよく知られている。その言葉が示しているのは**無常**《むじょう》、すなわちいかなる存在も永遠ではな

***Sōi*** (interdependence of Buddhist and imperial law). Thus, in the Middle Ages, Buddhism was deeply connected to the political and social system. As a result, the Buddhist worldview spread throughout society, and the existence of invisible *kami* and Buddhas became increasingly important.

On the other hand, this situation brought about a certain secularization of Buddhism. Emperors and high-ranking aristocrats often became monks, but they continued to lead secular lives in temples and were involved in politics. The ***Tendai zasu*** (head of Tendai Buddhism), who was often a member of the *Sekkan* family (family lineages that produced *sessho* and *kanpaku* in the Fujiwara clan) or the imperial family, is a symbol of this era. While emphasis was placed on the study of doctrines, there was also a tendency to neglect ascetic practices and precepts. As Buddhism became more secularized, some monks sought to become secluded in the true sense. This was called ***tonsei***. A representative example is the poet **Saigyō** (1118-90), a samurai who became a *tonsei* monk and wandered about the country. Priests called ***hijiri*** were also active, drifting from place to place, practicing asceticism and preaching to the people. They did not break away from Kenmitsu Buddhism but played a role in supporting it, and eventually, a new Buddhist movement emerged among them.

## Waka Poetry and Literature in the Middle Ages

After the *Kokin Waka Shū*, many imperial anthologies of waka poems were compiled. Still, the most important in the medieval period was the ***Shin Kokin Wakashū*** (also known as *Shin Kokinshū*), compiled in the early 13th century under the leadership of Retired Emperor Gotoba. One of the characteristics of the *Shin Kokin Wakashū* is a technique called ***honkadori***, which imitates the words of past poems. It was a method of creating a world of depth by using the images evoked by past poems and adding other images. This was probably due in part to the popularity of classicism at the time, which sought to restore the culture of the Heian period.

As shown by *honkadori*, aesthetic subtlety and depth characterize the poems of the *Shin Kokin Wakashū*. A typical example is this poem by **Fujiwara no Teika** (1162-1241): “Looking around, there are no flowers, no autumn leaves, nothing but thatched huts by the sea at dusk in autumn.” This poem, which finds beauty in the loneliness of the absence of flowers and autumn leaves, well

く、変化し、消え去っていくという仏教の教えである。それは平氏がその傲慢《ごうまん》さゆえに滅んでいくことを暗示しているが、『平家物語』は単に平氏を批判するわけではなく、歴史の流れに翻弄《ほんろう》される人々の悲しみや愛も描き出している。

その一例が有名な平敦盛《たいらのあつもり》のエピソードである。源平合戦の最中、源氏側の熊《くま》谷直実《がいなおざね》は、息子と同じくらいの年齢である敦盛を捕らえ、命を助けたいと考えるが、それはすでに不可能だった。やむなく敦盛を自らの手で殺した直実は、「ああ、弓矢取る武士の身ほど情けないものはない。武芸の家に生まれなければ、こんなつらい目に遭《あ》うこともなかったろうに*」と言って涙を流すのだった。

ただし『平家物語』の内容はこのような戦いの悲しみに尽きるものでもない。権力者や戦争の勝者だけではない、多様な人々の視点から見た歴史が描かれているのである。そのため歴史のなかで『平家物語』は多様に読み替えられ、そのエピソードや登場人物を使って、能や幸若舞《こうわかまい》、浄瑠璃《じょうるり》や歌舞伎《かぶき》などの作品が生み出されていった。こうした後世の創造の源となったことも、『平家物語』の歴史的意義といえる。

なお、仏教から影響を受けた中世の文学としては、他にも**説話集**《せつわしゅう》の**『今昔物語集』**《こんじゃくものがたりしゅう》（1120 ～ 1140 年頃成立）や、無常観にもとづく随筆である鴨長明《かものちょうめい》の**『方丈記』**《ほうじょうき》（1212 年成立）などが重要である。

## 歴史思想の登場

歴史論や歴史思想が現れたことも中世の文化の興味深い点の一つである。その代表例が、**慈円**《じえん》の**『愚管抄』**《ぐかんしょう》である。慈円は摂関家に生まれ、天台座主《てんだいざす》を務めた位の高い貴族だった。『愚管抄』は承久の乱の直前、1219 年か 1220 年に成立したと考えられる。これは個人が日本の歴史全体を論じた初めての書物だった。

『愚管抄』は、体制が移り変わり、様々な勢力が入り混じる複雑な状況を説明するために、歴史の背後にある「道理《どうり》」を探究しようとする。慈円によれば、古代の日本では神仏の意図する「道理」と人間社会のあり方は合致していたが、時代が降るにつれて両者のへだたりが大きくなっていったという。そのため人間は神仏の意図を理解できなくなり、社会は秩序を失っていく一方に見える。

他方で慈円は、社会の変化につれて「道理」も作り替えられてきたと考え、鎌倉幕府のような武家政権の意義も認める。「道理」の柔軟な変化の根底には、

expresses the aesthetic of the *Shin Kokin Wakashū*. The background of this poem must have been the sense of emptiness felt by people living in unstable times. This aesthetic sense is also called ***yūgen*** (however, it was not until modern times that *yūgen* came to be emphasized as a main aesthetic sense in the *Shin Kokin Wakashū* and in the medieval period as a whole).

Literature depicting history also developed during the Middle Ages. The last of the six official history books known as the ***Rikkokushi*** was *Nihon Sandai Jitsuroku* (901), but after that, ***rekishi monogatari*** (historical tales) written in Japanese in the form of *monogatari* appeared. For example, *Eiga Monogatari, Ōkagami, Imakagami, Masukagami*. Also, ***gunki monogatari*** (war tales) such as *Hōgen Monogatari* and *Heiji Monogatari* were written on the subject of war.

The ***Heike Monogatari*** (*Tale of the Heike*) is the most famous work of medieval literature based on historical themes. This tale depicts the process in which the prosperous Heike clan fought against the Minamoto clan and fell. The tale is thought to have been written in the Kamakura period, but there are various theories about the author, and little is known for certain. *The Tale of the Heike* was not only read as a book but was also passed down through the narration of *biwa hōshi*, bards who played the *biwa* (Japanese lute).

The opening line of the story is well known: "The sound of the bells in the *Gion Shōja* (*Jetavana*) teaches us the impermanence of all beings." What these words indicate is the Buddhist concept of ***anitya***, or ***mujō*** (impermanence) in Japanese, which teaches that all existence is not eternal, but changes and fades away. *The Tale of the Heike*, however, is not merely critical of the Heike clan, but also depicts the sorrow and love of those tossed about by the currents of history.

One example is the famous episode of Taira no Atsumori. During the Genpei War, Kumagai Naozane of the Genji, captured Atsumori, who was about the same age as Naozane's own son. Naozane wanted to save Atsumori's life, but this was already impossible. Naozane, who had no choice but to kill Atsumori with his own hands, wept and said, "Ah, there is nothing more shameful than a samurai taking a bow and arrow. If I had not been born into a family of samurai, I would not have had to go through such a painful experience."

However, the story of *The Tale of the Heike* is not limited to such sorrows of battle. It depicts history from the viewpoints of various people, not only those in power or the victors of wars. For this reason, *The Tale of the Heike* has been

それを可能にしているより根源的な「道理」が存在するのだ。

　このように、中世の混沌とした歴史に直面した人々は、仏教的世界観の広まりを背景としながら、それまでにない文学や思想を生み出していったのだった。

**勝川春章《平敦盛と熊谷直実》（18世紀、東京国立博物館蔵）**

*Taira no Atsumori and Kumagai Naozane* by Katsukawa Shunshō
（18th century, Tokyo National Museum）
＊出典：ColBase 国立文化財機構所蔵品統合検索システム
（https://colbase.nich.go.jp/collection_items/tnm/A-10569-1386?locale=ja）

reread in various ways throughout history, and its episodes and characters have been used in noh plays, *kōwakamai*, *jōruri*, *kabuki*, and other productions. One of the historical significances of *The Tale of the Heike* is that it served as a source of such creation for future generations.

Other important works of medieval literature influenced by Buddhism include the ***Konjaku Monogatari-shū***, a collection of tales compiled from 1120 to 1140, and Kamo no Chōmei's ***Hōjōki***, an essay based on the concept of impermanence, which was written in 1212.

## Emergence of Historical Thought

Another interesting aspect of medieval culture is the emergence of historical theory and thought. A representative example is **Jien**'s ***Gukanshō*** (*Jottings of a Fool*). Jien was born into the *Sekkan* family and was a high-ranking aristocrat who served as *Tendai zasu*. *Gukanshō* is thought to have been written in 1219 or 1220, just before the Jokyu Rebellion. It was the first book written by an individual to discuss the entire history of Japan.

*Gukanshō* attempts to explore the *dōri* (reason) behind history to explain the complex situation in which regimes shifted and various forces intermingled. According to Jien, in ancient Japan, the *dōri* intended by the *kami* and Buddhas matched the state of human society, but as time went by, the gap between the two grew larger. As a result, human beings lost their understanding of the intentions of the and Buddhas, and society seemed to lose order.

On the other hand, Jien believes that *dōri* has been remodeled as society has changed, and he also recognizes the significance of samurai regimes such as the Kamakura shogunate. Underlying the flexible changes in *dōri* is the existence of a more fundamental *dōri* that makes these changes possible.

Thus, faced with the chaotic history of the Middle Ages, the people at that time created literature and thought that had never existed before while using the spread of a Buddhist worldview as a backdrop.

第6章

# 新しい仏教の登場？
## The Emergence of a New Buddhism?
## 鎌倉時代
### The Kamakura Period

キーワード / Keywords
鎌倉仏教、本覚思想、浄土仏教、禅、仏画、絵巻物、慶派
Kamakura Buddhism, *hongaku*, Pure Land Buddhism, Zen, Buddhist paintings, picture scrolls, Kei school

鎌倉時代には新たな仏教の流れが生まれた。それは「鎌倉新仏教」と呼ばれることがある。かつては「鎌倉新仏教」が従来の保守的な仏教をくつがえし、時代の主流になったと考えられていたこともあった。しかし現在の研究ではそのような見方に疑問が持たれている。そのことをふまえながら、鎌倉仏教がどのようなものだったかを見ていきたい。

### 鎌倉仏教と顕密仏教

前章で述べたように、顕密《けんみつ》仏教を中心とする中世の仏教は世俗的な性格を強く持っていた。顕密仏教は多種多様な教えを含んでおり、一つの教えによって単純に代表させることはできないが、当時の仏教の特徴をよく表わす教えとして**本覚思想**《ほんがくしそう》を挙げることができる。本覚思想は、すべての人間にあらかじめ悟り（本覚）が内在していると説く。すなわち現実の人間はそのままですでに悟りを開いており、現実の世界は悟りの世界であるとする。この教えは人々が平等に救われる可能性を示したともいえるが、他方で戒律や修行を不要とし、仏教の現状を正当化する面もあった。本覚思想は天台宗によって伝えられた教えだったが、その後のさまざまな仏教思想や文学、芸術、芸能などにも影響を及ぼした。

**末法思想**《まっぽうしそう》もまた中世の仏教に影響を与えた教えの一つである。これは、ブッダの死後、一定の時間が経つにつれて仏教が衰えていくという中国で確立された考えにもとづく。日本では一般的に、ブッダの死から2千年経った時に「末法」の時代に入り、その起点は1052年であるとされた。そして末法の時代

New trends of Buddhism emerged in the Kamakura period. They are sometimes called “Kamakura New Buddhism.” It was once thought that the “Kamakura New Buddhism” surpassed the traditional conservative Buddhism and became the era’s mainstream. However, current research is questioning such a view. With this in mind, let’s take a look at the nature of Kamakura Buddhism.

## Kamakura Buddhism and Kenmitsu Buddhism

As mentioned in the previous chapter, medieval Buddhism, centering on Kenmitsu Buddhism, had a solid secular character. Although it is impossible to represent it by a single teaching, we can point to ***hongaku*** as one of the doctrines that best expresses the characteristics of Buddhism at that time. *Hongaku* taught that enlightenment (*hongaku*) was inherent in all human beings. In other words, the actual human being is already enlightened as they are, and the real world is the world of enlightenment. While this teaching could have shown the possibility of equal salvation for all people, it also justified the status quo of Buddhism by making precepts and ascetic training unnecessary. Although the Tendai sect transmitted this teaching, it influenced later Buddhist philosophy, literature, art, and entertainment.

The concept of the **Latter Day of Dharma** (*mappō*) is another teaching that influenced medieval Buddhism. It is based on the idea, established in China, that Buddhism would decline over a certain period after the death of the Buddha. In Japan, it was generally accepted that the period of the Latter Day of Dharma began 2,000 years after the death of the Buddha and that the starting point of the period was 1052. In the Latter Day of Dharma, it was believed that only Buddhist teachings would remain and that ascetic practice and enlightenment would become impossible. At the same time, the idea of “end times” (***matsudai***) also spread, especially among the aristocracy. Faced with social change and natural disasters, people felt a sense of crisis. Based on the Chinese view of history that people’s minds would become corrupted as an age came to an end, they believed that the end of an age was approaching.

Against this backdrop, monks who sought new teachings and practices emerged in the Kamakura period. They were often *tonsei* monks, and some well-known examples were Hōnen, Shinran, Dōgen, and Nichiren. As mentioned

には仏教の教えのみが残り、修行や悟りが不可能になると考えられたのである。それと並行して**末代**《まつだい》の観念も貴族を中心に広まった。社会の変化や自然災害に直面した人々は、時代がくだるにつれて人々の心が堕落《だらく》するという中国思想の歴史観にもとづき、時代が滅亡に向かっているという危機感を抱いたのだった。

こうした時代状況を背景にして、鎌倉時代には顕密仏教のなかから新しい教えや実践を模索《もさく》する僧侶が登場する。彼らはしばしば遁世僧《とんせいそう》であり、その代表者が法然《ほうねん》、親鸞《しんらん》、道元《どうげん》、日蓮《にちれん》といった人々だった。前述のように、その教えはかつて「鎌倉新仏教」と呼ばれたが、実際にどこまで「新しかった」のかは慎重に考える必要がある。彼らは顕密仏教とまったく断絶していたわけではなく、さまざまな面でつながりを保っていたからである。またその教えを受け継ぐ集団が大きな勢力となるのは、室町・戦国時代以降であることにも注意する必要があるだろう。

## 浄土仏教と法然・親鸞

鎌倉仏教のなかでも特に大きな流れとなったのが**浄土仏教**《じょうどぶっきょう》（浄土教）である。浄土仏教はインドに源流を持ち、中国で確立された大乗仏教の流れの一つである。その特徴は、**阿弥陀仏**《あみだぶつ》（**阿弥陀如来**《あみだにょらい》）による救いを説く点にある。浄土仏教の経典によれば、阿弥陀仏は自分の悟りを開く前に、人々を救うための48個の誓《ちか》いを立てたとされる。浄土教はその誓いのいくつかを根拠として、誰でも**念仏**《ねんぶつ》を行えば死後に阿弥陀仏の国である**極楽浄土**《ごくらくじょうど》に生まれ変わることができると説く。そして浄土に生まれ変わった人間は阿弥陀仏から教えを受け、悟りを開くことができるとされる。つまり浄土に生まれ変わること（往生《おうじょう》）が、そのまま救いとなるのである。

浄土仏教の教えは7世紀にはすでに日本に入ってきたと見られるが、9世紀後半から天台宗によって本格的に受容された。往生の方法を具体的に解説した源信の**『往生要集』**《おうじょうようしゅう》も985年に著わされる。こうして浄土仏教はまず平安時代の貴族を中心に広まり、中世に入っても盛んに信仰された。それは戦乱や災害によって人々の不安が高まり、死後の救いを求めたためと考えられる。浄土をかたどった**平等院鳳凰堂**《びょうどういんほうおうどう》（京都府）が1052年に建設されたことは、浄土仏教の隆盛を示す一例である。

しかし浄土仏教の中核である念仏には複数の種類があった。一つは仏《ほとけ》や浄土

above, their teachings were once called “Kamakura New Buddhism,” but we must carefully consider to what extent they were “new.” The teachings of the Kamakura Buddhists were not fully disconnected from the teachings of kenmitsu Buddhism but were still connected to it in various ways. It should also be noted that it was not until the Muromachi and Sengoku periods that the group that inherited their teachings became significant forces.

## Pure Land Buddhism, Hōnen, and Shinran

**Pure Land (*Jōdo*) Buddhism** was one of the most critical trends in Kamakura Buddhism. Pure Land Buddhism is a branch of Mahayana Buddhism, which originated in India and was established in China. It is characterized by its teaching of salvation through Amida Buddha (*Amida Nyorai, Amitābha*). According to the Pure Land Buddhist scriptures, Amida Buddha made 48 vows to save people before attaining enlightenment. Based on some of these vows, Pure Land Buddhism teaches that anyone can be reborn in the Pure Land of Amida Buddha (***Gokuraku Jōdo***) after death if they perform ***nenbutsu***. After being reborn in the Pure Land, a person can receive teachings from Amida Buddha and attain enlightenment. In other words, rebirth in the Pure Land (*ōjō*) is salvation.

Pure Land Buddhism is believed to have entered Japan as early as the 7th century, but the Tendai sect fully embraced it in the late 9th century. In 985, Genshin’s ***Ōjō Yōshū*** was written, explaining how to attain rebirth in the Pure Land. Thus, Pure Land Buddhism spread first among the aristocrats of the Heian period and continued to be actively practiced into the Middle Ages. This is thought to have been due to the growing anxiety of the people caused by warfare and disasters and their desire for salvation after death. Designed as a model of the Pure Land, the Byōdōin Phoenix Hall (Kyoto Prefecture) constructed in 1052 is an example of the prosperity of Pure Land Buddhism.

*Nenbutsu* form the core of Pure Land Buddhism, and there are multiple types of *nembutsu*. One type is *kansō nenbutsu*, which consists of contemplating the Buddha or the Pure Land in one’s mind. Pure Land Buddhism in the Heian period taught that one could finally be reborn in the Pure Land by performing various rituals and practices in addition to *kansō nenbutsu*. In contrast, there was also ***shōmyō nenbutsu***, which was simply praising the name of Amida Buddha

の姿を心のなかでイメージする観想念仏《かんそうねんぶつ》である。平安時代に広まった浄土仏教では、この観相念仏に加え、さまざまな儀式や修行を行うことでようやく浄土に往生できると説いていた。それに対して阿弥陀仏の名を称《たた》え、「南無阿弥陀仏《なむあみだぶつ》」と唱《とな》えるだけの**称名念仏**《しょうみょうねんぶつ》もあったが、それは難しい観想念仏を行うことができない人々のための劣った方法という位置付けだった。

だが10世紀に活躍した聖《ひじり》の**空也**《くうや》（903～72）などの布教により、称名念仏は民衆のあいだで広まっていく。そこから**念仏踊り**《ねんぶつおど》が生まれ、**盆踊り**《ぼんおど》をはじめ、その後の芸能にも影響を与えた。称名念仏に注目したもう一人の重要な人物が**法然**《ほうねん》（**法然房源空**《ほうねんぼうげんくう》、1133～1212）である。法然は元々延暦寺《えんりゃくじ》に所属する僧だったが、遁世僧《とんせいそう》となり、ひたすら称名念仏を行う**専修念仏**《せんじゅねんぶつ》の教えを説いた。法然の主著である『選択本願念仏集《せんちゃくほんがんねんぶつしゅう》』（1198）によれば、末法の時代では従来のような仏教の修行によって悟りを得ることは難しい。しかし浄土仏教の念仏、特に称名念仏こそ、阿弥陀仏が選んだ救いの道であると法然は主張する。誰でもできる簡単な称名念仏だからこそ、どんな人間でも平等に救う力があると法然はとらえ直したのだ。

こうして救いの平等性を説いた法然のもとには、社会階層を超えて多くの人々が集まり、独自の教団が生まれた。しかし教団は従来の仏教勢力から批判を受ける。さらに後鳥羽上皇の女官と法然の弟子とのあいだに密通《みっつう》の疑いがかけられ、法然は流罪《るざい》にあった。だが法然の教えは弟子によって受け継がれ、**浄**《じょう》**土宗**《どしゅう》と呼ばれる宗派となっていく。

法然の教えを受け継いだ弟子の一人が**親鸞**《しんらん》（1173～1262）である。親鸞も延暦寺に属する僧侶だったが、遁世僧となって法然に弟子入りした人物だった。親鸞は自らを「非僧非俗《ひそうひぞく》（僧でもなく俗人でもない）」と呼び、戒律《かいりつ》を破って女性と結婚した。親鸞は戒律を守ることができない人間の弱さを見つめ、そのような人間が救われる可能性を生涯《しょうがい》探求したといえる（そうした親鸞の人間性を強調するのは、多分に近代の傾向であるが）。

親鸞の教えの特徴は、称名念仏を行う上で、阿弥陀仏に対する信仰の重要性を強調した点にある。すなわち阿弥陀仏による救いを心から信じた瞬間、浄土での救いが確定すると説いたのである。ただし親鸞によれば、そのような信仰と念仏自体、人間の努力ではなく、阿弥陀仏により与えられるものである。**他**《た》**力**《りき》、すなわち阿弥陀仏という超越的《ちょうえつてき》な他者の力にすべてをゆだねること、それ

and chanting "Namu Amida-butsu," but this was regarded as an inferior method for those who could not perform the difficult *kansō nenbutsu*.

*Shōmyō nenbutsu* spread among the people through the missionary work of *hijiri* such as **Kūya** (903-72) , who was active in the 10th century. This led to ***nenbutsu odori*** (*nenbutsu* dance), which influenced ***bon odori*** (*bon* dance) and other subsequent performing arts. Another important figure who took notice of *shōmyō nenbutsu* was **Hōnen** (**Hōnen-bō Genkū**, 1133-1212). Originally a monk at Enryaku-ji Temple, Hōnen became a tonsei monk and preached the doctrine of ***senju nenbutsu***, which taught that one should only perform *shōmyō nenbutsu* in earnest. According to his major work, *Senchaku Hongan Nenbutsu Shū* (*A Collection of Passages on the Nembutsu Chosen in the original Vow*, 1198), attaining enlightenment through conventional Buddhist practice was difficult in the age of the Latter Day of Dharma. However, Hōnen insisted that the Pure Land Buddhist practice of *nenbutsu*, especially *shōmyō nenbutsu*, was the path of salvation chosen by Amida Buddha. Because *shōmyō nenbutsu* is simple and can be performed by anyone, Hōnen reaffirmed that it has the power to save any human being equally.

Thus, under Hōnen, who preached the equality of salvation, many people from various social classes gathered, and a unique cult was born. However, the cult was criticized by traditional Buddhist forces, and Hōnen was exiled from Kyōto after one of his disciples was suspected of fornicating with a woman, a courtesan of Retired Emperor Gotoba. However, Hōnen's teachings were carried on by his disciples and became the **Jōdo (Pure Land) sect**.

One of the disciples who inherited Hōnen's teachings was **Shinran** (1173-1262) . Shinran was also a monk from Enryaku-ji Temple, but he became a *tonsei* monk and apprenticed himself to Hōnen. Shinran called himself "*hi-sō*, *hi-zoku*" (neither monk nor layman) and married a woman in violation of the Buddhist precepts. It can be said that Shinran looked at the weakness of human beings who could not follow the precepts and searched all his life for the possibility of salvation for such people (Such an emphasis on Shinran's humanity is perhaps a modern tendency, though).

The distinctive feature of Shinran's teaching is that he emphasized the importance of faith in Amida Buddha in performing *shōmyō nenbutsu*. In other words, he taught that the moment one sincerely believes in the salvation of

が親鸞の到達した信仰のあり方だった。

こうした教えを説いた親鸞のもとには、さまざまな身分や職業の人々が集まり、教団が形成された。やがて室町・戦国時代の子孫・**蓮如**《れんにょ》（1415～99）のもとで、教団は後に**浄土真宗**《じょうどしんしゅう》と呼ばれる巨大な仏教勢力となっていく。

なお、親鸞の主著は『教行信証《きょうぎょうしんしょう》』（1224年頃成立）だが、明治時代に入ると弟子・唯円による聞き書きとされる**『歎異抄《たんにしょう》』**が再評価され、親鸞ブームが起こる（親鸞の教えがキリスト教のプロテスタンティズムと似ていたことも一因だろう）。その結果、『歎異抄』において説かれる**悪人正機説**《あくにんしょうきせつ》、すなわち悪人こそが阿弥陀仏の救いの対象であるという教えが注目されるようになった。しかし悪人正機説自体は、法然をはじめ、親鸞以前の人々も説いていたものだ。親鸞のオリジナリティがどこまであるかは注意する必要がある。

## 禅と道元

法然や親鸞とは対照的に、厳しい修行と思索《しさく》を通じて救いに至る道を追求したのが**禅**《ぜん》（**禅宗**《ぜんしゅう》）である。そもそも禅とは**坐禅**《ざぜん》＝瞑想《めいそう》による修行を中心とする大乗仏教の宗派である。坐禅自体は従来の仏教においても行われていたが、それは経典の学問と並行して実践されていた。しかし中国で唐代から宋代にかけて発達した禅は、経典に頼らず坐禅によって直接悟りを開くことを目指した。その前提にあるのは「即心是仏《そくしんぜぶつ》」、すなわち人の心は本来仏であるという考えである。しかしこうした発想は、修行を不要とし、安易に現状を肯定する危険性を持っている。そこで有名な僧侶の謎めいた言動の記録をある種の試験問題として与える**公案**《こうあん》という方法が確立された。修行者はその言動の真意を問うことを通じて、段階的に悟りを開いていくと考えられた。この公案を活用した禅の流れが**臨済宗**《りんざいしゅう》である。

日本では奈良時代や平安時代からすでに禅が伝えられていた。本格的な受容が始まるのは、天台宗の僧侶だった**栄西**《えいさい》（1141～1215）が12世紀後半に臨済宗の教えを宋から持ち帰ってからのことである。他方、宋では公案を用いずにひたすら坐禅を行うこと（**只管打坐**《しかんたざ》）を重視する**曹洞宗**《そうとうしゅう》も存在しており、宋にわたってその教えを受け継いだのが**道元**《どうげん》（1200～53）である。道元は元々天台宗の教えを学んだ僧侶だったが、禅の流れを日本で発展させた。

道元の特徴は、自らの体験にもとづく思想を哲学的な著作として残したこと

Amida Buddha, salvation in the Pure Land is assured. According to Shinran, however, such faith and *nenbutsu* are not the result of human effort but are granted by Amida Buddha. Shinran's faith was based on the concept of ***tariki***, or surrendering everything to the power of the transcendent other, Amida Buddha.

Shinran's teachings attracted people from various social classes and backgrounds, and a cult was formed under his leadership. During the Muromachi and Sengoku periods, the cult eventually became a vast Buddhist force, later called the **Jōdo Shin sect** (True Pure Land sect,Shin Buddhism)**,** under his descendant, **Rennyo** (1415-99) .

Shinran's main work was *Kyōgyōshinshō* (written around 1224), but in the Meiji period, ***Tannishō*** (*A Record in Lament of Divergences*), a record of his sayings which is said to have been written by his disciple Yuien, was reevaluated, and a Shinran boom occurred (probably partly because Shinran's teachings were similar to those of Christian Protestantism). As a result, the teaching that evil people are the right objects of Amida Buddha's salvation, or the **theory of *akunin shōki*** as taught in *Tannishō*, came to attract attention. However, this theory was taught by Hōnen and others before Shinran. It is essential to note the extent of Shinran's originality.

## Zen and Dōgen

In contrast to Hōnen and Shinran, **Zen** (**Zen Buddhism**) pursued the path to salvation through rigorous practice and contemplation. Zen is a Mahayana Buddhist sect centering on the practice of ***zazen*** (meditation). *Zazen* was practiced in traditional Buddhism, but it was practiced in parallel with the study of sutras. However, Zen, which developed in China from the Tang to the Song dynasties, aimed at direct enlightenment through *zazen* without relying on sutras. Its premise is based on the idea that the human soul is essentially a Buddha (*sokushin zebutsu*). However, such a conception has the danger of rendering ascetic practice unnecessary and easily affirming the status quo. Therefore, a method called ***kōan*** was established in which the records famous monks' enigmatic words and deeds are given as a kind of test. It was thought that practitioners would gradually attain enlightenment by searching for the true meaning of these words and deeds. The Zen tradition that utilized *kōan* was the **Rinzai sect**.

にある。道元の出発点は、修行を不要とする本覚思想に対して疑問を抱いたことにあった。前述のように、禅にもそうした考えに陥る可能性があったのだが、これらに対して道元の立場は**修証一等**《しゅしょういっとう》と表現される。道元は、悟りは修行の先にあるゴールではなく、修行と悟りは一体のものと説いた。人間は最初から悟りを開いているのだが、その悟りは修行を続けることで現れる、と考えたのだ。

主著**『正法眼蔵』**《しょうぼうげんぞう》のなかで道元は、「仏道をならふといふは、自己をならふ也。自己をならふといふは自己をわするゝなり（仏教を学ぶとは自己を学ぶことである。自己を学ぶとは自己を忘れることである）」という言葉を残している。また悟りの境地を**身心脱落**《しんしんだつらく》、すなわち体と心が抜け落ちることと表現する。道元の難解な言葉をあえて単純化すれば、自己が他の存在との関係性によって成り立っており、それを自覚することを通じて、通常私たちが「自己」だと考えているものを超えていく——そのような考え方を示唆《しさ》しているようだ。こうした道元の思想は、近代に入ってから哲学の分野で再評価されることになる。

本章では扱いきれなかったが、鎌倉仏教では他にも多くの重要な僧侶がいる。たとえば**日蓮**《にちれん》（1222〜82）は法華経への新たな信仰を生み出し、それによって現実社会の変革を目指した。その教えは後の**日蓮宗**《にちれんしゅう》へと受け継がれ、大きな勢力となる。また法然を批判しつつ独自の思想を生み出した**明恵**《みょうえ》（1173〜1232）や、戒律の復興を目指し、ハンセン病患者の救済をはじめとする社会活動を行った**叡尊**《えいそん》（1201〜90）、**忍性**《にんしょう》（1217〜1303）といった存在も注目される。

## 中世仏教と美術

中世における仏教の広まりは、美術などの文化に関しても多大な影響をもたらした。院政期の貴族社会では**和様**《わよう》と呼ばれる繊細な美の表現様式が確立され、それとあいまって豊かな作品が生み出されたのである。

その一つの現われが、仏や菩薩を題材とする絵画、**仏画**《ぶつが》である。《普賢菩薩像《ふげんぼさつぞう》》（東京国立博物館所蔵）に見られるように、華麗《かれい》で繊細《せんさい》な装飾と彩色による仏画が描かれた。また院政期から鎌倉時代にかけては、絵によって物語を表現する**絵巻物**《えまきもの》が流行した。《源氏物語絵巻《げんじものがたりえまき》》（徳川美術館所蔵）や《鳥獣人物戯画《ちょうじゅうじんぶつぎが》》（高山寺所蔵）といった作品が有名だが、仏教を題材とする《信貴山縁起絵巻《しぎさんえんぎえまき》》（朝護孫子寺所蔵）や《一遍上人絵伝《いっぺんしょうにんえでん》》（東京国立博物館所蔵）も、こ

Zen had already been introduced in Japan in the Nara and Heian periods. It was not until **Eisai** (1141-1215) , a priest of the Tendai sect, brought back the teachings of the Rinzai sect from Sung Dynasty China in the late 12th century that Zen was entirely accepted in Japan. On the other hand, there was also the **Sōtō sect** of Zen Buddhism in China that emphasized *zazen* without using *kōan*. **Dōgen** (1200-53) learned these Sōtō sect teachings in China. Dōgen was originally a monk of the Tendai sect, but later became a pioneer of Zen in Japan.

Dōgen's distinctive characteristic is that he left philosophical writings based on his experiences. Dōgen's starting point was questioning the idea of *hongaku*, which he believed made ascetic practice unnecessary. As mentioned above, Zen also had the potential to fall prey to such ideas. In contrast, Dōgen's position is expressed as ***shu-shō ittō*** (the Unity of Practice and Enlightenment). Dōgen taught that enlightenment is not a goal beyond ascetic training but that training and enlightenment are the same. He believed that we are enlightened from the beginning but that this enlightenment appears through continued ascetic training.

In his main work, the ***Shōbōgenzō*** (*Treasury of the True Dharma Eye*), Dōgen said, "To learn Buddhism is to learn oneself. To learn oneself is to forget oneself." He also describes the state of enlightenment as ***shinshin datsuraku***, or the shedding of the body and mind. Dōgen's difficult words suggest that our concept of self is formed through relationships with other beings and that by becoming aware of this, one can transcend what we usually think of as the "self." Dōgen's ideas have received renewed attention from philosophers in the modern era.

There are many other notable monks in Kamakura Buddhism that should have been covered in this chapter. **Nichiren** (1222-82) , for example, created a new faith in the *Lotus Sutra* and aimed to use it to bring about actual social reform. His teachings were later passed down to the **Nichiren sect**, which became a significant force in Buddhism. Other notable figures include **Myōe**(1173-1232) , who created his own original philosophy while criticizing Hōnen, and **Eison**(1201-90) and **Ninshō**(1217-1303) , who aimed to restore Buddhist precepts and engaged in social activities such as helping people suffering from Hansen's disease.

の時代の仏教的な文化をよく表わしている。浄土仏教の信仰は、《山越阿弥陀《やまごしあみだ》図《ず》》（京都国立博物館所蔵）など、阿弥陀仏が人々を救いに現われる様子を描いた絵画を生み出した。

鎌倉時代は仏像の表現が発展した時代でもある。特に**運慶**《うんけい》（?～1223）や**快慶**《かいけい》に代表される**慶派**《けいは》の人々は、それぞれ東大寺南大門の《金剛力士立像《こんごうりきしりゅうぞう》》や浄土寺の《阿弥陀三尊立像《あみださんぞんりゅうぞう》》といった写実的ですぐれた仏像を残した。

**法然上人絵伝（14世紀、東京国立博物館蔵）**

The Biography of the Monk Hōnen (14th century, Tokyo National Museum)

＊出典：ColBase 国立文化財機構所蔵品統合検索システム

（https://colbase.nich.go.jp/collection_items/tnm/A-10571?locale=ja）

## Medieval Buddhism and Art

The spread of Buddhism in the Middle Ages significantly impacted art and other aspects of culture. The aristocratic society of the Insei period established a delicate style of aesthetic expression known as ***wayō***, which combined to produce a rich variety of works of art.

One of the manifestations of this style was the creation of **Buddhist paintings** (***butsuga***) featuring Buddhas and Bodhisattvas. As seen in the *Fugen Bosatsu* (Tokyo National Museum), Buddhist paintings with gorgeous and delicate decorations and colors were produced. From the Insei period to the Kamakura period, ***emakimono*** (picture scrolls), in which stories are expressed through pictures, became popular. The *Tale of Genji Scroll* (Tokugawa Art Museum) and *Chōjū-jinbutsu-giga* (Kozan-ji Temple) are well known, as are the *Shigisan Engi Emaki* (Chōgosonshiji Temple) and *Ippen Shōnin Emaki* (Tokyo National Museum), which depict Buddhist themes, are also representative of the Buddhist culture of this period. Pure Land Buddhism produced paintings depicting Amida Buddha appearing to save people, such as *Yamagoshi Amida* (Kyoto National Museum).

The Kamakura period was also a period of development in expression through Buddhist statues. In particular, the **Kei school**, represented by **Unkei** (?-1223) and **Kaikei**, produced excellent realistic Buddhist statues, such as the *Kongo Rikishi Ryūzō* at Todaiji's Nandaimon Gate and the *Amida Sanzon Ryūzō* at Jodoji Temple.

平等院の公式ウェブサイト
The official website of Byodoin Temple
https://www.byodoin.or.jp/

第7章

# さまざまな顔を持つ神々

## *Deities* with Various Faces

## 鎌倉・南北朝時代

The Kamakura and Nanbokuchō Periods

キーワード / Keywords

神仏習合、本地垂迹、中世神話、中世神道、『神皇正統記』、『太平記』

*shinbutsu shūgō*, *honji suijaku*, medieval mythology, medieval Shinto, *Jinnō Shōtōki*, *Taiheiki*

神道は、古代から存在する日本で最も伝統的な宗教であるとよくいわれる。しかし実際には歴史を通じて同じ姿が続いてきたわけではない。古代の神祇官《じんぎかん》による全国の神社の統制は現実には困難だったため、平安時代に入ると近畿地方の主要な神社を対象として朝廷が祭祀《さいし》に関与する**二十二社制**《にじゅうにしゃせい》へと移っていく。地方では**一宮**《いちのみや》をはじめとする主要な神社が定められた。また摂関・院政期以降は、共同体による祭祀だけではなく、個人が自由に神社に参拝し、カミに祈願する新たな信仰の形も生まれた。中世には荘園制《しょうえんせい》の展開にともなって、各地の荘園や村に新たな神社が建立《こんりゅう》され、有力な神々が守り神として祀《まつ》られた。こうして人々にとってカミはより身近な存在となっていったのである。

### 神仏習合と本地垂迹説

日本で本格的に仏教が広まった８世紀の奈良時代から、カミへの信仰と仏教との融合も見られるようになった。それを**神仏習合**《しんぶつしゅうごう》という。たとえばカミが仏教を守るという言説や、カミが仏教による救済を求めているという言説が仏教側から語られた。また神社の境内《けいだい》に寺院が建てられ、カミに対する読経が行われることもあった。

こうした神仏習合を経て、平安時代には**本地垂迹説**《ほんじすいじゃくせつ》が登場し、中世になると社会に広く普及した。本地垂迹説とは、日本のカミの本体は仏や菩薩《ぼさつ》だという考え方である。当時、日本はしばしば「粟散辺土《ぞくさんへんど》（世界の辺境にある粟《あわ》の粒のように小さい国）」と呼ばれた。「末法《まっぽう》」の時代であることに加えて、仏教誕生の地であるインドからも遠く離れた劣った国というイメージである。当然、そ

Shinto is often said to be the most traditional religion in Japan, existing since ancient times. In reality, however, it has not remained the same throughout history. In the Heian period, the imperial court began to establish the system of the **Twenty-Two Shrines** in which the imperial court was involved in rituals at significant shrines in the Kinki region because it was difficult for the ancient *Jingikan* to control shrines throughout Japan. In the provinces, ***ichinomiya*** and other major shrines were designated. From the Sekkan and Insei periods onward, a new form of worship emerged, in which individuals freely worshipped at shrines and prayed to *kami*, in addition to communal rituals. In the Middle Ages, with the development of the manorial system, new shrines were established in *shōen* and villages throughout the country, and mighty *kami* were enshrined as guardian deities. In this way, *kami* became more familiar to the people.

## *Shinbutsu Shūgō* and the theory of *Honji Suijaku*

Since Buddhism began to spread in Japan in earnest during the Nara period (8th century), there has been a fusion of belief in *kami* and Buddhism. This is known as ***shinbutsu-shūgō*** (the amalgamation of *kami* and buddhas). For example, there were Buddhist discourses that said the *kami* were protecting Buddhism and also seeking salvation through Buddhism. Temples were sometimes built on the grounds of shrines, and sutras were read to the *kami*.

In the Heian period, the **theory of *honji suijaku*** emerged out of this syncretism between Shintoism and Buddhism and spread widely throughout society in the medieval period. The theory of *honji suijaku* is based on the idea that the true identities of Japanese *kami* are Buddhas and Bodhisattvas. At that time, Japan was often called *zokusan hendo*, "a country as small as a grain of millet on the world's frontier." In addition to being in the Latter Day of Dharma, it was also considered an inferior country far away from India, the birthplace of Buddhism. Naturally, the people living there were thought to be far from salvation. However, it is believed that the Buddhas and Bodhisattvas transformed into *kami* and appeared to save the people. For example, it was proposed that Amaterasu's true character was Kannon Bosatsu or Dainichi Nyorai.

In contemporary Japan, it is sometimes said that *shinbutsu shūgō* is a uniquely Japanese phenomenon and represents the religious tolerance of the Japanese

こに住んでいる人々は救いから遠い。しかしそれに合わせて仏や菩薩がカミへ姿を変え、人々を救いに現われたと考えられたのである。たとえば天照大神の本体は、観音菩薩《かんのんぼさつ》や大日如来《だいにちにょらい》であるという説が唱えられた。

現代の日本では、神仏習合は日本独特の現象で、日本人の宗教的寛容《かんよう》さを表していると語られることがある。しかし、日本の神仏習合に類似する言説や実践が中国仏教にもあったことから、神仏習合は中国から影響を受けたものであることが明らかになっている。広くとらえれば、土着《どちゃく》の神々と仏教との融合は、インドや中国、朝鮮半島の段階でも起こっており、決して日本だけの現象ではない。また日本の歴史を見渡せば、宗教的な「不寛容」の事例も少なからず見つかる。神仏習合を日本人の独自性と安易に結びつけるべきではないだろう。

神仏習合の深まりと本地垂迹説の登場は、さまざまな文化にも影響を与えた。元々日本のカミは目に見える形で表現されていなかったが、仏像にならって**神像**《しんぞう》の彫刻や絵が作られるようになった。また、世界の真理を表現した密教の図像である**曼荼羅**《まんだら》から影響を受け、神社とその場所を曼荼羅に見立てた絵も描かれた。神と仏が混じり合う世界観は、次章で取り上げる能《のう》などでも見られる。民衆の文化においても**八幡神**《はちまんしん》や**牛頭天王**《ごずてんのう》といった仏教的性格の強いカミへの信仰が根付いていった。

明治初期に行われた**神仏分離**《しんぶつぶんり》により、地域ごとにさまざまな違いはあるものの、神仏習合の状態は解消されることになった。しかし今でも日本各地の神社や祭礼、習俗などにはその痕跡《こんせき》が残っている。

## 中世神話の登場

中世には古代から『日本書紀』などを通じて伝えられてきた神話も変容をとげていった。すでに平安時代から朝廷では『日本書紀』の講釈《こうしゃく》が行われていた。しかし、おおよそ院政期以降、神仏習合の進展と連動しながら、『日本書紀』の本文から逸脱《いつだつ》するかのような神話の読み替えや新たな創造が行われるようになっていく。このような神話を**中世神話**《ちゅうせいしんわ》や**中世日本紀**《ちゅうせいにほんぎ》と呼ぶ。

無住《むじゅう》による仏教説話集である『沙石集《しゃせきしゅう》』（1283）の冒頭に見られる神話は、中世神話の代表例である。それによると、まだ日本ができる前、海底には大日如来を象徴する印があった。それを見た仏教の敵・第六天魔王《だいろくてんまおう》は、将来日本で仏法が盛んになると予想し、妨害しようとした。そこで天照大神は自分が仏教

people. However, it is clear that *shinbutsu shūgō* was influenced by China, as discourses and practices similar to it were also found in Chinese Buddhism. If taken broadly, the fusion of indigenous deities and Buddhism has also occurred in India, China, and the Korean peninsula and is no phenomenon unique to Japan. Also, if one looks throughout Japanese history, one can find no small number of examples of religious "intolerance." We should not easily associate *shinbutsu shūgō* with the uniqueness of the Japanese people.

The deepening of *shinbutsu shūgō* and the emergence of the theory of *honji suijaku* have impacted various aspects of Japanese culture. Originally, *kami* in Japan were not represented in visible form, but in imitation of Buddhist statues, carvings and paintings of *kami* (***shinzō***) were created. Also, influenced by the **mandala**, an esoteric Buddhist iconography expressing the truth of the world, paintings were made of shrines and their locations as if they were mandalas. This view of the world in which *kami* and Buddhas mingle can also be seen in noh plays, which will be discussed in the next chapter. In popular culture, belief in **Hachiman**, **Gozu Tennō**, and other deities with a strong Buddhist character took root.

***Shinbutsu bunri*** (the separation of Shintoism and Buddhism) in the early Meiji period resulted in the dissolution of *shinbutsu shūgō*, although the extent of this separation varied by region. However, traces of *shinbutsu shūgō* remain in shrines, festivals, and customs throughout Japan.

## The Emergence of Medieval Mythology

During the Middle Ages, the myths handed down from ancient times through the *Nihon shoki* and other literature underwent a metamorphosis. In the Heian period, lectures on the *Nihon shoki* were given at the imperial court. However, from the Insei period onward, in conjunction with the development of *shinbutsu shūgō*, myths were reinterpreted, and new myths deviated from the text of the *Nihon shoki*. Such myths are called **medieval mythology**.

The myth found at the beginning of the *Shasekishū* (1283), a collection of Buddhist tales by Mujū, was a typical example of medieval mythology. According to the story, before Japan was established, a sign on the ocean floor symbolized Dainichi Nyorai. Seeing this, the enemy of Buddhism, the Dairokuten Maō, predicted that Buddhism would flourish in Japan and attempted

を遠ざけると約束し、魔王を去らせたという。これは天照大神を祭る伊勢神宮《いせじんぐう》において、仏教が忌避《きひ》されてきた理由を説明する神話である。実のところ天照大神は魔王をあざむいたにすぎず、日本は大日如来と密接な関係にあることを神話は暗示している。

これ以外にも、神々の前世を語る**本地物**《ほんじもの》と呼ばれる物語も中世神話の典型例である。以上のような中世神話は、**寺社縁起**《じしゃえんぎ》や軍記物語、説話文学《せつわぶんがく》、**御伽草子**《おとぎぞうし》、能の謡曲《ようきょく》など、幅広い分野で用いられた。これらの多種多様な神話には、混沌とした中世社会のなかで、神々に救いを求めた人々の信仰が表われているといえるだろう。

## 中世神道の形成

8世紀以降の神仏習合は、主に仏教が勢力拡大のために行ったものだったが、実際には神祇祭祀はそれほど簡単に仏教に取り込まれたわけではない。一方ではカミへの信仰や祭祀を仏教と区別する意識も存在しており、それは特に伊勢神宮や宮中祭祀に関して強く現われた。このような意識を**神仏隔離**《しんぶつかくり》と呼ぶこともある。

他方で中世になって本地垂迹説や中世神話が広まるにつれ、**中世神道**《ちゅうせいしんとう》と呼ばれる神道の教説が生み出されるようになる。それまで明確な教えを持っていなかった神道にとって、これは画期的《かっきてき》な出来事だった。中世神道は、まず僧侶による仏教的（密教的）な解釈にもとづく教説から始まった。代表例が**両部神道**《りょうぶしんとう》や**山王神道**《さんのうしんとう》である。とりわけ両部神道に刺激を受け、伊勢神宮の外宮《げくう》に仕える神職たちが、鎌倉中期以降に独自の教説を生み出していった。それが**伊勢神道**《いせしんとう》である。その背景には伊勢神宮内部における勢力争いが関係していた。

神仏隔離の関係上、表面的な仏教の模倣《もほう》は避けているものの、伊勢神道は実際には仏教から多大な影響を受けている（道家《どうか》思想の影響も大きい）。その一例は**根源神**《こんげんしん》の観念である。『日本書紀』や『古事記』では世界の始まりとともに国常立尊《くにのとこたちのみこと》や天御中主神《あめのみなかぬしのかみ》といった神々が出現したとされる。しかし神話のなかではそれほど重視されていない。伊勢神道はこれらの神々を世界の根源の神として再解釈し、この神が万物を生み出したと説いた。そして外宮に祀られる豊受大神《とようけのおおかみ》の本体はこの根源神だと主張したのである。

伊勢神道の教えのもう一つの特徴は、**心神**《しんしん》の観念である。すなわち人間の心

to prevent it. Amaterasu promised to keep Buddhism away from Japan and sent the demon away. This myth explained why Buddhism had been avoided at the Ise Jingu Shrine, dedicated to Amaterasu. Actually, Amaterasu had deceived the demon, and the implication of the myth that Japan had a close relationship with Dainichi Nyorai.

Other typical examples of medieval mythology are the stories called ***honjimono***, which tell of the previous lives of *kami*. These medieval myths were used in many fields, such as ***jisha engi*** (the origin and history of a temple or a shrine), war tales, Buddhist tales, ***otogi-zōshi***, and *yōkyoku* (scripts of noh). These diverse myths reflect the beliefs of people who sought salvation from the *kami* amid the chaos of medieval society.

## The Formation of Medieval Shinto

The *shinbutsu shūgō* from the 8th century onward was mainly an attempt by Buddhism to expand its power. Still, the actual *kami* rituals were not so easily incorporated into Buddhism. On the other hand, a consciousness existed that distinguished *kami* belief and rituals from Buddhism, a consciousness that was particularly strong at Ise Jingu Shrine and in court rituals. This awareness is sometimes called ***shinbutsu kakuri*** (separation of *kami* and Buddhas).

On the other hand, with the spread of the theory of *honji suijaku* and medieval mythology in the Middle Ages, a new form of Shinto doctrine, called **medieval Shinto**, emerged. This was an epoch-making event for Shinto, which until then had no clear teachings. Medieval Shinto began with teachings based on monks' (esoteric) Buddhist interpretations. Typical examples are **Ryōbu Shinto** and **Sannō Shinto**. Mainly inspired by Ryobu Shintō, priests serving at Gekū (the outer shrine) of Ise Jingu developed their doctrines from the middle of the Kamakura period onward. This is **Ise Shinto**. The background to this was a power struggle within the Ise Jingu Shrine.

Although Ise Shinto avoided superficial imitation of Buddhism because of *shinbutsu kakuri*, it was heavily influenced by Buddhism (and also by Taoist thought). One example is the concept of the **root deity**. In the *Nihon shoki* and *Kojiki*, it is said that *kami* such as Kuninotokotachi no Mikoto and Amenominakunushi no kami appeared at the beginning of the world. However, they were not given much importance in the mythology. Ise Shinto reinterpreted

の根底には、神と共通する本質（心神）がある。しかし、人間の心は欲望によってくもり、この心神が隠れてしまっている。そこで心を清めて**正直**《しょうじき》の状態となることで、神からの恵みがもたらされる、と説いたのである。

　このように中世では仏教の影響を受けてカミが人の心に関わる存在となり、神道は人間の内面を導《みちび》く教えを初めて生み出したのだった。現代では神道は教えを持たない宗教だとよく言われるが、そのような見方が誤りであることは伊勢神道の例からわかるだろう。

　しかし伊勢神道の段階ではまだ顕密仏教が圧倒的な力を持っており、神道はそこから明確に独立していたわけではない。顕密仏教が衰退した 15 世紀に登場した**吉田兼倶**《よしだかねとも》（1435 ～ 1511）とその後継者たちは、神道の儀礼や教説、組織を整備し、神道を仏教から独立させることを目指した（**吉田神道**）。仏教とは異なる宗教としての「神道」という概念がはっきりと確立されるのは、この時期になってからのことだった。

## 南朝をめぐる物語と思想

　承久の乱以降、鎌倉幕府が朝廷に対して優位に立つ状態が続いていたが、**後醍醐天皇**《ごだいごてんのう》（1288 ～ 1339）はその状況を変えるため、1331 年に元弘《げんこう》の変《へん》を起こした。各地の武士たちも後醍醐天皇の呼びかけに応え、ついに鎌倉幕府を倒すに至る。こうして長いあいだ続いた武士の政権が終わり、後醍醐天皇は**建武**《けんむ》**の新政**を開始した。しかしその政治に対して武士の不満が高まり、武将の**足利尊氏**《あしかがたかうじ》（1305 ～ 58）は独自の行動を取り始める。後醍醐側は尊氏の勢力と戦うが、建武政権は倒されてしまう。尊氏側は自らの政権（**室町幕府**《むろまちばくふ》）を確立して新たな天皇を立てたが（北朝）、後醍醐側は吉野《よしの》を拠点としてそれに対抗した（南朝）。こうして天皇家が北朝と南朝に分裂する**南北朝時代**《なんぼくちょうじだい》へと突入する。

　南北朝時代は二人の天皇が並び立ち、日本列島の広い範囲にわたって戦いが行われ、社会全体が混乱と変化を経験した。そのようななかで中世神話や中世神道を背景としながら、あらためて「日本」とは何かを問うテクストが生み出されていった。その一つが南朝の指導的存在だった貴族・**北畠親房**《きたばたけちかふさ》（1293 ～ 1354）によって書かれた**『神皇正統記』**《じんのうしょうとうき》である（1339 年成立、1343 年修正）。

　『神皇正統記』は天皇家の歴史を中心に、神話の時代から後村上天皇《ごむらかみてんのう》までを

these *kami* as the source of the world and taught that they created all things. Ise Shinto also claimed that Toyouke no Ōkami, the *kami* enshrined in Gekū, was one of this root deity.

Another characteristic of the teachings of Ise Shinto is the concept of ***shinshin*** (*kami* in human spirit). Ise Shinto taught that there is an essence that is shared with the divine at the root of the human spirit. However, the human spirit is clouded by desire, which hides this divine nature. Therefore, Ise Shinto claimed that by purifying our human spirit to a state of *shōjiki* (honesty), blessings from *kami* would be brought to us.

Thus, in the Middle Ages, under the influence of Buddhism, *kami* became actively involved with the human spirit, and Shinto developed teachings that guided man's inner life for the first time. It is often said today that Shinto is a religion without teachings, but we can see from the example of Ise Shinto that such a view needs to be corrected.

However, at the time of Ise Shinto, Kenmitsu Buddhism was still the dominant force, and Shinto was not independent of it. **Yoshida Kanetomo** (1435-1511) and his successors, who appeared in the 15th century after Kenmitsu Buddhism's decline, aimed to separate Shinto from Buddhism by developing Shinto rituals, doctrines, and organization (**Yoshida Shintō**). It was only then that the concept of Shinto was clearly established as a religion distinct from Buddhism.

## Tales and Ideas about the Southern Court

After the Jōkyu Rebellion, the Kamakura shogunate had the upper hand over the Imperial Court. Still, in 1331, **Emperor Godaigo** (1288-1339) brought about the Genkō War to change this situation. Samurai from all over the country responded to Emperor Godaigo's call and finally overthrew the Kamakura shogunate. Thus, the long samurai rule ended, and Emperor Godaigo launched the **Kenmu Restoration**. However, the dissatisfaction of the samurai against the new government increased, and the warlord **Ashikaga Takauji** (1305-58) began to take action. Godaigo's side fought against Takauji's forces, but the Kenmu regime was overthrown. Takauji established his own government (the **Muromachi shogunate**) and had a new emperor throned (the Northern Court), while Godaigo opposed Takauji's government from his base in Yoshino (the Southern Court). Thus, the imperial family was divided into the Northern and

扱った歴史書である。本書の主眼の一つは、武家政権に対抗して天皇と朝廷の支配が正しいことを主張する点にあった。そこで親房が持ち出すのが**神国**《しんこく》の観念である。『神皇正統記』冒頭の一節、「大日本《おおやまと》は神国《かみのくに》なり」は、この主張を簡潔に表わしている。日本を神の国と見なす観念は『日本書紀』から見えるが、とりわけモンゴル帝国の侵攻による文永《ぶんえい》・弘安《こうあん》の役（1274、81）以降、盛んに強調されるようになっていた。神国という概念の意味はさまざまだったが、親房は、天照大神の子孫である天皇が永遠に治める国という意味を込めた。したがって日本では（中国のように）王朝の交代が起こらず、天皇に反逆する勢力もいずれ滅びることになる。このように革命が起こらないことに日本の独自性を見出す『神皇正統記』の言説は、南朝が敗北した後も受け継がれ、近代になって再評価されることになる。

他方で親房は、天皇が「正統」の天皇となるためには、天皇家に受け継がれている**三種神器**《さんしゅのじんぎ》によって象徴される三つの徳を身につける必要性があることを説いている。もし徳を欠いた「悪王」だった場合、最終的には臣下によって追放することすら親房は肯定する。このように『神皇正統記』はある面では革命論に接近するという矛盾を見せる。そこには南北朝時代の思想が有していた混沌とした可能性が見て取れるだろう。

南北朝時代に関わるもう一つの重要な作品が『**太平記**《たいへいき》』である。作者や成立時期ははっきりしないが、14 世紀に成立したものと推測されている。その内容は、儒教的な道徳観を基調とし、後醍醐天皇による鎌倉幕府の打倒から、室町幕府の支配が確立するまでを描く**軍記物語**である。しかし実際には、多種多様な人物が登場し、中世神話やその他の要素が複雑に混じり合う混沌としたテクストである。

『太平記』の登場人物のなかで最も有名なのは武将・**楠木正成**《くすのきまさしげ》（? ～ 1336）であろう。正成は元々出自が明らかではなく、身分が高い武士ではなかったが、ゲリラ的戦術を駆使して後醍醐天皇を助け、その実力が評価されて重用《ちょうよう》されるようになる。だが最後は、敗北が明らかな湊川《みなとがわ》での戦いに行くことを天皇から命令され、戦死するのである。このように正成は、天皇へ忠誠を尽くす「忠臣《ちゅうしん》」としての側面とともに、天皇と直接結びつくことで既存の身分秩序《みぶんちつじょ》を乗り越える側面も合わせ持っていた。

江戸時代に入ると「太平記読み」と呼ばれる講釈師《こうしゃくし》によって楠木正成の物語

Southern Court, and the **Namboku-chō period** began.

During this period, two emperors reigned at the same time, and battles were fought over a wide area of the Japanese archipelago. Society as a whole experienced turmoil and change. In this situation, against the background of medieval mythology and Shinto, texts were produced that questioned once again what "Japan" was. One such text was the ***Jinnō Shōtōki*** (*Chronicle of Gods and Sovereigns*) (1339, revised 1343), written by the aristocrat **Kitabatake Chikafusa** (1293-1354), a leading figure of the Southern Court.

The *Jinnō Shōtōki* is a history of the emperor family, covering the period from the mythical era to Emperor Gomurakami. One of the book's main focuses was to argue for the legitimacy of the rule of the emperor and the imperial court against the samurai government. This is where Chikafusa introduced the idea of ***shinkoku*** (divine land). The first line of the book, "Great Japan is the divine land*," succinctly expresses this assertion. The idea that Japan was a land of *kami* is visible in the *Nihon shoki* and was especially emphasized after the Mongol invasions in 1274 and 1281. The concept of *shinkoku* varied, but Chikafusa included the meaning of a country where the emperor, a descendant of Amaterasu, would reign forever. Thus, he said, in Japan, dynastic change did not occur (as in China), and the forces that rebel against the emperor would eventually be destroyed. The discourse of the *Jinnō Shōtōki*, which sees Japan's uniqueness in the absence of dynastic change, was carried on even after the defeat of the Southern Court and reevaluated in the modern era.

On the other hand, Chikafusa explained that for an emperor to become a "*shōtō* (legitimate)" emperor, he must acquire the three virtues symbolized by the **three imperial regalia** handed down in the imperial lineage. If an emperor is an "evil king" without these virtues, Chikafusa affirmed that his subjects would eventually banish him. In this way, the *Jinnō Shōtōki* shows a contradiction in that it approaches the Confucianist theory of dynastic change in some respects. In this, we can see the chaotic possibilities that existed in the ideology of the Nanbokuchō period.

Another critical work related to the Nanbokuchō period is the ***Taiheiki***. The author and the date of its composition are unclear, but it is assumed to have been written in the 14th century. Based on Confucian morality, the *Taiheiki* is a **war tale** that describes the period from the overthrow of the Kamakura shogunate by

は人々の間でよく知られるようになり、身分秩序を超えて活躍する正成は英雄的存在となった。だが近代になると正成は理想的な日本国民のモデルとして利用されるようになっていく。『神皇正統記』と同じく、南北朝時代をきっかけに作り出されたテクストは、近代の「日本」と「日本人」のイメージを確立する上で重要な資源となったのである。

**女神坐像（13 世紀、東京国立博物館蔵）**
Female Shinto Deity (13th century, Tokyo National Museum)
＊出典：ColBase 国立文化財機構所蔵品統合検索システム
（https://colbase.nich.go.jp/collection_items/tnm/C-1873?locale=ja）

Emperor Godaigo to the establishment of the Muromachi shogunate. In reality, however, it is a chaotic text with various characters and a complex mixture of medieval mythology and other elements.

Perhaps the most famous character in the *Taiheiki* is the samurai commander **Kusunoki Masashige** (?-1336). Although Masashige's origin is unclear, he was not a samurai of high rank, and he helped Emperor Godaigo by using guerrilla tactics. His abilities were highly valued, and he was given a responsible position by the Emperor. In the end, however, he was ordered by the Emperor to go to the battle of Minatogawa, where defeat was apparent, and died in battle. Thus, Masashige was a "*chūshin* (a loyal retainer)" who was able to overcome the existing status order by directly associating with the emperor.

In the Edo period, the story of Kusunoki Masashige became well known to the public through professional storytellers called *Taiheiki-yomi*, and Masashige's activities transcending the traditional hierarchy made him a heroic figure. In the modern era, however, Masashige came to be used as a model of the ideal Japanese citizen. Like the *Jinnō Shōtōki*, the texts produced in the wake of the Nanbokuchō period became an essential resource in establishing the modern image of "Japan" and the "Japanese."

ネットミュージアム兵庫文学館（「企画展 太平記館」などを掲載）
The Hyogo Net Museum of Literature
(with contents such as "Special Exhibition: Taiheiki-kan")
https://www.artm.pref.hyogo.jp/bungaku/

第8章

# 交差する人々と文化
## Intersecting Peoples and Cultures
## 室町・戦国時代
## The Muromachi and Sengoku Periods

キーワード / Keywords

室町文化、古典、連歌、茶の湯、能、桃山文化、キリスト教

Muromachi culture, classics, *renga*, *chanoyu*, noh, Momoyama culture, Christianity

1392年、南朝は北朝や室町幕府との講和を受け入れ、南北朝時代の戦乱は終わった。それ以降、室町幕府の統治のもとで、さまざまな紛争はありつつも、相対的に安定した時代が続いた。この時代は**室町時代《むろまちじだい》**と呼ばれ、**室町文化《むろまちぶんか》**と呼ばれる文化が栄えた。しかし各地の守護大名《しゅごだいみょう》の成長とともに室町幕府は弱体化し、1467～1477年の**応仁《おうにん》・文明《ぶんめい》の乱**で支配体制が崩壊する。以後、戦国大《せんごくだい》名《みょう》が登場し、互いに支配地の拡大を求めて争う**戦国時代**に突入する。

室町時代から戦国時代にかけての文化の特徴は、身分や地域、国の違いを超えて文化の交流が活発に行われたことにある。そのなかから茶の湯や能のように、「日本文化」の代表と見なされるものが生まれていったのである。

### 室町文化の形成

室町時代には武家政権の中心地が鎌倉《かまくら》から京都に移動した。その結果、京都の王朝文化が武士によって取り入れられ、足利《あしかが》将軍家を中心に洗練された文化が発達した。室町時代には明や朝鮮との貿易が活発に行われ、東アジアとの文化的交流も進んだ。特に足利将軍家は**唐物《からもの》**と呼ばれる中国から輸入された美術品を愛好し、**東山御物《ひがしやまごもつ》**として知られる膨大なコレクションが形成された。

一方、この時代に京都の貴族社会では和漢の**古典**の研究が盛んになった。『日本書紀纂疏《にほんしょきさんそ》』や『花鳥有情《かちょううじょう》』といった注釈書で知られる**一条兼良《いちじょうかねら》**（1402～81）や**三条西実隆《さんじょうにしさねたか》**（1455～1537）は当時の貴族社会を代表する学者である。また応仁・文明の乱は京都が主な戦場となったため、地方の戦国大名のもとに逃れた貴族が、その地に貴族社会の文化を伝える結果になった。

In 1392, the Southern Court accepted peace with the Northern Court and the Muromachi shogunate, ending the warfare between the Northern and Southern Courts. Since then, a period of relative stability continued under the rule of the Muromachi shogunate, although there were various conflicts. This period is called the **Muromachi period**, and the culture known as the **Muromachi culture** flourished during this period. However, the Muromachi shogunate weakened with the growth of local military govenors (*shugo daimyō*), and its rule collapsed during the **Ōnin and Bunmei wars** of 1467-1477. After that, Japan entered the **Sengoku period**, with the appearance of *sengoku daimyō*, who fought each other to expand their territories.

A characteristic of the culture of the Muromachi and Sengoku periods was the active exchange of culture that transcended differences in status, region, and country. The tea ceremony and noh plays came from this exchange, which are considered representative of "Japanese culture."

## Formation of Muromachi Culture

During the Muromachi period, the center of the samurai government moved from Kamakura to Kyoto. As a result, the samurai adopted the court culture of Kyoto, and a refined culture developed around the Ashikaga shogunate. During the Muromachi period, trade with Ming Dynasty China and Korea was active, and cultural exchange with East Asia progressed. The Ashikaga shoguns were particularly fond of Chinese art objects called ***karamono***, and a vast collection known as the ***Higashiyama Gomotsu*** was formed.

Meanwhile, the study of Japanese and Chinese **classics** flourished in Kyoto's aristocratic society during this period. **Ichijō Kanera** (1402-81), known for his commentaries such as *Nihon Shoki Sanso* and *Kachō Ujō*, and **Sanjōnishi Sanetaka** (1455-1537) were representative scholars of aristocratic society at that time. In addition, since Kyoto was the main battleground during the Ōnin and Bunmei wars, aristocrats who fled to the *sengoku daimyō* in the provinces could transmit the culture of aristocratic society to those regions.

During the Muromachi period, buildings called ***kaisho*** developed and were used for exchanges among aristocrats, samurai, and monks, transcending status and hierarchy. *Kaisho* were decorated with *karamono*, and people there

室町時代には**会所**《かいしょ》と呼ばれる建物が発達し、貴族や武士、僧侶といった身分や階層を超えた交流の場として用いられた。会所には唐物が飾られ、人々は和歌や連歌、茶、香、立花《りっか》などの遊芸《ゆうげい》を楽しんだ。会所の流れを受け継ぎ、従来の寝殿造《しんでんづくり》に代わる**書院造**《しょいんづくり》と呼ばれる建築様式の原型も確立された。畳《たたみ》をしいた座敷《ざしき》や、床《とこ》の間《ま》など、現在の和風建築の基本となる様式がここで形成されたのである。

以上のような室町文化が生まれる上で、武士以外にもさまざまな人々が大きな役割を果たした。第一に**同朋衆**《どうぼうしゅう》と呼ばれる人々である。彼らは元々武士に仕える時宗《じしゅう》の僧侶だったが、次第にそれ以外の人々も含むようになった。同朋衆は僧侶の姿をとって足利将軍に仕え、遊芸や美術品の鑑定《かんてい》、会所の飾りつけなど、多様な役目をになった。また室町時代には庭園《ていえん》が発達し、禅の影響を受けた**枯山水**《かれさんすい》などが作られるようになる。庭園の作成に大きな役割を果たしたのが「**山水河原者**《さんすいかわらもの》」と呼ばれる被差別民《ひさべつみん》で、その代表者である**善阿弥**《ぜんあみ》は同朋衆の一人でもあった。

また、王朝文化が広まる上で、**連歌**《れんが》の専門家である**連歌師**《れんがし》も重要な存在だった。連歌とは平安時代に生まれ、中世に流行した歌の形式である。通常の和歌の場合、一つの歌を一人の人間が作るが、連歌では最初の人が５音・７音・５音の句を作り、別の人が７音・７音の句を付け、さらに別の人が５音・７音・５音の句を付ける……ということを繰り返す。そして最終的には100個の句で構成される一つの歌を共同作業で作り出すのである。

連歌には他の人が句をつけることで歌の内容が変化していく楽しさがあり、また社交を兼ねるという意味もあった。しかし連歌を作るには複雑なルールがあり、膨大な古典の知識も必要だった。そこで連歌作りをリードする専門家として連歌師が活躍したのである。彼らは単に連歌を作るだけではなく、都と地方を行き来し、貴族社会の古典文化を他の階層や地方の人々に伝える役割も果たした。

とりわけ連歌師の**宗祇**《そうぎ》（1455～1537）は、元々身分が低かったにもかかわらず、連歌の第一人者となった。また宗祇は師である東常縁《とうつねより》から『古今和歌集』の解釈の秘伝《ひでん》も継承していた。それは元々二条家の秘伝であったとされる。中世では藤原定家の子孫である二条家は和歌の権威だったが、その血統は断絶してしまったため、宗祇は秘伝という形でその権威を受け継いだのだ。この秘伝

enjoyed waka poetry, *renga*, tea, incense, *rikka* (flower arrangement), and other entertainment. Inheriting the development of the *kaisho*, the prototype of the ***shoin-zukuri*** style of architecture was established as an alternative to the traditional *shinden-zukuri* style. This style of architecture, with its *zashiki* and *tatami* mats, *tokonoma*, and other features, became the basis of today's Japanese-style architecture.

In addition to the samurai, various people played a significant role in forming the abovementioned Muromachi culture. First, there were people called ***dōbōshū***. They were originally monks of the Ji sect of Buddhism who served samurai but gradually came to include other people. *Dōbōshū* served the Ashikaga shogun in the guise of priests and performed various roles, including entertainment, appraisal of works of art, and decoration of *kaisho*. Gardens were also developed during the Muromachi period, and Zen-influenced styles such as ***karesansui*** were created. Those who played a major role in the creation of the garden were the discriminated people called "*sansui kawaramono*," and their representative, **Zen'ami**, was also one of the *dōbōshū*.

***Rengashi***, or specialists in ***renga***, were also essential figures in the spread of court culture. *Renga* is a form of poetry that originated in the Heian period and became popular in the Middle Ages. In the case of regular waka, a single person composes a single poem, but in *renga*, the first person composes three lines using a 5-7-5 pattern of syllables, another person adds two more lines with seven syllables each, and yet another person adds another 5-7-5, and so on. Finally, a poem consisting of 100 stanzas is created through collaborative work.

The joy of *renga* was that the poem's content would change as different people added their own lines, and it was also meant to be a form of socializing. However, *renga* composition had complicated rules and required a vast knowledge of the classics. Therefore, *rengashi* played an active role as experts in leading renga creation. They not only created renga but also traveled back and forth between the capital and the countryside, passing on the classical culture of aristocratic society to other social classes and to people in the countryside.

The rengashi **Sōgi** (1455-1537), in particular, became a leading renga master despite his low status. Sōgi also inherited the secrets of interpreting the *Kokinshū* from his teacher, Tō Tsuneyori. These secrets were said to have originally been guarded by the Nijō family. In the Middle Ages, the Nijō family, descendants of

の継承は**古今伝授**《こきんでんじゅ》と呼ばれた。その継承者である細川幽斎《ほそかわゆうさい》が関ヶ原の戦いで大軍に囲まれた際、後陽成天皇《ごようぜいてんのう》が停戦を命じて救出したというエピソードは、当時の古今伝授が持つ重みを示している。

他方で鎌倉時代から室町時代にかけて、武家政権が禅の臨済宗を支持したため、京都五山、鎌倉五山と呼ばれる禅宗寺院が確立され、**五山文学**《ござんぶんがく》が発達した。それは主に宋・元・明の影響を受けた漢詩文だったが、五山の僧侶は朱子学のような最先端の儒教の研究も行い、中国の文化を日本に紹介する役割を果たした。そこから**水墨画**《すいぼくが》が流行し、《秋冬山水図》（東京国立博物館蔵）で知られる**雪舟**《せっしゅう》（1420～1506?）も登場する。

絵画に関していえば、この時代には**狩野元信**《かのうもとのぶ》（1476～1559）が活躍し、漢画とやまと絵を融合させた様式を確立した。**土佐派**《とさは》とともに**狩野派**《かのうは》は朝廷や幕府に仕える絵師集団として発展し、江戸時代まで長く続いていくことになる。

## 茶の湯と能

前述のように、**茶**《ちゃ》**の湯**《ゆ》（**茶道**《さどう》）と**能**《のう》は現代でも典型的な「日本文化」としてイメージされているが、それが発達したのは室町時代においてだった。

茶を飲む文化は中国から伝わり、最も古い例は平安時代の史料に見られる。茶の湯の形成過程については諸説あるが、禅宗において茶で客をもてなす儀礼があり、それが室町時代に足利将軍家に取り入れられ、茶の湯の原型ができあがったとされる。その後、将軍家の儀礼をもとに僧侶や町人が「茶の湯」を発展させていったと考えられる。それが後には将軍家や武士にも取り入れられたのである。

当時はぜいたくな飲食をともなう茶の湯も行われていたが、裕福ではない人々によって行われる「侘数寄《わびすき》」という質素《しっそ》な茶の湯も存在した。やがて「侘数寄」に独自の美を見出す人々が登場する。その一人が珠光《しゅこう》である。珠光はいわゆる**わび茶**の創始者であるとよく言われるが、そこには後世の伝承も入り混じっており、安易に信じることはできない。いずれにせよ、戦国時代になると**千利休**《せんのりきゅう》（1522～91）が登場する。利休は元々堺《さかい》の裕福な商人だったが、あえて「わび」の茶の湯を選び、その様式を完成させたのだった。

なお、茶の湯の本質は禅の精神であるというイメージがある。茶の湯が禅宗と関係があったことはたしかだが、実際にはさまざまな要素が複雑に絡み合っ

Fujiwara no Teika, was an authority on waka poetry. Since the lineage had been severed, Sōgi inherited its authority through the secret tradition. The succession of this secret tradition was called ***kokin denju***. The episode of the rescue at the Battle of Sekigahara shows the importance of *kokin denju* at that time. Hosokawa Yūsai, who was the heir to this tradition, was surrounded by a large army, but Emperor Goyōzei ordered a truce in order to rescue him.

On the other hand, from the Kamakura to Muromachi periods, the samurai government supported the Rinzai sect of Zen Buddhism, which led to the establishment of Zen temples known as the Kyoto Gozan and Kamakura Gozan and the development of the ***Gozan literature***. This literature was mainly Chinese poetry influenced by the works in Song, Yuan, and Ming China. Still, Gozan monks also studied cutting-edge Neo-Confucianism and played a role in introducing Chinese culture to Japan. From there, ***suiboku-ga*** (ink wash painting) became popular, including the work of **Sesshū** (1420-1506?), known for his *Landscapes in Autumn and Winter* (Tokyo National Museum).

In terms of painting, **Kanō Motonobu** (1476-1559) was active during this period and established a style that combined Chinese painting and *Yamato-e*. Together with the **Tosa school**, the **Kano school** developed as a group of painters who served the imperial court and the shogunate and continued to do so until the Edo period.

## Chanoyu and Noh

As mentioned above, ***chanoyu*** (***sadō***, tea ceremony) and **noh** are still considered typical “Japanese culture” today, but it was during the Muromachi period that they developed.

The culture of drinking tea was introduced from China, and the earliest examples are found in historical documents from the Heian period. There are various theories on the formation process of *chanoyu*, but it is believed that Zen had a ritual of entertaining guests with tea, which was adopted by the Ashikaga shoguns during the Muromachi period, thus forming the prototype for *chanoyu*. Later, the rituals of the shoguns are thought to have been used as the basis for the development of *chanoyu* by Buddhist monks and townspeople. After that, it was also adopted by the shoguns and samurai.

While the tea ceremony at that time included extravagant food and drink, there

て成立している。また「わび」やそれに類する「さび」という言葉が独立した美の理念として使われるようになるのは元禄時代であり、茶の湯の本質として強調されるのは 1930 年代以降であることに注意が必要である。

他方、能の起源は、奈良時代に伝わった中国の芸能、散楽《さんがく》にある。散楽はものまねやお笑いなどを含む雑多な芸能だった。散楽は朝廷では行われなくなったが、やがて**猿楽**（さるがく、さるごう）と呼ばれるようになり、民衆のあいだで広まっていく。そこで喜劇である**狂言**《きょうげん》と、歌舞劇の能に分かれ、それらを演じる専門の集団も現われた。将軍・**足利義満**《あしかがよしみつ》（1358 ～ 1408）は能を好み、室町幕府と結びついた能は武家社会に受け入れられていった。義満の周囲にはさまざまな能役者が集まったが、そのなかでも義満が評価したのが**観阿弥**《かんあみ》（1333 ～ 84）とその子、**世阿弥**《ぜあみ》であった。

世阿弥は歌舞劇《かぶげき》としての能を確立し、特に**夢幻能**《むげんのう》と呼ばれる独特の様式を生み出した。それは死者の霊や神との交流を主題とする、宗教的な仮面劇だった。夢幻能は基本的に以下のような筋立《すじだ》てで進行する。旅人がある場所を訪れると、その土地の人間が現われ、場所にまつわる過去の出来事について語る。しかしやがて、その語り手こそは死者の霊であり、彼／彼女が語っていたのは自らの物語であったことが明かされる。そして彼／彼女は過去の姿をとって舞うのである。

このように夢幻能では、生者と死者、現在と過去が重層的に描かれることに特徴がある。能では神仏習合の世界観や中世神話もしばしば現われる。能の背景にあるのは、神仏や霊の世界が大きな存在感を持っていた当時の人々の感覚であろう。

また、世阿弥は公家や武家のあいだで共有されていた古典の知識を学び、それにもとづき能の台本である**謡曲**《ようきょく》を書いた。たとえば「敦盛《あつもり》」という作品は、第五章で触れた『平家物語』のエピソードを再解釈し、平敦盛《たいらのあつもり》の亡霊が出家した熊谷直実《くまがいなおざね》のもとに現われ、最終的に和解するという筋立てになっている。このような能を楽しむためには、古典の知識を持っていることが必要となる。

とはいえ能は（そして茶の湯もまた）、その源流をたどれば民衆の文化と深い関わりがある。室町時代は惣村《そうそん》や都市の商業の発達により、民衆の文化が発展した時代でもあった。支配階層と民衆のあいだで文化が共有され、相互に影響を与えたことも、この時代の特徴といえる。

was also a simpler form of tea ceremony called *wabi suki*, which was practiced by those who were not wealthy. Eventually, there were people who found a particular beauty in *wabi suki*. One of them was Shukō. It is often said that Shukō is the founder of the style of tea ceremony known as *wabicha*, but this is not easy to believe since there is a mixture of legends from later generations. In any case, in the Sengoku period, **Sen no Rikyū** (1522-91) emerged. Rikyu was originally a wealthy merchant from Sakai, but he dared to choose the "*wabi*" style of chanoyu and perfected it.

There is an image that the essence of *chanoyu* is the spirit of Zen. While it is true that chanoyu is related to Zen, it is, in fact, a complex intertwining of various elements. It should also be noted that terms like *wabi* and *sabi* did not come to be used as independent aesthetic concepts until the Genroku period, and it was not until the 1930s that it was emphasized as the essence of *chanoyu*.

Noh originates in *sangaku*, a Chinese performing art introduced in the Nara period. Sangaku was a miscellaneous performing art that included imitation and comedy. Sangaku was no longer performed at the imperial court but eventually became known as ***sarugaku*** (***sarugō***) and spread among the people. It was then divided into kyōgen (comedy) and noh (song and dance), and groups specializing in performing these types of drama emerged. Shogun **Ashikaga Yoshimitsu** (1358-1408) was a fan of noh, and noh, through its association with the Muromachi shogunate, was accepted by samurai society. Among the various noh performers who gathered around Yoshimitsu were **Kan'ami** (1333-84) and his son **Zeami**, whom Yoshimitsu highly regarded.

Zeami established noh as a form of song and dance drama; in particular, he created a unique style called ***mugen noh***. It was a religious masque with the theme of communication with *kami* and the spirits of the dead. The basic plot of a *mugen noh* play is as follows: A traveler visits a place, and a local person appears and tells him about past events related to that place. However, it is eventually revealed that the narrator is the spirit of the dead, and that what they was telling was their own story. He/she then assumes their past form and dances.

In this way, *mugen noh* is characterized by its multilayered depiction of the living and the dead, the present and the past. In noh, the worldviews of *shinbutsu shūgō* and medieval mythology also often appear. noh was developed at a time when people felt that the world of *kami*, Buddhas, and spirits had a strong

## 桃山文化とキリスト教

戦国時代は大名同士の戦いが繰り広げられたが、やがて16世紀後半から**織田信長**《おだのぶなが》（1534～82）とその後を継いだ**豊臣秀吉**《とよとみひでよし》（1537～98）が全国統一を目指すようになる。この**安土桃山時代**《あづちももやまじだい》に生まれたのが、豪華でダイナミックな雰囲気を特色とする**桃山文化**《ももやまぶんか》だった。桃山文化を象徴するのが各地に建てられた**城郭建築**《じょうかくけんちく》であろう。また、絵画の面では《洛中洛外図屏風《らくちゅうらくがいずびょうぶ》》（東京国立博物館蔵）で知られる狩野派の**狩野永徳**《かのうえいとく》（1543～90）が活躍し、**長谷川等伯**《はせがわとうはく》（1539～1610）も《松林図屏風》（同上）などのすぐれた水墨画を残した。

また、当時はポルトガルやスペインといった西洋の国々が交易を求めて東アジアに到達した時代でもあった。それはカトリック教会による海外布教と連動しており、1549年にスペイン人のイエズス会士、**フランシスコ・ザビエル**（1506～52）が初めて来日した。以後、カトリックの宣教師《せんきょうし》によるキリスト教の布教が行われていく。キリスト教のみならず、宣教師や貿易商人が日本にもたらした西洋の文化を**南蛮文化**《なんばんぶんか》とも呼ぶ。

そもそもキリスト教はユダヤ教における唯一神への信仰を母体とし、**イエス・キリスト**を受肉した神の子、救い主として信仰する宗教である。仏教や神道を中心とするそれまでの日本の宗教文化とは異質な宗教だった。しかしザビエルが当初、神を「大日」と訳したことなどが原因で、キリスト教は仏教の一派であるという誤解が長く続いた。

とはいえ宣教師たちの布教は成功し、九州を中心に多くの**キリシタン大名**が出現した。その背景には貿易による利益を求める意図があったが、高山右近《たかやまうこん》のように強い信仰心を持つ大名もいた。キリシタン大名は領地で集団改宗を進め、キリシタン（キリスト教徒）の数は着実に増加した。

宣教師は学校を建てて日本人の聖職者を養成し、教理書を翻訳して出版した。天文学や医学などの知識や、活版印刷などの技術ももたらした。また民衆に対しては孤児院や病院の運営などの慈善活動も行った。これらも当時の人々を惹きつけた要因だっただろう。

しかし1587年、豊臣秀吉による**伴天連追放令**《ばてれんついほうれい》が出され、日本が「神国」であることなどを理由として宣教師の国外退去が命じられた。当初は厳格な命令ではなかったが、1596年のサン＝フェリペ号事件をきっかけに、秀吉はキリスト教の布教が日本侵略のための手段という疑いを強め、禁制を強化した。そ

presence in their own world.

Zeami also learned about the classics, which were known among both aristocrats and samurai, and wrote noh scripts, or *yōkyoku*, based on his knowledge of the classics. For example, *Atsumori* is a reinterpretation of an episode from *The Tale of the Heike* that we already discussed in Chapter 5. In Zeami's *Atsumori*, the ghost of Taira no Atsumori appears to Kumagai Naozane, who has become a monk. The two are finally reconciled. To enjoy this kind of noh, it is necessary to know the classics.

Nevertheless, noh (and the tea ceremony, for that matter) has deep roots in popular culture. The Muromachi period was a time when the development of villages and commerce in cities led to the development of popular culture. The culture-sharing and mutual influence between the ruling class and the common people is a characteristic of this period.

## Momoyama Culture and Christianity

During the Sengoku period, *sengoku daimyō* fought one another until eventually, in the late 16th century, **Oda Nobunaga** (1534-82) and his successor, **Toyotomi Hideyoshi** (1537-98), began to work to unify the whole country. What emerged during this **Azuchi-Momoyama period** was the **Momoyama culture**, characterized by its luxury and dynamic atmosphere. The Momoyama culture is symbolized by the **castle structures** built throughout Japan. In terms of painting, **Kanō Eitoku** (1543-90) of the Kano school, known for his *Scenes In and Around Kyoto* (Tokyo National Museum collection), was active, and **Hasegawa Tōhaku** (1539-1610) also left excellent work of *suibokuga* such as *Pine Forests* (Tokyo National Museum).

This was also when Western countries such as Portugal and Spain arrived in East Asia in search of trade. This was linked to the overseas missionary activities of the Catholic Church, and in 1549, a Spanish Jesuit, **Francis Xavier** (1506-52), arrived in Japan for the first time. After that, Christian missionary work was carried out by Catholic missionaries. Christianity and Western culture brought to Japan by missionaries and traders is called **Nanban culture**.

Christianity is based on the belief in the One God of Judaism and is a religion that believes in Jesus Christ as the incarnate Son of God and the Savior of the world. It was a religion that was alien to the Japanese religious culture, which

の後1614年に、徳川家康による徹底的な禁教令が出された。キリスト教禁制の理由についてはさまざまな説があるが、当時の政治状況が関係しており、単純にキリスト教と日本文化が対立したわけではない。

キリスト教徒のなかには信仰を捨てたものもいたが、仏教や神道などに偽装することで信仰を続けた人々もいた。いわゆる**潜伏《せんぷく》キリシタン**である。しかしその過程で元々の信仰と仏教や神道などとの混合も進んでいった。

以上のように、室町・戦国時代の文化は、身分や所属を超えて人々が交流するなかで生まれたものだった。これらは当時のさまざまな変化がありえた流動的な社会の可能性を示しているのではないだろうか。

**長谷川等伯《松林図屏風》(16世紀、東京国立博物館蔵)**
Hasegawa Tōhaku, *Pine Forest* (16th century, Tokyo National Museum)
＊出典：ColBase 国立文化財機構所蔵品統合検索システム
(https://colbase.nich.go.jp/collection_items/tnm/A-10471?locale=ja)

until then had been centered on Buddhism and Shintoism. However, because Xavier initially translated "God" as "*Dainichi*," among other things, there was a long-standing misunderstanding that Christianity was a branch of Buddhism.

Nevertheless, missionaries were successful in their missionary efforts, and many **Christian *daimyō*** emerged, especially in Kyushu. While the intention behind this was to seek profits from trade, there were also *daimyō* with strong religious beliefs, such as Takayama Ukon. Christian *daimyō* promoted mass conversions in their territories, and the number of Christians steadily increased.

Missionaries built schools, trained Japanese clergy, and translated and published doctrinal books. They also brought knowledge of astronomy, medicine, and technology, such as letterpress printing. They also provided charity to the people by operating orphanages and hospitals. These were also probably the factors that attracted the people of the time.

However, in 1587, Toyotomi Hideyoshi issued The **Bateren Edict** (*bateren tsuihōrei*), ordering missionaries to leave the country on the grounds that Japan was "a divine land." Initially, the order was not strict, but after the San Felipe Incident in 1596, Hideyoshi became increasingly suspicious that Christian missionary work was a means of invading Japan, and the ban was tightened. This was followed in 1614 by Tokugawa Ieyasu's decree of a thoroughgoing ban on Christianity. There are various theories about the reason for the Christian prohibition. It had to do with the political situation at the time and not simply a conflict between Christianity and Japanese culture.

While some Christians abandoned their faith, others continued their faith by disguising it as Buddhism and Shinto. They were the so-called ***senpuku kirishitan*** (Christians in hiding). In the process, however, the original faith was mixed with Buddhism and Shinto.

As described above, the culture and traditions of the Muromachi and Sengoku periods were born out of the interaction of people regardless of their status or affiliation. They illustrate the possibilities of the fluid society at that time, in which many changes were possible.

# せめぎあう「雅」と「俗」

## Interplay of *Ga* and *Zoku*

# 江戸時代（1）

## The Edo Period（1）

キーワード / Keywords

寛永文化、元禄文化、俳諧、浮世草子、浄瑠璃、琳派

Kan'ei culture, Genroku culture, *haikai*, *ukiyo-zōshi*, *jōruri*, Rinpa school

織田信長が京都に入った1568年、もしくは室町幕府を滅ぼした1573年から**安土桃山時代**《あづちももやまじだい》が始まる。その後、信長の後継者である豊臣秀吉によって全国統一がなされ、関ヶ原《せきがはら》の戦い（1600）を経て**徳川家康**《とくがわいえやす》（1542～1616）が全国の支配を確立した。一般的には、1603年に家康が征夷大将軍《せいいたいしょうぐん》に任命された時をもって**徳川幕府**《とくがわばくふ》が成立したと考えられる。以後、**江戸**《えど》（おおよそ現在の東京都）を中心地として、徳川幕府の権力のもとで大名がそれぞれの領地（後に「藩《はん》」と呼ばれる）を治めるという体制ができあがっていく。**江戸時代**《えどじだい》の始まりである。歴史学では安土桃山時代と江戸時代をあわせて「**近世**《きんせい》」ととらえることが多い。

江戸時代の特徴は民衆の力が高まり、現世的な文化（「**俗**《ぞく》」の文化）が発達したことにある。しかし同時に江戸時代は貴族社会の王朝文化や古典を受け継ぐ「**雅**《が》」の文化が社会に広まった時代でもある。江戸時代の文化を理解する上では、こうした雅と俗の複雑なからみあいに注目することが大切である。

### 江戸社会と寛永・元禄文化

江戸時代の社会は基本的に支配者層である武士と、農民や職人、商人などの「平人《へいにん》」と呼ばれる身分によって構成されていた。それらの身分の枠外に僧侶や医者、儒者《じゅしゃ》のような存在もおり、被差別民である「賎民《せんみん》」も存在した。そして人々は職業ごとに社会集団を形成した。

また、江戸時代は**家**《いえ》（**イエ**）と呼ばれる家族集団のあり方が幅広い階層に普及した時代でもあった。家とは特定の名（苗字《みょうじ》）、職業、財産を持つ家族集団

Scholars say the **Azuchi-Momoyama period** began in 1568, when Oda Nobunaga entered Kyoto, or in 1573 when he destroyed the Muromachi shogunate. After that, the whole country was unified by Toyotomi Hideyoshi, Nobunaga's successor, and after the Battle of Sekigahara (1600), **Tokugawa Ieyasu** (1542-1616) established his rule over the entire country. Generally speaking, the **Tokugawa shogunate** was established when Ieyasu was appointed *Seii Taishōgun* (Shogun) in 1603. After that, the Tokugawa shogunate established a system in which *daimyō* governed their respective domains (later called *han*) under the power of the Tokugawa shogunate, with **Edo** (roughly present-day Tokyo) as the center of government. This was the beginning of the **Edo Period**. In historical studies, the Azuchi-Momoyama and Edo periods are often combined to form ***kinsei*** (the Early Modern Period).

The Edo period was characterized by the rise of popular power and the development of a worldly culture (culture of ***zoku***). At the same time, however, the Edo period was also a period in which the culture of ***ga*** (elegance), inherited from the court culture of aristocratic society and the classics, spread throughout society. In understanding the culture of the Edo period, it is essential to pay attention to this complex interplay of *ga* and *zoku* culture.

## Edo Society and the Kan'ei/Genroku Culture

Edo period society was composed of the ruling class, the samurai, and *heinin* (commoners) such as peasants, artisans, merchants, and others. There were also monks, doctors, and Confucianists outside the framework of those statuses, as well as "*senmin*" who were discriminated against. People formed social groups according to their occupations.

The Edo period was also when the family grouping system known as ***ie*** spread to a wide range of classes. *Ie* is a family group with a specific name (surname), occupation, and property. Basically, the father was the head of *ie*, called ***tōshu***, and ruled the family. When the head of the family died or retired due to old age (*inkyo*), the position passed to the eldest son. *Ie* was thus conceived of as being passed down from generation to generation, from ancestors (***senzo***) to descendants. However, a *tōshu* was expected to be able to protect the *ie* and the family. If the eldest son was deemed unable to fulfill this role, the *ie* was

である。基本的には父親が**当主**《とうしゅ》と呼ばれる長となってその家を治めた。当主が亡くなるか、あるいは高齢によって引退（隠居《いんきょ》）すると、その地位は基本的に長男へと受け継がれる。そのため家は**先祖**《せんぞ》と呼ばれる祖先から子孫へと代々継承されていくものとしてイメージされた。しかし当主には家と家族を守る能力が求められる。長男がその役割を果たせないと判断された場合、次男以下の息子や、血縁《けつえん》のつながらない養子《ようし》に家を受け継がせることもあり、女性が当主となることもあった。

家という家族集団はまず中世の貴族や武士のあいだで広まり、14、15世紀から農民などの民衆のあいだでも家が形成されていった。江戸時代の17世紀になると、小農の家の独立が広く見られるようになり、社会に家が普及した。それにより人々が生きる上でも、家の存続や家のなかでの役割が重要な関心事となっていく。こうした家の普及を背景として、特定の家が芸能などの流派の中心的権威となる**家元制**《いえもとせい》も発達した。

17世紀は、以上のような身分制と家にもとづく社会が確立された時代だった。文化史の流れでいえば、おおよそ寛永期（1624～43）には、京都を中心として、中世までの文化を引き継いだ**寛永文化**《かんえいぶんか》が栄えた。その後、17世紀半ばからは、四代将軍・家綱《いえつな》、五代将軍・綱吉《つなよし》のもとで、**文治政治**《ぶんちせいじ》への転換が進められた。それまでの武力中心の政治を改め、法律や教育によって社会を治める方向へと転換したのである。それと並行して新しい土地の開発や農業技術の発達も進み、交通網《こうつうもう》や流通のネットワークも整備され、貨幣《かへい》経済・商品経済が発展した。**上方**《かみがた》と呼ばれる京都・大阪（当時は大坂と表記することもあった）などの都市も発達していく。

こうした経済発展を背景に、とりわけ都市部に生活する**町人**《ちょうにん》を中心として、民衆の力が高まっていった。彼ら彼女らは単に文化を受動的に楽しむだけではなく、自らも文化を実践しようとした。以上のような状況のなかで、元禄期《げんろくき》（1688～1704）頃を中心に発展したのが**元禄文化**《げんろくぶんか》である。

## 出版産業と古典学

17世紀の文化の発展にとっては、出版産業《しゅっぱんさんぎょう》が重要な役割を果たした。日本では早くも奈良時代には印刷《いんさつ》技術が伝わっており、その後も活字印刷《かつじいんさつ》の技術が伝えられていたが、広く普及するには至らなかった。ところが朝鮮の活字印刷

sometimes passed on to a second or younger son or to an adopted child who was not related to the *ie* by blood, and sometimes a woman even became *tōshu*.

The family grouping system called *ie* first spread among the nobility and samurai in the Middle Ages. From the 14th and 15th centuries, *ie* were also formed among peasants and other members of the populace. In the 17th century, during the Edo period, the independence of the small peasants' *ie* became widespread, and *ie* spread to a wide range of social strata. As a result, the survival of *ie* and people's roles within *ie* became significant concerns in people's lives. The spread of the *ie* also led to the development of the ***iemoto* system**, in which a particular *ie* became the central authority in a school of art.

It was the 17th century when a society based on the status system and *ie* was established. Regarding cultural history, during the Kan'ei period (1624-43), the **Kan'ei culture** flourished in Kyoto, taking over the culture of the Middle Ages. Later, in the mid-17th century, a shift to ***bunchi seiji*** (civil government) was promoted under the leadership of the fourth shogun, Ietsuna, and the fifth shogun, Tsunayoshi. The government shifted away from its previous focus on military power and toward governing society through law and education. At the same time, the development of new land and agricultural technology progressed, transportation and distribution networks were improved, and a monetary and commodity economy developed. Cities such as Kyoto and Osaka, called ***Kamigata***, also grew.

Against the backdrop of this economic development, the power of the people increased, especially among ***chōnin*** (townspeople) living in urban areas. They not only passively enjoyed culture but also tried to practice it themselves. Under these circumstances, the **Genroku culture** developed around the Genroku period (1688-1704).

## Publishing Industry and Classics

The publishing industry played an essential role in $17^{th}$-century cultural development. In Japan, printing technology had been introduced as early as the Nara period, and the technology of movable type printing was also introduced later, but it did not spread widely. However, influenced by Korean type printing, various classics were published from the end of the 16th to the middle of the 17th century using wooden and metal type. They are called ***kokatsuji-ban***. By

から影響を受け、16 世紀末から 17 世紀半ばにかけて、木や金属の活字によりさまざまな古典が出版された。これは**古活字版**《こかつじばん》と呼ばれる。17 世紀後半になると、木版《もくはん》による製版印刷《せいはんいんさつ》の方が主流となった。そちらの方がより簡単に大量の印刷をすることができたからである。

こうした印刷技術の普及とともに、京都や大阪を中心として書肆《しょし》（書店と出版社を兼ねた業者）も増え、数多くの本が出版されるようになった。それまで書物は直接手で書き写し、写本《しゃほん》を作ることで受け継がれていたが、そのやり方では多くの本を作ることができないため、結果的に貴族や僧侶など、特定の身分の人々が書物を独占していた。しかし印刷技術と出版産業の発展により、身分を超えて書物と知識が共有されるようになったのだ。

それにより、たとえば『源氏物語』などの文学の古典や、後述する浮世草子《うきよぞうし》などの娯楽的な文学、儒学や医学などの学問の書物、**往来物**《おうらいもの》と呼ばれる教科書が出版され、広く読まれた。従来はあまり読まれていなかった書物が「古典」として再発見されることもあった。たとえば**『徒然草』**《つれづれぐさ》はその一例である。同書は鎌倉時代末期から南北朝時代初めにかけて兼好《けんこう》が書いたとされるが、人生訓の書物が人気となった 17 世紀に出版され、初めて広く読まれたのである。

この時代に出版文化が発展した背景には、文書による行政の発達が関係している。武士が城下町《じょうかまち》（城の周囲に形成された町）に住む一方、村落にはある程度の自治が任されたため、文書のやりとりが頻繁《ひんぱん》に行われ、民衆にも文字の読み書きの能力が必要となったのだ。そのため**手習塾**《てならいじゅく》（**寺子屋**《てらこや》）と呼ばれる民間の教育施設が増えていき、子供たちは往来物を用いながら読み書きや算数を習った。その結果徐々に識字率《しきじりつ》が向上し、読書人口が広がっていったのである。

また社会の経済的発展により、町人や農民などのあいだでも、経済的に余裕のある生活を送る人々が出てくる。そのような人々は文学や芸術、学問に関心を向け、娯楽《ごらく》や教養《きょうよう》のために本を求めるようになった。

他方で、天皇や貴族社会も依然として王朝文化を継承する役割を果たしていた。天皇と朝廷は、禁中並公家諸法度《きんちゅうならびにくげしょはっと》（1615）により徳川幕府の統制のもとに置かれた。天皇は表向き君主として扱われたが、実質的な支配者は将軍と幕府の側だった。天皇と朝廷には、伝統的な儀式や官位《かんい》の授与、年号《ねんごう》の発布など、儀礼的・文化的な面での役割が任された。

こうした状況のなかで、17 世紀の**後水尾天皇**《ごみずのお》（1596 ～ 1680）は古今《こきん》

the latter half of the 17th century, woodcut printing became the predominant method, as it was easier and allowed larger quantities to be printed.

Along with the spread of this printing technology, *shoshi* (stores that were both bookstores and publishers) increased in number, mainly in Kyoto and Osaka, and many books were published. Until then, books had been passed down through the generations by direct transcription and copying, but this method did not allow for the production of many books. As a result, books were monopolized by certain classes of people, such as aristocrats and Buddhist monks. However, with the development of printing technology and the publishing industry, books and knowledge came to be shared beyond social divisions.

Consequently, literary classics such as *The Tale of Genji*, entertaining literature called *ukiyo zōshi* (see below), books on Confucianism, medicine, and other subjects, and textbooks called ***ōraimono*** were published and widely read. In some cases, books that had not been widely read were rediscovered as “classics.” One example is ***Tsurezuregusa*** (*Essays in Idleness*). This book is said to have been written by Kenkō between the end of the Kamakura period and the beginning of the Nanbokuchō period. It was first published and widely read in the 17th century when books of life lessons became popular.

The background of the development of publishing culture during this period was related to the development of government administration based on documents. While samurai lived in *jōka-machi* (towns formed around castles), villages were given a certain degree of autonomy, so documents were exchanged frequently, and the people needed to be able to read and write. This led to an increase in private educational institutions called ***tenarai-juku*** (***terakoya***), where children learned to read, write, and do arithmetic using *ōraimono*. As a result, the literacy rate gradually improved, and the population of readers expanded.

In addition, as society developed economically, some townspeople and peasants began to lead financially comfortable lives. Such people became interested in literature, the arts, and learning and began seeking books for entertainment and culture.

At the same time, the emperor and aristocratic society still played a role in carrying on court culture. The emperor and the imperial court were subject to the control of the Tokugawa shogunate under *Kinchū Narabini Kuge Shohatto* (the Laws for the Imperial and Court Officials, 1615). Although the emperor

伝授《でんじゅ》を受け、朝廷における和歌と古典学の復興を目指した。その結果、「雅」の文化を体現する天皇や公家の権威が復活していく。その一方で古今伝授は歌人の**松永貞徳**《まつながていとく》（1573 ～ 1653）を経て、**地下**《じげ》と呼ばれる貴族以外の人々にも受け継がれていった。1670 年には下河辺長流《しもこうべちょうりゅう》の手により地下の歌集である『林葉累塵集《りんようるいじんしゅう》』が刊行される。そのことが象徴しているように、17 世紀は公家以外の多様な身分の人々のあいだでも「雅」の文化、すなわち和歌や古典の学習が盛んになった時代だった。『源氏物語』の注釈書である**北村季吟**《きたむらきぎん》（1624 ～ 1705）の『源氏物語湖月抄《こげつしょう》』（1673）に代表されるように、出版産業の広まりによって人々が一人で学ぶことも可能となったからである。

## 江戸時代前期の文学と芸能

元禄文化においては和歌以外にもさまざまな文学が発達した。その一つが**俳諧**《はいかい》である（近代以降は**俳句**《はいく》と呼ばれる）。元々中世に発達した連歌には、「俳諧の連歌」という笑いや言葉遊びを主題とした分野があった。15 ～ 16 世紀には「俳諧の連歌」の愛好者が増え、17 世紀になると庶民のあいだでも広まり、「俳諧」という一つの独立した分野として確立された。

俳諧は連歌と同じく、当初は 5 音・7 音・5 音の句に 7 音・7 音の句をつなげていくものだった。しかし次第に最初の句（発句《ほっく》）だけを一つの作品として作ることも行われるようになる。さらに言葉遊びや笑いからも離れ、俳諧の新たな境地を見出したのが俳諧師《はいかいし》の**松尾芭蕉**《まつおばしょう》（1644 ～ 94）である。芭蕉は和歌や漢詩の伝統を意識しつつも、庶民にとって身近な言葉やありふれた風景を用い、そのなかに独特の美を見出す文学へと俳諧を発展させていった。

芭蕉の代表作は東北地方への旅を題材にした**『おくのほそ道』**（1702）である。特に「閑《しずか》さや岩にしみ入る蝉《せみ》の声」といった句が有名だ。蝉がわずかに鳴いている夏の情景のなかで感じる静謐《せいひつ》さを短い言葉で巧みに表現しており、芭蕉の特徴がよく表われている。

元禄期には近代の小説に類似した文学も発達した。たとえば江戸時代の初めから、仮名や仮名交じり文で書かれた散文《さんぶん》の文芸である**仮名草子**《かなぞうし》が出現する。仮名草子をもとに、武士や町人の生活をリアルに描いた娯楽《ごらく》小説として発展したのが**浮世草子**《うきよぞうし》である。しばしば浮世草子の出発点と見なされるのが、**井原西鶴**《いはらさいかく》（1642 ～ 93）の『好色一代男』（1682）である。

was ostensibly treated as a sovereign, actual power was held by the shogun and shogunate. The emperor and the imperial court were entrusted with ceremonial and cultural functions, such as traditional ceremonies, conferring official titles, and proclaiming new era names.

Against this backdrop, the 17th-century **Emperor Gomizunoo** (1596-1680) received *kokin denju*, and sought to revive waka poetry and classical studies at the imperial court. As a result, the authority of the emperor and aristocrats, who embodied the culture of *ga*, was restored. At the same time, through the waka poet **Matsunaga Teitoku** (1573-1653), *kokin denju* was passed down to non-aristcorats, who were called ***jige***. In 1670, a collection of waka poems by *jige*, *Rin'yō Ruijinshū*, was edited by Shimokōbe Chōryū. As this example represents, the 17th century was a time when the study of waka poetry and the classics flourished among people of various social statuses beyond the nobility. This is because the spread of the publishing industry made it possible for people to study the classics independently, as exemplified by **Kitamura Kigin**(1624-1705)'s *Genji Monogatari Kogetsu-shō* (1673), an annotated edition of *The Tale of Genji*.

## Literature and Performing Arts in the Early Edo Period

In addition to waka poetry, various other forms of literature developed during the Genroku period. One of them is ***haikai*** (called **haiku** in modern times). Originally, *renga*, which originated in the Middle Ages, had a field called *haikai no renga*, in which laughter and wordplay were the subject matter. In the 15th and 16th centuries, the number of *haikai no renga* devotees increased, and in the 17th century, it spread among the general public and was established as an independent field called *haikai*.

Like *renga*, *haikai* initially consisted of three lines with a 5-7-5 syllable pattern connected with two lines of seven syllables each. Gradually, however, haiku poets started to create poems using only the first stanza (*hokku*). **Matsuo Bashō** (1644-94), a haikai master, also moved away from wordplay and laughter and found a new frontier in *haikai*. Bashō developed *haikai* into a form of literature that, while conscious of the traditions of waka poetry and Chinese poetry, used words and everyday scenes familiar to ordinary people and found unique beauty in them.

Basho's masterpiece is ***Oku no Hosomichi*** (*The Narrow Road to the*

西鶴は元々町人出身の俳諧師だったが、この作品の成功をきっかけとして数多くの浮世草子を書いた。西鶴は、元禄期の経済発展を背景として、欲望にしたがって生きる人間の姿を（皮肉とユーモアをまじえながら）ありのままに描いた。

17世紀には能が武士に好まれる一方で、より民衆に近い演芸が登場する。それが**浄瑠璃**《じょうるり》と**歌舞伎**《かぶき》である（歌舞伎については第10章で扱う）。浄瑠璃は、メロディーを付けながら物語を語る、**語**《かた》**り物**《もの》と呼ばれる芸能の一種である。起源ははっきりとしないが、室町時代には成立していたと考えられる。やがて浄瑠璃の伴奏《ばんそう》に**三味線**《しゃみせん》が使われるようになり、さらに人形劇《にんぎょうげき》と合わさって**人形浄瑠璃**《にんぎょうじょうるり》が生まれた（現代では**文楽**《ぶんらく》と呼ばれることもある）。江戸時代にはさまざまな浄瑠璃の流派が存在していたが、それらを集大成して**義太夫節**《ぎだゆうぶし》と呼ばれる浄瑠璃を確立したのが**竹本義太夫**《たけもとぎだゆう》（1651～1714）である。義太夫は1684年に大阪に自らの劇場、竹本座《たけもとざ》を作り、大いに人気を博《はく》した。

竹本座のために脚本《きゃくほん》を書き、浄瑠璃や歌舞伎のヒット作を生み出したのが**近松門左衛門**《ちかまつもんざえもん》（1653～1724）である。近松は元々武家の生まれだったが、脚本家に転身した人物だった。歴史的題材《だいざい》を扱った**時代物**《じだいもの》と、当時起こった事件を題材とする**世話物**《せわもの》、いずれの分野でも活躍したが、特に今でも知られているのは、世話物の代表作である**『曾根崎心中』**《そねざきしんじゅう》（1703年初演）だろう。

この作品は現実社会の不条理《ふじょうり》に直面した男女の悲劇を主題としており、その意味では庶民の「俗」の文化に根ざしている。同時に近松は古典についての深い教養を持っており、そのことが作品の文学性を支えている。こうした「俗」と「雅」のせめぎあいは、まさに当時の文化をよく象徴している。

### 江戸時代前期の絵画

17世紀から18世紀初頭にかけては新たな絵画の流れも発展した。室町時代から権力者と結びついていた**狩野派**《かのうは》は、江戸時代においても徳川幕府と結びついて発展した。狩野派は血縁関係と師弟関係によって技法を受け継ぎ、**絵師**《えし》（画家）の大きな勢力となっていった。**狩野探幽**（1602～74）らによって描かれた名古屋城旧本丸御殿障壁画《なごやじょうきゅうほんまるごてんしょうへきが》は当時を代表する作品である。

その一方、17世紀には絵師集団に属さない**俵屋宗達**《たわらやそうたつ》が出現し、元禄期になると宗達のスタイルを学んだ**尾形光琳**《おがたこうりん》（1658～1716）が活躍した。光琳

*Deep North*, 1702), which is based on a journey to the Tohoku region and is especially famous for such haiku as "*Shizukasaya, iwa ni shimiiru semi no koe*" (Quietness:seeping into the rocks, the cicada's voice*). Basho's character is well expressed in this short poem, which skillfully describes the serenity felt in a summer scene with the slight chirping of cicadas.

During the Genroku period, literature similar to that of the modern novel also developed. For example, from the beginning of the Edo period, the prose literature known as ***kana zōshi***, written either entirely in kana or with a mixture of kana and Chinese characters, began to appear. ***Ukiyo zōshi***, based on *kana zōshi*, developed as entertainment novels that realistically depicted the lives of samurai and *chōnin*. The starting point of *ukiyo zōshi* is often considered to be **Ihara Saikaku** (1642-93)'s *Kōshoku Ichidai Otoko* (*The Life of an Amorous Man*, 1682).

Saikaku was originally a haiku poet from a *chōnin* background, but the success of this work led him to write numerous *ukiyo zōshi*. During the economic development of the Genroku period, Saikaku candidly depicted people who lived according to their desires (with a touch of irony and humor).

In the 17th century, while samurai favored noh, more popular forms of entertainment appeared. These were ***jōruri*** and ***kabuki*** (*kabuki* will be discussed in Chapter 10). *Jōruri* is a kind of performing art called *katarimono*, in which a story is told with a melody. Its origin is unclear, but it is thought to have been established in the Muromachi period. Eventually, the ***shamisen*** came to be used to accompany *jōruri*, and when combined with puppet theater, ***ningyō jōruri*** (sometimes called ***bunraku*** in modern times) was born. Various schools of *jōruri* existed during the Edo period, but **Takemoto Gidayū** (1651-1714) brought them all together and established a style of *jōruri* known as *gidayū-bushi*. Gidayū established his theater, the Takemotoza, in Osaka in 1684, which became very popular.

**Chikamatsu Monzaemon** (1653-1724) wrote scripts for the Takemotoza and produced hit *jōruri* and *kabuki* plays. Chikamatsu was initially born into a samurai family but became a playwright. Chikamatsu was active in both *jidaimono* dramas, which dealt with historical themes, and *sewamono* dramas, which dealt with incidents at the time. The most well-known of these plays is a *sewamono* drama, ***Sonezaki Shinjū*** (*The Love Suicides at Sonezaki*, first

は京都の呉服《ごふく》商人の家の出身であり、宗達から直接教えを受けたわけではなく、作品を模写《もしゃ》することでスタイルを受け継いだ。狩野派とは対照的に、宗達と光琳以降、このような「私淑《ししゅく》」によって画風が継承されていき、**琳派**《りんぱ》が形成されていった。琳派は装飾性《そうしょくせい》、デザイン性が高い画風を特徴とする。光琳の《燕子花図《かきつばたず》》（根津美術館蔵）は特に有名である。

一方、17 世紀には**岩佐又兵衛**《いわさまたべえ》（1578 ～ 1650）らにより、民衆の生活を題材とする風俗画《ふうぞくが》が描かれるようになった。風俗画は**菱川師宣**《ひしかわもろのぶ》（? ～ 1694）によって発展し、遊女《ゆうじょ》や歌舞伎役者などを主な題材とする**浮世絵**《うきよえ》が誕生した。師宣の《見返り美人図》（東京国立博物館所蔵）はそのような初期の浮世絵の代表作である。18 世紀に入ると浮世絵はさらに発展していくことになる。

**尾形光琳《風神雷神図屏風》（18 世紀、東京国立博物館蔵）**
Ogata Kōrin, *Wind God and Thunder God*（18th century, Tokyo National Museum）
＊出典：ColBase 国立文化財機構所蔵品統合検索システム
（https://colbase.nich.go.jp/collection_items/tnm/A-11189-1?locale=ja）

performed in 1703).

This work was based on a tragedy of a man and a woman facing the realities of society, and in this sense, it was rooted in the *zoku* culture of ordinary people. At the same time, Chikamatsu had a deep knowledge of the classics, which supported the literary quality of his work. This interplay between *zoku* and *ga* is a perfect symbol of the culture of the time.

## Paintings of the Early Edo Period

From the 17th to the early 18th century, a new painting trend also developed. The **Kanō school**, associated with influential figures since the Muromachi period, continued to grow during the Edo period through its association with the Tokugawa shogunate. The Kanō school became a significant force among ***eshi*** (painters), with techniques inherited through blood and master-disciple relationships. The paintings on the walls of the former Honmaru Palace of Nagoya Castle by **Kanō Tanyū** (1602-74) and others are representative of this period.

On the other hand, in the 17th century, **Tawaraya Sōtatsu**, who did not belong to any group of painters, emerged. In the Genroku period, **Ogata Kōrin** (1658-1716), who learned Sotatsu's style, was active. Kōrin came from a drapery merchant family in Kyoto and was not directly taught by Sōtatsu but inherited his style by copying his works. In contrast to the Kano school, the **Rinpa school** was formed after Sōtatsu and Kōrin, with the style being passed down through this *shishuku* (copying) method. A highly decorative and design-oriented style characterized the Rinpa school. Korin's *Kakitsubatazu* (Nezu Museum) is particularly famous.

In the 17th century, painters such as **Iwasa Matabei** (1578-1650) began to create genre paintings, which depicted the lives of ordinary people. **Hishikawa Moronobu** (?-1694) developed genre painting, and ***ukiyo-e*** featuring people such as *yūjo* (prostitutes) and kabuki actors was born. Moronobu's *Mikaeri Bijin Zu* (*Beauty Looking Back*, Tokyo National Museum) is a representative work of such early *ukiyo-e*. In the 18th century, *ukiyo-e* continued to develop further.

第10章

# 都市文化の洗練と「古代」の発見

Refined Urban Culture and the Discovery of "Ancient"

## 江戸時代（2）

The Edo Period（2）

キーワード / Keywords

黄表紙、洒落本、戯作、浮世絵、歌舞伎、蘭学、儒学、国学

*kibyōshi*, *sharebon*, *gesaku*, ukiyo-e, kabuki, *rangaku*, Confucianism, *kokugaku*

1716年から八代将軍・**徳川吉宗《とくがわよしむね》**（1684～1751）により行われた**享保《きょうほう》の改革**により、財政は安定し、18世紀の江戸社会は平和と繁栄《はんえい》の時期を迎えた。京都、大阪、江戸といった都市が発展し、特に江戸が文化の面でも中心地となっていった。これを**文運東漸《ぶんうんとうぜん》**ともいう。こうした変化を受け、18世紀中頃以降の日本社会では、元禄文化の成果を引き継ぎつつ、発達した経済と都市を基盤とする洗練《せんれん》された文化が花ひらいていく。

### 江戸中期の文芸、絵画、芸能

18世紀半ば以降、文芸の世界では通俗的《つうぞくてき》な小説が発達した。その一つが、遊郭《ゆうかく》の世界をリアルな会話体《かいわたい》で描いた**洒落本《しゃれぼん》**である。また、挿絵《さしえ》の余白に文章が書かれた**絵本《えほん》**の発達も注目される。元々子供向け絵本の赤本や黒本、青本があったが、18世紀半ばにそれらを大人向けに仕立てた**黄表紙《きびょうし》**が流行した。これらを総合して**草双紙《くさぞうし》**という。また、このような江戸中期以降に登場した通俗的な文学は、まとめて**戯作《げさく》**と呼ばれる。

戯作の世界の代表者として活躍したのが江戸の**山東京伝《さんとうきょうでん》**（1761～1816）である。浮世絵師として出発した京伝は、黄表紙や洒落本などの幅広い分野で人気を博した。他方で京伝は古い時代の風俗や書画にも詳しく、考証随筆《ずいひつ》を執筆する面もあった。このことは、戯作が単なる「俗」だけの文芸ではないことを示している。

俳諧《はいかい》の世界では芭蕉のスタイルの復興運動が起こり、**与謝蕪村《よさぶそん》**（1716～83）が活躍する。蕪村の俳句は、対象の物事を写実的《しゃじつてき》・絵画的に描くことに

Starting in 1716, the **Kyōhō reforms** implemented by the eighth shogun, **Tokugawa Yoshimune** (1684-1751), stabilized public finances, and Edo society entered a period of peace and prosperity in the 18th century. Cities such as Kyoto, Osaka, and Edo developed, with Edo becoming the center of culture. This is also referred to as the ***Bun'un Tōzen*** (Migration of Culture to the East). In response to these changes, from the mid-18th century onward, Japanese society inherited the achievements of the Genroku culture, and a sophisticated culture blossomed around on a well-developed economy and urban centers.

## Literature, Painting, and the Performing Arts in the Mid-Edo Period

From the mid-18th century onward, the literary world saw the development of the popular novel. One of these was the ***sharebon***, which depicted the world of the *yūkaku* (brothels) in a realistic conversational style. Also noteworthy was the development of ***ehon*** (picture books) in which the text was written in the margins of the illustrations. Initially, there were *ehon* genres for children such as *akahon*, *kurohon*, and *aohon*, but in the mid-18th century, ***kibyōshi***, which were written for adults, became popular. These were collectively called ***kusa zōshi***. The popular literature from the mid-Edo period onward is collectively called ***gesaku***.

One of the leading figures in the world of *gesaku* was **Santō Kyōden** (1761-1816) in Edo. Starting as an ukiyo-e artist, Kyōden gained popularity in various fields, such as *kibyōshi* and *sharebon*. At the same time, Kyōden was also familiar with the customs, calligraphy, and paintings of olden times and wrote essays on these subjects. This shows that *gesaku* was not merely a "*zoku*" literary art.

In the haikai world, there was a movement to revive Basho's style, and **Yosa Buson** (1716-83) was active in this movement. His haiku were characterized by their realistic and pictorial depiction of the subject matter. His famous haiku "Canola flowers, moon in the east, sun in the west" is an excellent example of this characteristic. **Kyōka** and **senryū**, short poems with humorous or satirical themes, were also developed in Edo in the mid-18th century. *Kyōka* shares the same form as waka (tanka), and *senryū*, like haikai, was derived from renga. **Ōta Nambo** (1749-1823) is famous for being the author of Edo *kyōka*.

特徴がある。たとえば有名な「菜《な》の花《はな》や月は東に日は西に」という句はその特徴をよく表わしている。また、ユーモアや風刺《ふうし》をテーマとする短詩である**狂歌**《きょうか》と**川柳**《せんりゅう》も18世紀半ばに江戸で発達した。狂歌は和歌（短歌）と形式を同じくし、川柳は俳諧と同様に連歌から派生したものである。江戸狂歌の作者としては**大**《おお》**田南畝**《たなんぽ》（1749～1823）が有名である。

絵画に目を向けると、幕府や藩と結びついた狩野派《かのうは》が絵画の権威として存在し、絵に志す多くの人々が狩野派に学んだ。また徳川吉宗が西洋の知識の導入を奨励したため、オランダを通じて学術書が輸入され、西洋の学問を研究する**蘭学**《らんがく》が発展した。それにともない、西洋絵画の技法も日本に伝えられた。17世紀にはすでに仏教の**黄檗宗**《おうばくしゅう》を通じて中国の**明清文化**《みんしんぶんか》が伝えられており、18世紀になると中国人の**沈南蘋**《しんなんぴん》（1682～?）が写実的な絵画の技法を教えた。こうした多様な文化的背景のもとに、江戸中期の京都や江戸では個性的な絵師たちが登場する。

その一人が**円山応挙**《まるやまおうきょ》（1733～95）である。応挙は狩野派に学んだ後に、西洋や中国の写実的な絵画からも影響を受け、独自の画風を生み出した。《雪松図屏風《ゆきまつずびょうぶ》》（三井記念美術館）などが代表作である。応挙の弟子たちは**円山**《まるやま》**派**《は》と呼ばれる一大勢力となった。他方、中国の文人画を発展させた日本独特の**文人画**（**南画**）も18世紀に登場する。**池大雅**《いけのたいが》（1723～76）とともに前述の与謝蕪村がこのような文人画を完成させた。また**呉春**《ごしゅん》（1752～1811）は文人画と円山派の画風を融合させ、**四条派**《しじょうは》と呼ばれる流派を打ち立てた。他にも**伊藤若冲**《いとうじゃくちゅう》（1716～1800）や曾我蕭白《そがしょうはく》、長沢芦雪《ながさわろせつ》といった、それぞれに個性的な画風を確立した絵師たちが18世紀には活躍した。

他方、18世紀後半の江戸では多数の色で印刷された**錦絵**《にしきえ》と呼ばれる**浮世絵**《うきよえ》が登場し、庶民のあいだで流行した。**鈴木春信**《すずきはるのぶ》（1725～60）が初期の錦絵を代表する絵師である。春信は美人画で知られるが、その作品にはしばしば古典文学へのオマージュが隠されており、ここにも「雅」と「俗」の交錯が見て取れる。写実性を追求した**喜多川歌麿**《きたがわうたまろ》（1753～1806）、人間性を表現する役者絵を残した**東洲斎写楽**《とうしゅうさいしゃらく》などもこの時期を代表する浮世絵師である。

18世紀は**歌舞伎**《かぶき》が発展した時代でもあった。歌舞伎は17世紀初頭に生まれた「かぶき踊り」を源流とする演劇《えんげき》である。その名前は、当時異様な服装や行動をする人々を指した「かぶき者《もの》」という言葉に由来する。その名が示す通

In the field of painting, the Kanō school, which was associated with the shogunate and *han*, was the authority on painting, and many aspiring painters studied under the Kanō school. In addition, Tokugawa Yoshimune encouraged the introduction of Western knowledge, which led to the importation of academic books via the Netherlands and the development of ***rangaku***, the study of Western learning. In the 17th century, the **Ming and Qing cultures** of China had already been introduced to Japan through the ***Ōbaku* sect** of Buddhism, and in the 18th century, the Chinese painter **Shen Nanpin** (1682-?) taught realistic painting techniques. Against this diverse cultural background, unique painters emerged in Kyoto and Edo during the mid-Edo period.

One of them was **Maruyama Ōkyo** (1733-95) . After studying in the Kano school, Ōkyo was influenced by Western and Chinese realistic paintings and developed his own style. His representative works include *Yukimatsuzu Byōbu* (Mitsui Memorial Museum of Art). Ōkyo's disciples became a significant force called the **Maruyama school**. The unique Japanese style of **bunjinga** (*nanga*), developed from Chinese literati painting, also appeared in the 18th century. Yosa Buson and **Ike no Taiga** (1723-76) perfected *bunjinga*. **Goshun** (1752-1811) combined bunjinga with the style of the Maruyama School to create the **Shijō School**. Other painters such as **Ito Jakuchū** (1716-1800), Soga Shōhaku, and Nagasawa Rosetsu were also active in the 18th century, each having established their unique style.

A new genre of ukiyo-e called ***nishikie*** also appeared in late-18th century Edo. Printed in many colors, it became popular among the general public. **Suzuki Harunobu** (1725-60) was one of the leading *nishikie* artists of the early period. Although Harunobu is known for his paintings of beautiful women (*bijinga*), his works often pay homage to classical literature, and here, too, we can see the interplay between "*ga*" and "*zoku*." Ukiyo-e artists who represented this period included **Kitagawa Utamaro** (1753-1806) , who pursued realism, and **Tōshūsai Sharaku**, who left behind actor pictures expressing personality.

The 18th century was also a period of development for **kabuki**. Kabuki is a type of theater that originated in the early 17th century from the *kabuki odori*. Its name comes from the word *kabuki-mono*, which then referred to people who dressed and acted strangely. As the name suggests, kabuki became an art form that reflected the energy of people who could not be suppressed by the

り、歌舞伎は体制に収まりきらない人々のエネルギーを反映した芸能となっていく。初期の歌舞伎は女性や少年によって演じられ、性的魅力を強調したものだったために幕府により禁止されたが、その後に登場した野郎歌舞伎《やろうかぶき》は演劇としての性格を強めていった。元禄時代には京都の初代・**坂田藤十郎《さかたとうじゅうろう》**（1647 ～ 1709）や江戸の初代・**市川団十郎《いちかわだんじゅうろう》**（1660 ～ 1704）といった役者が活躍した。18 世紀に入ると歌舞伎は浄瑠璃《じょうるり》の影響を受け、浄瑠璃の脚本を用いるようになる。赤穂《あこう》事件を題材とした**『仮名手本忠臣蔵《かなでほんちゅうしんぐら》』**（1748 年初演）はその一例である。また回り舞台などの舞台装置《ぶたいそうち》も発達し、上方や江戸で娯楽《ごらく》演劇として庶民から人気を集めたのだった。

## 江戸時代の宗教と儒教

織田信長以降の全国統一の過程では、一向宗《いっこうしゅう》（浄土真宗）をはじめとする宗教勢力が抵抗したが、最終的には敗北した。その後徳川幕府は宗教に関する法令を出し、本寺《ほんじ》・本山《ほんざん》や本所《ほんじょ》と呼ばれる上層部を通じて各宗教・宗派を統制する制度を確立した。また、キリスト教を防ぐため、人々は檀那寺《だんなでら》と呼ばれる特定の寺に檀家《だんか》として所属し、その寺の宗門人別帳《しゅうもんにんべつちょう》というリストに登録されることが義務付けられた。これを**寺檀制度《じだんせいど》**という。

仏教による葬儀《そうぎ》や慰霊《いれい》の儀式は中世からすでに行われていたが、江戸時代にはそれらが寺檀制度を背景として一般化していった。こうして日本では仏教式の儀礼により「家」の先祖を祀《まつ》ることが定着していく。他方で神社は人々の祈願に応え、年中行事や祭りを行うことによって人々の生活に根付いていった。民衆の生活世界には他にもさまざまな民間信仰《みんかんしんこう》（民俗《みんぞく》宗教）が存在しており、山伏《やまぶし》や陰陽師《おんみょうじ》、巫女《みこ》といった民間宗教者も、祈祷《きとう》や占い、芸能などを通じて人々に関わっていた。

同時に江戸時代は**儒教《じゅきょう》**（**儒学《じゅがく》**）が日本社会に広く普及した時代でもある。儒教は春秋時代の中国で**孔子《こうし》**（BC552 ～ 497）が確立したといわれる教えや儀礼の体系である。儒教の内容は幅広いが、中心にあるのは**仁《じん》**をはじめとする**五《ご》常《じょう》**という徳を君臣、親子、夫婦といった社会的関係のなかで実践していくことである。宋代になると、儒教は仏教や道教の影響を受け、哲学的な教えが発達する。それを集大成したのが南宋の**朱熹《しゅき》**（朱子、1130 ～ 1200）である。こうして生まれた新しい儒教を**宋学《そうがく》**や**朱子学《しゅしがく》**と呼ぶ。

system. Early kabuki was performed by women and boys and was banned by the shogunate because of its emphasis on sexuality, but the *yarō kabuki* that followed strengthened its theatrical character. During the Genroku period, actors such as **Sakata Tōjūrō** I (1647-1709) of Kyoto and **Ichikawa Danjūrō** I (1660-1704) of Edo were active. In the 18th century, kabuki was influenced by *jōruri* and began to use *jōruri* scripts. One example is ***Kanadehon Chūshingura*** (first performed in 1748), based on the Akō Incident. The development of stage sets, such as a revolving stage, made these plays popular as entertainment in Kamigata and Edo.

## Religion and Confucianism in the Edo Period

In the unification of the whole country after Oda Nobunaga, religious forces such as the Ikkō sect (Jōdo Shin sect) resisted but were ultimately defeated. The Tokugawa shogunate then issued laws and regulations concerning religion. It established a system to control each religion and sect through its head, called *honji*, *honzan* (head temple) or *honjo*. To prevent Christianity, people were required to belong to a specific temple called a *danna-dera*, and to register on a list called the *shumon ninbetsu cho* of that temple. This is called the ***jidan* system**.

Buddhist funeral rites and memorial services had been practiced since the Middle Ages, but in the Edo period, they became commonplace against the backdrop of the *jidan* system. Thus, in Japan, the worship of "*ie*" ancestors through Buddhist rites became firmly established. Shinto shrines took root in people's lives by listening to their prayers and holding annual events and festivals. Various other folk beliefs (folk religions) also existed in the people's lives, and folk religious figures such as *yambushi*, *onmyōji*, and *miko* were involved with the people through prayer, fortune-telling, and performing arts.

At the same time, **Confucianism** spread widely throughout Japanese society during the Edo period. Confucianism is a system of teaching and rituals said to have been established by **Confucius** (BC552-497) in China during the Spring and Autumn period. Confucianism covers a wide range of topics, but at its core, it is about practicing the five virtues, including *ren* (benevolence), in social relationships such as those between sovereigns and vassals, parents and children, and husband and wife. In Song Dynasty China, Confucianism was influenced

朱子学の特徴は**理気論**《りきろん》である。すなわち本質・原理としての「理」にしたがって、「気」が運動し寄り集まることで万物が生じるとする。この理は存在の根拠であるとともに、道徳的な理法でもある。朱子学はこのような考えにもとづき、理を探究・実践する者が統治者となることで理想的な社会が実現すると説いた。これは**科挙**《かきょ》という試験制度により官僚となる**士大夫**《したいふ》の階層と相性《あいしょう》の良い教えだった。そのため朱子学は科挙と結びつきながら中国や李氏朝鮮で普及した。

一方日本では、古代から儒教を受容していたものの、その普及は限定的だった。ところが江戸時代に入ると、朱子学を中心とする儒教がさまざまな身分の人々に受容されるようになる。その一つの要因は、支配階層である武士が自らの統治を支える教えとして儒教を求めたことにあるだろう。徳川幕府が朱子学者の**林羅山**《はやしらざん》（1583 〜 1657）を登用《とうよう》したことは、その一つの表われである。特に 17 世紀半ばから文治政治に移行し、武士が官僚的《かんりょうてき》な存在となってからこのような傾向は強まった。

そもそも現在の「武士道《ぶしどう》」のイメージとは異なり、当時の実際の武士はだまし討《う》ちをしてでも敵に勝つことを目指す、戦場のリアリズムにもとづく独特の倫理に立脚《りっきゃく》していた。しかし文治政治に移っていくとそのような倫理は時代にそぐわないものとなっていく。そこで**山鹿素行**《やまがそこう》（1622 〜 85）をはじめとする 17 世紀の儒者は、儒教によって武士の倫理を再解釈し、新たな生き方である**士道**《しどう》を提示したのである。他方、武士以外の身分の人々にとっても「家」のために生きることが一般化していくなかで、具体的な人間関係に対処する道を教える儒教は魅力的なものと映っただろう。

## 新たな儒学の登場と国学

こうして近世の日本社会には徐々に儒教が広まっていったが、そこにはさまざまな障害もあった。徳川幕府は儒教（朱子学）を国教として採用したわけではなく、科挙制度も存在しなかったからである。第六代将軍・徳川家宣《いえのぶ》に登用された**新井白石**《あらいはくせき》（1657 〜 1725）のように、現実政治に関わった儒者もいたが、多くの場合それは難しかった。また、江戸時代の日本は養子《ようし》が一般的であるなど、儒教の前提にある中国社会とのズレも存在した。仏教式の祖先祭祀が定着した日本では、儒教儀礼を行うことも困難だった。しかしこうした状況は、逆

by Buddhism and Taoism, and its philosophical teachings developed. The culmination of these teachings was **Zhu Xi** (1130-1200) of the Southern Song Dynasty. The new Confucianism thus born is called **Neo-Confucianism**.

The characteristic feature of Neo-Confucianism is the **theory of *ri* (*li*) and *ki* (*qi*)**. This theory said that according to *ri* as essence and principle, everything arises when *ki* moves and gathers together. *Ri* is not only the basis of existence but also a moral principle. Based on this idea, Zhu Xi taught that an ideal society would be realized when a ruler is a person who explores and practices *ri*. This teaching was compatible with the hierarchy of the scholar-official (*shi dafu*) class, who became bureaucrats through the imperial examination called *kakyo* (*keju*). For this reason, Neo-Confucianism became popular in China and in Yi Dynasty Korea, where it was associated with *kakyo*.

In Japan, on the other hand, Confucianism had been accepted since ancient times, but its diffusion was limited. In the Edo period, however, Confucianism, centering on Neo-Confucianism, came to be accepted by people of various social statuses. One reason for this may have been that the ruling class, the samurai, sought Confucianism as a teaching to support their rule. The Tokugawa shogunate's appointment of **Hayashi Razan** (1583-1657) , a Neo-Confucian scholar, indicates this. This trend strengthened after the mid-17th century, when the government shifted to a civil government and the samurai took on a bureaucratic role.

Unlike the current image of "*bushido*," the actual samurai at that time were grounded in a unique ethic based on the realism of the battlefield, aiming to defeat the enemy even if it meant trickery. However, with the shift to civil government, such ethics became inappropriate. Confucian scholars of the 17th century, such as **Yamaga Sokō** (1622-85), therefore reinterpreted the ethics of the samurai through Confucianism and proposed a new way of life, ***shidō*** (the way of the samurai). Confucianism, which taught people how to deal with concrete human relationships, must have been attractive to people of other social statuses as well, as living for the "*ie*" became increasingly common among those who were not samurai.

## New Confucian Currents and Kokugaku

Thus, Confucianism gradually spread throughout Japanese society in the

に儒教の自由な解釈を可能にした面もある。

たとえば17世紀には儒教と神道は同一の教えであると説く**儒家神道**《じゅかしんとう》が登場する。特に朱子学者の**山崎闇斎**（1618～82）が打ち立てた**垂加神道**《すいかしんとう》は、公家や神職、武士など多様な人々に受容され一大勢力となった。また17世紀後半から18世紀にかけては、朱子学を批判する儒学が発達する。その代表者が**伊藤仁斎**《いとうじんさい》（1627～1705）と**荻生徂徠**《おぎゅうそらい》（1666～1728）である。両者はいずれも理気論にもとづく朱子学の経典解釈を、後世の視点からの強引な解釈として批判した。そして古代の経典が書かれた当時の意味を復元しようとしたのである。

京都の町人出身だった仁斎は、その視点から儒教を日常的な人間関係に対処するための道として理解した。そして朱子学の説く「理」の存在を否定し、人間がお互いに抱く自然な愛情の重要性を説いた。他方で徂徠は、朱子学が政治と道徳を同一視したことを批判し、儒教を効果的な統治のための技法として再解釈した。仁斎と徂徠の学問は、それぞれ**古義学**《こぎがく》、**古文辞学**《こぶんじがく》と呼ばれ、その後の学問に大きな影響を与えることになる。

こうした学問が登場した背景には、出版産業の隆盛《りゅうせい》も関わっていただろう。人々が自由に多くの書物や知識にアクセスできるようになったことで、従来の学説を批判する視点も生まれたのである。また、書物を通じて日本の歴史や地理、文化の知識が広まったことにより、「日本人」としての意識や「日本」への関心も高まった。そこで仁斎や徂徠と同様の方法を用いて日本の古典を研究する学問が登場する。それが**国学**《こくがく》である。

古今伝授に象徴されるように、中世までの古典研究はしばしば師弟間の秘伝に左右されており、過去の説に制約される傾向があった。しかし17世紀後半になると、そうした制約から抜け出そうとする動きが地下《じげ》の人々から生まれてくる。朝廷の文化的機能を取り入れようとしていた幕府や藩も彼らの研究を支援した。そのようななかで真言宗の僧侶、**契沖**《けいちゅう》（1640～1701）が新たな古典研究の方法を確立する。それは従来の学説にとらわれず、古代の文献の用例を集めて実証的に文章の意味を明らかにし、古典を正確に読解するというものだった。この方法は、その後**荷田春満**《かだのあずままろ》（1669～1736）や**賀茂真淵**《かものまぶち》（1697～1769）、本居宣長といった人々により受け継がれ、18世紀に国学と呼ばれる流れを形成していく。

early modern period, but there were various obstacles. Firstly, the Tokugawa shogunate did not adopt Confucianism as the state ideology, and no *kakyo* examination system existed in Japan. Some Confucian scholars, such as **Arai Hakuseki** (1657-1725) , who was promoted by the sixth shogun, Tokugawa Ienobu, became involved in actual politics, but in many cases, this was not easy. There were also discrepancies between Japanese and Chinese society, such as the fact that adopted children were common in Japan during the Edo period. It was also challenging to conduct Confucian rituals in Japan, where Buddhist-style ancestor rituals had taken root. This situation, however, also made it possible for Confucianism to be interpreted freely.

In the 17th century, for example, **Confucian Shinto** emerged, which taught that Confucianism and Shinto were the same. In particular, **Suika Shinto**, founded by the Neo-Confucianism scholar **Yamazaki Ansai** (1618-82) , was accepted by many people, including aristocrats, Shinto priests, and samurai, and became a significant force in Shintoism. From the late 17th to the 18th century, a new trend of Confucianism, which was critical of Neo-Confucianism, developed. Its representatives were **Itō Jinsai** (1627-1705) and **Ogyū Sorai** (1666-1728) . Both scholars criticized Zhu Xi's interpretation of Confucian scriptures based on the theory of *ri* and *ki* as a forced interpretation from the viewpoint of later generations. They also sought to reconstruct the original meanings of ancient scriptures as they would have been understood at the time they were written.

Jinsai understood Confucianism as a way to deal with everyday human relations, a perspective shaped by his upbringing as a *chōnin* in Kyoto. He denied the existence of *ri*, as taught by Neo-Confucianism, and emphasized the importance of people's natural affection for each other. On the other hand, Sorai criticized Neo-Confucianism for equating politics with morality and reinterpreted Confucianism as a technique for effective governance. The scholarship of Jinsai and Sorai, known as ***kogigaku*** and ***kobunjigaku***, respectively, would have a significant impact on subsequent scholarship.

The rise of the publishing industry probably played a role in the emergence of these academic movements. As people could freely access many books and knowledge, perspectives that criticized conventional academic theories were born. In addition, as knowledge of Japanese history, geography, and culture spread through books, awareness of "Japanese" and interest in "Japan" also

国学は古典研究の方法を発達させたことで、従来は読むことが難しかった文献の価値を再評価した。たとえば**『万葉集』**や**『古事記』**といったテクストが、新たな「日本人」の古典として再発見されることになる。さらに国学者は古典の研究を通じて、儒教や仏教といった外来思想に「汚染《おせん》」される前の時代にさかのぼり、古代日本人の精神を明らかにしようとした。そのような思想を代表するのが**本居宣長《もとおりのりなが》**（1730 ～ 1801）である。

宣長はまず『源氏物語』の研究を通じて、道徳性を超えた**「もののあはれ」**、すなわち心のゆれ動きを表現することに、文学固有の価値を見出した。さらに宣長は生涯を通じて『古事記』の研究を行い、**『古事記伝《こじきでん》』**を完成させる。そのなかで宣長は『古事記』に見られる不合理な記述を高く評価し、神々や天皇にしたがって生きる古代人の精神をそこに見出した。こうして 18 世紀の社会のなかで洗練されていった文化は「古代」の発見をもたらし、それは新たな「日本」や「日本人」のイメージを生み出していったのである。

**喜多川歌麿《山東京伝の店》（18 世紀、東京国立博物館蔵）**
Kitagawa Utamaro, *Santō Kyōden's Shop* (18th century, Tokyo National Museum)
＊出典：ColBase 国立文化財機構所蔵品統合検索システム
(https://colbase.nich.go.jp/collection_items/tnm/A-10569-2001?locale=ja)

increased. This led to an academic discipline that studied the Japanese classics using methods similar to those of Jinsai and Sorai. This was ***kokugaku***.

As symbolized by *kokin denju*, classical studies until the medieval period were often influenced by secret traditions between masters and disciples and tended to be restricted by past theories. However, in the latter half of the 17th century, a movement to break free from such restrictions emerged among the non-aristocratic *jige*. The shogunate and *han*, trying to incorporate the cultural functions of the imperial court, also supported their research. It was against this backdrop that the Shingon priest **Keichū** (1640-1701) established a new method of studying the classics. This method was to collect examples from ancient literature to empirically clarify the meaning of texts and accurately read the classics, without being bound by conventional academic theories. This method was subsequently inherited by such scholars as **Kada no Azumamaro** (1669-1736), and **Kamo no Mabuchi** (1697-1769), and a trend that came to be known as *kokugaku* was formed in the 18th century.

*Kokugaku* developed methods for studying the classics and reevaluated the value of literature that had been difficult to read in the past. For example, texts such as the ***Man'yōshū*** and ***Kojiki*** were rediscovered as new "Japanese" classics. Furthermore, through studying the classics, *kokugaku* scholars attempted to trace the spirit of the ancient Japanese people back to a time before they were "contaminated" by foreign ideas such as Confucianism and Buddhism. One representative of this intellectual trend is **Motoori Norinaga** (1730-1801).

First, through his study of *The Tale of Genji*, Norinaga discovered the inherent value of literature in expressing "*mono no aware*," or the wavering of the heart, which transcends morality. Furthermore, throughout his life, Norinaga studied the *Kojiki* and completed a commentary, *Kojiki-den* (1798). In this work, Norinaga highly regarded the irrational descriptions written in the *Kojiki* and found in them the spirit of the ancient people who lived in accordance with the *kami* and emperors. Thus, the culture refined in the society of the 18th century led to the discovery of "antiquity," which in turn gave rise to a new image of "Japan" and "Japanese."

第11章

# 「英雄」以外の人々による変革

## Reform by Those Who Are Not “Heroes”

## 江戸時代（3）

### The Edo Period（3）

キーワード / Keywords

化政文化、寛政異学の禁、漢文脈、尊王攘夷、水戸学、平田国学

Kasei culture, Kansei prohibition of heterodoxy, *Kanbunmyaku*, *Sonnō Jōi*, Mito School, Hirata School

近世の日本社会は18世紀に繁栄《はんえい》を迎える一方で、次第にさまざまな問題も姿を見せはじめた。元々江戸時代の経済的な体制は米の生産を基盤としていたが、貨幣・商品経済が発達したことで米の価格や物価は不安定になった。それに自然災害や飢饉《ききん》が重なったことで、幕府や藩の財政は悪化し、困窮《こんきゅう》する人々が増え、一揆《いっき》や打ちこわしといった暴動もたびたび起こった。そこで1787～93年に老中《ろうじゅう》・**松平定信《まつだいらさだのぶ》**（1759～1829）が**寛政《かんせい》の改革《かいかく》**、ついで1841～43年に**水野忠邦《みずのただくに》**（1794～1851）が**天保《てんぽう》の改革《かいかく》**を行ったが、問題の根本的な解決にはならなかった。

さらに1792年にはロシアの使節ラクスマンが根室《ねむろ》に来航《らいこう》する。江戸時代の日本は長崎《ながさき》、対馬《つしま》、薩摩《さつま》、松前《まつまえ》という「四つの口」（荒野泰典）を通じて、朝鮮《ちょうせん》、琉球《りゅうきゅう》、中国、アイヌとの外交や交易を行っており、西洋諸国のなかでは唯一オランダと交易を行っていた。ロシアの接近を受け、こうした限定的な対外関係が**鎖国《さこく》**と呼ばれる伝統としてとらえなおされる。以後、開国を求めて次々と日本に接近する西洋諸国への対処も大きな課題になった。

1853年にはアメリカのペリーが艦隊《かんたい》を率いて来日し、開国を求めた。幕府はそれに応え、1854年に日米和親条約《にちべいわしんじょうやく》、1858年には**日米修好通商条約《にちべいしゅうこうつうしょうじょうやく》**を結ぶ。しかしそれは、外国を夷狄《いてき》（野蛮なもの）とする**華夷秩序《かいちつじょ》**の観念にもとづく**孝《こう》明《めい》天皇**（1831～66）の意向に背くものだった。そのため**尊王攘夷《そんのうじょうい》**（天皇を尊び夷狄を排除する）をスローガンに、さまざまな藩や身分の人々から幕府の政治に対する批判が起こり、**幕末《ばくまつ》**の複雑な政治過程が展開することになる。

While early modern Japanese society enjoyed prosperity in the 18th century, various problems gradually appeared. Initially, the economic system of the Edo period was based on rice production, but as the money and commodity economy developed, rice and other commodity prices became unstable. Natural disasters and famine combined to worsen the finances of the shogunate and *han*, and the number of impoverished people increased, leading to frequent riots called *ikki* and *uchikowashi*. In response, **Matsudaira Sadanobu** (1759-1829), a senior official (*rōjū*) of the Tokugawa Shogunate, implemented the **Kansei Reforms** from 1787-1793, followed by 1841-1843 **Tempo Reforms** of **Mizuno Tadakuni** (1794-1851). However, this did not fundamentally solve the problem.

In 1792, the Russian envoy Laksman arrived in Nemuro. During the Edo period, Japan conducted diplomacy or trade with Korea, Ryukyu, China, and the Ainu through the "four ports" (Arano Yasunori) of Nagasaki, Tsushima, Satsuma, and Matsumae, and the only Western nation to trade with Japan was the Netherlands. With Russia's approach, these limited foreign relations were interpreted as a tradition of **Sakoku** (National Seclusion). After that, dealing with Western nations that approached Japan one after another seeking to open the country to trade became a significant issue.

In 1853, Perry arrived in Japan with his fleet, demanding the opening of Japan to trade with the United States. The shogunate responded by concluding the Treaty of Amity between Japan and the United States in 1854 and the **Treaty of Amity and Commerce between Japan and the United States** in 1858. However, this was against the wishes of **Emperor Kōmei** (1831-66), who believed that foreign nations were *iteki* (barbarians) based on the idea of **civilized-barbaric world order**. This led to criticism of the shogunate's politics from various *han* and social classes under the slogan "***Sonnō Jōi*** (Revere the emperor and expel the barbarians)" and the complicated political process that unfolded during the ***Bakumatsu*** (the end of the Edo period).

## Literature, Art, and Learning in the Late Edo Period

The Kansei Reforms by Matsudaira Sadanobu were partly an attempt to regulate a culture based on extravagant consumption and to strengthen the social order. The culture that developed mainly in Edo during the Bunka-Bunsei period

### 江戸後期の文芸、美術と学問

松平定信による寛政の改革は、ぜいたくな消費にもとづく文化を規制し、社会秩序を強化しようとした面もあった。寛政の改革を経て、文化《ぶんか》・文政《ぶんせい》年間(1804 ～ 30)を中心とする時期に、主に江戸で発展した文化を**化政文化**《かせいぶんか》と呼ぶ。

寛政の改革が文化に与えた影響の一つは**出版統制**《しゅっぱんとうせい》である。幕府の命令により、「好色本《こうしょくぼん》」や風刺的《ふうしてき》な本など、風俗を乱すとされた本の出版が禁止された(好色本は 1722 年の法令ですでに禁止されていたが、その対象が草双紙にまで拡大された)。このことは特に**戯作**《げさく》の作者たちに大きな打撃《だげき》を与えた。しかしその後の模索《もさく》のなかで、市井《しせい》の人々の恋愛を描いた会話体小説である**人情本**《にんじょうぼん》や、庶民の日常的な笑いを題材とした**滑稽本**《こっけいぼん》といったジャンルが発展した。それぞれ**為永春水**《ためながしゅんすい》(1790 ～ 1843)と**十返舎一九**《じっぺんしゃいっく》(1765 ～ 1831)が有名である。

また、中国の小説から影響を受けた伝奇的な小説である**読本**《よみほん》もこの時期に発達した。すでに 18 世紀半ば頃には上方で前期読本が確立され、**上田秋成**《うえだあきなり》(1734 ～ 1809)の**『雨月物語』**《うげつものがたり》(1776)などが書かれていた。寛政の改革以降は、江戸を中心により娯楽的な長編の読本(後期読本)が登場する。**勧善懲悪**《かんぜんちょうあく》(悪をこらしめ正義を勧《すす》める)をテーマとする**曲亭馬琴**《きょくていばきん》(1767 ～ 1848)の**『南総里見八犬伝』**(1814 ～ 42)がその代表作である。黄表紙もまた長編化していき、**合巻**《ごうかん》という形態に発展した。

絵画の面ではこの時代に**酒井抱一**《さかいほういつ》(1761 ～ 1828)がさまざまな流派を琳派と融合させ、**江戸琳派**《えどりんぱ》と呼ばれる独自の画風を打ち立てた。また西洋の銅版画や油彩画の技法を学んだ**司馬江漢**《しばこうかん》(1747 ～ 1818)や**亜欧堂田善**《あおうどうでんぜん》(1748 ～ 1822)が**洋風画**を発展させた。浮世絵では洋風画などの技法を取り入れた**葛飾北斎**《かつしかほくさい》(1760 ～ 1849)が**《冨嶽三十六景》**《ふがくさんじゅうろっけい》で知られる画期的な表現を確立する。この時期は**名所絵**《めいしょえ》も流行し、**歌川広重**《うたがわひろしげ》(1797 ～ 1858)が**《名所江《めいしょえ》戸百景《どひゃっけい》》**などの抒情的《じょじょうてき》な作品を残した。

寛政の改革が学問に与えた影響としては、**寛政異学の禁**《かんせいいがくのきん》が重要である。1790 年、幕府は儒教を担当していた林家の塾において、朱子学《しゅしがく》以外の儒学を講義することを禁じた。さらに幕府は林家の塾を公認の学校である**昌平坂学問所**《しょうへいざかがくもんじょ》(**昌平黌**《しょうへいこう》)に変え、科挙に類似した試験である**学問吟味**《がくもんぎんみ》も開始した。幕府は学問の標準を設定することで社会秩序の強化をはかるとともに、有能な人材の育成を目指したのである。実際、昌平坂学問所で**古賀侗庵**《こがどうあん》(1788 ～ 1847)

(1804-30) following the Kansei reforms is called **Kasei culture**.

One of the effects of the Kansei reforms on culture was the **control of publishing**. By order of the shogunate, the publication of "*kōshoku-bon* (books of amorous affairs)," satirical books, and other books considered disturbing to public morals were banned (a 1722 law had already banned *kōshoku-bon*, but the ban was extended to include *kusa-zōshi*). This was a particularly severe blow to authors of ***gesaku***. However, in the search for new genres, the genres of ***ninjō-bon*** (colloquial style novels about the love lives of ordinary people) and ***kokkei-bon*** (comical books about the everyday humor of ordinary people) developed. The most famous were **Tamenaga Shunsui** (1790-1843) and **Jippensha Ikku** (1765-1831), respectively.

*Yomihon*, a fantasic novel influenced by Chinese fiction, also developed during this period. By the mid-18th century, early *yomihon* had already been established in *Kamigata*, where works such as ***Ugetsu Monogatari*** (1776) by **Ueda Akinari** (1734-1809) were written. After the Kansei Reforms, more entertaining long stories (late *yomihon*) appeared mainly in Edo. One of the best examples is **Kyokutei Bakin** (1767-1848)'s ***Nanso Satomi Hakkenden*** (1814-42), a novel with the theme of "***Kanzen Chōaku*** (to eliminate evil and to promote justice)". *Kibyōshi* also became longer and took the form of ***gōkan***.

Regarding painting, **Sakai Hōitsu** (1761-1828) combined various schools with the Rinpa school to create a unique style known as the **Edo Rinpa school**. **Western-style painting** was also developed by **Shiba Kōkan** (1747-1818) and **Aōdō Denzen** (1748-1822), who learned Western techniques of copperplate engraving and oil painting. In *ukiyo-e*, **Katsushika Hokusai** (1760-1849), who adopted Western-style painting and other techniques, established a groundbreaking style of expression known as ***Fugaku Sanjūrokkei*** (*Thirty-six Views of Mount Fuji*). ***Meisho-e*** (famous place) paintings were also popular during this period, and Utagawa Hiroshige (1797-1858) left lyrical works such as ***Meisho Edo Hyakkei*** (*One Hundred Famous Views of Edo*).

One of the most important effects of the Kansei reforms on scholarship was the 1790 ban on teaching any Confucianism other than Neo-Confucianism at the Hayashi family's Confucian academy (**the Kansei prohibition of heterodoxy**). In addition, the Shogunate transformed the Hayashi family's academy into an officially recognized school, the **Shōheizaka Gakumonjo** (**Shōheikō**), and

らの教えを受けた人々は国際情勢を理解しており、官僚として欧米との交渉にあたることになる。

18世紀後半からすでに藩政改革の一環として**藩校**《はんこう》を作る動きが生まれていたが、幕府の改革はそれを後押しし、儒学の教育が普及した。その影響は武士以外の身分にも及んだ。そのような教育の基礎となったのが、**素読**《そどく》、すなわち儒教の経典を日本語の語順に合わせて**訓読**《くんどく》し、それを暗記《あんき》するという方法だった。その上で、書物の内容について自由に討論する**会読**《かいどく》という学習方法も行われた。元々漢文や漢詩は日本の文化にとって欠かせないものだったが、江戸後期には社会に広く普及し、**漢文脈**《かんぶんみゃく》と呼ばれる文化的な潮流となっていく。

この時代に人気を博したのが、武士の歴史を描いた**頼山陽**《らいさんよう》（1780～1832）の『**日本外史**《にほんがいし》』（1826）である。山陽自身は歴史の「勢」から政治を考察しようとする思想家としての側面を持っていたが、『日本外史』は読みやすく力強い漢文の力も相まって、当時の人々の心をとらえたのである。

## 庶民文化と通俗道徳

江戸時代は現代も受け継がれている庶民の文化が発達した時代でもあった。雛祭《ひなまつ》り（桃の節句《せっく》）や端午《たんご》の節句といった**年中行事**はその一例である。また、旅行を兼ねた寺社への巡礼《じゅんれい》が盛んになり、大勢の人が伊勢神宮を目指す**お蔭参《かげまい》り**が流行した。祇園祭《ぎおんまつり》や神田祭《かんだまつり》といった都市部の祭礼も発達した。

こうした庶民の豊かな生活は貨幣・商品経済の発展に支えられていたが、それは同時に人々の生活を不安定にし、「家《いえ》」の没落という可能性をもたらした。そのような社会の状況のなかで広く受け入れられたのが、**石田梅岩**《いしだばいがん》（1685～1744）が唱えた**心学**《しんがく》である。梅岩は人々が「心」を磨《みが》き、勤勉に働くことによって幸福がもたらされると説いた。心学に代表されるこうした考え方は**通俗道徳**《つうぞくどうとく》（安丸良夫）とも呼ばれる。それは一面で民衆の生き方に主体性をもたらしたが、同時に「家」の没落や貧困をすべて個人の「心」の責任に還元《かんげん》してしまう面も持っていた。

江戸後期に農村が荒廃していくと、二宮尊徳《にのみやそんとく》や大原幽学《おおはらゆうがく》といった人々が通俗道徳にもとづく農村改革を試みていった。他方で黒住宗忠《くろずみむねただ》、中山みき、赤沢文治《あかざわぶんじ》といった人々は民衆の苦しみに応える新たな宗教を生み出した（それぞれ後に黒住教《くろずみきょう》、天理教《てんりきょう》、金光教《こんこうきょう》として教団化）。それらは**民衆宗教**や**新宗教**と呼ば

began examinations called ***gakumon ginmi,*** which were similar to *kakyo*. By setting academic standards, the shogunate sought to strengthen social order and develop talented human resources. Those who were taught by **Koga Dōan** (1788-1847) and others at the Shōheizaka Gakumonjo gained an accurate understanding of international affairs and were able to negotiate with Europe and the United States as bureaucrats.

Already in the latter half of the 18th century, there had been a movement to create ***han*** **schools** (***hankō***) as part of the reform of the domain government. The reforms of the shogunate encouraged this movement and Confucian education spread. Its influence extended to beyond the samurai to other social classes as well. The basis of such education was ***sodoku***, or the reading of Confucian scriptures from memory using Japanese word order and readings of kanji (***kundoku***). The students then learned to freely discuss the contents of books through ***kaidoku*** or reading sessions. Chinese writing and poetry had always been an integral part of Japanese culture, but by the late Edo period, they had spread widely throughout society, becoming a cultural trend known as ***kanbunmyaku***.

One of the most famous works during this period was ***Nihon Gaishi*** (1826) by **Rai Sanyō** (1780-1832), which described the history of the samurai. Sanyo was a thinker who attempted to examine politics from the "*sei* (momentum)" of history, but *Nihon Gaishi* captured the hearts and minds of the people of the time with its easy-to-read and powerful Chinese text.

## Popular Culture and Conventional Morality

The Edo period was also a time of development for the culture of the common people, a culture that has been handed down to the present day. **Annual events** (***nenchū gyōji***) such as the *Hinamatsuri* (*Momo no Sekku*, Girls' Day Festival) and *Tango-no Sekku* (Boys' Day Festival) are examples of this. Pilgrimages to temples and shrines for travel became popular, and ***okagemairi***, in which large numbers of people went to Ise Jingu Shrine, became a trend. Urban festivals such as the Gion and Kanda festivals also developed.

The affluent lifestyle of the common people was supported by the development of the money and commodity economy, which, however, also destabilized people's lives and brought about the possible downfall of their *ie*. The widely

れる。江戸後期に生まれた民衆宗教におおむね共通する特徴として、絶対的な神への信仰や、「世直《よなお》し」と呼ばれる世界の変革を求めたことが挙げられる。

## 水戸学と「尊王攘夷」

天皇と徳川将軍という二人の「王」の関係については、元々明確な規定があったわけではない。新井白石のように、天皇が正しい政治を行わくなった結果、統治者としての役割が将軍に移ったと主張する儒者もいた。しかし 18 世紀後半になると国学が広まり、また**光格天皇**《こうかくてんのう》（1771 〜 1840）が朝廷の古い儀式を復活させるなど、天皇の権威に対する注目が高まっていった。

そのようななかで松平定信は**大政委任論**《たいせいいにんろん》を唱え、徳川将軍の役割は天皇の代理として天皇から任されたものと位置付けた。それは天皇の権威によって将軍の統治を正当化する意味を持っていたと考えられる。同様の発想にもとづく思想を水戸藩の儒者、**藤田幽谷**《ふじたゆうこく》（1774 〜 1826）も主張し、水戸藩では**後期水戸学**《こうきみとがく》と呼ばれる思想が展開していく。

そもそも水戸藩では、二代藩主・**徳川光圀**《とくがわみつくに》（1628 〜 1700）の命により、17 世紀後半から『**大日本史**《だいにほんし》』という歴史書の編纂《へんさん》を進めていた。『大日本史』の特徴の一つは実証的な歴史記述にあったが、もう一つの特徴は、天皇に対する忠誠という道徳を重視したことにある。このような前期の**尊王思想**《そんのうしそう》をふまえ、藤田とその弟子たちは江戸後期の危機的状況に対応する政治思想を展開した。特に弟子の**会沢正志斎**《あいざわせいしさい》（1782 〜 1863）と**藤田東湖**《ふじたとうこ》（1806 〜 55）は九代藩主・**徳川斉昭**《とくがわなりあき》（1800 〜 60）のもとで藩政改革に関わり、国家の体制を変革するための構想も打ち出した。

彼らが重視したのが「**国体**《こくたい》」という概念である。国体は元々国の体面《たいめん》やあり方を意味する言葉だったが、彼らは特に、古代から天皇が君主として存在し続け、人々が仕えてきたという日本のあり方を「国体」と呼んだ。しかしこの「国体」をどう解釈するかはさまざまである。たとえば徂徠学を背景に持つ正志斎は、大嘗祭《だいじょうさい》などの朝廷の儀式に着目した。すなわち儀礼を通じて人々の心を天皇への忠誠に導き、社会を統合することを構想したのである。他方で東湖は、天皇に忠誠を尽くしてきた日本人の歴史に注目し、政治的行動へと人々を鼓舞《こぶ》する詩的な文章を著した。

いずれにせよ、後期水戸学は「国体」によって幕府と藩の体制を再建するこ

accepted teaching in such social conditions was that of ***shingaku***, advocated by **Ishida Baigan** (1685-1744). Baigan believed people could achieve happiness by improving their "mind (*kokoro*)" and working diligently. This way of thinking, represented by *shingaku*, is also called **conventional morality** (***tsūzoku dōtoku***) (Yasumaru Yoshio). On the one hand, it brought independence to the people's way of life, but at the same time, it also reduced the downfall of the *ie* and poverty to the responsibility of the individual mind.

As farming villages became desolate in the late Edo period, people such as Ninomiya Sontoku and Ōhara Yūgaku attempted to reform them based on popular morals. On the other hand, people such as Kurozumi Munetada, Nakayama Miki, and Akazawa Bunji created new religions to respond to the suffering of the people (which later became religious groups known as Kurozumikyō, Tenrikyō, and Konkōkyō, respectively). They are called "**popular religions** (*minshū shūkyo*)" or "**new religions** (*shin shūkyo*)." Characteristics generally common to the popular religions that emerged in the late Edo period include a belief in an absolute deity and a desire for world transformation, known as *yonaoshi*.

## Mito School and *Sonnō Jōi*

The relationship between the two "kings"—the emperor and the Tokugawa shogun—was not originally clearly defined. Some Confucian scholars, such as Arai Hakuseki, argued that the emperor's role as ruler was transferred to the shogun as a result of the emperor's inability to conduct proper government. In the latter half of the 18th century, however, with the spread of *kokugaku* and the revival of old imperial court ceremonies under **Emperor Kōkaku** (1771-1840), attention to the emperor's authority increased.

Against this backdrop, Matsudaira Sadanobu advocated the theory of *Taisei Inin*, which positioned the role of the Tokugawa shogun as that of an imperial proxy entrusted by the emperor. It was supposedly meant to legitimize the shogun's rule by emperor's authority. A Confucian scholar of the Mito domain (*han*), **Fujita Yūkoku** (1774-1826), advocated ideas based on similar concepts, and a school of thought known as the **late Mito school** developed in the Mito domain.

Initially, the Mito domain had been compiling a history book called ***Dai***

とを目指すものだった。天皇の存在を重視するその思想は、天皇を尊び幕府を批判する**尊王攘夷派**《そんのうじょういは》の人々に受容されていく。やがてそのなかからは**吉田**《よしだ》**松陰**《しょういん》（1830～59）のように、幕府の存在意義自体を否定する志士も登場するに至る。

## 江戸後期の思想の多様性

江戸時代後期の危機的な状況は、後期水戸学以外にも多様な思想を生み出した。その一例が、国学者・**平田篤胤**《ひらたあつたね》（1776～1843）の**平田国学**《ひらたこくがく》である。篤胤は『古事記』の実証的な読解を目指した宣長とは異なり、さまざまな古代文献の記述をつなぎあわせることで独自の神学体系を確立した。さらにキリスト教を含む海外の宗教や、民衆における神々や妖怪への信仰も取り込んでいった。

こうした思想は、西洋の接近により人々の世界観が揺らぐなかで、新たな世界観とアイデンティティを与えるという意味を持っていた。篤胤は、日本人は神の子孫であると主張し、死後の魂のゆくえについても明確なヴィジョンを提示した。すなわちこの世は神が与えた試練《しれん》の場であり、不条理に耐えて魂を磨《みが》くことで死後に神となり、真実の幸福を得られるという。このような思想は豪《ごう》農《のう》や神職《しんしょく》など、地域社会を導く中間層《ちゅうかんそう》の人々にも受け入れられ、彼らは日本の政治に参加する主体としての意識を持った。その一部は困窮《こんきゅう》した農民を救うための社会変革を目指した。やがて平田派は全国の門人を介して政治情報を集め、尊王攘夷派の運動に加わることになる。

他方、水戸学や平田国学とは異なる幕末思想の側面を示すのが**横井小楠**《よこいしょうなん》（1809～69）である。小楠は熊本藩士の家に生まれ、当初は水戸学を学んだが、その後開国を支持し、近代的な変革を求める独自の思想を展開した。福井藩主・**松平慶永**《まつだいらよしなが》（1828～90）に招かれて福井藩の藩政改革に関わり、幕府の改革にも関与した。

主著『国是三論』《こくぜさんろん》（1860）のなかで、小楠は欧米諸国の政治制度を高く評価し、古代中国の聖人による政治に匹敵《ひってき》するものと見なしている。それはたとえば病院や孤児院の設置などの福祉政策や、身分を超えた学校教育、選挙により人々の意見を反映させる議会制度などである。小楠は西洋における「**公論**《こうろん》」による政治を、儒教的な理想が実現したものととらえ、それを日本でも行おうとしたのだった。

***Nihon Shi*** (Great History of Japan) since the late 17th century by order of **Tokugawa Mitsukuni** (1628-1700), the second lord of the domain. One of the characteristics of *Dai Nihon Shi* was its empirical historical descriptions, but another was its emphasis on the moral principle of loyalty to the emperor. Based on this early period's "*sonnō* (respect for the emperor)" ideology, Fujita and his disciples developed a political theory to cope with the critical situation of the late Edo period. In particular, his disciples **Aizawa Seishisai** (1782-1863) and **Fujita Tōko** (1806-55) were involved in domain reform under the ninth lord **Tokugawa Nariaki** (1800-60), and they also worked on a plan to reform the national government.

They focused on the concept of ***kokutai***. The term *kokutai* originally meant the dignity or character of a country, but they specifically called it the character of Japan, where the emperor had existed as sovereign since ancient times, and the people had served him. However, there are various ways to interpret this *kokutai*. For example, Seishisai, who had a background in the Sorai school, focused on the ceremonies of the imperial court, such as *Daijōsai*, which he envisioned as a way to unify society by drawing people's loyalty to the emperor through rituals. Alternatively, Tōko focused on the history of the Japanese people's loyalty to the emperor and wrote poetic texts that inspired people to political action.

In any case, the late Mito school aimed to rebuild the shogunate and *han* system through *kokutai*. Their ideology, which emphasized the emperor, was embraced by the ***Sonnō Jōi sect***, which respected the emperor and criticized the shogunate. Eventually, some of them, such as **Yoshida Shōin** (1830-59), came to deny the very raison d'etre of the shogunate.

## Diversity of Ideas in the Late Edo Period

The critical situation in the late Edo period gave rise to various ideas other than the late Mito school. One example is the **Hirata school of *kokugaku*** founded by **Hirata Atsutane** (1776-1843). Unlike Norinaga, who aimed at an empirical reading of the *Kojiki*, Atsutane established his theological system by piecing together descriptions from various ancient documents. He also incorporated foreign religions, including Christianity, and popular beliefs in *kami* and *yōkai* (monsters).

These ideas were meant to give people a new worldview and identity as

小楠の例が示すように、幕末の政治過程は「尊王攘夷」だけを軸として展開したわけではない。藩校や私塾で行われた会読の例が示しているように、人々はすでに自由な議論を実践していた。従来の政治体制を超えた「公議《こうぎ》」や「公論」を求める流れは社会の内部から生まれつつあり、それが「攘夷」の主張と複雑に絡み合いながら変革を推し進めていったのである。

**葛飾北斎《冨嶽三十六景・神奈川沖浪裏》(19 世紀、東京国立博物館蔵)**
Katsushika Hokusai, *Under the Wave off Kanagawa* from the Series *Thirty-Six Views of Mount Fuji* (19th century, Tokyo National Museum)
＊出典：ColBase 国立文化財機構所蔵品統合検索システム
(https://colbase.nich.go.jp/collection_items/tnm/A-11177-4?locale=ja)

their worldview was shaken by the approach of the West. Atsutane claimed that all Japanese are descendants of *kami* and presented a clear vision of what happens to the soul after death. He taught that this world is a place of trial and tribulation given by *kami*, and that by enduring absurdities and improving one's soul, one can become *kami* after death and attain true happiness. These ideas were embraced by the middle-class people who led local communities, such as wealthy farmers and Shinto priests, and they became aware of their role as participants in Japanese politics. Some of them aimed for social change to help the impoverished peasants. Eventually, the Hirata school gathered political information from its students throughout the country and joined the *Sonnō Jōi* movement.

**Yokoi Shōnan** (1809-69) shows a side of late Edo period philosophy that is different from the Mito and Hirata schools. Born into a samurai family in the Kumamoto domain, Shōnan initially studied the Mito school but later developed a unique ideology that supported the opening of Japan to the outside world and called for modern reforms. He was invited by **Matsudaira Yoshinaga** (1828-90), the lord of the Fukui domain, and was involved in the reform of the Fukui domain and the shogunate.

In his main work, *Kokuze Sanron* (1860), Shōnan highly evaluated the political systems of Western countries and regarded them as comparable to those of the ancient Chinese divine kings. For example, they included welfare policies such as the establishment of hospitals and orphanages, school education that transcends status, and a parliamentary system that reflects the people's opinions through elections. Shōnan saw Western "public discussion (**kōron**)" politics as the realization of Confucian ideals, which he also tried to implement in Japan.

As Shōnan's example shows, the political process at the end of the Edo period did not revolve solely around the principle of *Sonnō Jōi*. People were already practicing free discussion, as the examples of *kaidoku* at domain and private schools shows. The trend toward "public deliberation (*kōgi*)" and "public discussion" that transcended the traditional political system was emerging from within society, and it was intricately intertwined with the *Jōi* argument to drive change forward.

第12章

# 祭祀と「文明」の時代

## The Age of Rituals and "Civilization"

## 明治時代(1)

The Meiji Period(1)

キーワード / Keywords

明治維新、大教宣布運動、文明開化、明治憲法、国語、国文学

Meiji Restoration, Great Promulgation Campaign, *bunmei kaika*, Meiji Constitution, national language, national literature

前章で見たように、「開国」を求める西洋諸国への対応をきっかけとして体制の変革をめぐる政争が起こり、1867年10月、最終的に徳川幕府は朝廷に政権を返還《へんかん》した(**大政奉還《たいせいほうかん》**)。その後の**王政復古《おうせいふっこ》の大号令《だいごうれい》**と戊辰戦争《ぼしんせんそう》を経て、2世紀半以上続いた幕府の支配は完全に終わった。

幕末から明治時代(1868～1912)初期にかけて実現した変革は、後の時代に**明治維新《めいじいしん》**と呼ばれるようになる。**明治天皇**(1852～1912)をいただいた新政府は**廃藩置県《はいはんちけん》**(1871)や**地租改正《ちそかいせい》**(1873)といった改革を行い、従来の身分制を解体し、人々を「国民」へと再編成しようとした。その過程は必ずしも一直線には進まず、さまざまな揺《ゆ》らぎや対立を含みながら行われていったが、やがて**近代国民国家《きんだいこくみんこっか》**としての「日本」が確立されていった。

明治初期の変革を行ったのは、薩摩《さつま》、長州《ちょうしゅう》といった有力な藩の人々や一部の公家によって構成された新政府である。しかし新政府はこの変革を、古代の天皇の政治を復活させるものと称した。天皇の権威を借りることで、自らに正統性を与えようとしたのである。しかし実際には新政府は**西洋**の制度や文化を取り入れ、近代化を進めていった。そのため明治期には「復古」と近代化が複雑に絡《から》み合いながら社会と文化が大きく変化していくことになる。

### 祭政一致と「宗教」

新政府は国学者を登用し、「復古」の政策を展開した。そこで打ち出された理念の一つが**祭政一致《さいせいいっち》**である。神祇祭祀と政治の一致を意味するこの理念にもとづき、新政府は1868年に**神祇官《じんぎかん》**を復活させ(1871年に神祇省《じんぎしょう》、1872年

As we saw in the previous chapter, the response to the Western nations' demand for "opening the country" triggered a political struggle over systemic change, and in October 1867, the Tokugawa shogunate finally returned political rule to the imperial court (***Taisei Hōkan***). After the Subsequent **Edict Restoring Imperial Rule** and the Boshin War, the rule of the shogunate, which had continued for more than two and a half centuries, ended completely.

The changes realized from the end of the Tokugawa shogunate to the beginning of the Meiji era (1868-1912) came to be known as the **Meiji Restoration** in later periods. The new government under **Emperor Meiji** (1852-1912) attempted to dismantle the traditional class system and reorganize the people into a "nation" through reforms such as the **Abolition of the Han System** (*haihan chiken*, 1871) and the **Land Tax Reform** (*chiso kaisei*, 1873). The process did not necessarily proceed in a straight line and involved various setbacks and conflicts, but eventually, "Japan" as a **modern nation-state** was established.

The reforms of the early Meiji period were carried out by the new government, which comprised people from powerful domains such as Satsuma and Chōshū, as well as some court nobles. However, the new government cast these reforms as a revival of the ancient imperial government. The new government sought legitimacy by borrowing the authority of the emperor. However, the new government adopted Western institutions and culture to promote modernization. The Meiji period saw a complex intertwining of "restoration (*fukko*)" and modernization, resulting in significant changes in society and culture.

## *Saisei Itchi* and "Religion"

The new government promoted *kokugaku* scholars and developed "restoration" policies. One of the principles formulated was the "**Unity of Ritual and Rule (*Saisei Itchi*)**." Based on this principle, the new government revived ***Jingikan*** in 1868 (reorganized as *Jingishō* in 1871 and *Kyōbushō* in 1872), and in 1871, Shinto shrines were positioned as public religious institutions belonging to the state. **Imperial rituals** performed by the emperor were also renewed with new content.

Also, in 1868, the government issued a series of decrees known as *Shinbutsu Hanzenrei*, which implemented the separation of Shinto and Buddhism

に教部省に改組《かいそ》)、1871 年には神社を国家に属する公的な祭祀の施設と位置付けた。天皇が行う**皇室祭祀**《こうしつさいし》も、内容を新たにしつつ制定された。

その一方で、1868 年には**神仏判然令**《しんぶつはんぜんれい》と呼ばれるいくつかの法令を出し、**神仏分離**《しんぶつぶんり》を実現した。これは神道を純粋化しようとする国学的な発想にもとづき、神社のなかから仏像や僧侶、仏教的な名称など、仏教的要素を除去しようとする政策だった。それは神仏習合にもとづく従来の宗教文化を大きく変容させた。ただし江戸時代の段階ですでに神道と仏教はある程度区別されており、神職や藩によって神仏分離が行われる事例もあったことに注意する必要がある。また、どのように神仏分離を行うかは地域などによる違いもあり、政府の意図を超えて寺院や仏像の破壊(**廃仏毀釈**《はいぶつきしゃく》)にまで及ぶ場合もあった。

新政府は人々の心を統一しキリスト教の普及を防ぐため、神道的な教えによる国民教化政策も試みた。それを**大教宣布運動**《たいきょうせんぶうんどう》という。当初は国学者や神道家、儒者を**宣教使**《せんきょうし》として採用し、教化にあたらせたが、成果はあがらなかった。そのため 1872 年からは仏教の僧侶なども加えて**教導職**《きょうどうしょく》とし、合同で教化を行わせた。しかし神道を中心とする体制に浄土真宗の島地黙雷《しまじもくらい》らが反発し、「政教分離」の観点から反対運動を行った。それによりこの政策も失敗に終わることになる。また、明治政府はキリスト教への禁教政策を引き継いでいたものの、西洋諸国からの非難を受け、1873 年にはキリシタン禁制の高札《こうさつ》を撤去《てっきょ》し、キリスト教を黙認するに至った。

最終的に明治政府は神道による国民教化政策を中止し、神社を基盤とする神道は、「宗教」ではないものとして位置付けられていった(**神社非宗教論**《じんじゃひしゅうきょうろん》)。そもそも日本には欧米における "religion" に該当する概念がなく、試行錯誤《しこうさくご》の末、1870 年代頃に「**宗教**」という訳語が定着したのだった。そのため「宗教」の概念はキリスト教をモデルとしており、元来キリスト教のような教義や組織を欠いた神社神道が非「宗教」として位置づけられたのは自然の成り行きでもあった。他方で明確な教義や組織を持つ「神道」的な教団は**教派神道**《きょうはしんとう》という一種の「宗教」として位置づけられ、民衆宗教の多くもそこに組み込まれていった。

## 「文明開化」と社会の変化

明治期は西洋の制度や文化を取り入れ、さまざまな面で近代化を推し進めた時代でもあった。それは当時「**文明開化**《ぶんめいかいか》」と呼ばれた。具体的には、太陽暦《たいようれき》や

(***shinbutsu bunri***). This policy was based on the *kokugaku* idea of purifying Shinto and aimed to remove Buddhist elements from shrines, such as Buddhist statues, monks, and names. This policy significantly transformed the traditional religious culture based on the syncretism of Shinto and Buddhism (*shinbutsu shūgō*). It should be noted, however, that Shinto and Buddhism were already distinguished to some extent during the Edo period, and there were cases of the separation of Shinto and Buddhism by Shinto priests and *han*. There were also regional differences in how the separation was implemented, and in some cases, it went beyond the government's intentions and extended to the destruction of temples and Buddhist statues (***haibutsu kishaku***).

In order to unify people's minds and prevent the spread of Christianity, the new government also attempted a policy of national indoctrination through Shinto teachings. This was known as the **Great Promulgation Campaign** (***Taikyō Senpu Undō***). At first, *kokugaku* scholars, Shintoists, and Confucianists were employed as ***senkyōshi*** to educate the people, but this did not produce good results. In 1872, Buddhist monks and others were added to the missionary staff, now called ***kyōdōshoku***, and they were assigned to carry out the teaching jointly. However, Shimaji Mokurai and others of the Jōdo Shin sect opposed the Shinto-centered system, and they campaigned against on the grounds of "separation of church and state." As a result, this policy also ended in failure. In addition, although the Meiji government initially continued the prohibition against Christianity, it was condemned by Western countries, leading to the removal of public notices prohibiting Christianity and the tacit acceptance of Christianity in 1873.

Eventually, the Meiji government stopped the policy of national indoctrination through Shinto, and Shinto based on shrines was positioned as something other than a "religion" (**secular Shinto theory**, ***jinja hishūkyōron***). In the first place, Japan did not have a concept that corresponded to "religion" in the West, and after much trial and error, the term "***shūkyō*** (religion)" was established around the 1870s. Therefore, the concept of "*shūkyō*" was modeled on Christianity, and it was natural that Shrine Shinto, which lacked the doctrine and organization comparable to Christianity, was positioned as a "non-religion." On the other hand, "Shinto" style denominations with clear doctrines and organizations were positioned as a kind of "religion" called **Sect Shinto** (***Kyōha Shinto***), and many

徴兵制《ちょうへいせい》の導入、租税《そぜい》制度の改革、**学制《がくせい》**（1872）による近代的教育制度の確立のほか、鉄道や馬車、レンガ造りの建築やガス灯、洋服、西洋風の髪型、肉食などの食文化にまで及んだ。政府は**岩倉使節団《いわくらしせつだん》**や留学生を欧米諸国に派遣して制度や文化を学ばせ、また多数の**お雇《やと》い外国人**が政府や学校などに雇用されて知識や技術を伝えた。1877 年には洋学を中心とした教育機関である**東京大学**（後の東京帝国大学）も成立する。

その一方で政府は民衆文化の統制も行った。たとえば盂蘭盆会《うらぼんえ》などの年中行事や、シャーマニズム的な民間宗教者の活動、はては人前で裸になることや刺《いれ》青《ずみ》、春画《しゅんが》の販売なども禁止された。これらは「文明」的な「国民」を生み出そうとする意味を持っていたが、民衆の反発も呼んだ。徴兵制《ちょうへいせい》の導入や税制改革《ぜいせいかいかく》などに対しては暴動が起こることもあった。

明治期には従来の木版印刷に代わって**活版印刷《かっぱんいんさつ》**が普及し、近代的な出版産業や、**新聞《しんぶん》・雑誌《ざっし》**といったメディアが発達した。そのようなメディアを通じて意見の主張や議論を行う知識人も登場する。その代表例が森有礼《もりありのり》や、森の提案により 1873 年に結成された**明六社《めいろくしゃ》**のメンバー、加藤弘之《かとうひろゆき》、津田真道《つだまみち》、中村正直《まさなお》、西周《にしあまね》、西村茂樹《にしむらしげき》といった人々である。彼らは西洋の概念を漢語によって翻訳し、西洋の思想や文化を紹介する役割を果たした。ただし彼らは江戸時代からすでに洋学者や儒学者として活躍しており、単なる西洋文化の紹介者にはとどまらず、それぞれの多様な思想を演説や『明六雑誌』の論説などを通じて戦わせた。

明六社に参加した人々のなかで最も有名なのは**福沢諭吉《ふくざわゆきち》**（1834 ～ 1901）だろう。蘭学者《らんがくしゃ》として出発した福沢は、明治期には私塾である慶應義塾《けいおうぎじゅく》を開設し、雑誌『時事新報《じじしんぽう》』を発刊するなど多面的な活動を行い、**『文明論之概略《ぶんめいろんのがいりゃく》』**（1875）などの著作を通じて多くの人々に影響を与えた。福沢は身分制になじんだ日本人の精神性を批判し、人々がそれぞれの「自由」を発揮して自律的に生きることを求めた。その先に、日本という国の独立、そして「文明」の実現を目指したのである。

福沢の例が示しているように、「文明」は “civilization” の訳語であるとともに、社会の理想的調和を表わす儒学《じゅがく》的な意味合いも受け継いでいた。「文明開化」は単に政府主導で進められたのではなく、当時の人々が主体的に求めた面もあったのである。こうした「文明開化」は歓迎や反発、混乱を含む複雑な反

of the popular religions were incorporated into them.

## *Bunmei Kaika* and Social Change

The Meiji period was a time of modernization in many aspects, with the introduction of Western institutions and culture. This was called ***bunmei kaika***. Specifically, it included the introduction of the solar calendar and the conscription system, reform of the taxation system, the establishment of a modern education system through ***gakusei*** (1872), as well as railroads, horse-drawn carriages, brick architecture, gas lighting, clothing, Western-style hairstyles, and a food culture that included the consumption of meat. The government sent the **Iwakura Mission** and students to Western countries to learn about their systems and cultures, and many ***o-yatoi gaikokujin*** (foreign employees) were employed by the government and schools to pass on their knowledge and skills. In 1877, the **University of Tokyo** (later Tokyo Imperial University), an educational institution focusing on Western studies, was established.

At the same time, the government controlled popular culture. For example, the government banned such annual events as the Ura-bon Festival, shamanistic activities of folk religionists, nudity in public, tattooing, and the sale of *shunga* (erotic paintings). Although these measures meant creating a "civilized people," they also provoked popular opposition. Riots sometimes broke out in response to reforms such as the introduction of conscription and tax reform.

During the Meiji period, **letterpress printing** became widespread, replacing traditional woodblock printing, and the modern publishing industry and media such as **newspapers** and **magazines** developed. Intellectuals who expressed their opinions and engaged in debate through such media also appeared. Representative examples include Mori Arinori, members of the **Meirokusha**, which was formed in 1873 at Mori's suggestion, Katō Hiroyuki, Tsuda Mamichi, Nakamura Masanao, Nishi Amane, and Nishimura Shigeki. They translated Western concepts into Chinese and played a role in introducing Western thought and culture. However, since they had already been active as Western scholars and Confucianists since the Edo period, they were not limited to simply introducing Western culture but also engaged in debates about their diverse ideas through speeches and essays in *Meiroku Zasshi* (*Meiroku Journal*).

Perhaps the most famous of the Meirokusha participants was **Fukuzawa**

応を呼び起こしたのだった。

## 明治憲法と教育勅語

明治政府は幕末以来の「公論」による政治という理念を掲《かか》げていたが、実際には限られた人々による独断的な政治が行われた。そのため、板垣退助《いたがきたいすけ》らによる1874年の民撰議院設立建白書《みんせんぎいんせつりつけんぱくしょ》の提出をきっかけとして、国会の開設などを求める**自由民権運動《じゆうみんけんうんどう》**が起こった。それは身分制が解体された後の混沌とした状況のなかで、権力の獲得や新たな社会のあり方を求めるという意味を持っていた。この運動からは**中江兆民《なかえちょうみん》**（1847～1901）のような独創的思想家も生まれた。兆民は漢文によってルソーの『社会契約論』を翻訳し、西洋と東洋に共通する「理義」を見出そうとした。それにより「民権」や「自由」を日本社会に根付かせることを試みたのである。

一方で政府側も立憲政治《りっけんせいじ》と議会制度《ぎかいせいど》の確立という目標は共有しており、1881年には国会開設の詔が出される。**伊藤博文《いとうひろぶみ》**（1841～1909）のもとで**井上毅《いのうえこわし》**（1844～95）らが憲法の作成を進め、1889年に**大日本帝国憲法《だいにっぽんていこくけんぽう》**（**明治憲法《めいじけんぽう》**）が発布された。明治憲法は主にドイツの憲法をモデルとしつつ、日本の法制度も参照しながら作られた。その特徴は君主権を強調した点にあるとされる。たしかに第一条では「万世一系《ばんせいいっけい》の天皇」が日本を統治すると規定されているが、他方で天皇は**立憲君主《りっけんくんしゅ》**としてその権限が制限されており、実際には国務大臣や内閣、軍部など、さまざまな機関が「輔弼《ほひつ》（代理）」という形で統治を行う体制が確立された。議会制度も憲法によって確立され、天皇の「**臣民《しんみん》**」としての国民に対しても、信教や言論の自由などの権利が一定程度保障された。

他方で伊藤たちは立憲政治の開始により政治的な分裂や混乱が生じることを懸念《けねん》しており、政府に対して道徳教育を求める声も高まっていた。当時西洋の憲法ではしばしば国教が規定されていたが、伊藤から見れば日本の神道や仏教は人々の心を統合する「宗教」としての力に乏しいものだった。そこで伊藤は天皇に対する人々の崇敬《すうけい》を利用することを企図《きと》した。そのような考えを背景として、井上毅らの起草により**教育勅語《きょういくちょくご》**（**教育ニ関スル勅語**）が作成され、1890年に発布された。

教育勅語は国民に向けて天皇が示した道徳の指針という体裁《ていさい》をとっている。

**Yukichi** (1834-1901). Starting out as a Dutch scholar, Fukuzawa established a private school, *Keiō Gijuku*, published the magazine *Jijishinpō*, and engaged in a wide array of other activities, influencing many people through such writings as ***An Outline of a Theory of Civilization*** (*Bunmei Ron no Gairyaku*, 1875) in the Meiji period. Fukuzawa criticized the Japanese mentality of being accustomed to the status system and called for people to live autonomously by demonstrating their own "freedom." Beyond that, he aimed for the independence of Japan as a nation and the realization of "*bunmei* (civilization)."

As Fukuzawa's example shows, "*bunmei*" was not only a translation of "civilization," but also inherited the Confucian meaning of ideal social harmony. *bunmei kaika* was not simply a government initiative, but was also something that the people of the time sought out on their own initiative. Thus, *bunmei kaika* evoked complex reactions, including acceptance, opposition, and confusion.

## The Meiji Constitution and the Imperial Rescript on Education

Although the Meiji government had upheld the principle of "public discussion (*kōron*)" in politics that had been around since the end of the Tokugawa shogunate, in reality politics was conducted by a limited number of people in an arbitrary manner. This led to the **Freedom and People's Rights Movement**, which demanded the establishment of a national legislature and other measures, triggered by an 1874 proposal by Itagaki Taisuke and others. This movement was meant to seek the acquisition of power and a new form of society in the chaotic situation that followed the dismantling of the class system. From this movement, such original thinkers as **Nakae Chōmin** (1847-1901) arose. Chōmin translated Rousseau's *Theory of the Social Contract* for Japanese audiences using *kanbun* (a form of Classical Chinese) and tried to find the common "*rigi* (reason)" between the West and the East. In doing so, he attempted to root "civil rights" and "freedom" in Japanese society.

At the same time, the government shared the goal of establishing a constitutional government and parliamentary system, and in 1881, it issued an imperial edict establishing the Diet. Under **Itō Hirobumi** (1841-1909), **Inoue Kowashi** (1844-95) and others worked to draft a constitution, and the **Meiji Constitution** (Constitution of the Empire of Japan) was promulgated in 1889. The Meiji Constitution was modeled mainly on the German constitution while

内容としては天皇への忠誠や儒教的道徳を説き、それを「国体《こくたい》の精華《せいか》」という水戸学的な概念で表現する（徴兵に応じることを説く点など、近代的な規範《きはん》も盛り込まれている）。井上は信教の自由と矛盾しないように宗教的要素を混入することを慎重に避けたが、それによって教育勅語は全国民が従うべきものとして普及し、「**国体**《こくたい》」という概念も浸透していった。

このような国民への規範が広まるにつれ、それに反すると見なされたものへの攻撃が暴走する場合もあった。その一例が 1891 年に起こった**内村鑑三不敬事件**《うちむらかんぞうふけいじけん》である。事件の発端《ほったん》は第一高等中学校で行われた教育勅語の奉読式《ほうどくしき》において、キリスト教徒の教員だった内村鑑三が、天皇の署名が入った勅語にお辞儀《じぎ》をすることをためらい、軽く頭を下げたということにすぎない。しかしこのことが学内で問題視され、さらにメディアで報道されると内村へのバッシングが巻き起こり、それはキリスト教自体への批判につながっていったのである。

## 「国民」の文化の形成

明治期には「国民」の文化を生み出そうとする試みも、分裂や混乱をともないつつさまざまな次元で行われた。その一つが**国語**《こくご》の創造である。江戸時代までの話し言葉は身分や地域などにより大きく異なっていた。また文体も漢文や古典的な和文、候文《そうろうぶん》など、さまざまな種類があり、いずれも日常の話し言葉とは異なっていた。しかし言語の違いは近代化のさまたげとなるため、その改革が試みられたのだった。

当初広く使用されたのは漢文の書き下し文にもとづく**普通文**《ふつうぶん》（文語体《ぶんごたい》）と呼ばれる文体である。また漢字を廃止し、仮名やローマ字のみを使用する案も出された。しかしいずれも話し言葉との違いが大きく、普及には一定の制限があった。そこで国学者の物集高見《もずめたかみ》らが話し言葉に書き言葉を近づける**言文一致**《げんぶんいっち》を提唱し、二葉亭四迷《ふたばていしめい》や山田美妙《やまだびみょう》といった作家たちが実際にそれを作品中で使用して社会に広めた。1902 年には政府により国語調査委員会が設置され、言文一致体の普及を進めるとともに、話し言葉に関しても東京方言にもとづく**標準語**《ひょうじゅんご》を制定した。このようにして生まれた「国語」が、学校教育を通じて全国に普及していったのである。

以上と並行して、**国文学**《こくぶんがく》の概念も確立された。西洋における “literature” の概念が「文学」と翻訳されて輸入されるとともに、日本国民の「文学」が過去

also referring to the Japanese traditional legal system. The Meiji Constitution is said to be characterized by its emphasis on sovereignty. Article I of the Constitution stipulated that "a line of Emperors unbroken for ages eternal" shall rule Japan, but as a **constitutional monarch**, the emperor's authority was limited, and a system was established in which various organs, including the ministers of state, the cabinet, and the military, actually govern under the guise of "imperial advisors (*hohitsu*)." The Constitution also established a parliamentary system, and the people, as "subjects (***shinmin***)" of the emperor, were guaranteed certain rights, such as freedom of religion and speech.

On the other hand, Itō and his colleagues were concerned that the start of constitutional government would cause political division and confusion, and there were growing calls for the government to provide moral education. Western constitutions at the time often stipulated state religion, but from Itō's perspective, Japanese Shintoism and Buddhism lacked power as "religions" to unify people's hearts and minds. Itō, therefore planned to exploit the people's reverence for the emperor. Against this backdrop, Inoue Kowashi and others drafted the **Imperial Rescript on Education** (***Kyōiku Chokugo***) promulgated in 1890.

The Imperial Rescript on Education was in the form of a moral guideline issued by the emperor to the people. It preached loyalty to the emperor and Confucian morality, which was expressed in the Mito school concept of "the essence of *kokutai*" (the Imperial Rescript also included modern norms such as the requirement to accept military conscription). Inoue carefully avoided mixing religious elements so as not to contradict freedom of religion, but this allowed the Imperial Rescript to spread as something to be followed by all the citizens, and the concept of *kokutai* became widespread.

As these norms for the people spread, there were instances of outbursts of aggression against those deemed to be violating them. One example is the **Lese Majesty Incident of Uchimura Kanzō** in 1891. The incident began when Uchimura Kanzō, a Christian teacher, hesitated to bow to the Imperial Rescript on Education signed by the Emperor at a reading ceremony held at the First Higher School and only bowed his lightly. However, this was viewed as a problem within the school, and when it was further reported in the media, it led to the bashing of Uchimura, which in turn led to criticism of Christianity itself.

から発掘されていったのである。たとえば『万葉集』や『源氏物語』、『平家物語』などが、「国文学」の**古典（カノン）**として認定されていった。そしてそのような見方も学校の国語教育を通じて社会に普及していくことになる。また、明治政府は国家の公式の歴史、「正史《せいし》」の編纂もはじめ、修史館において重野《しげの》安繹《やすつぐ》や久米《くめ》邦武《くにたけ》らにより 1882 年から『大日本編年史』の編纂が進められた。編纂は 1893 年に中止されるが、その後も近代的な日本史研究は発展していった。

**河鍋暁斎《東京名所之内明治十年上野公園地内国勧業博覧会開場之図》**
**（1877 年、東京国立博物館蔵）**
Kawanabe Kyōsai, *Famous Places of Tokyo: Opening of the 1877 National Industrial Exposition in Ueno Park*（1877, Tokyo National Museum）
＊出典：ColBase 国立文化財機構所蔵品統合検索システム
（https://colbase.nich.go.jp/collection_items/tnm/P-3036?locale=ja）

## The Formation of a "National" Culture

During the Meiji period, attempts to create a "national" culture were made on various levels, with some division and confusion. One such attempt was the creation of a **national language** (***kokugo***). Until the Edo period, the spoken language differed greatly depending on status and region. There were also various styles of writing, such as *kanbun*, classical Japanese, and *sōrōbun* (epistolary style), all of which differed from the everyday spoken language. However, since language differences were an obstacle to modernization, attempts were made to reform them.

The style widely used in the early days was called **futsūbun**, based on the style of transcription of Chinese classics into Japanese. There was also a proposal to do away with Chinese characters and use only *kana* or *rōmaji*. However, there were certain restrictions on the spread of these styles because they differed significantly from the spoken language. In response, the *kokugaku* scholar Mozume Takami and others advocated the use of the style of **genbun itchi** (unification of the spoken and written language)" to bring the written word closer to the spoken word, and writers such as Futabatei Shimei and Yamada Bimyo actually used this method in their works, popularizing it in society. In 1902, the government established the National Language Research Committee, which promoted the spread of *gembun itchi* and established a **standard language** based on the Tokyo dialect. The "national language" thus created was disseminated throughout the country through school education.

In parallel with the above, the concept of **national literature** (***kokubungaku***) was established. The Western concept of "literature" was translated into "*bungaku*" and imported, and the "literature" of the Japanese people was unearthed from the past. For example, *Man'yōshū*, *The Tale of Genji*, and *The Tale of the Heike* were recognized as **classics** (**canon**) of "national literature." Such views also became popular in society through Japanese language education in schools. The Meiji government also began compiling the official history of the nation, "*seishi*," and the compilation of *Dainippon Hennenshi* was started in 1882 by Shigeno Yasutsugu, Kume Kunitake, and others at the Shūshikan. Although the compilation was discontinued in 1893, the study of modern Japanese history continued to develop.

第13章

# 思い悩む青年たちの登場

The Emergence of the Youth in Distress

## 明治時代（2）

The Meiji Period（2）

キーワード / Keywords

平民主義、個人主義、近代文学、京都学派、近代仏教、無教会主義、日本美術

populism, individualism, modern literature, Kyoto school, modern Buddhism, Non-church movement, Japanese art

日清《にっしん》戦争（1894 ～ 1895）と日露《にちろ》戦争（1904 ～ 1905）を経て、日本では産業革命が進み、資本主義が発達していった。明治維新後に日本は蝦夷《えぞち》地の名を北海道と改めて開拓使《かいたくし》を設置し、さらに琉球王国《りゅうきゅうおうこく》を強制的に沖縄県として編入していたが、これらの戦争を経て、台湾などを領土として獲得した。朝鮮半島への支配も進め、1910 年には韓国を併合する。1894 年から 1911 年にかけては、欧米との不平等条約の改正も達成する。

二つの戦争を通じて「日本人」としての意識とナショナリズムが国民のあいだに浸透し、天皇と国家への忠誠が**国民道徳論**《こくみんどうとくろん》によって説かれた。また 1898 年から施行された民法によって**「家」**《いえ》**制度**が法的に規定され、社会秩序を末端で支える役割を果たすようになる。こうして「帝国」としての日本が拡大していき、国家の体制が確立される一方で、その流れに必ずしも同調できない人々が新たな文化を生み出していく。

### 平民主義と「青年」

1883 年に建設された西洋風の社交場・**鹿鳴館**《ろくめいかん》が象徴するように、1880 年代は政府が急激な西洋化を目指した**欧化主義**《おうかしゅぎ》の時代ともいわれる。しかしこれに反発する**国粋主義**《こくすいしゅぎ》の動きが 1880 年代末には登場する。その中心となったのが、三宅雪嶺《みやけせつれい》や志賀重昂《しがしげたか》、陸羯南《くがかつなん》といった人々である。彼らは「国粋（nationality の訳語）」の重要性を主張する一方で、近代化の意義を認め、社会的弱者の救済を訴《うった》えるなど、多様な主張を含む立場だった。

政府による上からの近代化を批判したもう一つの勢力として、雑誌『**国民之**《こくみんの》

After the Sino-Japanese War (1894-1895) and the Russo-Japanese War (1904-1905), Japan experienced an industrial revolution and the development of capitalism. After the Meiji Restoration, Japan changed the name of Ezo to Hokkaido and established the Hokkaido Development Commission, and also forcibly incorporated the Ryukyu Kingdom as Okinawa Prefecture. Through these wars, Japan acquired Taiwan and other islands as its territory. Japan also proceeded to dominate the Korean peninsula, annexing Korea in 1910. From 1894 to 1911, the Japanese also achieved the revision of unequal treaties with Europe and the United States.

Through the two wars, a sense of "Japaneseness" and nationalism permeated the nation, and loyalty to the emperor and the state was popularized as **National Morality** (*kokumin dōtoku*). In addition, the Civil Code, which went into effect in 1898, legally defined the "***ie***" **system**, which came to play the role of supporting the social order at the end of the line. While Japan as an "empire" expanded and a national system was established, a new culture was created in parallel by those who were not necessarily in tune with this trend.

## Populism and "Youth"

As symbolized by the construction of the Western-style social hall **Rokumeikan** in 1883, the 1880s are said to have been the era of **Europeanization**, when the government aimed for rapid Westernization. However, a movement of *kokusui shugi* (nationalism) that opposed this trend emerged at the end of the 1880s. At the center of this movement were such figures as Miyake Setsurei, Shiga Shigetaka, and Kuga Katsunan. Their positions included a variety of arguments, such as the importance of "*kokusui* (national essence)," while at the same time acknowledging the significance of modernization and appealing for the relief of the socially weak.

Another force that criticized modernization from above by the government was **Tokutomi Sohō** (1863-1957), who published the magazine ***Kokumin no Tomo*** (*The People's Friend*). Tokutomi's position, known as "**populism** (*heimin shugi*)," emphasized economy and industry over military affairs, and advocated the realization of a modern society in which the "common people (*heimin*)" would be the main actors. His advocacy of change enacted by the "Meiji youth"

友《とも》』を発刊した**徳富蘇峰**《とくとみそほう》（1863 ～ 1957）を挙げることができる。**平民主義**《へいみんしゅぎ》と呼ばれる蘇峰の立場は、軍事よりも経済や産業を重視し、「平民（普通の人々）」を主体とする近代社会の実現を主張するものだった。「明治の青年」による変革を唱える蘇峰の議論は当時の若者に大きな影響を与えた。

しかし明治後期に国家の体制が確立され、社会を大きく変革する可能性がなくなっていくと、個人とその内面を重視する風潮が若い世代に広がっていく。高度な教育を受けながらも社会的成功を目指すライフコースに疑問を抱き、人生の意味に思い悩む青年が出現し、彼らは**煩悶青年**《はんもんせいねん》と呼ばれた。それを象徴するのが 1903 年に起こった藤村操《ふじむらみさお》の自死という事件である。藤村はエリート校の学生だったにもかかわらず、世界の真相は「不可解」だという言葉を残して命を絶ったため、社会に衝撃を与えたのだった。また**高山樗牛**《たかやまちょぎゅう》（1871 ～ 1902）が「美的生活を論ず」（1901）などで主張した**個人主義**の思想も、当時の青年のあいだで支持された。

## 近代文学の形成

前章で述べたように、明治期には西洋の "literature" の概念が「文学」と翻訳されて輸入されたが、同時にそれをふまえて日本人自らも**近代文学**《きんだいぶんがく》を生み出していった。西洋の "novel" を「小説」と訳し、初めて近代的な「小説」の定義を明確に示したのが**坪内逍遥**《つぼうちしょうよう》（1859 ～ 1935）の**『小説神髄』**《しんずい》（1885 ～ 86）である。逍遥は小説を芸術の一種と見なし、人間の心情や社会のありようを写実的《しゃじつてき》に描写することをその本質とした。

しかし当時の日本の言語は、逍遥が提示したような近代的な小説を書くのに適していなかった。そこで話し言葉に近い書き言葉を生み出そうとする**言文一致**《げんぶんいっち》の試みが行われ、新たな文体が生み出されていく。それを代表する初期の成果が**二葉亭四迷**《ふたばていしめい》（1864 ～ 1909）の**『浮雲』**《うきぐも》（1887 ～ 1890）である。他方、**尾崎紅葉**《おざきこうよう》（1868 ～ 1903）とその文学グループである**硯友社**《けんゆうしゃ》（1885 年設立）は、古典的な美文による小説を発表し、言文一致とは異なる小説の可能性を示した。

その一方で、1893 年に創刊された**『文学界』**《ぶんがくかい》を拠点として**浪漫主義**《ろまんしゅぎ》の文学も登場する。その代表者である**北村透谷**《きたむらとうこく》（1868 ～ 94）の「内部生命論」（1893）は、人間の「内部の生命」を表現することに文学の意義を見出した。個人の内面を重視する透谷の思想は当時大きな影響力を持った。また**樋口一葉**《ひぐちいちよう》（1872

significantly impacted the youth of the time.

However, as the state system took shape in the late Meiji period and the possibility of major social change disappeared, a tendency to emphasize the individual and his or her inner self spread among the younger generation. Despite their advanced education, young men and women emerged who questioned a life course devoted to social success and who worried about the meaning of life. They were called "**anguished youths** (*hanmon seinen*)." This was symbolized by the suicide of Fujimura Misao in 1903. Although he was a student at an elite school, Fujimura shocked society by taking his own life, leaving behind the words "the truth of the world is incomprehensible." In addition, the **individualist philosophy** espoused by **Takayama Chogyū** (1871-1902) became popular among young people of the time.

## Formation of Modern Literature

As mentioned in the previous chapter, the Western concept of "literature" was translated into "*bungaku*" and imported during the Meiji period. At the same time, the Japanese themselves created **modern literature** based on this concept. It was **Tsubouchi Shōyō** (1859-1935) who first clearly defined the modern definition of "novel (*shōsetsu*)" in his ***Shōsetsu Shinzui*** (*The Essence of the Novel*, 1885-86). Shōyō regarded novels as a kind of art, and the essence of novels was to depict human feelings and society realistically.

However, the language of Japan at that time was not suitable for writing modern novels such as those presented by Shōyō. Therefore, an attempt was made to create a written language similar to the spoken one (***genbun itchi***), and a new writing style was born. **Futabatei Shimei**'s (1864-1909) ***Ukigumo*** (1887-1890) is a representative early achievement of this movement. On the other hand, **Ozaki Kōyō** (1868-1903) and his literary group, **Ken'yūsha** (established in 1885), published novels with classically beautiful prose and demonstrated the possibilities of novels that differed from the writing style of *genbun itchi*.

On the other hand, the **Romanticism** style of literature also appeared, based on the magazine ***Bungaku-kai***, first published in 1893. One representative of this movement was **Kitamura Tōkoku** (1868-94), whose *Naibu Seimeiron* (*Theory of Inner Life*, 1893) found the significance of literature in the expression of the "inner life" of the human being. Tōkoku's philosophy, which emphasized the

～ 96）は『**たけくらべ**』（1896）などの作品を残し、不条理な社会の現実を生きる女性の姿を描き出した。

やがて現実の客観的描写を追求するヨーロッパの自然主義文学も知られるようになり、そこから影響を受けた**自然主義**《しぜんしゅぎ》が日本でも大きな流れとなる。その代表作の一つが、言文一致体の面でも完成度の高い**島崎藤村**《しまざきとうそん》（1872 ～ 1943）の『**破戒**《はかい》』（1905）である。もう一つの代表的な作品である**田山花袋**《たやまかたい》（1872 ～ 1930）の『**蒲団**《ふとん》』（1907）は、女性の弟子に対する恋愛感情を「告白」したことで大きな反響を呼んだ。その例が示しているように、日本の自然主義文学は現実の客観的描写よりも内面の「告白」を重視する方向に進んでいく。そして著者の実人生を題材にする**私小説**《ししょうせつ》が、近代日本文学の重要なジャンルとして定着していった。

**夏目漱石**《なつめそうせき》（1867 ～ 1916）や**森鷗外**《もりおうがい》（1862 ～ 1922）は、以上の流れとは一定の距離を置きつつ独自の文学を確立した。特に漱石は日本の近代化に対する批評的《ひひょうてき》視点から独自の作品を生み出した。講演録「私の個人主義」（1914）に見られるように、漱石は近代的個人主義の意義を評価したが、その一方で『**こころ**』（1914）に代表されるように、個人主義がもたらすエゴイズムや孤独の問題を直視する作品を発表した。

明治期は詩歌が大きな変化をとげた時代でもある。明治初期には伝統的な和歌の方法を受け継ぐ**桂園派**《けいえんは》が大きな勢力となっていたが、このような和歌を改革しようとする人々も登場する。特に影響力を持ったのが**正岡子規**《まさおかしき》（1867 ～ 1902）と**与謝野鉄幹**《よさのてっかん》（1873 ～ 1935）である。子規は『古今和歌集』の権威を否定し、従来の和歌を制約していた虚構的《きょこうてき》なテーマや言葉の体系を捨てた。そして現実の情景をありのままに描写し、それによって自らの感情を表現する「**写生**《しゃせい》」という方法を唱え、近代的な短歌と俳句を生み出したのである。

他方、外山正一《とやままさかず》、井上哲次郎、矢田部良吉《やたべりょうきち》は共著『**新体詩抄**《しんたいししょう》』を 1882 年に刊行し、西洋の詩をモデルとする新たな日本語の詩、**新体詩**《しんたいし》を提唱した。学者である外山らの詩は啓蒙的な傾向が強かったが、島崎藤村は『若菜集』（1897）で浪漫主義的な近代詩を生み出した。明治後期になると西洋の象徴主義も紹介され、**北原白秋**《きたはらはくしゅう》（1885 ～ 1942）の『**邪宗門**《じゃしゅうもん》』（1909）に代表される象徴詩も書かれるようになった。

individual's inner life, were very influential at the time. **Higuchi Ichiyō** (1872-96) left behind works such as **Takekurabe** (*Child's Play*, 1896), which depicted women living in the severe reality of society.

Eventually, European naturalistic literature, which pursued objective depictions of reality, became well-known, and **naturalism**, influenced by the European movement, became a significant trend in Japan. One of the representative works of this movement is **Shimazaki Tōson's** (1872-1943) ***Hakai*** (*The Broken Commandment*, 1905), which is highly accomplished even in terms of the *genbun itchi* style. Another representative work, ***Futon*** (1907) by **Tayama Katai** (1872-1930), caused a great sensation when he "confessed" his romantic feelings for a female pupil. As this example shows, Japanese naturalistic literature emphasized internal "confessions" rather than objective depictions of reality. The **I-novel** (*shi-shōsetsu*), based on an author's real life, became an essential genre in modern Japanese literature.

**Natsume Sōseki** (1867-1916) and **Mori Ōgai** (1862-1922) established their unique literary styles while maintaining a distance from the above trends. Sōseki, in particular, created unique works from a critical perspective on Japan's modernization. As seen in his lecture "My Individualism" (1914), Sōseki appreciated the significance of modern individualism. Still, at the same time, as exemplified by ***Kokoro*** (1914), he published works that confronted the problems of egoism and loneliness brought about by individualism.

The Meiji period was also a time of significant change in poetry. In the early Meiji period, the **Keien school**, which inherited traditional waka methods, was a significant force, but some attempted to reform this waka style. **Masaoka Shiki** (1867-1902) and **Yosano Tekkan** (1873-1935) were particularly influential. Shiki rejected the authority of the *Kokinshū* and discarded the fictional themes and word systems that had restricted traditional waka poetry. He advocated the method of "***shasei***," in which he described real scenes as they are and expressed his feelings through them, thereby creating modern tanka and haiku.

On the other hand, Toyama Masakazu, Inoue Tetsujirō, and Yatabe Ryōichi co-authored ***Shintaishi Shō*** in 1882, which advocated a new style of Japanese poetry, ***shintai shi***, modeled after Western poetry. The poetry of scholars like Toyama, Inoue, and Yatabe had a strong Enlightenment tendency, but Shimazaki Tōson created modern romanticist poetry in *Wakana-shū* (1897). In the late Meiji

### 明治時代の哲学と宗教

明治時代には西洋文化の一部として**哲学《てつがく》**も輸入された。**西周《にしあまね》**（1829 ～ 97）は 1874 年の著作で "philosphy" を「哲学」と翻訳し、その訳語が定着することになる。明治初期は主にイギリスやフランスの哲学が受容されたが、1878 年に来日した**アーネスト・フェノロサ**（1853 ～ 1903）は東京大学でドイツを中心とする近代哲学の講義を行う。その後政府がドイツの学術の研究を奨励《しょうれい》したこともあずかって、ヘーゲルなどのドイツ哲学の研究が大学で発展していった。

こうした哲学研究の中心人物となったのが、東京帝国大学の教授を務めた**井《いの》上哲次郎《うえてつじろう》**（1856 ～ 1944）である。井上はドイツ哲学の研究者だったが、同時に教育勅語の注釈書である『勅語衍義《ちょくごえんぎ》』（1891）を著わし、国民道徳論を唱えるなど、体制に寄り添った言論活動でも知られる。とはいえ井上は仏教を哲学に取り入れて現象即実在論《げんしょうそくじつざいろん》を唱えるなど、多様な側面を持つ人物だった。

こうした状況のなかで独自の哲学を展開したのが**西田幾多郎《にしだきたろう》**（1870 ～ 1945）である。最初の著作である**『善の研究』**（1911）に表われているように、西田哲学の特徴は主観と客観が分かれる以前のリアリティに着目する点にある。それによって西田は、主観と客観の区別を前提とする西洋哲学とは異なる可能性を探究しようとしたのである。それは日本人が独自の哲学を生み出した最初の例として評価される。

ただし西田は井上の現象即実在論など、先行する哲学研究の成果もふまえていた。また、西田哲学は禅の影響を受けているというイメージがあるが、西田自身はあくまで西洋哲学の概念を使って普遍的な真理を探究しようとしていた。いずれにせよ、人生の苦悩を背景に持つ西田哲学は「煩悶青年」を惹《ひ》きつけ、京都帝国大学に着任した西田のもとには多くの弟子が集まった。やがて彼らは**京都学派《きょうとがくは》**と呼ばれるようになる。

他方で明治維新は仏教をはじめとする宗教にも変化をもたらした。神仏分離に加え、江戸時代までの領地や特権がなくなったため、仏教の諸宗派は存続のために近代化を迫られたのである。このような**近代仏教**の代表者が浄土真宗大谷派の僧侶、**清沢満之《きよざわまんし》**（1863 ～ 1903）である。清沢は真宗の教えを宗教哲学によって再解釈し、さらに教団の改革を目指すが挫折する。しかし清沢のも

period, Western symbolism was also introduced, and symbolic poems such as ***Jasūmon*** (1909) by **Kitahara Hakushū** (1885-1942) were written.

## Philosophy and Religion in the Meiji Era

**Philosophy** was also imported as a part of Western culture during the Meiji period. **Nishi Amane** (1829-97) translated "philosophy" as "*testugaku*" in his 1874 book, and it became the established Japanese term for philosophy. In the early Meiji period, mainly British and French philosophy came to Japan, but **Ernest Fenollosa** (1853-1903) arrived in 1878 and lectured primarily on modern German philosophy at the University of Tokyo. Later, thanks in part to the government's encouragement of German scholarship, the study of German philosophy, including Hegel's, flourished at universities in Japan.

**Inoue Tetsujirō** (1856-1944), a professor at Tokyo Imperial University, became a central figure in this study of philosophy. Inoue was a researcher of German philosophy, but he was also known for his activities that aligned him with the government, such as writing *Chokugo Engi* (1891), a commentary on the Imperial Rescript on Education, and advocating for a National Morality. Nevertheless, Inoue was a man of many facets, such as his adoption of Buddhism into his philosophy and his advocacy of the theory of phenomena as reality (*genshō soku jitsuzairon*).

It was in this context that **Nishida Kitarō** (1870-1945) developed his own unique philosophy. As expressed in his first book, ***Zen no Kenkyū*** (*An Inquiry into the Good*, 1911), Nishida's philosophy is characterized by its focus on reality before its division into subjectivity and objectivity. By doing so, Nishida attempted to explore possibilities different from those of Western philosophy, which assumes a distinction between subjectivity and objectivity. This is often credited as the first example of a Japanese creating an original philosophy.

However, Nishida was also influenced by the results of earlier philosophical studies, such as Inoue's theory of phenomena as reality. In addition, although there is an image that Zen influenced Nishida's philosophy, Nishida himself was trying to search for universal truths using the concepts of Western philosophy. In any case, in a culture absorbed with the sorrows of life, Nishida's philosophy attracted many "anguished youths," and when Nishida arrived at Kyoto Imperial University, he attracted many disciples. They eventually came to be known as

とには若い弟子が集まり、清沢は彼らとともに**精神主義**《せいしんしゅぎ》の運動を展開した。それは真宗の教えを「絶対無限者」への信仰としてとらえ直し、内面の支えとするものだった。

前章で見たように明治期にはキリスト教の信仰が公的に許可されたが、それ以前から欧米の宣教師による布教が行われていた。近代における布教の特徴は、カトリックだけではなくプロテスタントやオーソドックスの諸教派も加わった点にある。当時キリスト教は西洋の「文明」の根幹にあるものと理解され、士族出身者を中心に徐々に信徒が増えていった。またキリスト教は伝道のみならず学校教育や福祉・慈善活動を通じて社会に影響を与えた。しかし社会にはいまだキリスト教への敵対的な感情が残っており、1891 年の内村鑑三不敬事件、及びその後井上哲次郎がキリスト教を批判したことで起こった**「教育と宗教の衝突」論争**により、キリスト教徒は再び攻撃にさらされた。

不敬事件で大きな挫折を味わった**内村鑑三**《うちむらかんぞう》（1861 ～ 1930）は、やがて信仰に立脚したナショナリズムの立場から日本社会の現状を批判する言論を展開する。また内村は内面的な信仰を重視し、教会組織によらない**無教会主義**《むきょうかいしゅぎ》という新たな信仰の形を生み出した。それは雑誌メディアを通じて信仰の共同体を生み出す試みであり、内村のもとには苦悩を抱えた青年が数多く集まった。

以上のように、明治後期の「煩悶青年」たちは苦悩からの救いを求め、文学や哲学、そして宗教へと近づいていったのだった。

## 「日本美術」の形成

明治期には政府によって**「美術」**という概念も生み出された。それを初めて用いたのは、ウィーン万国博覧会への出品を呼びかけた 1872 年の太政官の法令だった。「美術」は西洋の概念を翻訳したものだが、「工芸」の位置付けや書画《しょが》の排除など、さまざまな試行錯誤を経て定着していった。また**「洋画《ようが》」**と**「日本画《にほんが》」**という対比的なジャンルの概念も形成されていく。

こうした「美術」の概念にもとづき、**日本美術史**の言説も生み出されていった。その確立に大きな役割を果たしたのがフェノロサとその教えを受けた**岡倉**《おかくら》**天心**《てんしん》（**覚三**《かくぞう》、1863 ～ 1913）である。彼らは仏像などの仏教美術を重視する一方で、浮世絵のような庶民的な芸術は軽視した。そのような見方は、岡倉が関わり、政府が刊行した『稿本日本帝国美術略史《こうほんにほんていこくびじゅつりゃくし》』（1901）にも表われており、

the **Kyoto school**.

On the other hand, the Meiji Restoration brought changes to Buddhism and other religions. In addition to the separation of Shinto and Buddhism, Buddhist sects were forced to modernize to survive, as they lost their territories and the privileges they had enjoyed until the Edo period. The representative of such **modern Buddhism** was **Kiyozawa Manshi** (1863-1903), a priest of the Ōtani school of Jōdo Shinshū. Kiyozawa reinterpreted the teachings of Shinshū through religious philosophy and attempted to reform the cult but failed. However, Kiyozawa attracted young disciples, and with them, he developed the movement of **Seishinshugi** (spiritualism). This movement redefined Shinshū teachings as a belief in the "Absolute Infinite One" to support inner life.

As we saw in the previous chapter, the Christian faith was officially sanctioned in the Meiji period, but missionary work by Western missionaries had been taking place even before that. Missionary work in the modern era was characterized by the addition of Protestant and Orthodox denominations as well as Catholicism. At that time, Christianity was understood to be the basis of Western "civilization," and the number of adherents gradually increased, especially among members of samurai families. Christianity influenced society not only through evangelism but also through school education, welfare, and charitable activities. However, there remained hostile feelings toward Christianity in society, and Christians came under renewed attack due to the Uchimura Kanzō incident in 1891 and the subsequent **controversy over the "collision between education and religion"** caused by Inoue Tetsujirō's criticism of Christianity.

After suffering a significant setback in the 1891 incident, eventually developed a discourse that criticized the current state of Japanese society from the standpoint of nationalism based on Christian faith. Uchimura also emphasized the importance of inner faith and created a new form of faith called ***Mukyōkai shugi*** (the non-church movement), which was not based on a church organization. This was an attempt to develop a community of faith through the media of magazines, and Uchimura attracted many suffering youths.

As described above, the "anguished youth" of the late Meiji period sought relief from their anguish and approached literature, philosophy, and religion.

浮世絵を評価した西洋のジャポニスムとのずれがうかがえる。

また狩野派の流れを継ぐ**狩野芳崖**《かのうほうがい》（1828 ～ 88）や**橋本雅邦**《はしもとがほう》（1835 ～ 1908）は、フェノロサらの協力のもとで西洋絵画の技法を取り入れ、近代的な「日本画」を確立した。芳崖の《悲母観音《ひぼかんのん》》（東京藝術大学蔵）はその代表作である。天心が校長となって 1887 年に設立された東京美術学校からは、**横山大観**（1868 ～ 1958）ら新しい世代の日本画家が育った。

他方で明治初期から早くも**高橋由一**《ゆいち》（1828 ～ 94）は写実的な洋画を確立し、1876 年には工部美術学校が設立されて洋画の教育が行われた。フランスに留学した**黒田清輝**《くろだせいき》（1866 ～ 1924）は、《湖畔《こはん》》（東京国立博物館蔵）で知られるような、印象派の明るい色彩を取り入れた写実主義を確立し、以後の洋画の主流となっていく。また彫刻に関しては、**高村光雲**《こううん》（1852 ～ 1934）らが伝統的な木彫りの彫刻に近代的な写実性を取り入れ、**荻原守衛**《おぎわらもりえ》（1879 ～ 1910）が西洋の近代彫刻の方法を日本にもたらした。

**黒田清輝《湖畔》（1897 年、東京国立博物館蔵）**

Kuroda Seiki, *Lakeside* (1897, Tokyo National Museum)

＊出典：ColBase 国立文化財機構所蔵品統合検索システム

(https://colbase.nich.go.jp/collection_items/tnm/KU-a117?locale=ja)

## The Formation of "Japanese Art"

The concept of "***bijutsu*** (art)" was also created by the government during the Meiji period. The term was first used in an 1872 Grand Council of State (Dajōkan) decree calling for the exhibition of works at the Vienna World's Fair. The term "*bijutsu*" was a translation of the Western concept, but it became firmly established through various trials and errors, including the inclusion of "*kōgei*" (crafts) and the exclusion of calligraphy. The concept of contrasting genres, "***yōga*** (Western-style painting)" and "***nihonga*** (Japanese-style painting)," was also formed.

Based on this concept of "*bijutsu*," discourses on **Japanese art history** were created. Fenollosa and his student **Okakura Tenshin** (Kakuzō, 1863-1913) played a significant role in establishing this field. They emphasized Buddhist art, such as Buddhist statues, while downplaying popular art, such as ukiyo-e. Their view, which differs from Western Japonisme, which valued ukiyo-e, is expressed in *A Brief History of Imperial Japanese Art* (1901), a book published by the government that Okakura had a hand in writing.

**Kanō Hōgai** (1828-88) and **Hashimoto Gahō** (1835-1908), who succeeded the Kanō school, established modern "*nihonga*" by adopting Western painting techniques with the cooperation of Fenollosa and Okakura. Hōgai's *Hibo Kan'non* (Tokyo National University of Fine Arts and Music) is a representative example of his work. The Tokyo School of Fine Arts, founded in 1887 with Tenshin as its principal, nurtured a new generation of *nihonga* painters, including **Yokoyama Taikan** (1868-1958).

On the other hand, **Takahashi Yuichi** (1828-94) established realistic Western-style *yōga* paintings in the early Meiji period, and the Kōbu School of Fine Arts was established in 1876 to provide education in ***yōga*** painting. **Kuroda Seiki** (1866-1924), who studied in France, established a realism that incorporated the bright colors of the Impressionists, as seen in *Kohan* (Lakeside) (Tokyo National Museum), and went on to become a mainstream Western style of painting. In sculpture, **Takamura Kōun** (1852-1934) and others introduced modern realism to traditional wood carving, while **Hagiwara Morie** (1879-1910) brought modern Western sculptural methods to Japan.

第14章

# デモクラシーと「日本的なるもの」

## Democracy and “Japaneseness”

## 大正・昭和戦前期

## The Taisho and Showa Prewar Periods

キーワード / Keywords

大正デモクラシー、女性解放運動、人格主義、社会主義、日本主義

Taisho democracy, women's liberation movement, personalism, socialism, Japanism

前章で見たように、明治後期には若い世代を中心に個人としての意識を強く持った人々が現れるようになった。さらに大正期（1912 ～ 1926）に入ると、特に第一次世界大戦（1914 ～ 18）以降、日本では工業化と都市化が進み、バラバラの個人として都市部に住む人々が増加する。また資本主義の発達にともない、このような人々は大量生産された商品の消費者《しょうひしゃ》となった。雑誌や新聞、ラジオ、映画などのメディアも発達し、人々はその情報から影響を受けるようになる。こうして**大衆**《たいしゅう》と呼ばれる新たな勢力が形成されていった。

大衆は政治的にも大きな影響力を持つようになる。その先駆けとして**日比谷**《ひびや》**焼打事件**《やきうちじけん》（1905）を挙げることができる。これは日露戦争の結果、賠償金《ばいしょうきん》が得られなかったことに人々が抗議し、メディアによる扇動《せんどう》を受けて起こった暴動だった。こうした大衆の成長は**軍部**の台頭と結びつき、戦争へと向かう社会の流れを生み出していく。

### 大正デモクラシーと政治運動

明治期の終わり頃には、ストライキなどの労働運動や農民運動、社会主義運動が増加し、より民主的な政治体制を求める政治運動も盛んになった。1913年には憲政擁護運動《けんせいようごうんどう》にもとづく大衆のデモにより桂太郎《かつらたろう》内閣が退陣する（**大正政変**）。1918 年には米の価格高騰《かかくこうとう》を原因とする暴動、**米騒動**《こめそうどう》が起こった。同年には初の政党内閣である原敬《はらたかし》内閣が成立する。1925 年には人々の運動を受けていわゆる男子普通選挙法が成立し、25 歳以上の男性に参政権《さんせいけん》が与えられた。このような政治運動の高まりやデモクラシーの発展を一般に**大正デモクラ**

As we saw in the previous chapter, people with a strong sense of individuality emerged in the late Meiji period, especially among the younger generation. Furthermore, in the Taisho period (1912-1926), especially after World War I (1914-18), Japan became increasingly industrialized and urbanized, and the number of people living in urban areas on their own increased. With the development of capitalism, these people also became consumers of mass-produced goods. Media, such as magazines, newspapers, radio, and movies, also developed, and people were influenced by the information they received. In this way, a new social force called the **masses** (***taishū***) was formed.

The masses became politically influential as well. The **Hibiya Incendiary Incident** (1905) can be cited as a pioneering example. This was a riot that took place as a result of protests against the lack of indemnities for the Russo-Japanese War and was incited by the media. This growth of the masses was combined with the rise of the **military**, creating a social trend toward war.

## Taisho Democracy and Political Movements

Toward the end of the Meiji period, political movements seeking a more democratic political system flourished, and there was a rise in strikes and other labor, peasant, and socialist activities. In 1913, popular demonstrations based on the Movement to Protect Constitutional Government led to the resignation of Katsura Tarō's cabinet (the **Taisho political crisis**). In 1918, a **rice riot** broke out due to a sharp rise in the price of rice. In the same year, the first political party cabinet, the Hara Takashi Cabinet, was formed. In 1925, the people's movement led to the passage of the so-called General Election Law, which granted the right to vote to almost all men over 25. This rise in political movements and the development of democracy is generally called **Taisho democracy.**

The political scientist **Yoshino Sakuzō** (1878-1933) played a leading role in guiding the movement toward realizing this democracy. Yoshino's ideology is generally known as ***minpon shugi***, although the term itself had been used for some time. The critical point of Yoshino's thought is that he accepted the social reality that the masses had come to power and insisted that their will be reflected in politics. To this end, Yoshino taught that the Meiji Constitution should be interpreted flexibly and that a party cabinet and universal suffrage should be

**シー**と呼ぶ。

こうしたデモクラシーの実現を目指す運動を導く役割を果たしたのが、政治学者・**吉野作造**《よしのさくぞう》（1878～1933）である。一般に、吉野の主張は**民本主義**《みんぽんしゅぎ》として知られるが、その言葉自体は以前から使用されていた。吉野の思想のポイントは、大衆が力を持ってきた社会状況を受け止め、その意思を政治に反映させることを主張した点にある。そのために明治憲法を柔軟に解釈し、政党内閣や普通選挙を実現することを吉野は説いたのである。

またこの時代には**女性解放運動**の高まりも注目される。明治期には近代的な「家」制度の確立によって戸主に強い権限が与えられ、女性は従属的《じゅうぞくてき》な地位に置かれた。女性に対する初等・中等教育が普及する一方で、西洋の近代的性別分業の影響も受け、「**良妻賢母**《りょうさいけんぼ》」が女性の果たすべき役割とされた。早くも自由民権運動には女性が参加し、女性解放運動の萌芽も見られたが、1890年の集会及政社法《しゅうかいおよびせいしゃほう》により、女性による政治集会への出席や結社加入が禁止され、この内容は1900年制定の治安警察法《ちあんけいさつほう》第5条に引き継がれた。

しかし近代的教育を受けた女性のなかから、やがて従来のジェンダー規範《きはん》にとらわれない生き方を模索《もさく》する女性たちも登場する。彼女たちは時に皮肉を込めて「**新しい女**」と呼ばれた。その代表者である**平塚**《ひらつか》**らいてう**（1886～1971）は自らが中心となり、1911年に20代の女性だけで文学結社「青鞜社《せいとうしゃ》」を結成し、雑誌『**青鞜**《せいとう》』を創刊した。それは新たな女性解放運動の始まりであり、創刊号に掲載された「元始女性は太陽であつた」のなかで、らいてうは女性が自らにひそむ「真我《しんが》」を解放することを主張している。その後らいてうはより政治的な運動にたずさわり、1919年に**市川房枝**《いちかわふさえ》（1893～1981）らとともに新婦人協会を設立した。そして1922年には女性の政治集会への参加を禁じていた治安警察法の条文の修正に成功している。

以上と並行して1922年には部落解放運動《ぶらくかいほううんどう》の全国組織である**全国水平社**《ぜんこくすいへいしゃ》が創立された。明治維新後の1871年に出された太政官布告（解放令、賎民廃止令）によって、被差別部落《ひさべつぶらく》の人々は平民と同様に扱われることになったはずだったが、実際には社会のなかに差別は根強く残っていた。そのため差別からの真の解放を求める運動が全国的に起こり、全国水平社の結成に至ったのである。

implemented.

Also notable during this period was the rise of the **women's liberation movement**. During the Meiji period, the establishment of the modern "*ie*" system gave strong authority to the head of the family and placed women in a subordinate position. Even as primary and secondary education for women became widespread, the modern Western gender division of labor influenced the role of women as "**good wives and wise mothers**." Women were already participating in the Freedom and People's Rights Movement, and there was a budding women's liberation movement. Still, the 1890 Law on Assemblies and Political Associations prohibited women from attending political meetings and joining associations, a ban that was carried over into Article 5 of the 1900 Security Police Law.

However, some women who had received a modern education eventually began to seek a way of life that was not bound by conventional gender norms. They were sometimes sarcastically referred to as "**new women**." **Hiratsuka Raichō** (1886-1971), a notable figure among the "new women," took the lead in 1911 when she formed *Seitōsha*, a literary association of women in their 20s, and published the first issue of the magazine, ***Seitō*** (***Bluestocking***). This was the beginning of a new women's liberation movement, and in "In the Beginning, Women Were the Sun," which appeared in the magazine's first issue, Raichō argued that women should liberate their "true selves," which were hidden within. Later, she became involved in more political activities and founded the New Women's Association in 1919 with **Ichikawa Fusae** (1893-1981) and others. In 1922, they succeeded in amending an article of the Security Police Law that prohibited women from participating in political rallies.

In parallel with the above, the **National Levelers Association** (*Zenkoku Suiheisha*), a national organization of the Buraku liberation movement, was founded in 1922. Although the Dajōkan issued a proclamation (the Emancipation Ordinance, also known as the Ordinance for the Abolition of *Senmin*) in 1871 after the Meiji Restoration, that the Buraku people were to be treated like commoners, in reality, discrimination remained strong in society. This led to a nationwide movement for true emancipation from discrimination and the formation of the National Levelers Association.

## 大正期の文学と人格主義

文学に目を向けると、明治期に大きな勢力となった自然主義に加え、大正期にはさらに様々な文学の流れが登場する。たとえば永井荷風《ながいかふう》、谷崎潤一郎《たにざきじゅんいちろう》などの**耽美派《たんびは》**は、退廃や悪に見出される美を探求した。他方で武者小路実篤《むしゃのこうじさねあつ》、志賀直哉《しがなおや》、有島武郎《ありしまたけお》などの**白樺派《しらかばは》**は、ヒューマニズムや自己の肯定、自然との一体化を追求した。芥川龍之介《あくたがわりゅうのすけ》、菊池寛《きくちかん》などの**新思潮派《しんしちょうは》**は、知的に構築された小説を生み出した。自然主義とあわせたこれら四つの流れが大正時代の文学の主流になっていく。

大正から昭和にかけては『キング』をはじめとする**大衆雑誌**が生まれ、中里介山《なかざとかいざん》などの**大衆小説**が人気となった時代でもある。**円本《えんぽん》**と呼ばれる安価な古典全集や文庫本が流行し、より多くの人々が書物に触れることができるようになった。

このような文学の流れと重なり合いつつ、大正期には**人格主義《じんかくしゅぎ》**と呼ばれる思想が知識階層の若い世代に広まった。人格主義とは、個人の内面の探究を通じて人格を成長させ、普遍的理想に至ることを目指す立場である。その手段として古今東西の哲学や文学、宗教の古典を読み、**教養《きょうよう》**を身に付けることが必要とされたため、**大正教養主義**と呼ばれることもある。

人格主義や大正教養主義の導き手となったのは、明治後期に出現したかつての「煩悶青年《はんもんせいねん》」たちだった。その代表者が哲学者・**阿部次郎《あべじろう》**（1883～1959）である。阿部は主著『三太郎の日記』（1914～1918）のなかで、自らの分身である主人公の内面の苦悩や自己の探究を描き、当時の青年に影響を与えた。

また、大正期は「文明」という概念に代わって、より精神的な意味合いを持つ「**文化**」という概念が広まり、文化史の研究が盛んになった時代でもあった。その代表者として、人格主義的な立場から日本文化史の研究を行った**和辻哲郎《わつじてつろう》**（1889～1960）を挙げることができる。和辻は古代日本社会に人格主義的な理想を投影し、古代の寺院や仏像に近代人が感動しうる精神性を見出した。ただし昭和期に入ると和辻は倫理学に重点を移し、日本の文化や思想に現われた普遍的な倫理に人格主義を乗り越える手がかりを求めていく。

また大正期とその前後には民衆の文化に対する関心が高まった時期でもある。

## Literature and Personalism in the Taisho Period

Looking at literature, in addition to naturalism, which became a significant force during the Meiji period, various other literary trends emerged during the Taisho period. For example, **Aestheticists** such as Nagai Kafū and Tanizaki Junichirō explored the beauty found in decadence and evil. On the other hand, the **Shirakaba school**, including Mushanokōji Saneatsu, Shiga Naoya, and Arishima Takeo, pursued humanism, affirmation of the self, and oneness with nature. The **Shinshichō school**, including Akutagawa Ryūnosuke and Kikuchi Kan, produced intellectually constructed novels. Together with naturalism, these four schools became the mainstream of literature in the Taisho era.

**Popular magazines** such as *King* were born during the Taisho and Showa eras, and popular novels by authors such as Nakazato Kaizan became popular. Inexpensive complete works of classics called "***empon*** (one-yen book)" and paperbacks (*bunkobon*) also became popular, and more and more people had access to books.

Overlapping with this literary trend, during the Taisho period, an ideology known as **personalism** spread among the younger generation of the intellectual class. In personalism, individuals strive to develop their personality through the exploration of the inner self and to reach a universal ideal. In order to achieve these goals, it was necessary to read the Eastern and Western classics of philosophy, literature, and religion, both ancient and modern and to acquire culture (***kyōyō***), which is why it is sometimes referred to as **Taisho culturalism**.

The former "anguished youths" who emerged in the late Meiji period were the guiding force behind personalism and Taisho culturalism. One of their representatives was the philosopher **Abe Jirō** (1883-1959). In his main work, ***Santaro's Diary*** (1914-1918), Abe depicted the inner anguish and soul-searching of his alter ego, the protagonist. This work influenced the youth of the time.

Also during the Taisho Period, the concept of "civilization" was superseded by "***bunka*** (culture)," with its more spiritual connotations, and the study of cultural history flourished. One representative of this trend is **Watsuji Tetsurō** (1889-1960), who researched Japanese cultural history from a personalistic perspective. Watsuji projected his ideal of personalism onto ancient Japanese society and found a spirituality that modern people could find inspiring in ancient temples and Buddhist statues. In the Showa period, however, Watsuji shifted his emphasis

たとえば**柳田国男**《やなぎだくにお》（1875～1962）は日本の近代化によって失われつつある民衆の民俗文化《みんぞくぶんか》に着目し、**日本民俗学**《にほんみんぞくがく》を確立した。美術（絵画）の領域では岸田劉生《きしだりゅうせい》や高村光太郎《たかむらこうたろう》、萬鉄五郎《よろずてつごろう》らによってポスト印象派やフォービズムなどの前衛的《ぜんえいてき》な潮流を取り入れる動きが進んでいたが、その一方で民衆が生み出した工芸品に「健康な美」を見出す**民藝運動**《みんげいうんどう》が**柳宗悦**《やなぎむねよし》（1889～1961）によって始められた。

## 社会主義とマルクス主義

大正期は1917年のロシア革命を受けて、社会主義やマルクス主義が広まった時代でもあった。日本における社会主義の歴史は明治期にさかのぼる。自由民権運動が盛んになった1880年代には、すでに社会主義的主張をかかげる結社が出現していたが、日清戦争を経て資本主義が発達したことにともない、本格的な社会主義運動が登場する。この運動は**初期社会主義**と呼ばれ、**キリスト教社会主義**などさまざまな思想的立場が混在していた。

やがて**幸徳秋水**《こうとくしゅうすい》（1871～1911）ら一部の社会主義者は労働者の直接行動による変革を目指すようになり、政府はそれを危険視した。1910年、幸徳の周囲の人々が明治天皇の暗殺を計画していたことが発覚し、政府はこの事件を社会主義者の弾圧に利用した。幸徳も逮捕され、裁判で暗殺計画の「首謀者《しゅぼうしゃ》」とされた。幸徳をはじめ、無関係の人物も含む12名が死刑に処されたこの**大逆事件**《たいぎゃくじけん》により、日本の社会主義は「冬の時代」に入っていく。

しかし大正期には**アナキズム**（**無政府主義**）が盛んになり、特に**大杉栄**《おおすぎさかえ》（1885～1923）は個人の生の解放を訴える独自の思想を展開し、大きな影響力を持った。だが1923年に大杉が憲兵《けんぺい》により暗殺されると、アナキズムは勢いを失っていく。それと入れ替わるように、1917年のロシア革命以降、日本でも知識人や青年のあいだで**マルクス主義**が広まっていった。内面に閉じこもりがちな人格主義に限界を感じていた知的な青年にとって、自己を超えた現実の社会や歴史に目を向け、それを総合的な理論によって説明するマルクス主義は魅力的に映ったのである。1922年にはコミンテルンの日本支部である日本共産党も設立される。文学の世界でも小林多喜二《こばやしたきじ》らによる**プロレタリア文学**が大きな勢力となった。

こうした昭和期のマルクス主義者のなかで、当初理論的な指導者となったの

to ethics, seeking clues to overcome personalism in the universal ethics that appeared in Japanese culture and philosophy.

The Taisho period and its aftermath were also a time of heightened interest in popular culture. For example, **Yanagita Kunio** (1875-1962) focused on the people's folk culture, which was lost due to Japan's modernization, and established **Japanese folklore studies**. In the field of fine arts (painting), there was a movement by artists such as Kishida Ryūsei, Takamura Kōtaro, and Yorozu Tetsugorō to embrace avant-garde trends such as Post-Impressionism and Fauvism. At the same time, the ***mingei* (folk crafts) movement** was started by **Yanagi Muneyoshi** (1889-1961), who found "healthy beauty" in the crafts produced by the common people.

## Socialism and Marxism

The Taisho period was also a period of widespread socialism and Marxism following the Russian Revolution of 1917. The history of socialism in Japan dates back to the Meiji period. In the 1880s, when the Freedom and People's Rights Movement flourished, organization with socialist ideas had already emerged. With the development of capitalism after the Sino-Japanese War, a full-fledged socialist movement emerged. This movement, known as **early socialism**, was a mixture of various ideological positions, including **Christian socialism**.

Eventually, some socialists, such as **Kōtoku Shūsui** (1871-1911), began to aim for change through direct action by workers, which the government considered dangerous. In 1910, it was discovered that people around Kōtoku had planned to assassinate Emperor Meiji, and the government used this incident to suppress socialists. Kōtoku was also arrested and was declared the "ringleader" of the assassination plot at his trial. This **High Treason Incident**, which resulted in the death penalty for Kōtoku and 12 others, including some unrelated to the plot, marked the beginning of the "winter period" for socialism in Japan.

However, **anarchism** flourished during the Taisho period, and **Ōsugi Sakae** (1885-1923) was particularly influential in developing his unique philosophy that called for the individual freedom. However, after Ōsugi was assassinated by military policemen in 1923, anarchism lost momentum. Instead, Marxism spread among intellectuals and young people in Japan after the Russian Revolution of 1917. For intellectual young people who felt limited by the introversion of

は**山川均**《やまかわひとし》（1880 ～ 1958）だったが、やがて山川を批判した**福本和夫**《ふくもとかずお》（1894 ～ 1983）がそれにとって代わる。両者の対立はさまざまな点にわたるが、山川が日本の近代化をブルジョワ革命の実現としてとらえたのに対し、福本が前近代の体制を残した特殊な近代化ととらえることが一つの論点であった。このような対立はマルクス主義にもとづく歴史研究にも受け継がれ、講座派《こうざは》と労農派《ろうのうは》による**日本資本主義論争**が行われた。コミンテルンによる 32 年テーゼでは、近代日本の特殊な体制が**天皇制**と規定され、講座派によるその分析は戦後の人文・社会科学に至るまで影響力を持った。

## 日本主義の興隆

普通選挙制度の実施を経て、昭和期（1926 ～ 1989）には二大政党制が実現する。しかし政党間の争いや収賄《しゅうわい》などの腐敗《ふはい》があらわになり、大衆は政党への信頼を失っていった。そして**昭和恐慌**《しょうわきょうこう》（1927 ～ 1931）により日本社会は経済的にも行き詰っていく。このような状況のなかで、**北一輝**《きたいっき》（1883 ～ 1937）や大川周明《おおかわしゅうめい》といった民間右派による**国家改造運動**《こっかかいぞううんどう》が盛んになった。大正期に始まったこれらの運動は社会主義運動と共通性や人的つながりを持っており、ナショナリズムを基盤としながらも、特権階級《とっけんかいきゅう》の打倒を主張する平等主義的な性格を持っていた。そのため国家改造運動による五・一五事件（1932）などのテロが起きると、経済的に困窮する大衆はむしろそれを支持した。

こうした動きが、第一次大戦後に総力戦体制《そうりょくせんたいせい》の確立を目指していた**軍部**（陸軍）と結びつき、満州事変（1931）や二・二六事件（1936）が起こる。軍部はマスメディアや大衆の支持を受けながら台頭し、政治にも介入するようになっていく。そして 1937 年に日中戦争、1941 年に太平洋戦争が始まる。

以上のような変化は、特権階級と結びついた近代的体制の打破として受け止められ、社会のナショナリズムも高まっていった。それを象徴するのが**天皇機関説事件**《てんのうきかんせつじけん》（1935）である。**美濃部達吉**《みのべたつきち》（1873 ～ 1948）らが唱えた天皇機関説は、天皇を主権者ではなく国家の最高機関と見なす憲法学説であり、1920 年代にはほぼ国家が公認する学説となっていた。しかし天皇機関説は国体に反するものとする排撃運動《はいげきうんどう》が起こり、それを受けて政府は最終的に**国体明徴声明**《こくたいめいちょうせいめい》を出し、天皇機関説を否定するに至ったのである。

このような事件を経て、国体に背《そむ》くとされる言動を抑圧する雰囲気《ふんいき》が社会の

personalism, Marxism, which looked beyond the self to real society and history and explained them with a comprehensive theory, was appealing. In 1922, the Japanese Communist Party, which became the Japanese branch of the Comintern, was established. In the literary world, the **proletarian literature** of Kobayashi Takiji and others became a significant force.

Among these Marxists of the Showa period, the initial ideological leader was **Yamakawa Hitoshi** (1880-1958), who was eventually replaced by **Fukumoto Kazuo** (1894-1983), a critic of Yamakawa. The two disagreed on many points, but one point of contention was that Yamakawa saw the modernization of Japan as the realization of a bourgeois revolution, while Fukumoto saw it as a special kind of modernization that left the pre-modern system in place. This conflict was carried over to Marxist historical research, and the **debate on Japanese capitalism** between the Kōza school and the Rōnō school took place. The Comintern's 1932 Theses defined the **Emperor System** (*Tennōsei*) as the unique system of modern Japan, and the analysis of this system by the Kōza School remained influential in the humanities and social sciences in the postwar period.

## The Rise of Japanism

After the General Election Law was implemented, a two-party system came into being during the Showa period (1926-1989). However, due to the prevalence of bribery and corruption, as well as inter-party fighting, the public lost faith in the political parties. Then, the **Shōwa Depression** (1927-1931) brought Japanese society to an economic standstill. **National reform movements** led by right-wingers outside the government, such as **Kita Ikki** (1883-1937) and Ōkawa Shūmei, flourished in this environment. These movements, which began in the Taisho era, shared much in common with the socialist movement, including personal ties. Although based on nationalism, they had an egalitarian character, advocating the overthrow of the privileged classes. Therefore, terrorist attacks staged by these national reform movements, such as the May 15 Incident (1932), were supported by the economically impoverished masses.

These movements were linked to the military (army), which sought to establish a total war system after World War I, resulting in the Manchurian Incident (1931) and the February 26 Incident (1936). The military rose to power with the support of the mass media and the masses and began to intervene in politics. Then came

なかに広まっていった。1925 年に成立した（1928 年に改正）**治安維持法《ちあんいじほう》**により社会主義者やマルクス主義者なども弾圧され、自らの政治的信条を捨てる「**転向《てんこう》**」を強制された。それに代わり、おおよそ 1930 年代以降、**日本主義**や**日本精神論**と呼ばれる思想が盛んになる。それは近代の個人主義や自由主義、社会主義を批判し、日本の「伝統」によって危機的状況を乗り越えようとする思想だった。このような思想を国民に広めるため、1937 年には文部省により**『国体の本義』**が刊行され、知識人も近代の克服と「日本的なるもの」について盛んに語るようになっていく。

しかし日本主義の内部にもさまざまな意見や立場の違いが存在していた。たとえば日本主義を代表する歴史学者の**平泉澄《ひらいずみきよし》**（1895 ～ 1984）は、国民が主体的に「国体」を守るべきことを主張しており、従来の国体論とは異質な面を持っていた。また、昭和戦前期の文化は日本主義に塗りつぶされたわけではない。プロレタリア文学の衰退は他面でそれ以外の文学の活発化をもたらし、横《よこ》光利一《みつりいち》や川端康成《かわばたやすなり》らによる**モダニズム文学**の試みも行われた。保田與重郎《やすだよじゅうろう》を代表とする**日本浪曼派《にほんろうまんは》**は日本の古典の世界への回帰を唱えたが、保田は近代的な日本主義には批判的だった。以上のように昭和戦前期の文化は多様な立場を含んでいたが、全体としては戦争へと突き進む社会の流れに追随《ついずい》していくことになる。

**岸田劉生《麗子微笑》（1921 年、東京国立博物館蔵）**

Kishida Ryusei, *Portrait of Reiko* (1921, Tokyo National Museum)

＊出典：ColBase 国立文化財機構所蔵品統合検索システム

（https://colbase.nich.go.jp/collection_items/tnm/A-10568?locale=ja）

the Sino-Japanese War in 1937 and the Pacific War in 1941.

The changes described above were perceived as overthrowing the modern system associated with the privileged classes, and nationalism spread throughout society. Symbolic of this was the **Emperor Organ Theory Incident** (1935). The Emperor organ theory (*tennō kikan setsu*), advocated by **Minobe Tatsukichi** (1873-1948) and others, was a constitutional doctrine that regarded the Emperor as the supreme organ of the state rather than as the sovereign. By the 1920s, it had nearly become a state-approved theory. However, there was a movement to repudiate the theory as contrary to *kokutai*, which ultimately led the government to issue the ***Kokutai Meichō Seimei*** (Declaration of Clear Evidence of the National Polity), rejecting the theory.

As a result of this incident, an atmosphere of suppression prevailed in society, targeting speech and activities considered to be in violation of *kokutai*. The **Peace Preservation Law** of 1925 (revised in 1928) suppressed socialists, Marxists, and others, forcing them to abandon their political beliefs and "*tenkō* (convert)." In place of socialism and Marxism, from about the 1930s onward, a new ideology called "**Japanism**" or "**Japanese spiritualism**" began to flourish. This ideology criticized modern individualism, liberalism, and socialism and sought to overcome crises through Japanese "tradition." In 1937, the Ministry of Education published ***Kokutai no Hongi*** (*Cardinal Principles of the National Entity of Japan*) to spread these ideas among the people, and intellectuals began to talk actively about overcoming modernity and "Japaneseness."

However, even within Japanism, there existed differences in opinion and position. For example, **Hiraizumi Kiyoshi** (1895-1984), a Japanese historian and leading figure of Japanism, argued that the people should take the initiative in preserving "*kokutai*," which was different from the traditional theory of *kokutai*. In addition, the culture of the prewar Showa era was not entirely coated in Japanism. The decline of proletarian literature led to increased activity in other fields of literature, and there were attempts at **modernist literature** by Yokomitsu Rīchi, Kawabata Yasunari, and others. The **Japanese Romantic School**, led by Yasuda Yojūrō, advocated a return to the world of the Japanese classics, but Yasuda was critical of modern Japanism. As described above, Showa period culture before and during the war included various perspectives, but as a whole it followed the social trend toward war.

第15章

# 「日本文化」のゆくえ
# The Future of "Japanese Culture"
## 昭和戦後期・現代
## The Showa Postwar Period and the Present Day

キーワード / Keywords

戦後民主主義、戦後派文学、現代美術、映画、マンガ、アニメ
postwar democracy, postwar literature,
contemporary art, film, manga, anime

アジア・太平洋戦争において、特に1940年の大政翼賛会《たいせいよくさんかい》の結成を経て**翼賛体制**《よくさんたいせい》が確立されると、思想や文学、芸術など、さまざまな文化が戦争協力へと動員された。日本はアジアを西洋の植民地支配から解放するという大東亜《だいとうあ》共栄圏《きょうえいけん》の理念を掲《かか》げ、凄惨《せいさん》な戦争の正当化をはかったが、広島、長崎への原爆投下を経て、1945年にポツダム宣言を受諾《じゅだく》し、無条件降伏に至った。

敗戦後の日本は連合国軍、実質的にはアメリカ軍によって占領《せんりょう》され、GHQのもとでさまざまな改革が行われた。それは日本の社会と文化に大きな変化をもたらしたため、日本では長いあいだ「**戦後**《せんご》」が重要な時代区分となった。また明治維新から敗戦までを「近代」とし、敗戦以降を「現代」と区分することも多い。

### 戦後日本の社会と思想

GHQが行った**戦後改革**《せんごかいかく》（**占領改革**《せんりょうかいかく》）は、財閥《ざいばつ》の解体や農地改革、女性参政権の実現、労働組合法の制定、教育の民主化、神道と国家の分離など、多岐《たき》にわたっている。GHQの提案を受けて1946年に出された詔書《しょうしょ》、いわゆる**人間宣言**では、天皇が神であることを昭和天皇自身が否定した。1946年11月には GHQの原案にもとづく**日本国憲法**《にほんこくけんぽう》が公布され、1947年5月から施行された。日本国憲法は国民主権や基本的人権の尊重、平和主義（戦争放棄《ほうき》、戦力の不保持《ふほじ》）を特徴とする。また天皇は「日本国の象徴であり日本国民統合の象徴」と規定された。このような戦後の天皇のあり方を**象徴天皇制**《しょうちょうてんのうせい》と呼ぶ。

こうした戦後の大きな変化を経て、日本において改めて確立されたデモクラ

During the Asia-Pacific War, especially after establishing the **Yokusan System** through the formation of the Imperial Rule Assistance Association in 1940, various aspects of culture, including philosophy, literature, and art, were mobilized to support the war. Japan sought to justify the cruel war with the idea of the Greater East Asia Co-Prosperity Sphere that would liberate Asia from Western colonial rule. However, after the atomic bombings of Hiroshima and Nagasaki, it ultimately accepted the Potsdam Declaration in 1945, leading to its unconditional surrender.

After its defeat, Japan was occupied by the Allied Forces, in effect the U.S. Forces, and various reforms were carried out under GHQ. The "***sengo*** (postwar)" has long been an essential period in Japan, bringing about significant changes in Japanese society and culture. The period from the Meiji Restoration to the end of World War II is now generally defined as "*kindai* (modern)" and the period after the war as "*gendai* (contemporary)."

## Society and Ideology in Postwar Japan

The **postwar reforms** (**occupation reforms**) undertaken by GHQ included dismantling *zaibatsu*, agrarian reform, women's suffrage, enacting labor union laws, democratizing education, and separating Shinto and the state. In the so-called **Human Declaration**, an imperial rescript issued in 1946 at the suggestion of GHQ, Emperor Showa himself denied that the emperor was a deity. In November 1946, the **Constitution of Japan**, based on the GHQ draft, was promulgated and enacted in May 1947. The Constitution is characterized by the sovereignty of the people, respect for fundamental human rights, and pacifism (renunciation of war and non-possession of war potential). It also stipulated that the emperor is "the symbol of the State and of the unity of the people." This postwar form of the emperor is called the **symbolic emperor system**.

The democracy re-established in Japan through these significant postwar changes is called **postwar democracy**. Intellectuals such as **Maruyama Masao** (1914-96) and Ōtsuka Hisao promoted the idea of postwar democracy. Maruyama, a political scientist specializing in the history of Japanese political thought, criticized Japan's incomplete modernization in essays published immediately after the war and stressed the need to establish modern autonomy

シーを**戦後民主主義**《せんごみんしゅしゅぎ》と呼ぶ。そして戦後民主主義の思想を広める役割を果たしたのが、**丸山眞男**《まるやままさお》（1914 ～ 96）や大塚久雄《おおつかひさお》といった知識人だった。丸山は日本政治思想史を専門とする政治学者だったが、戦後すぐに発表した論考のなかで日本が不完全な近代化にとどまっていることを批判し、人々の近代的な主体性を確立する必要性を訴《うった》えた。他方で丸山は政治的リアリズムを重視し、過去の日本思想に主体性のエートスにつながる可能性を見出そうとするなど、単純な「近代主義者」ではない面も持っていた。

戦後日本の思想史では**文芸批評**《ぶんげいひひょう》も重要な意味を持った。すでに昭和戦前期において**小林秀雄**《こばやしひでお》（1902 ～ 83）が哲学的な文芸批評を独自の分野として確立しており、戦後には**福田恆存**《ふくだつねあり》（1912 ～ 94）や花田清輝《はなだきよてる》といった批評家も活躍した。特に福田は人間のエゴイズムや矛盾を直視する立場から戦後民主主義や平和主義の欺瞞《ぎまん》を批判し、保守主義を代表する思想家となっていく。

連合国軍による占領は、1951 年に調印《ちょういん》され翌年に発効したサンフランシスコ講和条約《こうわじょうやく》により終わりを告げたが、同時に日本はアメリカと**日米安全保**《にちべいあんぜんほ》**障条約**《しょうじょうやく》を締結《ていけつ》した。さらに 1955 年に結成された自由民主党が政権を握ると、日米の軍事的連携《ぐんじてきれんけい》を強化するために安保条約の改定を目指したが、それは民主主義と平和を脅《おびや》かすものと受け止められ、国民のあいだでは**安保闘争**《あんぽとうそう》と呼ばれる大きな反対運動が起こった。その結果 1960 年に岸信介内閣《きしのぶすけないかく》は退陣に至るが、新安保条約の成立を食い止めることはできなかった。その後の池田勇人《いけだはやと》内閣は所得倍増計画《しょとくばいぞうけいかく》を打ち出し、実際に 1950 年代後半から 70 年代前半にかけて、**高度経済成長**《こうどけいざいせいちょう》が実現していく。そして年功序列《ねんこうじょれつ》や終身雇用《しゅうしんこよう》を特徴とする「**日本的経営**」のもとで、安定した生活や経済的利益を追求する生き方が社会に広まっていった。

その一方で大学生を中心とする若い世代のあいだでは**新左翼**《しんさよく》の運動が高まっていった。それは戦後民主主義や従来の共産主義勢力を批判し、戦後日本の近代的社会をラディカルに変革しようとするものだった。当時大きな影響力を持った思想家としては**吉本隆明**《よしもとたかあき》（1924 ～ 2012）を挙げることができる。学生たちは大学の体制に対しても抗議の声を上げ、1960 年代後半には東大紛争をはじめ、各地で**大学紛争**《だいがくふんそう》が起こった。しかしこうした学生運動はあさま山荘《さんそう》事件（1972）のような運動内部の暴力やテロリズムに陥《おちい》り、衰退していった。

1980 年代には豊かな**消費社会**《しょうひしゃかい》が出現し、従来の政治的理念が効力を失って

among the people. On the other hand, Maruyama was not simply a "modernist," as he emphasized political realism and tried to find the possibility of an ethos of autonomy in past Japanese thought.

**Literary criticism** also played an essential role in the intellectual history of postwar Japan. **Kobayashi Hideo** (1902-83) had already established philosophical literary criticism as a unique field in the prewar Showa period, and in the postwar period critics such as **Fukuda Tsuneari** (1912-94) and Hanada Kiyoteru were also active. Fukuda, in particular, criticized the deceptions of postwar democracy and pacifism from the standpoint of confronting human egoism and contradictions and became a leading conservative thinker.

The Allied occupation ended with the San Francisco Peace Treaty signed in 1951 and entered into force the following year; simultaneously, Japan concluded the **Japan-U.S. Security Treaty** with the United States. The Liberal Democratic Party, formed in 1955, came to power and sought to revise the Security Treaty to strengthen the military alliance between Japan and the U.S. However, this was perceived as a threat to democracy and peace, and a major public opposition movement called the **Anpo protests** arose. As a result, Kishi Nobusuke's cabinet was deposed in 1960, but people could not stop the new Security Treaty from being enacted. The subsequent cabinet of Ikeda Hayato launched the Income Doubling Plan, which led to rapid economic growth from the late 1950s to the early 1970s. Under the "**Japanese management style**," characterized by its seniority system and lifetime employment, a way of life focused on the pursuit of a stable lifestyle and economic profit spread throughout society.

Meanwhile, the **New Left** movement was growing among the younger generation, especially university students. It criticized postwar democracy and conventional communist forces and sought to transform postwar Japan's modern society radically. One of the most influential thinkers of the time was **Yoshimoto Takaaki** (1924-2012). Students also raised their voices in protest against the university system, and in the late 1960s, **university upheavals** occurred in many places, including the University of Tokyo Conflict. However, these student movements fell into internal violence and terrorism, such as the Asama-Sansō Incident (1972), and declined.

In the 1980s, an affluent consumer society emerged, and traditional political ideals lost validity. Under these circumstances, **postmodern philosophy**

いく。こうした時代状況のなかで、**柄谷行人《からたにこうじん》**（1941 ～）や**浅田彰《あさだあきら》**（1957 ～）らによりフランス現代思想にもとづく**ポストモダン思想**が展開された。それは高度に発達した資本主義社会に対する内在的な批判を意図したものだったが、難解な「現代思想」は「ニューアカデミズム」と呼ばれてファッション的に流行することになった。

## 戦後の文学と美術

太平洋戦争中の 1942 年には日本文学報国会《にほんぶんがくほうこくかい》が結成され、戦争を正当化し戦意を高揚《こうよう》させるための**国策文学《こくさくぶんがく》**が数多く書かれたが、敗戦という出来事は文学にも大きな変化をもたらした。プロレタリア文学の流れを継ぐ雑誌**『新日本文学』**が 1946 年に創刊され、宮本百合子《みやもとゆりこ》や中野重治《なかのしげはる》といった作家が活躍する一方、同年に創刊された**『近代文学』**はより人間の実存《じつぞん》を重視する**戦後派《せんごは》**の拠点となり、椎名麟三《しいなりんぞう》や埴谷雄高《はにやゆたか》、野間宏《のまひろし》といった作家が作品を発表した。

敗戦という出来事は従来の道徳や権威への疑念をもたらした。そこから**無頼派《ぶらいは》**と呼ばれる作家は、新たな人間の真実を探究する作品を生み出していった。**太宰治《だざいおさむ》**（1909 ～ 48）の『斜陽《しゃよう》』（1947）や『人間失格《にんげんしっかく》』（1948）、また**坂口安吾《さかぐちあんご》**（1906 ～ 55）のエッセイ、『堕落論《だらくろん》』（1947）はこうした無頼派の代表作として知られる。

上記の戦後派からは少し遅れて登場した**大岡昇平《おおおかしょうへい》**（1909 ～ 88）や**安部公房《あべこうぼう》**（1924 ～ 93）などは第二次戦後派と呼ばれる。大岡は凄惨《せいさん》な戦争体験をもとにした『野火《のび》』（1952）などの作品を発表し、安部はシュルレアリスムを取り入れた前衛的《ぜんえいてき》な方法で『砂の女』（1962）などの特異な作品を生み出した。日本浪曼派《にほんろうまんは》から影響を受けた**三島由紀夫《みしまゆきお》**（1925 ～ 70）は、『金閣寺《きんかくじ》』（1956）などの作品を通じて、独自のロマン主義的かつ古典主義的な美意識や、戦後日本の虚無を主題にした文学を展開した。

戦後、美術の領域《りょういき》では**岡本太郎《おかもとたろう》**（1911 ～ 96）や具体美術協会《ぐたいびじゅつきょうかい》の白髪一男《しらがかずお》といった人々が**前衛芸術運動《ぜんえいげいじゅつうんどう》**を展開した。1970 年のに日本万国博覧会《にほんばんこくはくらんかい》に際して制作された岡本の《太陽の塔》は特に記念碑《きねんひ》的作品として知られる。1960 年代にはより過激な**反芸術《はんげいじゅつ》**と呼ばれる潮流が起こり、荒川修作《あらかわしゅうさく》、工藤哲巳《くどうてつみ》、篠原有司男《しのはらうしお》といった芸術家が活躍した。こうした戦後の新たな芸術の流れは、やがて**現代美術《げんだいびじゅつ》**と呼ばれるようになる。

based on contemporary French philosophy was developed by thinkers such as **Karatani Kōjin** (1941-) and **Asada Akira** (1957-). Although it was intended as an intrinsic criticism of the highly developed capitalist society, the esoteric "*gendai shisō* (contemporary philosophy)" became fashionable under the name of "new academism."

## Postwar Literature and Art

In 1942, during the Pacific War, the Greater Japan Patriotic Literary Association was formed, and a great deal of **national policy literature** was written to justify the war and raise morale, but the event of defeat brought about major changes in literature. In 1946, ***Shin Nihon Bungaku*** (*New Japanese Literature*), a magazine that continued the trend of proletarian literature, was launched, and writers such as Miyamoto Yuriko and Nakano Shigeharu were active in the field. In the same year, the first issue of ***Kindai Bungaku*** (*Modern Literature*) was published and became the base of the **postwar school** that emphasized human existence, and writers such as Shīna Rinzō, Haniya Yutaka, and Noma Hiroshi published their works in this magazine.

The event of defeat brought doubts about conventional morality and authority. From this point on, writers known as the ***Buraiha*** (Decadent school) produced works that explored a new kind of human truth. **Dazai Osamu** (1909-48)'s *The Setting Sun* (1947) and *No Longer Human* (1948), as well as **Sakaguchi Ango** (1906-55)'s essay *On Decadence* (1947), are known as representative works of the *Buraiha.*

**Ōoka Shōhei** (1909-88) and **Abe Kōbō** (1924-93), who appeared a little later than the above-mentioned postwar school, are called the second postwar school. Ōoka published works such as *Fires on the Plain* (1952) based on his horrific war experience, while Abe produced unique works such as *The Woman in the Dunes* (1962) in an avant-garde manner incorporating surrealism. **Mishima Yukio** (1925-70), influenced by the Japan Romantic School, developed a literature with his own romantic and classicist aesthetics and postwar Japan's nihilism as themes through works such as *The Temple of the Golden Pavilion* (1956).

In the postwar period, avant-garde artists such as **Okamoto Tarō** (1911-96) and Shiraga Kazuo of the Gutai Art Association developed **avant-garde art movements**, and Okamoto's *Taiyō no Tō* (*Tower of the Sun*), created for

## ポップカルチャーの展開

戦後の日本では映画やマンガ、アニメなどの**ポップカルチャー**も発展した。明治時代の19世紀末にはキネトスコープやシネマトグラフといった映写機《えいしゃき》が日本に到来し、日本人の手による映画が作られはじめた。当時日本では、メロドラマ中心の大衆的現代劇である**新派**《しんぱ》や、西洋の近代演劇を輸入した**新劇**《しんげき》といった新しい演劇が生まれており、日本映画はそれらの演劇、特に新派と結びつき大衆的な娯楽《ごらく》として発展した。

初期の映画には音声がなかったため、**活動弁士**《かつどうべんし》と呼ばれる人々がナレーションを担当した。能《のう》や浄瑠璃《じょうるり》のように、日本の演劇では元々演技の主体と音声が分かれていることが珍しくなかったため、弁士の存在を通じて映画は従来の演劇の延長線上《えんちょうせんじょう》で受容されたのだった。

1920年代後半から30年代にかけては日活《にっかつ》、松竹《しょうちく》、東宝《とうほう》といった映画会社により、小市民《しょうしみん》映画や時代劇など、数多くの映画が作られた。この時代から戦後にかけて活躍した代表的監督が**小津安二郎**《おづやすじろう》（1903～63）と**溝口健二**《みぞぐちけんじ》（1898～1956）である。両者は独特の撮影技法と様式美にもとづき、『東京物語』（1953）や『雨月物語《うげつものがたり》』（1953）など、人間の悲哀を見つめる映画を生み出し、海外でも高い評価を受けることになる。戦後には**黒澤明**《くろさわあきら》（1910～98）が『七人の侍』（1954）などの作品でダイナミックな映像表現を見せ、同じく国際的な評価を得た。

日本では西洋の "comic" や "cartoon" から影響を受けつつ、独自の**マンガ（漫画）**も発展した。元々江戸時代には草双紙《くさぞうし》などの出版物や、それを楽しむ文化が形成されていたが、明治期に入るとワーグマンやビゴーらによる風刺画《ふうしが》が「ポンチ絵」と呼ばれて流行し、その技法が取り入れられた。大正期にはコマ割りによるストーリー展開や吹《ふ》き出《だ》しによるセリフの表現、特定のキャラクターの設定といった現在につながるマンガの様式が確立される。昭和初期には田河水泡《たがわすいほう》『のらくろ』のように、雑誌に連載《れんさい》される長編《ちょうへん》ストーリーマンガという形態が生まれた。

こうした過程を経て、戦後におけるマンガの発展の基盤を築《きず》いたのが**手塚治虫**《てづかおさむ》（1928～89）である。手塚は映画的な表現や、子供向けの娯楽に留《とど》まらない奥深いテーマを導入し、『鉄腕《てつわん》アトム』（1952～1968）など数多くの作品を通じて後進の漫画家に多大な影響を与えた。とはいえ手塚ばかりではなく、

the 1970 Japan World Exposition, is particularly monumental. The 1960s saw the emergence of a more radical "anti-art" trend, with artists such as Arakawa Shūsaku, Kudō Tatsumi, and Shinohara Ushio. These new postwar artistic trends eventually came to be known as ***gendai bijutsu*** (contemporary art).

## Development of Pop Culture

**Pop culture**, such as movies, manga, and anime, developed in postwar Japan. At the end of the 19th century, during the Meiji era, projectors such as the kinetoscope and cinematograph arrived in Japan, and Japanese people began to make films. At the time, new types of theater were emerging in Japan, such as ***shinpa***, a popular modern drama centered on melodrama, and ***shingeki***, which imported modern Western theater. Japanese films developed as popular entertainment in connection with these plays, especially *shinpa*.

Since there was no sound in the early films, narration was provided by people called ***katsudō benshi***. As in noh and *jōruri*, it was not uncommon for the acting and narration to be separate in Japanese theater, and through the presence of *benshi*, movies were accepted as an extension of traditional theater.

From the late 1920s through the 1930s, film companies such as Nikkatsu, Shōchiku, and Tōhō produced many films, including *shōshimin-eiga* (petty bourgeois film) and period dramas. Two representative directors active from this period to the postwar era are **Ozu Yasujirō** (1903-1963) and **Mizoguchi Kenji** (1898-1956). Based on their unique filming techniques and stylistic beauty, these two filmmakers produced films such as *Tokyo Story* (1953) and *Ugetsu* (1953), which focused on human pathos and were highly acclaimed overseas. After the war, **Kurosawa Akira** (1910-1998) showed dynamic visual exprcssions in films such as *Seven Samurai* (1954), which also won him international acclaim.

In Japan, Western "comics" and "cartoons" influenced **manga**, but it also developed its own unique style. The publications such as *kusazōshi* and the culture of enjoying them were initially formed in the Edo period, and in the Meiji period, caricatures by Wagman, Bigot, and others became famous, known as "*ponchi-e*," and their techniques were adopted. In the Taisho period, the style of manga leading to the present day was established, including story development by panel layout, expression of dialogue by speech balloons, and the setting up of specific characters. In the early Showa period, the format of long-form "story

多種多様なマンガの描き手とそれを掲載《けいさい》する雑誌が生まれたことが戦後のマンガの発展を支えていた。

一方、アニメーションは最初フランスやアメリカで生まれ、それが日本で上映されたのは明治末期だったと推測されている。その後ウォルト・ディズニーなどからも影響を受けつつ、日本人も自らアニメを制作し、政岡憲三《まさおかけんぞう》監督の『くもとちゅうりっぷ』（1943）をはじめ、高度な作品が生み出された。戦時中はアニメがプロパガンダにも活用され、皮肉にも日本最初の長編アニメである『桃太郎《ももたろう》　海の神兵《しんぺい》』（1945）は軍部の支援によって作られた。

戦後になるとアニメスタジオである東映動画《とうえいどうが》（現在の東映アニメーション）が発足し、1958年には日本初の長編フルカラーアニメである『白蛇伝《はくじゃでん》』を制作している。一方、手塚治虫も虫プロダクションを設立してアニメ制作に参入し、毎週30分放映というテレビアニメの形態を生み出した。低予算・少人数での制作を可能にするため、動きを省略する方法が編み出され、それが日本のアニメ独特の様式につながった。宮崎駿《みやざきはやお》監督の『風の谷のナウシカ』（1984）や『千と千尋の神隠し』（2001）のように、大人の鑑賞《かんしょう》に耐えうる作品も数多く生み出され、海外でも "anime" と呼ばれる独自の分野として日本のアニメーションは発達していったのである。

## 「日本文化」のゆくえ

日本の近現代は数多くの「日本文化」論が書かれた時代でもあった。明治時代には新渡戸稲造《にとべいなぞう》『武士道』（1899）や岡倉天心《おかくらてんしん》『茶の本』（1906）などが書かれた。しかし新渡戸が江戸時代の武士道論にもとづき、キリスト教と類似した道徳として「武士道」を再構成したように、そこには日本と西洋に共通する「文明」の普遍性への信頼もあった。また天心は日本と東洋の精神文化の共通性を（統合者としての日本の優位性を説きつつ）強調している。

大正期から昭和期にかけては西洋とは異なる「日本文化」の特殊性が強調されるようになり、戦争の拡大や総力戦体制の確立と連動しつつ、日本文化による「近代の超克《ちょうこく》」が盛んに語られた。戦後になるとルース・ベネディクト『菊《きく》と刀《かたな》』（1946）をはじめ、**日本人論《にほんじんろん》**と呼ばれる言説が数多く生まれ、消費された。たとえばベネディクトの著作は日本文化の特徴として「集団主義」や「恥《はじ》の文化」を挙げている。それは戦後の日米関係や高度経済成長という変化のなかで、

manga" serialized in magazines emerged, as in the case of Tagawa Suihō's *Norakuro*.

Through this process, **Tezuka Osamu** (1928-89) laid the foundation for developing manga in the postwar period. Tezuka introduced cinematic expressions and deep themes that went beyond children's entertainment, and his many works, including *Astro Boy* (1952-1968), profoundly influenced future generations of manga artists. Tezuka, however, was one of many to support the development of manga in the postwar period, as a wide variety of manga artists and the magazines that published them emerged.

Animation was first created in France and the U.S., and it is estimated that it was not until the end of the Meiji period that it was first shown in Japan. Later, influenced by Walt Disney and others, the Japanese produced animated films, including Masaoka Kenzo's *Spider and Tulip* (1943) and other highly sophisticated works. During the war, animation was also used for propaganda, and ironically, Japan's first feature-length animation, *Momotaro: Sacred Sailors* (1945), was produced with the support of the military.

In the postwar period, the animation studio Tōei Doga (now Toei Animation) was established and produced Japan's first full-length full-color animation, *The White Snake Enchantress* (1958). Meanwhile, Tezuka Osamu also established Mushi Production and entered the animation production business, creating a form of TV animation that aired weekly for 30 minutes. To enable production on a low budget and with few people, he developed a method of omitting movement, which led to the unique style of Japanese animation. Later, many works that could be appreciated by adults, such as Miyazaki Hayao's *Nausicaä of the Valley of the Wind* (1984 and *Spirited Away* (2001)), were produced, and Japanese animation developed into a unique field known overseas as "anime."

## The Future of "Japanese Culture"

Many theories of "Japanese culture" were written during Japan's modern period. In the Meiji era, Nitobe Inazō wrote *Bushido* (1899), and Okakura Tenshin wrote *The Book of Tea* (1906). However, as Nitobe reconstructed Bushido as a morality similar to Christianity based on the Edo period's Bushido theory, there was also trust in the universality of "civilization" shared by Japan and the West. Tenshin also emphasized the commonality of the spiritual cultures

自分たちは何者かという日本人の不安に応《こた》える意味を持っただろう。

しかしそのような日本人論の普及は、「一億総中流《いちおくそうちゅうりゅう》」と呼ばれるような経済的安定による均質《きんしつ》意識《いしき》に支えられていた。90年代に始まる経済的不況と格差の拡大は、日本人の生き方の多様化や、**グローバル化**の進展ともからみあい、「日本人」のイメージを曖昧《あいまい》なものにしつつある。

一方で特に90年代以降、日本文化は海外で人気の商品として消費されるようになった。それは伝統的な食文化や、マンガ、アニメなどのポップカルチャー、村上春樹《むらかみはるき》や川上未映子《かわかみみえこ》の文学など、さまざまな分野に及ぶ。こうした動向を受けて、日本政府は2010年から**クールジャパン戦略《せんりゃく》**を進めているが、明確な成果を上げているとはいいがたい。他方で現在の日本人の生活にはネットを通じて日常的に外国の文化が入り込み、社会のエスニックな多様性も増しつつある。人口減少が止まらない日本は外国人労働者の受け入れを必要としており、今後もこうした社会の変化は進んでいくと考えられる。

そこで「日本文化」はいかなる姿を見せるのか。あるいは「日本文化」という概念そのものが消えていくのか。それはまだ誰にもわからない。しかしありきたりな「日本文化」という枠《わく》に収まりきらないほど生き生きとして混沌《こんとん》とした多様な文化がこの列島にかつて存在していたことは、本書の全体を通じて明らかになっただろう。その事実は今後の「日本」のあり方を考える上で大切な手がかりとなるはずだ。

**宮崎駿監督『千と千尋の神隠し』(2001年)**
*Spirited Away* (2001) directed by Miyazaki Hayao
© 2001 Hayao Miyazaki/Studio Ghibli, NDDTM
＊出典：スタジオジブリ 公式ウェブサイト
(https://www.ghibli.jp/works/chihiro/)

of Japan and the East (while explaining the superiority of Japan as an integrator).

In the Taisho to the Showa period, the uniqueness of "Japanese culture" as distinct from the West came to be emphasized. In conjunction with the expansion of war and the establishment of the total war system, there was much talk of "overcoming modernity" through Japanese culture. In the postwar period, many discourses called ***nihonjinron*** (theories of Japaneseness) were created and consumed, including Ruth Benedict's *The Chrysanthemum and the Sword* (1946). Benedict's work, for example, cites "collectivism" and "shame culture" as characteristics of Japanese culture. This would have resonated with Japanese anxieties about who they were in the changing context of postwar Japan-U.S. relations and rapid economic growth.

The spread of such *nihonjinron*, however, was supported by a sense of homogeneity due to the economic stability of the "100 million middle class," as they called it. The economic recession and widening inequality that began in the 1990s, combined with the diversification of the Japanese way of life and the advance of **globalization**, are blurring the image of the "Japanese."

Especially since the 1990s, Japanese culture has been consumed as a popular commodity overseas. This includes traditional food culture, pop culture such as manga and anime, and literature by Murakami Haruki and Kawakami Mieko. In response to these trends, the Japanese government has been promoting the **Cool Japan Strategy** since 2010, but it is difficult to say whether it has produced clear results. On the other hand, foreign cultures are entering the lives of Japanese people on a daily basis through the Internet, and the ethnic diversity of society is increasing. Japan's population continues to decline, requiring more foreign workers, and these social changes are likely to continue in the future.

So, what will "Japanese culture" look like in the future? Or will the concept of "Japanese culture" itself disappear? No one knows yet. However, throughout this book, it is clear that there was once a vibrant, chaotic, and diverse culture in this archipelago that could not be contained within the conventional framework of "Japanese culture." This fact should provide important clues for considering the future of "Japan."

# 参考文献　References

※一つの文献を複数の章にまたがって参照した場合もある。
In some cases, a single source is referenced across multiple chapters.
※本文のなかで特定の現代語訳や英語訳を引用した場合、以下のリストでは引用元の文献にアスタリスクを付けた。
When a specific modern Japanese or English translation is cited in the text, the referenced source is marked with an asterisk in the following list.

### ・全体に関係する文献


岩城卓二・上島享・河西秀哉・塩出浩之・谷川穣・告井幸男編著『論点・日本史学』ミネルヴァ書房、2022 年。

大谷栄一・菊地暁・永岡崇『日本宗教史のキーワード――近代主義を超えて』慶應義塾大学出版会、2018 年。

大津透・桜井英治・藤井讓治・吉田裕・李成市編集委員『岩波講座 日本歴史』全 22 巻、岩波書店、2013 ～ 2016 年。

『改訂新版 世界大百科事典』全 34 巻、平凡社、2007 年。

苅部直・片岡龍編『日本思想史ハンドブック』新書館、2008 年。

苅部直『日本思想史の名著 30』ちくま新書、2018 年。

國學院大學神道文化学部編『プレステップ神道学 第 2 版』弘文堂、2023 年。

國學院大學日本文化研究所編『神道事典 縮刷版』弘文堂、1999 年。

国史大辞典編集委員会編『国史大辞典』全 15 巻、吉川弘文館、1979 ～ 1997 年。

子安宣邦監修『日本思想史辞典』ぺりかん社、2001 年。

佐藤信・五味文彦・高埜利彦・鈴木淳他『詳説日本史』山川出版社、2023 年。

佐藤康宏『日本美術史 改訂版』放送大学教育振興会、2014 年。

佐藤弘夫・平山洋編集委員代表『概説日本思想史 増補版』ミネルヴァ書房、2020 年。

末木文美士『日本宗教史』岩波新書、2006 年。

鈴木健一・鈴木宏子編『和歌史を学ぶ人のために』世界思想社、2011 年。

千葉一幹・西川貴子・松田浩・中丸貴史編著『日本文学の見取り図――宮崎駿から古事記まで』ミネルヴァ書房、2022 年。

辻惟雄監修『増補新装 カラー版 日本美術史』美術出版社、2003 年。

日本思想史事典編集委員会編『日本思想史事典』丸善出版、2020 年。

『日本大百科全書』全 25 巻、小学館、1994 年。

佛教史学会編『仏教史研究ハンドブック』法藏館、2017 年。

山下裕二・髙岸輝監修『日本美術史』美術出版社、2014 年。

宮下規久朗『そのとき、西洋では――時代で比べる日本美術と西洋美術』小学館、2019 年。

*Encyclopedia of Shinto*（國學院大學デジタルミュージアム）〔https://d-museum.kokugakuin.ac.jp/eos/〕。
Edwin O. Reischauer・加藤一郎監修『Japan: An Illustrated Encyclopedia カラーペディア 英文日本大事典』講談社、1993年。
Stalker, Nancy K. *Japan: History and Culture from Classical to Cool.* Oakland: University of California Press, 2018.
Heisig, James W., Kasulis, Thomas P., Maraldo, John C., ed. *Japanese Philosophy: A Sourcebook*. Honolulu: University of Hawai i Press, 2011.

## 第１章　あいまいな「日本」の文化

網野義彦『日本の歴史00 「日本」とは何か』講談社学術文庫、2008年。

石井研士「神前結婚式にみる「家」の変貌と個人の創出」『明治聖徳記念学会紀要』復刊第43号、2006年11月。

佐藤信編『古代史講義――邪馬台国から平安時代まで』ちくま新書、2018年。

杉本良夫・ロス・マオア『日本人論の方程式』ちくま学芸文庫、1995年。

西川長夫『国境の越え方――国民国家論序説』平凡社ライブラリー、2001年。

古市晃『倭国――古代国家への道』講談社現代新書、2021年。

E・ホブズボウム、T・レンジャー編（前川啓治、梶原景昭他訳）『創られた伝統』紀伊國屋書店、1992年。

与那覇潤『日本人はなぜ存在するか』集英社文庫、2018年。

## 第２章　共感しづらい「古代人」――飛鳥・奈良時代（１）

上野誠・鉄野昌弘・村田右富実『万葉集の基礎知識』角川選書、2021年。

岡田莊司・小林宣彦編『日本神道史 増補新版』吉川弘文館、2021年。

小川靖彦『万葉集と日本人』角川選書、2014年。

神野志隆光『古事記と日本書紀』講談社現代新書、1999年。

菅野覚明『神道の逆襲』講談社現代新書、2001年。

笹生衛『まつりと神々の古代』吉川弘文館、2023年。

*佐竹昭広・山田英雄・工藤力男・大谷雅夫・山崎福之校注『万葉集（一）』岩波文庫、2016年。

品田悦一『新装版 万葉集の発明――国民国家と文化装置としての古典』新曜社、2019年。

関根淳『六国史以前――日本書紀への道のり』吉川弘文館、2020年。

三浦祐之『古事記を読みなおす』ちくま新書、2010年。

洋泉社編集部編『古代史研究の最前線 古事記』洋泉社、2015年。

渡部泰明『和歌史――なぜ千年を越えて続いたか』角川選書、2020年。

渡部泰明『和歌とは何か』岩波新書、2009年。

*The Manyoshu : A New and Complete Translation.* Trans. H. H. Honda. Tokyo: Hokuseido Press, 1967.

### 第３章　仏教が「悟り」以外にもたらしたもの ―― 飛鳥・奈良時代（２）

池上良正『増補 死者の救済史――供養と憑依の宗教学』ちくま学芸文庫、2019 年。

魚川祐司『仏教思想のゼロポイント――「悟り」とは何か』新潮社、2015 年。

末木文美士『日本仏教史――思想史としてのアプローチ』新潮文庫、1996 年。

馬場紀寿『初期仏教　ブッダの思想をたどる』岩波新書、2018 年。

松尾剛次『日本仏教史入門――釈迦の教えから新宗教まで』平凡社新書、2022 年。

吉田一彦・上島享編『日本宗教史 1　日本宗教史を問い直す』吉川弘文館、2020 年。

### 第４章 「恋」と「四季」の誕生 ―― 平安時代

河内春人「国風文化と唐物の世界」、佐藤信編『古代史講義――邪馬台国から平安時代まで』所収、ちくま新書、2018 年。

秋澤亙・川村裕子『王朝文化を学ぶ人のために』世界思想社、2010 年。

川村裕子『王朝生活の基礎知識――古典のなかの女性たち』角川選書、2005 年。

佐藤勢紀子『宿世の思想――源氏物語の女性たち』ぺりかん社、1995 年。

ハルオ・シラネ（北村結花訳）『四季の創造――日本文化と自然観の系譜』角川選書、2020 年。

*高田祐彦訳注『古今和歌集――現代語訳付き』角川ソフィア文庫、2009 年。

### 第５章　移ろいゆく歴史と社会 ―― 院政期・鎌倉時代

上島享『日本中世社会の形成と王権』名古屋大学出版会、2010 年。

大津雄一『『平家物語』の再誕 創られた国民叙事詩』NHK ブックス、2013 年。

*角川書店編『ビギナーズ・クラシックス　平家物語』角川ソフィア文庫、2001 年。

*久保田淳訳注『新古今和歌集 上』角川ソフィア文庫、2007 年。

坂井孝一『承久の乱――真の「武者の世」を告げる大乱』中公新書、2018 年。

佐藤弘夫『神・仏・王権の中世』法藏館、1998 年。

鈴木貞美・岩井茂樹編『わび・さび・幽玄――「日本的なるもの」への道程』水声社、2006 年。

高橋典幸・五味文彦編『中世史講義』ちくま新書、2019 年。

樋口大祐『「乱世」のエクリチュール――転形期の人と文化』森話社、2009 年。

松長有慶『密教』岩波新書、1991 年。

森新之介「慈円『愚管抄』の冥顕論と道理史観」『早稲田大学高等研究所紀要』10 号、2018 年 3 月。

### 第６章　新しい仏教の登場？―― 鎌倉時代

石井清純『道元――仏であるがゆえに坐す』佼成出版社、2016 年。

大澤絢子『親鸞「六つの顔」はなぜ生まれたのか』筑摩選書、2019 年。

小川隆『禅思想史講義』春秋社、2015 年。

小山聡子『浄土真宗とは何か――親鸞の教えとその系譜』中公新書、2017 年。

釈徹宗『親鸞――救済原理としての絶対他力』佼成出版社、2010 年。

平雅行『改訂 歴史のなかに見る親鸞』法蔵館文庫、2021 年。

森新之介『摂関院政期思想史研究』思文閣出版、2013 年。

頼住光子『正法眼蔵入門』角川ソフィア文庫、2014 年。

## 第７章　さまざまな顔を持つ神々 ―― 鎌倉・南北朝時代

伊藤聡・門屋温監修『中世神道入門――カミとホトケの織りなす世界』勉誠出版、2022 年。

伊藤聡『神道とは何か――神と仏の日本史』中公新書、2012 年。

河内祥輔『中世の天皇観』山川出版社、2003 年。

齋藤公太『「神国」の正統論――『神皇正統記』受容の近世・近代』ぺりかん社、2019 年。

高橋美由紀『増補版 伊勢神道の成立と展開』ぺりかん社、2010 年。

兵藤裕己『太平記「よみ」の可能性――歴史という物語』講談社学術文庫、2005 年。

吉田一彦編『神仏融合の東アジア史』名古屋大学出版会、2021 年。

*A Chronicle of Gods and Sovereigns: Jinnōshōtōki of Kitabatake Chikafusa.* Trans. H. Paul Varley. New York: Columbia University Press, 1980.

## 第８章　交差する人々と文化 ―― 室町・戦国時代

石川明人『キリスト教と日本人』ちくま新書、2019 年。

石井倫子『能・狂言の基礎知識』角川選書、2009 年。

神津朝夫『茶の湯の歴史』角川ソフィア文庫、2021 年。

辻浩和「【幕府と室町文化】幕府とともに新興文化を支えた芸能者・被差別民」日本史史料研究会監修、久水俊和編『「室町殿」の時代 安定期室町幕府研究の最前線』所収、山川出版社、2021 年。

土井健司監修『１冊でわかるキリスト教史――古代から現代まで』日本キリスト教団出版局、2018 年。

橋本素子・三笠景子編著『茶の湯の歴史を問い直す――創られた伝説から真実へ』筑摩書房、2022 年。

前田雅之『古典と日本人――「古典的公共圏」の栄光と没落』光文社新書、2022 年。

宮崎賢太郎『カクレキリシタン 現代に生きる民俗信仰』角川ソフィア文庫、2018 年。

松岡心平『中世芸能講義』講談社学術文庫、2015。

村井康彦『武家文化と同朋集　生活文化史論』ちくま学芸文庫、2020。

## 第９章　せめぎあう「雅」と「俗」 ―― 江戸時代（１）

今田洋三『江戸の本屋さん』平凡社ライブラリー、2015 年。

大藤修『近世村人のライフサイクル』山川出版社、2003年。

川平敏文『徒然草の十七世紀――近世文芸思潮の形成』岩波書店、2015年。

國學院大學研究開発推進機構日本文化研究所編『歴史で読む国学』ぺりかん社、2022年。

鈴木健一『日本近世文学史』三弥井書店、2023年。

高埜利彦『シリーズ日本近世史3　天下泰平の時代』岩波新書、2015年。

高埜利彦編『近世史講義――女性の力を問いなおす』ちくま新書、2020年。

田中善信『芭蕉――「かるみ」の境地へ』中公新書、2010年。

辻本雅史『江戸の学びと思想家たち』岩波新書、2021年。

中野三敏『十八世紀の江戸文芸――雅と俗の成熟』岩波書店、2015年。

平井晶子「近世村落の家と村」出口雄一・神野潔・十川陽一・山本英貴編著『概説日本法制史 第2版』所収、弘文堂、2023年。

横田冬彦『日本の歴史16　天下泰平』講談社学術文庫、2009年。

*Bashō's Narrow Road: Spring and Autumn Passages*. Trans. Hiroaki Sato. Berkeley, Calif.: Stone Bridge Press, 1996.

## 第10章　都市文化の洗練と「古代」の発見 ―― 江戸時代（2）

有澤知世「古画を模す――京伝の草双紙と元禄歌舞伎」、法政大学江戸東京研究センター・小林ふみ子・中丸宣明編『好古趣味の歴史――江戸東京からたどる』所収、文学通信、2020年。

今尾哲也『歌舞伎の歴史』岩波新書、2000年。

小島毅『朱子学と陽明学』ちくま学芸文庫、2013年。

佐伯真一『戦場の精神史――武士道という幻影』NHKブックス、2004年。

高埜利彦『近世日本の国家権力と宗教』東京大学出版会、1989年。

高山大毅「徂徠学」、野口雅弘・山本圭・髙山裕二編著『よくわかる政治思想』所収、ミネルヴァ書房、2021年。

土田健次郎『儒教入門』東京大学出版会、2011年。

中村義裕『歌舞伎と日本人』東京堂出版、2018年。

渡辺浩『近世日本社会と宋学 増補新装版』東京大学出版会、2010年。

渡辺浩『日本政治思想史［十七～十九世紀］』東京大学出版会、2010年。

## 第11章 「英雄」以外の人々による変革 ―― 江戸時代（3）

青山忠正『日本近世の歴史6　明治維新』吉川弘文館、2012年。

荒野泰典『「鎖国」を見直す』岩波現代文庫、2019年。

大川真『近世王権論と「正名」の転回史』御茶の水書房、2012年。

苅部直『「維新革命」への道――「文明」を求めた十九世紀日本』新潮社、2017年。

桐原健真『松陰の本棚――幕末志士たちの読書ネットワーク』吉川弘文館、2016年。

小林忠監修『浮世絵の歴史』美術出版社、1998年。

齋藤希史『漢文脈と近代日本』角川ソフィア文庫、2014年。

奈良勝司『明治維新をとらえ直す――非「国民」的アプローチから再考する変革の姿』 有志舎、2018年。

濱野靖一郎『頼山陽の思想――日本における政治学の誕生』東京大学出版会、2014年。

藤田覚『幕末の天皇』講談社学術文庫、2013年。

前田勉『江戸の読書会』平凡社ライブラリー、2018年。

宮地正人『歴史のなかの『夜明け前』――平田国学の幕末維新』吉川弘文館、2015年。

吉田麻子『平田篤胤――交響する死者・生者・神々』平凡社新書、2016年。

安丸良夫『日本の近代化と民衆思想』平凡社ライブラリー、1999年。

## 第12章　祭祀と「文明」の時代 ―― 明治時代（1）

磯前順一『近代日本の宗教言説とその系譜――宗教・国家・神道』岩波書店、2016年。

岩波書店編集部編『徹底検証 教育勅語と日本社会――いま、歴史から考える』岩波書店、2017年。

イ・ヨンスク『「国語」という思想――近代日本の言語認識』岩波現代文庫、2012年。

小倉慈司・山口輝臣『天皇の歴史9　天皇と宗教』講談社学術文庫、2018年。

鹿野政直『近代日本思想案内』岩波文庫別冊、1999年。

苅部直「文明開化の時代」『岩波講座 日本歴史 第15巻 近現代1』所収、岩波書店、2014年。

河野有理『明六雑誌の政治思想――阪谷素と「道理」の挑戦』東京大学出版会、2011年。

小林和幸編『明治史講義【テーマ篇】』ちくま新書、2018年。

ハルオ・シラネ、鈴木登美編『創造された古典――カノン形成・国民国家・日本文学』新曜社、1999年。

神仏分離150年シンポジウム実行委員会編『神仏分離を問い直す』法藏館、2020年。

牧原憲夫「文明開化論」『岩波講座 日本通史 第16巻 近代1』所収、岩波書店、1994年。

松沢裕作『自由民権運動――〈デモクラシー〉の夢と挫折』岩波新書、2016年。

安田敏朗『「国語」の近代史――帝国日本と国語学者たち』中公新書、2006。

安丸良夫『文明化の経験――近代転換期の日本』岩波書店、2007年。

山口輝臣・福家崇洋編『思想史講義【明治篇Ⅰ】』ちくま新書、2022年。

## 第13章　思い悩む青年たちの登場 ―― 明治時代（2）

赤江達也『「紙上の教会」と日本近代――無教会キリスト教の歴史社会学』岩波書店、2013年。

安藤宏『日本近代小説史新装版。』中公選書、2020年。

稲賀繁美『絵画の臨界　近代東アジア美術史の桎梏と命運』名古屋大学出版会、2014年。

大谷栄一・吉永進一・近藤俊太郎編『近代仏教スタディーズ――仏教からみたもうひとつの近代（増補改訂）』法藏館、2023年。

小林敏明『西田幾多郎の憂鬱』岩波現代文庫、2011年。

佐藤道信『〈日本美術〉誕生――近代日本の「ことば」と戦略』ちくま学芸文庫、2021年。

藤田正勝『日本哲学史』昭和堂、2018年。

堀啓子『日本近代文学入門――12人の文豪と名作の真実』中公新書、2019年。

山口輝臣・福家崇洋編『思想史講義【明治篇Ⅱ】』ちくま新書、2023年。

### 第14章　デモクラシーと「日本的なるもの」―― 大正・昭和戦前期

植村和秀『昭和の思想』講談社選書メチエ、2010年。

苅部直・黒住真・佐藤弘夫・末木文美士・田尻祐一郎編集委員『日本思想史講座4 近代』ぺりかん社、2013年。

苅部直『光の領国――和辻哲郎』岩波現代文庫、2010年。

昆野伸幸『増補改訂 近代日本の国体論――「皇国史観」再考』ぺりかん社、2019年。

田中祐介「思考様式としての大正教養主義――唐木順三による阿部次郎批判の再検討を通じて」『アジア文化研究』30号、2004年。

筒井清忠編『昭和史講義――最新研究で見る戦争への道』ちくま新書、2015年。

筒井清忠編『大正史講義』ちくま新書、2021年。

筒井清忠編著『昭和史研究の最前線――大衆・軍部・マスコミ、戦争への道』朝日新書、2022年。

長妻三佐雄・植村和秀・昆野伸幸・望月詩史編著『ハンドブック近代日本政治思想史――幕末から昭和まで』ミネルヴァ書房、2021年。

山口輝臣・福家崇洋編『思想史講義【戦前昭和篇】』ちくま新書、2022年。

山口輝臣・福家崇洋編『思想史講義【大正篇】』ちくま新書、2022年。

### 第15章　「日本文化」のゆくえ ―― 昭和戦後期・現代

青木保『日本文化論の変容――戦後日本の文化とアイデンティティー』中公文庫、1999年。

苅部直『丸山眞男――リベラリストの肖像』岩波新書、2006年。

河野有理「丸山眞男」、野口雅弘・山本圭・髙山裕二編著『よくわかる政治思想』所収、ミネルヴァ書房、2021年。

佐々木敦『ニッポンの思想　増補新版』ちくま文庫、2023年。

澤村修治『日本マンガ全史――「鳥獣戯画」から「鬼滅の刃」まで』平凡社新書、2020年。

津堅信之『日本アニメ史――手塚治虫、宮崎駿、庵野秀明、新海誠らの100年』中公新書、 2022年。

船曳健夫『「日本人論」再考』講談社学術文庫、2010年。

四方田犬彦『日本映画史110年』集英社新書、2014年。

# 謝　辞

本書の内容は、私が2020年4月から2023年3月まで神戸大学文学部・人文学研究科で留学生担当講師を務めていた際、留学生を主な対象として開講した日本文化史の授業にもとづく。折しもコロナ禍のなか、オンラインでも有意義な教育を提供できるよう、無謀なほど多くの内容を詰め込んだが、この授業は神戸オックスフォード日本学プログラム（KOJSP）の学生をはじめ、留学生からは思いのほか好評だった。そこで当時の同僚だった林由華先生から提案を受け、本書を執筆することになった。本書の刊行に際して、まずは林先生に感謝を申し上げたい。

本書の内容は神戸大学人文学研究科が目指すリカレント教育とも合致するものであるため、「教育における社会貢献（リカレント教育）推進助成金」（神戸大学、令和5年度）によって出版することになった。刊行に向けた諸々の手続きや編集作業においては、人文学研究科の濱田麻矢先生、有澤知世先生に大変ご尽力いただいた。また神戸大学大学院のコーリ・マッケンジーさんによる丁寧で的確な英文校閲にも非常に助けられた。神戸新聞総合出版センターの本木康夫さん、岡容子さんには時間が限られるなかで刊行作業を進めていただいた。ポップで魅力的な表紙のイラストは、石井七海さんに描いていただいたものである。

日本文化史の記述に関しては、濱田先生、有澤先生のほか、人文学研究科の市澤哲先生、梶尾文武先生、野田麻美先生、樋口大祐先生、古市晃先生、吉川圭太先生に確認いただき、それぞれから有益なコメントをいただいた。また濱田先生のご子息からも、若者ならではの視点から役立つ意見をいただいた。しかし本書の内容はあくまで筆者の責任により書いたものである。十分にコメントを生かせていない部分があるとすれば、それはひとえに私の力量不足による。

本書は以上の方々のご協力により刊行することができた。最後に深く感謝の念を表したい。

※なお、本書の内容には科研費・若手研究「近代日本思想史としての「古典」研究—明治国学と日本浪漫派を中心に—」（研究課題番号：22K12990）による研究成果の一部が用いられている。

斎藤公太

**斎藤 公太**（さいとう こうた）
1986年、東京都生まれ。国際基督教大学教養学部卒業。東京大学大学院人文社会系研究科博士課程修了。博士（文学）。國學院大學研究開発推進機構助教、神戸大学人文学研究科講師を経て、現在、北九州市立大学文学部准教授。日本思想史・宗教史専攻。
著書に『「神国」の正統論――『神皇正統記』受容の近世・近代』（ぺりかん社、2019年）がある。

**日英対訳で読みひらく 新しい日本文化史**

A New and Open History of Japanese Culture
in Bilingual Japanese-English Translation

2024年3月31日　初版第1刷発行

著者――――斎藤公太

発行――――神戸大学出版会

〒657-8501 神戸市灘区六甲台町 2-1
神戸大学附属図書館社会科学系図書館内
TEL 078-803-7315　FAX 078-803-7320
URL: https://www.org.kobe-u.ac.jp/kupress/

発売――――神戸新聞総合出版センター

〒650-0044 神戸市中央区東川崎町 1-5-7
TEL 078-362-7140 ／ FAX 078-361-7552
URL:https://kobe-yomitai.jp/

装画／石井七海
装幀／神原宏一
組版／正垣　修
印刷／神戸新聞総合印刷


ISBN978-4-909364-27-2 C1021

小松靖彦
Komatsu Yasuhiko

# 戦争下の文学者たち

『萬葉集』と生きた歌人・詩人・小説家

花鳥社

# 戦争下の文学者たち——『萬葉集』と生きた歌人・詩人・小説家

目次

# 序章　〈戦争下の文学者たち〉というテーマ

戦争とは何か

近代社会と戦争

なぜ『萬葉集』か

「萬葉集の歌の洪水と氾濫」

知性と「愛国」の間《はざま》で

六人の文学者たち

## 戦争とは何か

人間は戦争・内戦・自然災害・環境破壊・貧困・迫害（難民）・人権蹂躙《じゅうりん》など個人の力ではどうすることもできない政治・社会状況に遭遇してきた。私はそのような政治・社会状況を〈歴史〉と呼ぶ。〈歴史〉の一つである戦争に、近代日本の文学者たちがどのように向き合ったか、あるいは向き合えなかったか――。『萬葉集』と深い関わりを持った歌人・詩人・小説家を通して、それを明らかにしたい。それは、〈歴史〉に対して〈文学〉に何ができるかを問うことでもある。

そもそも戦争とは何であるのか。まずこの点を押さえておきたい。「戦争の悲惨さ」ということが言われるとき、空爆による大量の死者や、戦場での飢餓など、戦争による〝被害〟が、自然災害のように思い描かれることが多い。しかし、戦争とは、〈富〉をめぐって人間が政治的に引き起こす、集団間の武器を使った組織的抗争である。

それゆえ、戦争には必ず相手が存在する。そして、平時には許されない「殺人」が、「大義」（正当性）のもとに行われる。また、集団間の抗争である戦争を遂行するために、集団が個に対して圧倒的優位に立つ（戦争の本質については哲学者の西谷修《にしたにおさむ》『戦争とは何だろうか』参照）。

近代社会において、戦争は〈歴史〉の中でも極めて大きな力を振るい、人間に癒やし難い傷痕《きずあと》を残してきた。「殺人」の規模は、伝統社会とは比較にならないほど大規模となった。抗争する集団も、部族や、王国

**表1　富永健一による〈近代化〉の整理**

| 領　域 | | 伝統的形態 | 近代的形態 |
|---|---|---|---|
| 技術的経済的領域 | 技術 | 人力・畜力 | 機械的（動力革命／情報革命）（産業化） |
| | 経済 | 第一次産業 | 第二次・第三次産業 |
| | | 自給自足経済 | 市場的交換経済（資本主義化） |
| 経済的領域 | 法 | 伝統的法 | 近代的法 |
| | 政治 | 封建制 | 近代国民国家 |
| | | 専制主義 | 民主主義（市民革命） |
| 社会的領域 | 社会集団 | 家父長制家族 | 核家族 |
| | | 機能的未分化 | 機能集団（組織） |
| | 地域社会 | 村落共同体 | 近代都市（都市化） |
| | 社会階層 | 家族内教育 | 公教育 |
| | | 身分階層 | 自由・平等・社会移動 |
| 文化的領域 | 知識 | 神学的・形而上学的 | 実証的（科学革命） |
| | 価値 | 非合理主義 | 合理主義（宗教改革／啓蒙主義） |

（キングダム）・帝国（エンパイア）の軍隊から、国民国家（ネイション・ステイト nation-state）となり、抗争は高度に組織的となった。そして、集団の個に対する圧倒的優位は極度に高まった。国民国家がひとたび戦争遂行を決定すると、全ての構成員がその強力な圧力から逃れることはできない。文学者ももちろん例外ではない。〈文学〉は否応なしにこの圧力を受けることになるのである。

## 近代社会と戦争

それでは一体、近代社会とはどのような社会であるのか。〈近代化〉とは何かを確認しておこう。近代社会は一八世紀後半に出現した。イギリス発の動力革命（紡績機・蒸気機関の発明）が、経済・政治・社会・文化の全てに亙《わた》る変革をもたらした。その変革が何であるかを、社会学者の富永健一《とみながけんいち》が、**表1**のような明快な見取り図で示している（『近代化の理論』）。日本も、一九世紀後半に始まる工業化によって近代社会へと変貌《へんぼう》を遂げた。

戦争は、経済の〈近代化〉である市場的交換経済（資本主義化〉と密接に関わっている。戦争による爆発的な需要が好況を生む。しかし、戦後には、過剰な生産によって深刻な不況に陥る。それを打開するために再び戦争を起こす――このような循環《サイクル》が、市場的交換経済を維持するシステムとなっている。またこの不況は、〈歴史〉の一つである貧困の原因ともなってきた。

政治の〈近代化〉は国民国家を生み出した。戦争は国民国家による武力抗争となった。そして、技術の〈近代化〉は、原子力爆弾・水素爆弾を頂点とする科学兵器を生み出した。近代社会の戦争は、国民国家の構成員にも「敵」にも及ぶ環境破壊・迫害（難民）・人権蹂躙をもたらす。

近代社会は表2のように戦争の連続であった（内戦も含む）。そして、その連続は今日まで及んでいる。二一世紀に入ると、「テロリスト・アタック」との戦いという、国民国家間ではない新たな形態も加わった。これによって近代社会の戦争の性質が根本的に変化したわけではないが、「戦時」と「平時」という明確な区別は無くなった。そして、「テロリスト・アタック」に対峙《たいじ》する国民国家は、防備のためにこれまで以上に構成員の統制を強めている。集団の個に対する圧倒的優位はかつてないほどに高まっている（「テロリスト・アタック」については西谷『戦争とは何だろうか』による）。

ところで、〈近代化〉した日本も、直接的には一九四五年まで戦争の当事国であった。一九四五年までに、近代日本の文学者たちがどのように戦争に向き合ったか、あるいは向き合えなかったかを解明することは、再び戦争への道に踏み込まぬための歴史的教訓を得ることである。

しかし、それだけに止まってはならない。世界では今もなお戦争が続き、多くの人々が空爆と砲撃に曝されているからである。例えば、イラクでは、二〇〇三年からアメリカ合衆国・イギリスとの戦争が起こった。サダム・フセイン政権が倒され、二〇一一年にアメリカ軍が完全撤収したが、イラクをまとめる政府機関がなくなり内戦状態となり、二〇一四年、そこにイスラム過激派組織が攻撃を仕掛けた。二〇一七年にハイダル・アバディ首相は過激派組織に対する勝利宣言をしたものの、政治・治安の不安定は今日まで続いている。

**表２　近代における戦争の歴史（抜粋）〔大規模な内戦も含む〕**

| | |
|---|---|
| 1840〜1842 | アヘン戦争（イギリス―清） |
| 1846〜1848 | 米墨戦争（US ―メキシコ） |
| 1853〜1856 | クリミア戦争（オスマン帝国など―ロシア） |
| 1884〜1885 | 清仏戦争（フランス―清） |
| ※1894〜1895 | 日清戦争（日本―清）〔中国では「甲午戦争」〕 |
| 1898 | 米西戦争（US ―スペイン） |
| ※1904〜1905 | 日露戦争（日本―ロシア） |
| 1914〜1918 | 第一次世界大戦 |
| ※1931〜1933 | 満洲事変（日本・関東軍―中国・国民革命軍）〔中国では「九・一八事変」〕 |
| ※1937〜1945 | 日中戦争（日本―中国・国民革命軍）〔中国では「抗日戦争」または「日本侵華戦争」〕 |
| ※1939 | ノモンハン事件（日本・関東軍―ソ連） |
| 1939〜1945 | 第二次世界大戦 |
| ※1941〜1945 | 太平洋戦争 |
| ＊ | ＊ |
| 1948〜1973 | 中東戦争（アラブ諸国など―イスラエルなど） |
| 1950〜1953 | 朝鮮戦争〔韓国では「6·25戦争（ユギオションセン）」〕 |
| 1961〜1975 | ベトナムでの戦争〔ベトナムでは「反米抵抗（カング・チェン・チョン・ミー）」。開始時期には諸説あり〕 |
| 1979 | ソ連のアフガニスタン侵攻 |
| 1980〜1988 | イラン・イラク戦争 |
| 1990 | イラクのクェート侵攻 |
| 1991 | 湾岸戦争（多国籍軍―イラク） |
| 1992〜1995 | ボスニア戦争 |
| 2001 | アフガニスタンでの戦争（US などの対テロ戦争） |
| 2003〜2011 | イラクでの戦争（US など―イラク） |
| 2011〜 | シリア内戦 |
| 2015〜 | イエメン内戦 |
| 2020 | ナゴルノ・カラバフ戦争（アルメニア―アゼルバイジャン） |

（※＝日本が当事国となった戦争。US はアメリカ合衆国）

**図1　メイサルーン・ファラジの作品**

Maysaloun Faraj Bird Symphony 13 Acrylic paint and colored pencil on paper 42x30cm 2015

（カバー、うしろ袖絵参照）

イラクの美術家（絵画・彫刻・セラミック）のメイサルーン・ファラジ（Maysaloun Faraj 一九五五〜）は、戦禍によって難民となった、世界各地の無辜《むこ》の人々の苦しみを、鮮やかな色彩を用いた抽象画によって表現している。**図1**は二〇一五年に制作された*Bird Symphony*のシリーズの一点。ミサイル攻撃による戦火の中の、不安定な形象と、自由を奪われた鳥が戦争の罪過を告発している。

このように世界で戦争が続いていることを考えるならば、近代日本の文学者たちがどのように戦争に向き合ったか、あるいは向き合えなかったかの解明は近代社会の戦争の本質を捉え、強力な〈歴史〉である戦争の連鎖を断ち切る智慧《ちえ》を見出すことをめざすものでなくてはならない。

## なぜ『萬葉集』か

近代社会の戦争の本質を捉え、戦争の連鎖を断ち切る智慧を得るために、なぜ『萬葉集』という古代の歌集を取り上げるのか。

宗教社会学者のロバート・N・ベラー（Robert Neelly Bellah）は、多くの伝統社会では〈近代化〉は内発的に起こったものではなく、外部から「強要された」ものであったことに注目する。そのため、〈近代化〉の衝撃を受けて、古い「ゲマインシャフト Gemeinschaft」（地縁・血縁・精神的結びつきによって自然発生的に形成された集団。村落共同体・家族など。「ゲゼルシャフト Gesellschaft」〈特定の目的のために作られた人為的集団。都市・国家など〉に対する概念）に復帰しようとする「非合理的切望」が起こると説く（「近代日本における価値意識と社会変革」）。

近代日本において、この「非合理的切望」の重要な受け皿となったのが『萬葉集』であった。明治期に『萬葉集』は、政府の教育行政の担い手であった井上毅《いのうえこわし》（一八四四～一八九五。大日本帝国憲法の起草者の一人）によって、『古事記』『日本書紀』とともに「国典」の地位を得た。さらに知識人たちによって、〝日本人の祖先が、天皇から庶民に至るまで、素朴な心をありのままに力強い調べで歌った「国民的な歌集」〟とされた（子安宣邦《こやすのぶくに》『江戸思想史講義』、品田悦一《しなだよしかず》『万葉集の発明 新装版』）。『萬葉集』は実際にはそのような「国民的な歌集」ではない。舒明《じょめい》天皇から聖武《しょうむ》天皇に至る皇統の《歴史》（あるべき歴史）と天皇の支配する世界像を「やまと歌」によって示そうとした古代貴族社会の歌集である（小川〔新姓、小松〕靖彦『万葉集 隠された歴史のメッセージ』、トークィル・ダシー『『万葉集』における帝国的世界と「感動」』）。しかし、近代国家日本は、この古代の歌集を、国民国家の統合の拠《よ》り所としたのである。

一九三〇年代に、日本は中国大陸への侵攻を本格化し、その権益をめぐってアメリカ合衆国・イギリスとの対立が鮮明になる。この時期に、『萬葉集』は文部省（現在の文部科学省）によって、「国体」（万世一系の天皇が神勅《しんちょく》によって永遠に統治する国家形態）の観念を表し、「日本精神」すなわち「忠君愛国」の精神を示す重要な古典の一つと明確に位置付けられた。

一九三二年（昭和七）に日本を訪れたフランスのジャーナリストのアンドレ・ヴィオリス（Andrér Viollis 一八七〇～一九五〇）は、国家主義者たち（国本社《こくほんしゃ》の平沼《ひらぬま》騏《き》一郎《いちろう》、国家主義政党「国民同盟」など）や青年将校らが、〈近代化〉した日本から「日本古代の伝統」への回帰を主張していたことを克明に記録している。彼らの考える「日本古代の伝統」とは、天皇が宗教的・政治的に最高の長として「国民」を統治する一方、「国民」は天皇を崇敬する――そして、天皇と「国民」が、介在するものなく直接結びつく、という古代の理想的な国家のあり方を言う（『１９３２年の大日本帝国』）。『萬葉集』はこの「日本古代の伝統」を体現するものと考えられたのである（例えば、国家主義者・中谷《なかたに》武世《たけよ》の主宰する月刊「維新」に掲載された阿部《あべ》國治《くにはる》「萬葉集に現れたる天皇の御本質」〈創刊号、一九三四・一一〉）。

「忠君愛国」の精神・「日本古代の伝統」を示すものとして『萬葉集』を尊重することは、政府・軍・国家主義者に限られていたわけではない（軍隊における『萬葉集』については、小川〔新姓、小松〕「陸軍教育における『萬葉集』」参照）。文部省は、一九三三年度の『小学国語読本』尋常科用巻十二（国定第四期国語教科書）から、『萬葉集』を初等教育の教材に取り上げ、「忠君愛国」の精神や「日本古代の伝統」の普及に努めた。しかも、それは権力の側からの一方的な強要ではなかった。一九三〇年代から次々と『萬葉集』の入門書・鑑賞書が出版されるようになる。『萬葉集』を求める強い欲求が「国民」の側にもあったのである。日中戦争（「支那事変」）・太平洋戦争（「大東亜戦争」）へと進み行く不安の時代の中で、「国民」も『萬葉集』に拠り所を求めていたと言える。

## 「萬葉集の歌の洪水と氾濫」

一九四一年一二月八日（日本時間）の太平洋戦争開戦と緒戦の勝利によって、政府・軍・「国民」が一体となった〝萬葉熱〟が一気に高まった。正午のラジオで宣戦の詔書《しょうしょ》の奉読に引き続き発表された首相・東條《とうじょう》英機《ひでき》の「大詔《たいせう》を拝し奉りて」では、「国民」が天皇の「醜《しこ》の御楯《みたて》」（当時の解釈では、〝天皇のための賤しい護りの楯〟）となる光栄が説かれた（『音声資料による実録大東亜戦争史』所収）。さらに午後七時三〇分に情報局次長・奥村喜和男《おくむらきわお》（一九〇〇〜一九六九）は、談話「宣戦の布告に当り国民に愬《うった》ふ」において、「醜の御楯」の出典である、『萬葉集』の防人歌《さきもりうた》、

今日《けふ》よりは　顧《かへり》みなくて　大君《おほきみ》の　醜《しこ》の御楯《みたて》と　出《い》で立《た》つ我《われ》は　（巻二〇・四三七三　今奉部与曽布《いままつりべのよそふ》）

を引用して、「千年の間」、祖先が愛唱し続けてきたこの歌が（実際には千年愛唱されてきたわけではない）、米英両国への宣戦の詔勅《しょうちょく》が渙発《かんぱつ》された「今日」、「一億国民」の心に甦《よみがえ》ったと、高揚した口調で訴えた（『音声資料による実録大東亜戦争史』所収）。情報局は開戦一年前の一九四〇年一二月六日に発足した、内閣直属の言論・思想統制機関である。奥村は電力事業の統制を進めた逓信《ていしん》省の官僚。初代情報局次長に就任し、自らの役割をアメリカ合衆国・イギリスに対する「思想戦」の遂行と捉えていた。

「醜の御楯」を始め、「御民《みたみ》」（天皇の民。巻六・九九六）、「海行《うみゆ》かば水漬《みづ》く屍《かばね》」・「大君《おほきみ》の辺《へ》にこそ死《し》なめ」・「顧《かへり》みはせじ」（巻一八・四〇九四に引かれた大伴氏の言立《ことだ》て〈誓いの詞〉）、「ますらを」（巻一・六一他）などの『萬葉集』に由来することばが、天皇への忠義心を固め、戦意を奮い立たせるものとして、政府や軍からの発表

に鏤《ちりば》められ、新聞や雑誌の紙面に躍り、知識人の書物に溢《あふ》れ、一般「国民」の作る詩歌にも当たり前のように取り込まれた。

この時代に書かれた国文学者・国語教育学者の石井庄司《いしいしょうじ》（一九〇〇〜二〇〇〇）の文章は、これを「萬葉集の歌の洪水と汎濫《はんらん》」と表現している（「大東亜戦と萬葉集」〈初出題「大東亜戦と萬葉集の歌」〉「国文学 解釈と鑑賞」第7巻第3号、一九四二・三。『古典の探求』〈第一書房、一九四三・一一〉所収）。〈近代化〉に反発した、古いゲマインシャフトに復帰しようとする「非合理的切望」の受け皿であった古代の歌集『萬葉集』は、西欧の強国であるアメリカ合衆国・イギリスとの直接の武力抗争が引き起こした巨大な不安の中で、その役割を極限まで高めたのである。

このように『萬葉集』は、日本の〈近代化〉、そして、近代社会の戦争と密接に関わっている。それゆえ、戦争下の『萬葉集』の受容を歴史的に明らかにすることによって、日本の〈近代化〉が何であったのか、また近代社会における戦争とは何かが見えてくるのである。

## 知性と「愛国」の間《はざま》で

本書は、日本の戦争の時代、すなわち一九三〇、四〇年代を、『萬葉集』と深く関わりながら生きた六人の文学者について歴史的に検討する。

一九三〇年代以降、『萬葉集』は「忠君愛国」の精神・「日本古代の伝統」を示すものとして明確に位置付けられた。さらに、太平洋戦争開戦後には、天皇への忠義心を固め、戦意を高揚するものとして、その役割を著しく強めた。しかし、前線の兵士を含め一般「国民」にとって、『萬葉集』は「好戦」の歌集としての

**表３　本書で取り上げる六人の文学者たち**

（1941年）

| | | | |
|---|---|---|---|
| 与謝野晶子： | 1878（明治11）～1942（昭和17） | 歌人 | （63歳） |
| 齋藤瀏： | 1879（明治12）～1953（昭和28） | 歌人 | （62歳） |
| 半田良平： | 1887（明治20）～1945（昭和20） | 歌人 | （54歳） |
| 今井邦子： | 1890（明治23）～1948（昭和23） | 歌人 | （51歳） |
| 北園克衛： | 1902（明治35）～1978（昭和53） | 詩人 | （39歳） |
| 高木卓： | 1907（明治40）～1974（昭和49） | 小説家 | （34歳） |

意味を持つだけではなかった。戦争を運命として受け容れざるをえぬ苦しみと諦《あきら》めの「厭戦《えんせん》」的心情を託すものともなっていた。兵士と〈銃後〉の人々は、『萬葉集』の防人歌や相聞歌《そうもんか》に、家族や恋人との〈別離〉の悲しみや〈待つ恋〉の苦しみを重ね合わせた（水口文乃《みずぐちふみの》『知覧からの手紙』参照）。また、戦場の兵士は、『萬葉集』の国土賛美や自然の歌を通して故郷を懐かしんだ（吉田嘉七《よしだかしち》著、大木惇夫《おおきあつお》編『ガダルカナル戦詩集』〈毎日新聞社、一九四五・二〉など）。

『萬葉集』の歌に家族・恋人・故郷への思慕を託すことも、古代的な濃密な人間関係や自然との関係を求めることである。それは、古いゲマインシャフトへの復帰を求める「非合理的切望」の一つの表れと考えることができる。とはいえ、「国民」の間での『萬葉集』の受容が、「好戦」と「厭戦」という大きな振れ幅を持っていたことを見逃してはならない。

近代日本の文学者たちは、このような一般「国民」以上に、さらに複雑多様に『萬葉集』を受容した。本書で取り上げる六人の文学者、与謝野晶子《よさのあきこ》・齋藤《さいとう》瀏《りゅう》・半田良平《はんだりょうへい》・今井邦子《いまいくにこ》・北園克衛《きたぞのかつえ》・高木卓《たかぎたく》（表３）は、その中でも特異な位置を占めている。

彼らは、政府・軍・国家主義者の教条主義的『萬葉集』像に一定の距離を置いて、知性的に『萬葉集』を捉える目を持っていた。そして、戦争という〈歴史〉を、自らの目で捉えた『萬葉集』像を支えに生き抜こうとした。それは、一般「国民」の「厭戦」に通ずるものであるが、より意志的であり、思惟《しい》的にも深められたものであった。にもかかわらず、六人の文学者たちは、戦争の時代に「愛国者」としての立場を強め、戦意高揚に加担してゆくことになった。「好戦」を、『萬葉集』を利用しながら文学のことばで表現したのである。

果たして彼らは知性の人であったのか、それとも戦争遂行に加担する「愛国者」であったのか。元軍人として国家主義的活動を精力的に行った齋藤瀏を別として、戦後においては、彼らは政府と軍の強い圧力の下《もと》、心ならずも戦争遂行に加担したと評価されている。しかし、書かれたもの以外に文学者の「本心」を求めて擁護することは、戦争下の文学者たちの歴史的検討の道を閉ざすことに外《ほか》ならない。むしろ、知性の人であると同時に、戦争遂行に加担する「愛国者」でもあったと捉えるところから、歴史的検討は始まるのである。実際に彼らの〈愛国〉の感情は一時的な方便ではなく、深い根を持ったものであった。

## 六人の文学者たち

六人の文学者たちは、知性と〈愛国〉の感情の間をそれぞれに揺れ動きながら、戦争の時代を生きた。六人はおおよそ三つの世代からなるが、いずれの文学者も、戦争下に社会的地位があり、文学者として発信できる立場にあった（表3）。

与謝野晶子は、第一次世界大戦によって起こった「伝統主義」による無条件な『古事記』『萬葉集』賛美を厳しく批判した。しかし、一九三〇年代以降、「愛国者」の道を歩み、太平洋戦争開戦時には「ますらたけを」を称える「愛国短歌」を詠んだ。齋藤瀏は、一九三〇年代前半に、『萬葉集』の歌の「リズム」に注目した優れた鑑賞書を著した。ところが、一九四〇年代にはその〈方法〉を放棄し、国家主義者として『萬葉集』を戦意高揚に利用した。　敗戦後は他の国家主義的歌人たちとは異なり、歌壇に復帰せず、落魄の身のらくはくまま生涯を終える道を選んだ。

半田良平は、一九三〇年代に『萬葉集』が貴族上流社会の産物であることを鋭く見抜いた。また、社会的弱者にエンパシー（自分の経験を元として、他者と感情を分かち合うこと）を寄せ、政府を厳しく批判する〈時事歌〉を作り続けた。にもかかわらず、太平洋戦争開戦後は戦意高揚のための「愛国短歌」を作った。今井邦子は、女性であるがゆえに思うままに生きられぬ苦しみから得た、他者の「いのち」へのエンパシーを通して、『萬葉集』の歌を独自に読み取った。「殺し合い」としての戦争の本質を衝く歌も詠んだ。しかし、そのエンパシーは皇軍兵士の「いのち」にも向かい、戦意高揚に回収されてしまう。

北園克衛は、シュルレアリスト詩人として時代の先端を行く知性的作品を制作したが、一九三〇年代から「伝統的な詩」を志向し、太平洋戦争下では、『萬葉集』の価値を称揚した。また、民族主義的な「郷土詩」という新たな詩のスタイルの創出に力を尽くした。高木卓は、独自の〈歴史小説〉の理念に沿って、萬葉歌人・大伴家持《おおとものやかもち》の生涯を借りて、日中戦争下の不安な時代相を描き出そうとした。高木には、古代の「蝦夷《えぞ》」（大和朝廷から異民族視された人々）の歴史によって、戦争をしかけられた側の、差別による苦悩を示した稀有《けう》の戦争文学もある。その一方で、高木は児童書において、天皇に対する忠義心と「大東亜共栄圏」への期待を、子どもたちの心に植え付けようとした。

なぜ彼らはこのような道を歩んだのか――。本書では、それぞれの文学者にできる限り寄り添いながら、その理由を解きほぐしてゆきたい。しかし、それは彼らを擁護することではない。彼らが文学を通して戦争遂行に加担したという事実は動かない。私は非戦の立場から、彼らの文学的営為を批判的に捉えるというスタンスをとりたい。といって、彼らを性急に戦争加担者として告発することはしない。むしろ、なぜ彼らがこのような道を辿《たど》ったのかを冷静に解明することこそが、世界各地で戦争がなおも続く今の時代に必要とされていることだと考える。

六人の文学者たちの軌跡を通じて、近代社会における戦争の圧倒的な圧力と、その中での〈文学〉の可能性と不可能性を見つめてゆきたい。

※六人の文学者の作品やこれに関わる文章の引用は、漢字は原則として旧字体を新字体に改め、仮名は歴史的仮名遣いのままとした。ルビは原文のまま。ただし、（ ）を付したルビは私に加えたものである。
※『萬葉集』の歌は、原則として句毎にスペースを置いて引用した。
※戦争の時代に発表された作品・文章、書籍については、本文中に書誌情報を記した。
※引用文中には、今日から見て差別的な表現も含まれるが、歴史的資料性を考え、手を加えずに引用した。

**表4 【略年表】 1930・40年代の日本の戦争と六人の文学者たち**

（1914（大正3）～1918（大正7）：第一次世界大戦）

| | |
|---|---|
| 1928（昭和3） | 済南事件（日本軍と中国・国民革命軍の衝突） ❖齋藤瀏、済南事件で日本軍を指揮する ＊済南事件に取材したのが黒島伝治『武装せる市街』（1930年脱稿、発禁） |
| 1929（昭和4） | ❖北園克衛、前衛的な第一詩集『白のアルバム』（厚生閣書店）刊行（6月） |
| 1930（昭和5） | 世界恐慌が日本に及ぶ（昭和恐慌） |

| | |
|---|---|
| 1931（昭和6） | 満洲事変〈柳条湖事件〈関東軍による自作自演の鉄道爆破〉〉（9月） |
| 1932（昭和7） | 上海事変（陸軍軍人による自作自演の僧侶襲撃）（1月〜3月）。日本メディアで中国兵が初めて「敵兵」と呼ばれる<br>**❖与謝野晶子、上海事件の報道を受けて詩「紅顔の死」を制作**<br>満洲国建国（3月）<br>五・一五事件（青年将校による犬養毅首相暗殺）（5月）<br>**❖北園克衛、この年から、「MADAME BLANCHE」などに「伝統的な詩」として短詩を発表、「伝統」へと向かい始める** |
| 1933（昭和8） | **❖今井邦子、この年の新春詠から「国」を詠み始める**<br>国際連盟脱退、「栄光ある孤立へ」（3月）<br>**＊この年度から『小学国語読本』に『萬葉集』が登場**<br>**❖半田良平、『萬葉集』を貴族上流社会の産物と論じた「山上憶良論」を「短歌研究」に発表（10月）** |
| 1935（昭和10） | **❖半田良平、〈時事歌〉を理論化した「時事歌再検討」を「日本短歌」に発表（5月）** |
| 1936（昭和11） | **❖齋藤瀏、『萬葉名歌鑑賞』（人文書院）刊行（6月）**<br>二・二六事件（青年将校による要人暗殺）（2月）**❖齋藤瀏、この事件の叛乱幇助罪で禁固刑に処せられる（1937年1月）** |
| 1937（昭和12） | 盧溝橋事件（日本軍と中国・国民革命軍の衝突）、日中戦争始まる（7月7日）<br>**❖日中戦争下、与謝野晶子、「愛国短歌」を詠み始める** |
| 1938（昭和13） | **❖1月から『新萬葉集』全10巻（改造社）刊行、審査員に与謝野晶子**<br>国家総動員法公布（政府による国民生活の統制の権限拡大）（4月）<br>「東亜新秩序」建設を表明（欧米帝国主義・共産主義排除と、日中戦争を「正当化」する、「日満支」三国の相互扶助を訴えるスローガン）（11月） |
| 1939（昭和14） | **❖北園克衛、『戦争詩集』（8月刊）の表紙を装丁、また、これに寄稿**<br>ドイツ、ポーランドに侵攻、第二次世界大戦勃発（9月） |

1940（昭和15）

この年から、日本全体が「皇国」的に。政府が国民精神総動員強化方策を決定（2月）。
❖高木卓、大伴家持の生涯を描いた歴史小説「歌と門の盾」を同人誌「作家精神」に発表（3月）
❖今井邦子、『萬葉読本』（第一書房）刊行（6月）
近衛文麿、「新体制運動」を提唱
❖上半期の第11回芥川賞に高木卓「歌と門の盾」が選ばれるも、高木は辞退（7月）
❖北園克衛、特高警察の尋問を受ける（9月）
日独伊三国軍事同盟調印（9月）
アメリカ合衆国が屑鉄の日本輸出を全面禁止（10月）
紀元二千六百年祝典挙行（11月）　＊『日本書紀』に基づく計算
❖齋藤瀏ら、大日本歌人協会を解散させ（11月）、半田良平は歌人団体の再建に力を尽くす

1941（昭和16）

❖北園克衛、詩誌「新技術」で、「郷土主義」を提案（8月）
❖高木卓、「蝦夷」の苦悩を描いた歴史小説を収めた作品集『北方の星座』（大観堂）刊行（10月）
太平洋戦争開戦（日本時間12月8日、ハワイ時間12月7日）
❖開戦以後、半田良平、今井邦子は多数の「愛国短歌」を、北園克衛は「愛国詩」を制作

1942（昭和17）

❖与謝野晶子の「愛国短歌」が大政翼賛会文化部編『大東亜戦争 愛国詩歌集』（目黒書店）に掲載される（3月）。
❖齋藤瀏、戦意を高揚する『萬葉のこゝろ』（朝日新聞社）を刊行（5月）
❖日本文学報国会結成（齋藤瀏・半田良平は短歌部会評議員、今井邦子は短歌部会参事、北園克衛は詩部会幹事）（5月）
ミッドウェー海戦で日本海軍大敗（6月）
❖半田良平、「顧みなくて」を考証した論文「下野国防人歌」を「文学」に発表（8月）

1943（昭和18）

ガダルカナルの戦いで日本軍敗北（2月に撤退）
❖今井邦子、戦争の本質に鋭く迫る歌を収めた合同歌集『鏡光』（青梧堂）刊行（7月）
＊「撃ちてし止まむ」（『古事記』の歌謡の歌句）の標語が流布

| | |
|---|---|
| 1944（昭和19） | ❖高木卓、天皇への忠義心を賛美する『太平記物語』（小学館）刊行（6月）<br>サイパン島陥落（7月）<br>❖北園克衛、「郷土詩」を理論化した『郷土詩論』（昭森社）刊行（9月） |
| 1945（昭和20） | 東京大空襲（3月）<br>❖高木卓、「大東亜共栄圏」への夢を植え付ける児童書『安南ものがたり』（東京出版）刊行（4月）<br>ドイツ降伏（5月）<br>広島・長崎に原子爆弾投下（8月6日、9日）<br>ポツダム宣言受諾（8月14日）<br>「終戦の詔書」をラジオで発表（8月15日）<br>降伏文書調印（9月2日） |

第1章

# 与謝野晶子——〈自由〉と〈愛国心〉

# 一　与謝野晶子の「愛国短歌」

## 『大東亜戦争　愛国詩歌集』の晶子の歌

一九四一年（昭和一六）一二月八日（日本時間）、太平洋戦争（「大東亜戦争」）が始まった。その三か月後に大政翼賛会《たいせいよくさんかい》文化部編『大東亜戦争　愛国詩歌集』（目黒書店、一九四二・三）（図2）が刊行された。大政翼賛会は一九四〇年一〇月に大日本帝国政府が創設した国民統制組織である（第2章、九三〜九四頁参照）。この詩歌集の「大東亜戦争短歌抄」には、佐佐木信綱《ささきのぶつな》・斎藤茂吉《さいとうもきち》・北原白秋《きたはらはくしゅう》らの短歌とともに、与謝野晶子《よさのあきこ》（一八七八〈明治一一〉〜一九四二〈昭和一七〉）の二首の短歌が収められている（表記と振り仮名は『大東亜戦争　愛国詩歌集』に拠る）。

み軍《いくさ》の詔書《（せうしよ）》の前に涙落つ世は酷寒《（こくかん）》に入る師走《（しはす）》にて
強きかな天を恐れず地に恥ぢぬ戦《いくさ》をすなるますらたけをは
（四四頁）

一首目は「開戦の詔書」への感激を詠む。一二月の厳しい寒さが、感激の涙の熱さを際立たせている。二首目は、開戦とともに、真珠湾、シンガポール、ダバオ（フィリピンのミンダナオ島の都市）、ウェーキ（北太平洋のアメリカ合衆国領の島）、グアムを攻撃した日本軍への賛歌である。「天を恐れず地に恥ぢぬ」は、『孟子』の「仰《あふ》ぎて天《てん》に愧《は》ぢず」（尽心・上）を出典として、米国・英国との戦いが「正義」であることを言明するものである。このことばは、「開戦の詔書」が、この戦争を「東亜永遠ノ平和ヲ確立」するための戦いであると宣言したことを受けている。

二首目の「ますらたけを」は、「ますらを」の勇武さを一層強調した『萬葉集』のことばである。「ますらを」は、『萬葉集』では、〝武具を帯びた雄々しい武人〟を意味したが、太平洋戦争下では、〝天皇と国のために命を捧げて征く勇者たち〟を表し、〈銃後〉の人々が兵士集団を抽象的に賛美することばとして用いられた（小松靖彦「《ますらを》の内在化」）。

図２　『大東亜戦争 愛国詩歌集』

この二首には、昭和天皇の「開戦の詔書」に感激し、日本軍の強さを手放しで賛美する晶子がいる。その姿は、日露戦争（一九〇四〈明治三七〉～一九〇五）に出征した弟を案ずる詩「君死にたまふことなかれ」（『明星』辰歳9号、一九〇四・九）に象徴される〝反戦〟の文学者としての晶子像からあまりに遠い。なぜ晶子は戦争遂行に加担する文学者となったのか。そもそも晶子は本当に〝反戦〟の文学者であったのか。

## 二首の初出と評価

二首の歌は、晶子主宰の結社誌「冬柏《とうはく》」（第13巻第2号、一九四二・二）に掲載された作品群「峰の雲」三八首中の歌（この他に同じ題のもと、万木寿賀子の歌三首を加えて掲載）として発表された。三八首には、この二首も含めて、太平洋戦争に関わる歌が九首含まれている（頭の番号は引用者。〔　〕内の数字は「峰の雲」での配列。表記と振り仮名は「冬柏」に拠る）。

1　三千《みち》とせの神の教へに育てられ強し東の大八島《おほやしま》びと〔④〕
2　み軍《いくさ》の詔書《せうしよ》の前に涙落つ世は酷寒《こくかん》に入る師走《しはす》にて〔⑪〕
3　強きかな天を恐れず地に恥ぢぬ戦《いくさ》をすなるますら武夫《たけを》は〔⑫〕
4　水軍の大尉となりてわが四郎み軍に往く猛《たけ》く戦へ〔⑬〕
5　子が船の黒潮越えて戦はん日も甲斐なしや病ひする母〔⑭〕
6　子が乗れるみ軍船《いくさぶね》のおとなひを待つにもあらず武運あれかし〔⑮〕
7　日の本の大宰相も病むわれも同じ涙す大き詔書に〔⑯〕
8　戦ある太平洋の西南を思ひてわれは寒き夜を泣く〔⑰〕
9　咲くらめど軍の外は思はずよ越《こし》の武生《たけふ》の初冬《はつふゆ》桜〔⑲〕

『大東亜戦争　愛国詩歌集』に採られた2・3の他にも1のように、「神国」日本を賛美する歌がある。4〜6は、海軍軍人として出征した四男の昱《いく》（改名前アウギュスト）を思いやる歌である。昱は一九一三年（大正二）生まれで、東京帝国大学工学部機械部機械工科を卒業して、日本電気に入社したが、その後、海軍に入隊。太平洋戦争開戦時には二九歳であった。4と6は、昱を「ますら武夫」として称えるものである。

5では昱が戦うというのに、病身で何もできぬ不甲斐なさを歌う。晶子は一九四〇年（昭和一五）に脳溢血の発作により左半身不随となっていたところに、一九四二年一月四日に狭心症の発作も起こした。7は、病身であっても、首相・東條英機《とうじょうひでき》とともに「開戦の詔書」に感激の涙を流す。それは「国民」の一人としての自覚に外ならない。この歌に込められた思いを知るには、やはり病床で開戦を迎えた北原白秋《きたはらはくしゅう》（一八八五～一九四二）の歌が参考になる。

青雲に命つくして悔《くひ》あらぬ神々坐《ま》すと醜《しこ》や病み臥す（病院にて）

「作品」（佐佐木信綱著者代表『歌集新日本頌』七五頁、八雲書林、一九四二・一一）

白秋は前線の兵士たちと引き比べて、何もできぬ病身の自分を「醜」と卑下した。晶子も白秋同様のもどかしさを感じていたのであろう。

8では昱を思って泣く、弱った母の心を詠む。「寒き夜を泣く」は、寒夜が不安の塊となって晶子に迫ってくるかのような表現である。9は、一九三三年一一月に訪れた越前《えちぜん》の武生《たけふ》（今の福井県武生市）で見た桜に思いを馳せながらも、心を戦争に集中させようとする歌である。晶子は武生で狭心症の発作を起こしていた。

8のような歌があるため、1～9を一連として読むと、8以外の歌の〝寒さ〟や〝涙〟にも、病む晶子の身体的感覚が感じられてくる。また、一連の底には、「君死にたまふことなかれ」に通ずる、家族を案ずる心情が流れているようにも読める。しかもその心情は、「君死にたまふことなかれ」よりも心細く不安である。篠弘《しのひろし》はそれを「わが子を征かしめた後の、疼くような心もち」と表現している（「与謝野晶子の時代認識」）。しかし、単独で読む限り、8以外は紛う方なき戦争賛美の歌である。2の〝酷寒〟に流す〝涙〟も、白秋の、

まなしたの真土《まっち》にとほる霜のいろせきあへず泣かゆ我が大君《おほきみ》

「作品」（『歌集新日本頌』七二頁）

などにも見え、「開戦の詔書」賛美のための類型的な表現であった。

1〜9の中でも、『大東亜戦争 愛国詩歌集』に採られた二首（2・3の歌）は、特に高揚感が強く緊張感のある歌である。『大東亜戦争 愛国詩歌集』の「跋《ばつ》」には、開戦の報に、全ての日本人が「一切の打算と懦《だ》気《き》と逡巡《しゅんじゅん》を却《しりぞ》け、生死を堵《ママ》して戦ふ凛然《りんぜん》たる決意武者震《ぶる》ひ」をした「大東亜戦争」の出陣を飾るにふさわしい、日常的に声に出して読める詩歌を集めたと、その編集方針が説明されている。晶子の二首は、まさにこの編集方針に叶うものであった。

三枝昂之《さいぐさたかゆき》も言うように、家族を思って疼くような心情も、「国を思ひ、国を愛する熱情」（『大東亜戦争 愛国詩歌集』「跋」）も晶子の中では共存していた*1（『昭和短歌の精神史』）。

## 「愛国短歌」の問題

日中戦争・太平洋戦争下では、戦争に関わる短歌が数多く詠まれた。それらを整理分類すると図3のよう

〈戦争短歌〉（総称）
- 「**愛国短歌**」
  - 〈銃後〉の人々の「**愛国短歌**」
    - A　過剰なまでの戦争賛美
    - B　より穏健だが集団的立場で戦争を詠む
    - C　〈私〉に即して戦争を詠む（矛盾した感情を含むこともある）
  - 〈戦場〉の人々（将兵・「看護婦」ら）の「**愛国短歌**」
    - D　〈戦地〉での強い決意表明
    - E　より穏健な立場で戦争を詠む
- 〈戦場〉の人々（「将兵・看護婦）ら）の「**戦場詠**」

**図３　戦争に関わる短歌の分類**

＊なお、〈銃後〉の詩人の中でも、日中戦争下の北園克衛《きたぞのかつえ》らのように、フランスの「戦争詩」のような作品をめざして、「愛国詩」ではなく「戦争詩」という用語を用いている場合がある（徐載坤《スゼコン》「「荒地」派と戦争」参照）。

になる。この分類の枠組みは、今村冬三《いまむらふゆぞう》の「愛国詩」と「戦争詩」の区分を応用したものである。今村によれば、戦争下では、「愛国詩」と「戦争詩」は明確に区別されていた。「愛国詩」は、愛国の情熱や報国の至誠を表現する類型的な詩を指した（今村は「殉国」としたが、本書では「報国」とする。両者の違いについては終章参照）。一方、「戦争詩」は、戦闘・戦場生活などの非日常的モチーフからなる、戦地における個別的戦場詩を意味していた（『幻影解「大東亜戦争」』）。今村は、戦後に、「愛国詩」と「戦場詩」を一括して「戦争詩」と扱ったことは、誤りであったと厳しく批判している。

晶子の九首は「愛国短歌」と言える。1・2・3・7がA、4・5・6・8・9がCである。

晶子は日中戦争下から、Aのタイプの「愛国短歌」を詠んでいた。その一部が次の歌である（「読売新聞」短歌欄の選者詠。香内信子《こうちのぶこ》『与謝野晶子』の調査を「ヨミダス歴史館」で確認。香内の誤植を修正した）。

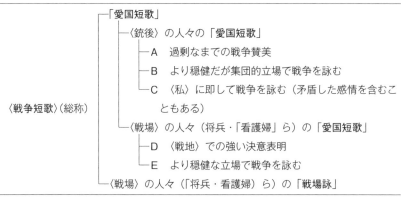

海を越え祖国の衛《まも》り大君《おほきみ》の民《たみ》くさのため出でて戦《たゝか》ふ〔歌題「国」〕　（一九三七年一一月一〇日付朝刊九面）
罪《つみ》を焼く火を携《たづさ》へてますらをは支那《しな》南北も中央《おう》も翔《か》く〔歌題「翔」〕（一九三七年一二月三〇日付朝刊九面）
その心正しき人が美くしく清く死《し》に行くたたかひの庭《には》〔歌題「戦」〕（　〃　）

戦争下、多くの歌人たちによって詠まれた「愛国短歌」は、太平洋戦争敗戦後、作者からも批評家・研究者からも、歌人の「本心」を表したものではなかったとされた。歌人たちは、戦後に編んだ歌集には、新聞などに発表された「愛国短歌」を収めることはなかった。「愛国短歌」は近代短歌史の「負の遺産」とみなされている。

しかし、「愛国短歌」は、歌人たちのその当時の偽りではない心情の一つであったのではなかろうか。晶子の「愛国短歌」も、「本心」から出たものと思われる。戦争以前の晶子の歌と比較して、〝非晶子的〟と見るのではなく、なぜ「愛国短歌」を詠んだかを、晶子に即して考えることが重要である。*2

## 二　与謝野晶子と『萬葉集』

### 晶子の愛読書であった『萬葉集』

「愛国短歌」を詠むに至る晶子の思想のありようを考える一つの手懸かりが、『萬葉集』の受容である。『源氏物語』と異なり、晶子には『萬葉集』に関するまとまった著作はない。しかし、その数少ない発言から、晶子の『萬葉集』に対する特別な思い入れが窺《うかが》える。また、第一次世界大戦中から昭和前期に『萬葉集』が無批判に賛美されてゆく中、極めて知性的に『萬葉集』を捉えていたこともわかる（以下、『定本與謝野晶子全集』所収の晶子の評論の本文と振り仮名は、初収の評論集に拠る）。

『萬葉集』は一、二歳の時から晶子の愛読書であった（「萬葉集の現代解釈——井上通泰《いのうえみちやす》博士の萬葉集新考——」「時事新報」一九二八・一・一八）〔『與謝野晶子評論著作集』第一九巻（以下、「評論著作集一九」）〕。歌人としての地位を確立した後には、作歌入門の文章で、「萬葉集中《まんねふしふちゆう》の佳作《かさく》は永久《えいきう》に佳作《かさく》として模範《もはん》とするに足《た》る」（「歌《うた》を詠《よ》む心持《こころもち》」（初出未詳）『一隅より』一三八頁、金尾文淵堂、一九一一・七）〔『定本與謝野晶子全集』第一四巻（以下、「定本全集一四」）、七六頁〕と述べ、学ぶべき古典としている。

とはいえ、晶子の短歌には『萬葉集』の直接的影響はほとんど見られない。晶子は、「萬葉集《まんえんしふ》の外形《ぐわいけい》を崇《すう》拝《はい》し模倣《もはう》するのは時代錯誤《じだいさくご》の甚《はなは》だしいものだと思《おも》ひます」（『晶子歌話』第一章一四「私《わたし》が古語《こご》を模倣《もはう》した歌《うた》に顰《ひん》蹙《しゆく》する理由《りいう》」四〇頁、天佑社、一九一九・一〇）〔定本全集一三、二六八頁〕という立場をとった。晶子が『萬葉集』に求めたのは、

〔…〕萬葉集《まんえんしふ》の偉大《ゐだい》な所《ところ》は、その積極的《せききよくてき》な生活感情《せいくわつかんじやう》の自由表現《じいうへうげん》にあります。その生活理想《せいくわつりさう》の世界的《せかいてき》な所《ところ》にあります。

（『晶子歌話』第一章一四「私が古語を模倣した歌に顰蹙する理由」四〇頁）〔定本全集一三、二六八頁〕

と、〈生活感情の自由な表現〉と、〈生活理想の世界性〉（後述）であった。この二つは、山根巴《やまねともえ》が指摘する

ように、晶子の作歌姿勢の根本となっている（「与謝野晶子と万葉集」）。

## 伝統主義論争

「私が古語を模倣した歌に顰蹙する理由」における、『萬葉集』への崇拝と模倣に対する痛烈な批判は、一つには『萬葉集』の古語を積極的に摂取した「アララギ」の歌人たちを意識している（新間進一《しんましんいち》「茂吉と晶子」）。この評論が発表される数年前に斎藤茂吉《さいとうもきち》（一八八二～一九五三）の『赤光《しゃっこう》』（東雲堂書店、一九一三・一〇）が刊行され、歌壇のみならず文壇にも大きな衝撃を与えたことが、晶子の闘争心に火を点《つ》けたのであろう。この評論以後、茂吉と晶子の間で古語の利用をめぐって激しい論争が交わされた。

「アララギ」の歌人たち以上に、晶子が意識していた人々として注目したいのが、「伝統主義」を主張した言論人である。茂吉との論争は、作歌における『萬葉集』の古語の利用をめぐる技術論的な性格が強い。しかし、「伝統主義」との対決は、『萬葉集』とは何か、『萬葉集』をどう受容すべきか、という本質的な問題について晶子の考え方を明確に論理化するものとなっている。

村田裕和《むらたひろかず》によれば、「伝統主義」は、第一次世界大戦中に、交戦国ドイツに対抗するフランスの文化ナショナリズムとして勃興した。「フランス精神」を宣揚する「伝統主義」は、東京帝国大学講師となったエミール・ルイ・エック（Emile Louis Heck 一八六六～一九四三）によって日本に紹介された。一九一六年（大正五）末頃、その教え子・太宰施門《だざいしもん》（一八八九～一九七四）らが「仏蘭西《フランス》文学会」を設立し、モーリス・バレス（Maurice Barrès 一八六二～一九二三）らのフランス「伝統主義文学」を世に知らしめた。太宰の『仏蘭西文学史』（玄黄社、一九一七・二）に対する社会主義評論家・安成貞雄《やすなりさだお》の批判がきっかけとなって、「伝統主義論争」

が起こる。一九一七年後半から、論争は、日本主義者（三井甲之《みついこうし》・岩野泡鳴《いわのほうめい》ら）とその反対者（江口渙《えぐちかん》・土田《つちだ》杏村《きょうそん》ら）による日本における「伝統主義」をめぐる議論に発展した（『近代思想社と大正期ナショナリズムの時代』）。

この中で特に重要なのが歌人・評論家の三井甲之《みついこうし》（一八八三〜一九五三）である。三井は「早稲田文学」第１３９号（一九一七・六）の特集「伝統主義に就いて」に寄稿した評論「伝統主義の任務」において、当時注目されていた人道主義を、「自然主義に神話童話的想像要素を加へたものに過ぎぬ」と断定した。その上で、自然主義文芸において、人生は「野獣化せられ物質化せられてすさまじいもの」となったとして、個人の自由を「組織」（＝統制）することが必要であると説いた。その要となるものは「祖国の伝統」と言う。

さらに三井は翌七月発行の「早稲田文学」第１４０号の特集「古文学の新研究」に、「古事記論」を発表した。この評論で、「神典」である『古事記』を通して、民族の始まり以来の生命の律動を学ぶべきことを主張した。

三井のような「伝統主義」に対して、人道主義の立場に立つ晶子は論陣を張り、独自の古典観を提示したのである。

### 晶子の「伝統主義」批判

晶子は「太陽」一九一七年（大正六）九月号〈第23巻第10号〉に、評論「伝統主義に満足しない理由」（〈初出題「心頭雑草」〉『若き友へ』〈白水社、一九一八・五〉所収）〔定本全集一六〕を発表した。

まず、晶子は、文壇の「伝統主義」は行き詰まりによって過去に足掛かりを求めようとするものだと断ずる。そして、行き詰まりを打開する手懸かりは、むしろ「伝統主義」を通過した先にこそあると言う。続いて、伝統の価値は、古代の日本産であるところにあるのではなく、現在の生活に役立ち、現在の世界の文化に新しい価値を増すところにあるとした（波線は引用者。以下同）。

「古事記に帰れ」と云ふやうなことは一つの修辞としては人の注意を惹く。併《しか》し古事記から私の言ふ意味の伝統の価値が発見され創造されるであらうか。古事記や萬葉集の研究に由《よ》つて現在の生活に役立つ、世界的の価値を持つた、優れた何物かを収得しようとするのは、世界の文化に浴しつゝある今日の日本人に取つて非常に迂遠《うゑん》な、不経済な、逆向的な手段では無いであらうか。

（「伝統主義に満足しない理由」『若き友へ』九九〜一〇〇頁）〔定本全集一六、三六八頁〕

波線部は、まさに三井甲之の「古事記論」の主張である。晶子はそれを強く批判している。さらに、『古事記』『日本紀《マ　マ》』『萬葉集』『源氏物語』などの古典に示された文化は、前代の日本人の生活に高い価値を持ち、そして今の生活にも多少の価値を持ってはいると認める。しかし、その価値は文明諸国の伝統の中にも内在している性質のものであり、現在の世界に比類を見ないものではない、と断言する。そして、むしろ現在の生活に役立つ文明の思想と様式を、広く国内外から、時間を超えて選択すべきであると主張する。

我国のやうな所で〔引用注、ここで晶子はフランスを意識している。フランスは世界的価値のある伝統を持っているとして、その「伝統主義」を肯定する」唱へられる伝統主義は世界的人類的たるべき文化を一国土一民族に局限して、国民の生活を割拠的、保守的、排他的、孤立的に退嬰《たいえい》委縮させる危険があるやうに思はれる。

（「伝統主義に満足しない理由」『若き友へ』一〇一頁）〔定本全集一六、三六九頁〕

と言い、「古事記を卒読した其時の印象から誇張して世界の思想に冠絶すると云ふ意味の日本思想を唱へるやうな人」は、『古事記』を利用して気を吐く清談者流（俗世間と無縁に高踏的な議論を好む人風《ふう》）か、お国自慢好きの偏狭独断な島国根性の人であると切り捨てた。

晶子は、世界のさまざまな文明を、現在の生活に役立て、世界の文化に新しい価値を加えることを重視している。そして、後発の日本もまた、この世界的人類的文化の一員に加わらねばならないと見ているのである。

この考え方によれば、『古事記』も『萬葉集』も日本民族の始まりを示す古典として特別な価値を持つのではなく、世界的人類的文化に対していかに貢献できるかによってその価値が決まる。だからこそ、晶子はこの評論の末尾で、「伝統主義」の言論人が取り上げない、『源氏物語』にこそ研究と批評が必要であることを説いたのである。

このように世界的人類的視野を持っていた晶子は、一九二八年に「『萬葉集《にようしう》』の歌《うた》の精神《せいしん》が、純日本的《じゆんにほんてき》なものと異国的《いこくてき》世界的《せかいてき》なものとを合《あわ》せて、偉大《いだい》な価値《かち》を築《きづ》き上《あ》げた所《ところ》に多大《ただい》の益《えき》を受《う》けてゐる」（「萬葉集の現代解釈―井上通泰博士の萬葉集新考―」）〔評論著作集一九、三二〇頁〕と『萬葉集』の本質を的確に指摘している。『萬葉集』の〈生活理想の世界性〉とは、萬葉人たちの理想とする生活が、異国の文化（具体的には中国）

の中にも求められていたことを言うのであろう。「伝統主義」は、「忠君愛国」の精神・「日本古代の伝統」を示すものという一九三〇年代における『萬葉集』の位置付けの（序章、一八～一九頁）大きな推進力となった。それに対して、晶子がこのように『萬葉集』を知性的に捉えていたことは注目に値する。

**世界的人類的視野**

晶子の世界的人類的視野は、幼い頃からの中国への親近感、三〇代でのヨーロッパ体験、そして、「人道主義・人類主義」によって形成されたものであろう。「人道主義・人類主義」について、第一次世界大戦中に発表された評論「私達の愛国心」（「横浜貿易新報」一九一七・一一・四。『若き友へ』所収）に次の発言が見える。

> 国家主義の上に築かれた国家は、個人と衝突すると共に他の国家と衝突する。即ち戦争の予想される不安定な国家である。低級な国家である。
> 人道主義又は人類主義の中に建てられた国家は何《いつ》れに向いても衝突する所が無い。国家を国家主義に託するのは宇宙を溝の中に蔵《をさ》めようとするやうなもので、必ず失敗するのは言ふまでも無い。国家を人道主義又は人類主義の中に置くのは宇宙を以《もつ》て宇宙の中に蔵めて置くやうに是《これ》以上の安全は無いのである。
> （「私達の愛国心」『若き友へ』一八〇頁）〔定本全集一六、四二七～四二八頁〕

個人の自由を制限する国家主義的国家を、戦争の危険を抱えた「低級国家」とまで言い切った晶子が、日中戦争以後、「愛国短歌」を詠み、『萬葉集』のことば「ますらを」を使って日本軍兵士を賛美した。晶子を変えたものは何であったのか。それには日本と中国の歴史が大きく関わっている。

## 三　「日文親善」の理想

### 「石井・ランシング協定」と晶子

晶子はジャーナリストとして、一貫して〈中国〉に対して親近的な姿勢をとった。なお、一九一一年（明治四四）の辛亥《しんがい》革命から一九四九年（昭和二四）の中華人民共和国の建国宣言までの間、中国大陸ではさまざまな政治勢力が割拠する状態であった。それゆえ、政治的経済的に広く中国を指す場合には〈中国〉と表記する（例えば「中華民国政府」を単独に指すのではないことを示すため）。

日本政府と軍は、第一次世界大戦（一九一四・七〜一九一八・一一）の最中《さなか》、中国大陸への侵出を積極的に進めた。

陸軍軍人出身の寺内正毅《てらうちまさたけ》の内閣（一九一六〈大正五〉・一〇・九〜一九一八・九・二九）は、一九一七年一一月二日にアメリカ合衆国と「石井・ランシング協定」を締結した。「石井・ランシング協定」は、アメリカ合衆国がヨーロッパ戦線に専念するため、日本の〈中国〉における権益（「対華二十一カ条要求」〈一九一五〉で得た山東省の権益）を認めるものである（日本の特使石井菊次郎《いしいきくじろう》とアメリカ合衆国の国務長官ロバート・ランシング〈Robert Lansing〉の間で締結）。一方、日本はアメリカの、〈中国〉における門戸開放・機会均等・領土保全の原則を認めた。

この協定について、従来から「日支親善」を主張していた晶子は、評論「日米協約に現れた我国の態度」（〈初出題「心頭雑草」〉「太陽」第23巻第14号、一九一七・一二。『若き友へ』所収）〔定本全集一六〕日本がドイツの軍国主義の道を採らず、〈中国〉の領土保全を公約したものとして称賛した。

［…］日本が若《も》し旧式な武断政策を用ひて兵を動かすことがあれば地理的に最も利害関係の密接した支那に対してであるのですが、その支那に対してさへ侵略的行為を放棄することを誓つたとすれば、其《その》外《ほか》の国土に向つても平和主義を以《もつ》て親善を継続するに到ることは言ふまでもありません。

（「日米協約に現れた我国の態度」『若き友へ』二三二～二三三頁）〔定本全集一六、四六八頁〕

確かに「石井・ランシング協定」には「合衆国及日本国両政府ハ毫《ガウ》モ支那ノ独立又ハ領土保全ヲ侵害スルノ目的ヲ有スルモノニ非《アラザ》ルコトヲ声明ス」（外務省編『日本外交年表竝主要文書』上）という一文がある。しかし、その目的はあくまでも、日米の〈中国〉におけるそれぞれの権益維持であり、〈中国〉との友好関係を築くことにはなかった。

しかし、晶子はこの一文を文字通りに受け取り、〈中国〉への侵略行為の放棄と希望的に解釈したのである。それほどまでに晶子にとって「日支親善」は願わしいものであった。

## 晶子の〈中国〉へのまなざし

晶子の〈中国〉への憧れが、弾むような筆致で書かれている文章がある。「支那が観《み》たい」（〈初出題「晩秋の窓㈤」〉「横浜貿易新報」一九二九・一一・四。『街頭に送る』〈大日本雄弁会講談社、一九三一・二〉所収）〔定本全集二〇〕である。「横浜貿易新報」誌への発表は、一九二八年五月五日から六月一七日の中国東北部（「満蒙」）の旅より後であるが、内容から執筆が旅行以前であることがわかる。

> 〔…〕古典的《こてんてき》な北平《ペイピン》〔引用注、現在の北京〕では其方《そのはう》の碩学《せきがく》に逢《あ》ひたい、劇《げき》や音楽《おんがく》に接《せつ》したい、琉璃廠《ルリジャン》〔引用注、北平の書画・骨董・文具街〕の古本屋《こほんや》を覗《のぞ》きたい、新《あたら》しい方面《はうめん》で北平大学《ペイピンだいがく》の若《わか》い教授達《けふじゆたち》にも逢《あ》ひたい。近代的《きんだいてき》な上海《シャンハイ》では資本家《しほんか》と軍閥《ぐんばつ》との関係《くわんけい》が知りたい。それよりも支那《しな》の新《あたら》しい青年男女《せいねんだんぢよ》の気分《きぶん》と実際《じつさい》の動《うご》き、一般《ぱん》に各国人《かくこくじん》の交錯《かうさく》し混乱《こんらん》した状態《じやうたい》が味《あぢは》ひたい。揚子江《やうすかう》をも眺《なが》めたい。
>
> （「支那が観たい」『街頭に送る』一九一頁）〔定本全集二〇、一四三頁〕

中国古典の世界と若々しい近代中国への憧れ、各国人の交錯する上海の「世界性」への期待が歯切れのよい文章で表現されている。

これに続いて、評論家・社会運動家の新居格《にいいたる》から、出水でできた湖で釣りをする、といった中国人の「度外《どはづ》れな呑気《のんき》さ」を聞き、煩瑣《はんさ》な規則に縛られた日本人の生活が「世界的」でないことを嘆いている。晶子は様々な意味で〈中国〉の「世界性」に強く心惹かれていたのである（但し、上海の「世界性」は列強によって人工的に作られたものであった）。

## 〈中国〉の資本家と「軍閥」への関心

ところで、晶子が知りたいものとして、上海の「資本家と軍閥との関係」を挙げていることに注目したい。晶子の〈中国〉への関心の中には、貿易と〈中国〉の「軍閥」（私的軍事集団）の動向が常にあった。「支那が観たい」よりも少し前に発表された「女子の中等教育改善」（〈初出題「緑蔭小説㈢」〉「横浜貿易新報」一九二九・六・一六。『街頭に送る』所収）〔定本全集二〇〕において、高等女学校では英語を自由選択科目とし、地方によっては、英語の代わりに現代中国語を学ぶようにしてほしい、という驚くほど革新的な提案を行っている。その理由の一つは、「日支両国《にっしりやうごく》の親和《しんわ》」であるが、もう一つの理由は、〈中国〉が永久に日本の貨物の市場でなくてはならず、そのために現代中国語に通じた「国民」の育成の必要性を感じていたからである。晶子の〈中国〉へのまなざしには、日本の恒久的市場という現実的視点が存在していたのである。

また、「軍閥」は〈中国〉の政治を捉えるときの晶子の枠組み《フレーム》であった。加藤高明《かとうたかあき》内閣（一九二四・六・一一～一九二六・一・三〇）の陸軍大臣・宇垣一成《うがきかずしげ》が、一九二五年に陸軍四個師団などを削減した「宇垣軍縮」についての論評にそれが明瞭に表れている。

加藤内閣では、幣原喜重郎《しではらきじゅうろう》が外務大臣を務め、国際協調を重視する「幣原外交」を展開し、〈中国〉に対しては内政不干渉の立場をとった。そのため、「国民」は「宇垣軍縮」を「幣原外交」の一環と捉えた。しかし、実際の目的は人員削減によって陸軍近代化のための資金を得ることにあった。また、宇垣は「満洲」の鉄鉱石と石炭が必要と考え、幣原の対〈中国〉外交には批判的であった（エズラ・F・ヴォーゲル『日中関係史』などによる）。

晶子は、評論「傍観者の言葉」（「横浜貿易新報」一九二九・七・一四。『街頭に送る』所収）〔定本全集二〇〕において、「宇垣軍縮」を、「幣原外交」の一環の平和的なものと受け止め、資本家と結託する日本の「軍閥」の宇垣への干渉を案じている。「石井・ランシング協定」のときと同じように、晶子は「宇垣軍縮」の真の意図を見抜けなかったのである。

これに続く文章で、

［…］支那《しな》の和平統《わへいとう》一は彼国《かのくに》の新軍閥《しんぐんばつ》のカムフラアジユ的標語《てきへうご》であつて、それの完成《くわんせい》は近《ちか》き将来《しやうらい》に期待《きたい》されないかも知《し》れないが、それが望《のぞ》ましいものである限《かぎ》り、日本《にほん》は進《すゝ》んで其《そ》れを援助《ゑんじよ》することに由《よ》つて、初《はじ》めて真《しん》の「日支親善《につししんぜん》」を計《はか》るべきであり、決《けつ》して武力《ぶりよく》の脅威《けふゐ》を以《もつ》て支那本土《しなほんど》にも満蒙《まんもう》にも臨《のぞ》むべきでない。

（「傍観者の言葉」『街頭に送る』九七〜九八頁）〔定本全集二〇、七六頁〕

と述べる。この「支那の和平統一」をめざした「彼国の新軍閥」とは、「広東《カントン》国民政府（第四次）」（一九二五年樹立。主席は汪兆銘《おうちょうめい》 Wang Zhaoming。一九二七年二月に本拠地を移してからは「武漢国民政府」）、またはその司令官・蔣介石《しょうかいせき》 Jiang Jieshi（一九二七年四月にクーデターを起こし「南京《ナンキン》国民政府」を樹立）を指している。蔣介石は中国北部を支配する「北洋軍閥」を打倒し、中国の独立と統一をめざし、一九二六年から一九二八年に国民革命軍を率いて「北伐」を行った。

この「広東国民政府」は、孫文（孫中山）Sun Wen（一八六六〜一九二五）創設の国民党が樹立した政府に外ならない。だが晶子は「広東国民政府」、あるいはその司令官・蔣介石と国民革命軍を「新軍閥」と見たのであった（これは、当時の「国民」の一般的見方でもある）。

晶子は、日本政府と軍が中国侵出を進める中、あくまでも〈中国〉と平和的関係を築くことを求めた。それは極めて理想主義的であると同時に、恒久の「市場」としての〈中国〉の確保という打算的なものであった。それゆえ、政府と軍の真の意図を見抜けなかった。そして、〈中国〉の政治を「軍閥」という枠組《フレーム》みで捉え続けたことによって、中国社会の現実を読み誤ることになるのである。

## 四　上海事変という転機

### 〈中国〉に対する見方の変化

一九三二年（昭和七）一月の上海事変（第一次。中国では「一・二八松滬《ソンフー》抗戦」または「一・二八事変」）は、晶子の〈中国〉に対する見方に大きな影響を与えた。

晶子は、一九三三年三月の国際連盟脱退を受けて一〇月三日開催予定の「五相《ごしょう》会議」（内閣総理大臣、陸軍大臣、海軍大臣、大蔵大臣、外務大臣による会議）について、「時局雑感」（『横浜貿易新報』一九三三・一〇・一〔評論著作集二〇〕）で論評した。その中で、自分は、第一次世界大戦後の平和論と平和現象に眩惑《げんわく》されていたが、「満蒙」旅行をした頃から、「戦争《せんさう》はまだまだ繰返《くりかへ》される」というキリスト教社会運動家・伝道者の賀川《かがわ》豊彦《とよひこ》の見方が現実的であると考えるようになった、と述べている。

これによれば、晶子が一九二八年五月から六月の「満蒙」旅行によって、〈中国〉、特に「満蒙」に関して見方を大きく変えたかのように見える。[*3]「満蒙」旅行で、晶子は一九二八年五月の済南《さいなん》事件（山東《さんとう》省済南における日本軍と中国・国民革命軍の武力衝突。中国では「済南惨案」または「五・三惨案」。第2章、七六〜七七頁参照）以来の中国人の対日感情の悪化を知った。また、奉天《ほうてん》（現在の瀋陽《しんよう》市）では、中国東北部の「軍閥」の指導者・張作霖《ちょうさくりん》 Zhang Zuolin 爆殺事件（一九二八・六・四）による戒厳令も体験している（与謝野寛・晶子『満蒙遊記』大阪屋号書店、一九三〇・五、逸見久美《いつみくみ》『新版　評伝　与謝野寛晶子　昭和篇』）。確かに「戦争はまだまだ繰返される」ことを晶子は肌で実感したに違いない。

しかし、前節で見たように、「満蒙」旅行後の一九二九年発表の評論「傍観者の言葉」で、晶子は「支那本土にも満蒙にも」武力の脅威で臨むべきではなく、あくまでも平和的に、「日支親善」を進めることを主張していた（但し、日本の「満蒙」経営は必要という立場）。「時局雑感」の「満蒙」旅行での感懐は、吉田啓子《よしだけいこ》も説くように、戦争がなくならないことを述べたに止まるものであろう（「与謝野晶子の戦争言説」）。

とはいえ、「時局雑感」において晶子が、満洲事変（一九三一・九。奉天《ほうてん》郊外の柳条湖《りゅうじょうこ》で、日本の関東軍が南満洲鉄道の線路を爆破。これを国民革命軍の犯行として、戦闘の末、中国東北部を軍事力で占領。中国では「九・一八事変」）と日本の国際連盟脱退を支持し、「より確実《かくじつ》な日本となる礎地《そぢ》が築《きづ》かれること」を政府に求め、非常時の「国民《こくみん》の一致結束《ちけつそく》」を呼びかけていることには注意したい。晶子の〈中国〉に対する見方は、一九二九年時点から、徐々に変化し始めるのである。

## 上海事変

その変化を決定的にしたのが、上海事変（第一次）と思われる。

上海事変は、前年の満洲事変を国際社会の目からそらすために、一九三二年（昭和七）一月一八日に、陸軍少佐・田中隆吉《たなかりゅうきち》が、上海共同租界で中国人の若者に日蓮宗の僧侶二人と信徒三人を襲撃させたことに端を発する（僧侶一人が死亡）。この件で緊張が高まっていた、日本の上海海軍特別陸戦隊と中国の国民革命軍第一九路軍との間で、一月二八日に軍事衝突が起きた。第一九路軍が頑強に抵抗したため、日本海軍が第三艦隊を、次いで日本政府（首相・犬養毅《いぬかいつよし》、陸軍大臣・荒木貞夫《あらきさだお》）は陸軍部隊を派遣した。戦闘は三月一日の第一九路軍撤退まで続き（日本軍は三月三日に戦闘中止）、五月五日に日本政府と「中華民国政府」（「広州国民政府」）との間で停戦協定が結ばれた。

上海事変は、国民革命軍が日本の侵略に正面から抵抗した数少ない例である。抵抗の烈しさには、この時期の中華民国内部の政治的対立が関係していた。この頃、「南京国民政府」を樹立した蔣介石（中国東部の浙《せっ》江《こう》省出身）は一時的に権力を失っており、第一九路軍の兵士三万人を広東から上海に配備替えしたのは、反蔣介石派の「広州国民政府」（一九三一年五月樹立）の孫科《そんか》 Sun Ke（孫文〈中国南部の広東省出身〉の子）であった。孫科は、上海市長にも自分の協力者の呉鉄城《ごてつじょう》 Wu Tiecheng を任命し、蔣介石の報復を警戒した。

図４　1934年アメリカ訪問時の蔡廷鍇歓迎ポスター

「中国僑網」https://www.chinaqw.com/zgqj/qsgc/200609/19/45507.shtml

満洲事変以来、上海では反日感情が高まり、日本製品の大規模な不買運動も起こっていた。上海を防衛した第一九路軍は、実戦経験が豊富で士気が高く、司令官の蔣光鼐《しょうこうだい》 Jiang Guangnai と蔡廷鍇《さいていかい》 Cai Tingkai は日本に激しい敵意を抱いていた。二人は一月二九日に、中国人住民に、日本人には「一寸の土地も一本の木も譲り渡さない」と通達した（上海事変については、菊池《きくち》

**図5　蔡廷鍇の写真の入ったタバコの広告**
「中国僑網」http://www.chinaqw.com/zgqj/qsgc/200609/19/45507.shtml

一隆《かずたか》「満洲事変と第一次上海事変」、エズラ・F・ヴォーゲル『日中関係史』などによる）。

上海事変後の日本と〈中国〉について、ヴォーゲルとリチャード・ダイクは極めて重要な指摘をしている。彼らによれば、日本の新聞は、それまで単に中国人、または「軍閥」の部隊と表現していた中国兵を、初めて「敵兵」と呼んだ。中国兵が「敵」と認識されたのである。一方、〈中国〉側は、この戦闘によって自信を得た。カリスマ性のあった蔡廷鍇は国民的英雄となり（図4）、蔡の写真はタバコの箱や塩の容器にまで使われた（図5）（エズラ・F・ヴォーゲル『日中関係史』）。

上海で戦闘を見聞したフランスのジャーナリストのアンドレ・ヴィオリスは、とるに足りぬ武器での、三四日間の第一九路軍の激しい抵抗に驚き、当時「理想も愛国心ももたない」と言われていた中国人の国民的な団結の高揚と、憤慨による奮起に感銘を受けている（『1932年の大日本帝国』）。

### 「紅顔の死」の問題点

晶子は、「読売新聞」一九三二年（昭和七）三月四日付夕刊の、

上海事変を伝える安藤覚《あんどうかく》記者の記事「敵死体の悉《ことごと》くは紅顔の美少年　憎むべき敵将蔡廷楷《さいていかい》《(ママ)》」（図6）に激しく心を動かされた。すぐに、詩「紅顔の死」を作り、その日のうちに「読売新聞」に送った。「紅顔の死」は翌五日の朝刊七面に掲載された（安藤は一八九九〜一九六七。曹洞宗の僧侶で、後に衆議院議員）。

安藤の記事は、上海事変を次のように伝えていた。

［…］再《ふたゝ》び合《がつ》掌して前進《しん》すれど壕は川《かは》にそひ蜿蜒《ゑんゑん》として行《ゆ》けどもつきず敵兵《てきへい》の死体《したい》又《また》つきる処《ところ》を知《し》らない、**どの死体もことごとく十八九、二十歳前後の紅顔の美少年**である。**憎むべき敵将蔡廷楷**《(ママ)》、巧言《かうげん》をもつてたぶらかし血《ち》に湧《わ》くこの少《せう》年達《たち》を難《なん》につかしめたのである、憎《にく》むべきかな蔡廷《てい》楷《かい》《(ママ)》！

晶子は、安藤から「十九路軍少年義勇隊」の戦死者の剣（清の時代の作）と徽章《きしょう》（七宝細工）を贈られ、その少年兵に思いを馳せたことや、安藤から直接次のような話を聞いたことを、「悲しき記念」と題して結社誌「冬柏」に書いている。

［…］十九路軍には支那の女学生の特志隊も混つて戦死したが、美くしい繍《ぬいとり》をした細い靴を穿《は》いたまま、白い大腿部以下の片脚だけが塹壕《ざんがう》に落ちてゐたりしたのに、思はず顔を反《そむ》けて泣いたと云はれた。昔からどの国の戦争文学にも書かれてゐない哀惨《あいさん》な情景である。

刺繍《ぬひ》の靴絹の韈《べつ》［引用注、靴下］こそ悲しけれ少年軍にまじるなきがら

**図6　上海事変についての安藤覚の記事**（読売新聞データベース「ヨミダス歴史館」）

（「冬柏」第3巻第8号、一九三二・七）

上海事変では多くの中国人労働者が大刀隊・手槍隊・工程隊・交通隊などを組織し、第一九路軍と一体となって作戦に参加した。学生、特に復旦《ふくたん》大学と馮庸《ひょうよう》大学の義勇軍も第一九路軍とともに戦い、復旦大学では二百人余の死傷者が出た（北山康夫《きたやまやすお》「抗日軍政大学について」）。安藤が事変後に見たのは、この義勇軍の学生たちの無残な遺骸であった。

晶子の詩「紅顔の死」は以下である（本文は「読売新聞」一九三二年三月五日付朝刊七面による。なお、逸見久美『新版　評伝与謝野晶子　昭和篇』では、第二連・第八連の「五百人」は「二百人」）。

# 紅顔の死

読売新聞記者安藤氏《よみうりしんぶんきしやあんどうし》の上海通信《つうしん》を読《よ》み、感動《かんどう》して作《つく》る。

與謝野　晶子

江湾鎮《かうわんちん》の西《にし》の方《かた》
かの塹壕《ざんごう》に何《なに》を見《み》る。
行《ゆ》けど行《ゆ》けども敵《てき》の死屍《し》、
折《を》れ重《かさ》なれる敵《てき》の死屍《し》。

中《なか》に一きは哀しきは、
学生隊《がくせいたい》の五百人《にん》。
十七八の若《わか》さなり、
二十歳《はたち》を出《で》たる顔《かほ》もなし。

彼等《かれ》、やさしき母《はゝ》あらん、
その母《はゝ》如何《いか》に是《これ》を見《み》ん。
支那《しな》の習《なら》ひに、美《うつく》しき、
許婚《（いひなづけ）》さへあるならん。

彼等《かれ》すこしく書《しよ》を読《よ》めり、
世界《せかい》の事《こと》も知《し》りたらん、
国《くに》の和平《へい》を希《（ねが）》ひたる、
孫中山《そんちうさん》の名《な》も知《し》らん。

誰《だ》れぞ、彼等《かれ》を欺《あざむ》きて、
そのうら若《わか》き純情《じゆんじやう》に
善き隣《となり》なる日本《ぽん》を
侮《あなど》るべしと教《をし》へしは。

誰《だ》れぞ、彼等《かれ》を唆《（そその）》かし、
筆《ふで》を剣に代へしめて、
若《わか》き命《いのち》を、此春《このはる》の
梅《うめ》に先《さき》だち散《ち》らせるは。

十九路《ろ》軍《ぐん》の総司令《そうしれい》
蔡廷《てい》楷《(ママ)》の愚かさよ、
今日《け》の中《うち》にも亡《ほろ》ぶべき
己れの軍《ぐん》を知《し》らざりき。

江湾鎮《かうわんちん》の西《にし》の方《かた》
かの塹壕《ざんごう》に何《なに》を見《み》る。
泥《どろ》と血《ち》を浴び斃《たふ》れたる
紅顔《がん》の子《こ》の五百人《にん》。

「紅顔の死」は、「君死にたまふことなかれ」〔章末「参考」〕と同様の、戦場での若い人々の〈強制された死〉に対する怒りと悲しみを表現している。[*4] しかし、晶子は、なぜ若い学生たちが進んで義勇軍を組織し、第一九路軍とともに戦ったか、なぜ彼らが日本に対して激しい憎しみを抱いたかについて理解が及んでいない。晶子にとって、彼らはあくまでも「愚かな」蔡廷鍇の犠牲者であった。

その蔡廷鍇が、「国の和平を希ひたる、孫中山」、すなわち孫文が組織した「中華民国国民政府」〔第二次広東国民政府〕を受け継いだ「広州国民政府」の司令官であったことも無視している〔そもそも晶子は、「広州国民政府」を、名は孫文が提唱した三民主義の政府ながら「軍閥」に過ぎず、国民代表の政府ではない、と見ていた〈「東四省の問題」〔初出題「最近の感想」〕「横浜貿易新報」一九三一・九・二七。『優勝者となれ』〔天来書房、一九三二・一〇〕所収〉〔定本全集二〇〕〕。蔡廷鍇が中国人の「国民的英雄」となっていたことも知らなかったであろう。晶子には、第一九路軍は「軍閥政府」の軍隊でしかなかったのである〔「支那の近き将来」「横浜貿易新報」一九三二・五・八。『優勝者となれ』所収〕〔定本全集二〇〕。上海事変は、「君死にたまふことなかれ」の見方では、もはや捉えきれないものとなっていた。

「君死にたまふことなかれ」は、第一連に「親は刃《やいば》をにぎらせて／人を殺せとをしへしや、／人を殺して死ねよとて／廿四《にじふし》までを育てしや。」と、平時には許されぬ「殺人」が行われるという戦争の本質（序章、一三頁）に鋭く踏み込んでいる。ところが、「紅顔の死」は、学生たちを誰が直接殺したか、また彼らが誰を殺そうとしたかについては一切黙して語らない。この点でも、「紅顔の死」は「君死にたまふことなかれ」から大きく後退している。

晶子は〈中国〉の政治を「軍閥」という枠組《フレーム》みで捉えていた。そして、上海事変も、これに基づき、〈非道な軍閥―善良な中国国民〉という図式に立って、「軍閥」による惨劇と見たのである。それは現実の中国社会、また〈中国〉への侵略を進める日本政府と軍に対して目を閉ざすことであった。〈軍閥〉という枠組みで〈中国〉の政治と社会が捉えられなくなっても、晶子はあくまでもその枠組みの中で、〈中国〉を理解しようとしたのである。

## 五　〈愛国心〉と天皇に対する崇敬

### 為政者の弾劾

〈非道な軍閥―善良な中国国民〉という図式は、晶子の政治批判の手法に由来している。日本に対する中国国民の反感についての晶子の論評を、満洲事変以前・以後、そして上海事変以後と辿るとそれがわかる。

満洲事変以前に書かれた評論「新春雑感」（〈初出題「寒夜雑稿㈢」〉「横浜貿易新報」一九二九・一一・一三。『街頭に送る』所収）〔定本全集二〇〕で、晶子は次のように言う。〈中国〉の南北の分立を希望する田中義一《たなかぎいち》内閣

（一九二七〈昭和二〉・四・二〇〜一九二九・七・二）が「支那《しな》の官民《くわんみん》の極端《きよくたん》な反感《はんかん》」を買っており、〈中国〉各地に広がっている田中内閣についての噂は「邦人《ほうじん》として聞《き》くに堪《た》へないもの」が多く、日本の歴史上でこれほどの「侮蔑《ぶべつ》」を受けたことはない、と（先述のように、晶子は「満蒙」旅行の折に、済南事件〈一九二八・五・三〜一一〉以来の中国人の対日感情の悪化を肌で感じていた。その済南事件を引き起こしたのが田中内閣）。そして、

［…］田中内閣《たなかないかく》の誤《あやま》つた日支外交《につしぐわいかう》に由《よ》つて隣邦《りんぱう》の侮《あなど》りを受《う》けるのは迷惑千万《めいわくせんばん》なことに違《ちが》ひない。
（「新春雑感」『街頭に送る』二二七頁）〔定本全集二〇、一六九頁〕

と、田中内閣を強く批判する。晶子が中国国民の反感を非難せず、その原因となった田中内閣ばかりを糾弾していることに注目したい。

満洲事変直後の評論「東四省の問題」（「横浜貿易新報」。『優勝者となれ』所収）〔定本全集二〇〕では、晶子は以前から、中国国民と「軍閥政府」を別のものと考えていたと言う。そして、日本に極端な反感を持つ「不《ふ》良《りやう》悪質《あくしつ》」の「軍閥政府」が、中国国民に排日侮日《はいにちぶにち》の感情を植え付けていると非難する。そして、満洲事変は、「軍閥」の排日に耐えきれなくなった日本陸軍が非常手段の自衛策を採ったものと肯定的に捉えるのである。但し、この軍事的手段は「決《けつ》して好《この》ましい事《こと》でない」とも付け加えている。

一か月を超える大規模な戦闘となった上海事変後の評論「日支国民の親和」（初出未詳。末尾の日付＝一九三二・三・四。『優勝者となれ』所収）〔定本全集二〇〕では、日本の軍事的勝利を肯定し、上海の中国人の「良民」と列国の居留民が安全に暮らせるためには、上海財閥に寄生している蔣介石ら「南方の軍閥」の排除が必要

とまで主張する。そして、日中の国民は先史時代から「同族」で、永久に親善できるのにもかかわらず、

［…］偶《たま》ま日清戦争前後《にっしんせんそうぜんご》に我国《わがくに》が支那《しな》を侮蔑《ぶべつ》したのは彼国《かのくに》の政治家《せいぢか》が我国《わがくに》との親善《しんぜん》を無視《むし》したが為《た》めであり、近年《きんねん》の排日《はいにち》もまた彼国《かのくに》の軍閥政府《ぐんばつせいふ》の指嗾《しぞく》に由《よ》ることである。何《いづ》れも彼国《かのくに》十億《おく》の良民《りやうみん》は与《あづか》つてゐない。

（「日支国民の親和」『優勝者となれ』二六五頁）〔定本全集二〇、四五七頁〕

と、「良民」を唆《そそのか》した「軍閥政府」を激しく非難する。

日本に対する中国国民の反感に関する晶子の政治批判は、あくまでも中国国民を「良民」として、反感を持たせた〈為政者〉を徹底的に弾劾するという手法で一貫している。非難の矛先は、満洲事変以前は日本政府に、満洲事変以後は「軍閥」に向けられ、上海事変以後には、軍事的手段を用いた「軍閥」排除を主張するまでに過熱する。

## 「君民一体」という原理

このような激しい〈為政者〉の弾劾は、第三節で見た、晶子の〈中国〉への親近感が大きく影響している。特に、満洲事変後は、香内信子が指摘するように、日中が「同文同種」であることを強調しながら、日中両国民の文化交流の強化を訴えるようになった（『与謝野晶子』）。

しかし、それにとどまらず、〈為政者〉の弾劾には、「国」の原理についての晶子の考えも強く作用している。晶子は田中義一内閣の外交政策を厳しく批判したが、田中や、内務大臣・鈴木喜三郎《すずききさぶろう》、文部大臣・水野《みずの》

錬太郎《れんたろう》らが「国民取締」を文章にしたり公言したりすることにも強く反発している。

田中内閣は、一九二八年（昭和三）二月二〇日実施の最初の男子普通選挙後まもなく、三月一五日に日本共産党への全国的大弾圧を行い、関係者一五六八人を一斉検挙した。これを受けて田中は、四月一一日の記者会見で、「国体」擁護のために国民に自重するよう警告した（「読売新聞」一九二八年四月一二日付朝刊二面に談話を掲載）。「国体」とは、万世一系の天皇が神勅《しんちょく》によって永遠に統治する国家形態を言う。

これに対して晶子は、評論「国体の絶対性」（「横浜貿易新報」一九二八・四・一五）〔評論著作集一九〕において、「国体」の神聖さは日本人ならば誰もが知っており、百人や二百人の共産主義の秘密結社の司法事件が起きたからといって、大袈裟に「国体《こくたい》の毀損《きそん》」を言って狼狽《ろうばい》する田中らは、あまりに「国民」を信頼していない、と批判する。そして、田中らに対して、

〔…〕猶《なほ》田《た》中《なか》首相《しゆしやう》以下《いか》は十分《ぶん》に国史《こくし》と国文《こくぶん》とを読《よ》んで、自己《じこ》の修養《しうやう》の欠陥《けつかん》を補訂《ほてい》して欲《ほ》しい。我国《わがくに》には昔《むかし》から可《か》なり庸愚《ようぐ》な大臣《だいじん》もあつたが、決《けつ》して国体《こくたい》の神聖《しんせい》に就《つい》て不安《ふあん》を持《も》つ程《ほど》に我国《わがくに》を知《し》らぬ大臣《だいじん》は存《そん》在《ざい》しなかつた。

（「国体の絶対性」）〔評論著作集一九、四一一〜四一二頁〕

と痛烈な皮肉を浴びせている。

かつて晶子は、「君死にたまふことなかれ」を作った晶子を「乱臣」「賊子」「国家の刑罰を加ふべき罪人」と酷評した評論家の大町桂月《おおまちけいげつ》（一八六九〜一九二五）に対して、

〔…〕この国に生れ候《さうらふ》私は、私等は、この国を愛《め》で候こと誰にか劣り候べき。物堅き家の両親は私に何をか教へ候ひし。堺《さかひ》の街《まち》にて亡《な》き父ほど天子様を思ひ、御上《おかみ》の御用に自分を忘れし商家のあるじはなかりしに候。〔中略〕九つより栄華《えいが》や源氏《げんじ》手にのみ致し候少女は、大きく成りてもます〳〵王朝の御《み》代《よ》なつかしく〔…〕

（「ひらきぶみ」「明星」辰歳11号、一九〇四・一一）〔定本全集一二、四六六頁〕

と、自分は人並みならぬ〈愛国心〉と「天子様」を慕う心を持っていると応じた。幼少期以来の〈愛国心〉と天皇に対する崇敬についての絶対的自信が、「国体の絶対性」での田中らへの批判の基盤となっているのである。

晶子は、上海事変の起こる直前に発表した評論「日本国民たることの幸ひ」（〈初出題「昭和第七春の初に」〉「横浜貿易新報」一九三二・一・一。『優勝者となれ』所収）〔定本全集二〇〕で、日本人が先史時代より、皇室を中軸とする「君民一体」の感情を養ってきたことを言い、それを「他《た》の諸国《しよこく》の到底企《たうていくはだ》て及《およ》ばない所《ところ》」と賛美した上で、皇室のあり方を次のように説明する。

国史《こくし》を読《よ》む者《もの》の誰《だれ》も知《し》つてゐるやうに、昔《むかし》から政党人《せいたうじん》と武人《ぶじん》との勢力競争《せいりよくきやうさう》が国民《こくみん》を凌辱《りようじよく》し酷使《こくし》した史実《しじつ》は多いが、皇室《くわうしつ》は常《つね》に国民《こくみん》の仁慈《じんじ》なる父母《ふぼ》にましまし、他《た》の諸国《しよこく》の君主《くんしゆ》が私欲《しよく》のために国民《こくみん》を虐使《ぎやくし》したる如《ごと》き専制的悪政《せんせいてきあくせい》は、その痕跡《こんせき》すらも示《しめ》し給《たま》はぬのである。

（「日本国民たることの幸ひ」『優勝者となれ』三頁）〔定本全集二〇、二六九頁〕

波線部は歴史上のことを言うものであるが、明らかに田中内閣や「軍閥政府」と重なる。

生来の〈愛国者〉であり天皇を崇敬する晶子は、日本の中国大陸侵出と国内の統制強化が進む一九二〇年代後半から、「君民一体」こそを「国」の原理と強く意識し、これに基づいて政治批判を展開した。〈非道な軍閥―善良な中国国民〉という図式もその延長線上にある。晶子は、〈中国〉に中国国民を代表する政府が作られ、「仁慈」ある政治が行われることを期待したのであろう。

### 「愛国短歌」への道

しかし、上海事変での、日本軍と中国・国民革命軍のこれまでにない激烈な軍事衝突は、その期待を打ち砕いた。晶子は、第一九路軍が上海から撤退した日に建国された「満洲国」（一九三二・三・一）を全面的に肯定した。同年五月に発表された評論「支那の近き将来」（「横浜貿易新報」一九三二・五・八。『優勝者となれ』所収）〔定本全集二〇〕では、民情と経済的地理的事情から、また、各国が商品の販路を開拓するために、広大な〈中国〉を諸外国が分割するのは当然であるとして、

〔…〕併《しか》し今日《こんにち》の外国《ぐわいこく》は領《りやう》土欲《どよく》を持《も》つた侵略者《しんりやくしや》でないから、分割《ぶんかつ》が支那《しな》の国民《こくみん》を過去数《くわこすう》千年《ねん》の虐政《ぎやくせい》より解放《かいはう》こそすれ、外国的勢力《ぐわいこくてきせいりよく》に支配《しはい》されて屈従《くつじう》するやうな不幸《ふこう》をもたらすものではない。

（「支那の近き将来」『優勝者となれ』二五八頁）〔定本全集二〇、四五五頁〕

と、外国人による中国国民の「解放」を支持するに至る。「仁慈なる君主」が期待できないならば、外国人

に統治をまかせたほうがよいとする。

その一方で、上海事変で「勝利」を味わった晶子は、日本の軍人を「忠誠《ちうせい》と武力《ぶりよく》とを陛下《へいか》のおん前《まへ》に捧《ささ》げ、併《あは》せて国民《こくみん》と世界人類《せかいじんるい》の福祉《ふくし》に貢献《こうけん》する」者であると言う（「優勝者となれ」〈初出題「勝たねばならぬ」〉「横浜貿易新報」一九三二・三・二〇。『優勝者となれ』一六頁）〔定本全集二〇、二八〇頁〕。また、「軍部《ぐんぶ》の認識《にんしき》が広《ひろ》くなり、その方策《はうさく》が正健《せいけん》になり、併《あは》せて互譲《ごじやう》の精神《せいしん》が生《しやう》じた」（「日本精神の意識」「横浜貿易新報」一九三四・一・一）〔評論著作集二一、一頁〕とまで、日本軍を肯定し賛美するようになる。一九一七年の「伝統主義論争」で見せた晶子の世界的人類的視野は、今や日本軍に託されるものとなった。

このように「君民一体」を理想として明確に意識した晶子が、米国・英国への開戦の「大義」を宣言する昭和天皇の「開戦の詔書」を、「民」の一人して感激をもって受け止めたのは当然であった。また、「東亜永遠ノ平和」（「開戦の詔書」）実現のための、天皇の軍隊の快進撃も、晶子には眩《まばゆ》いものであったろう。

晶子は『萬葉集』に、〈生活感情の自由な表現〉と、〈生活理想の世界性〉を見ていた（第二節）。〈自由〉と世界的人類的視野は、晶子の中で、〈愛国心〉や天皇に対する崇敬と共存していたのである。そして、世界的人類的視野は、一九二〇年代後半から、特に上海事変を大きな契機として、肥大化した〈愛国心〉と天皇に対する崇敬に取り込まれてしまったのである。

〈自由〉については、晶子は、「君民一体」の「国」においても成り立つものと考えていた。一九三二年一月一日の「日本国民たることの幸ひ」（「横浜貿易新報」。『優勝となれ』所収）〔定本全集二〇〕では、皇室が「国民」の合法的な自由を最大限に許容し、自由競争の外で超然としていることを賛美した。しかし、日中戦争が始まる一九三〇年代後半には、もはやそれも許されなくなる。〈自由〉が失われてゆく息苦しさと、それでもなお期待する思いを、晶子は次のように記している。

［…］併《しか》し、「自由」は面を伏せて泣《な》いてゐるのであつて、「自由」は死《し》んでしまつたのでは無い。何故《なぜ》かと云へば、我々が世界《かい》の現状《ぜう》をば止むを得ない「目前の必要《えう》」として肯《こう》定してゐる心の奥《おく》に、誰《だれ》も他《た》日の「自由の復《ふく》活」を祈《いの》つてゐるからである。（「自由の復活」「読売新聞」一九三六・五・五付朝刊九面）

晶子の感情と思考は、〈愛国心〉と天皇に対する崇敬に覆われていったが、なおも〈自由〉を求める心が燻《くすぶ》り続けていた。それゆえ、太平洋戦争開戦時の晶子の「愛国短歌」九首は、晶子の個性も感じさせるものとなったのであろう。しかし、「君民一体」という考え方に強く囚《とら》われた晶子には、相手の立場からこの戦争が何であるか、戦争の本質とは何かを考える〈自由〉は残されていなかった。

本章冒頭の、「そもそも晶子は本当に〝反戦〟の文学者であったのか」という問いについて言えば、平時には許されぬ「殺人」が行われるという戦争の本質に触れた「君死にたまふことなかれ」の晶子、第一次世界大戦中に平和主義を訴え、満洲事変でも軍事的手段に懐疑的であった晶子は、〝反戦〟の文学者と言える。しかし、上海事変以後はそうではなかった。晶子は、〝反戦〟を自分の〈思想〉のゆるぎない基盤に据えて、〈戦争〉の時代を生きた文学者ではなかったのである。むしろ、〝厭戦《えんせん》〟の文学者と言うほうが正確であるように思われる。

〔参考〕

## 君死にたまふことなかれ

（旅順の攻囲軍にある弟宗七を歎きて）

ああ、弟よ、君を泣く、
君死にたまふことなかれ。
末に生れし君なれば
親のなさけは勝りしも、
親は刃《やいば》をにぎらせて
人を殺せと教へしや、
人を殺して死ねよとて
廿四《にじふし》までを育てしや。

堺の街のあきびとの
老舗《しにせ》を誇るあるじにて、
親の名を継ぐ君なれば、
君死にたまふことなかれ。
旅順の城はほろぶとも、
ほろびずとても、何事ぞ、
君は知らじな、あきびとの
家の習ひに無きことを。

君死にたまふことなかれ。
すめらみことは、戦ひに
おほみづからは出でまさね、
互《かたみ》に人の血を流し、
獣の道に死ねよとは、
死ぬるを人の譽《（ほま）》れとは、
おほみこころの深ければ
もとより如何《（いか）》で思《おぼ》されん。

ああ、弟よ、戦ひに

君死にたまふことなかれ。
過ぎにし秋を父君に
おくれたまへる母君は、
歎きのなかに、いたましく、
我子を召され、家を守《も》り、
安しと聞ける大御代《おほみよ》も
母の白髪《しらが》は増さりゆく。

暖簾《のれん》のかげに伏して泣く
あえかに若き新妻《（にいづま）》を
君忘るるや、思へるや。
十月《とつき》も添はで別れたる
少女《をとめ》ごころを思ひみよ。
この世ひとりの君ならで
ああまた誰を頼むべき。
君死にたまふことなかれ。

＊本文は『定本與謝野晶子全集』第九巻に拠る。

［注］

（1）「峰の雲」の太平洋戦争に関わる短歌について、山本千恵《やまもとちえ》は、「酷寒」「涙す」「寒き夜」は、病床の晶子の心象であり、戦争を謳歌、鞭撻する用語ではないとする（『山の動く日きたる』）。篠弘も、戦争に対して、型通りのエールを送るものではないと見る（「与謝野晶子の時代認識」）。いずれも、「愛国短歌」ではない面にウェイトを置いており、疑問が残る。

（2）篠弘は、日中戦争下の晶子の「愛国短歌」を「型通りの大雑把なもの言いは、晶子の本然の姿ではない」と評価している（「与謝野晶子の時代認識」）。

（3）香内信子は、満蒙旅行を晶子の見方の転換点（特に満蒙問題について）と捉えている（『与謝野晶子』）。

（4）「紅顔の死」に、「人類に共通する深い痛恨」（逸見久美『新版　評伝与謝野寛晶子　昭和篇』）、「人間愛を求めるスタンス」（篠弘「与謝野晶子の時代認識」）を見る論もあるが、上海事変を双方向的に捉える視点が欠けている。早くに「紅顔の死」を批判的に論じたものに、野田宇太郎《のだうたろう》「晶子における戦争と死」がある。野田は昭和の敗戦の体験者として、「君死にたまふことなかれ」と「紅顔の死」にある「情熱と思想の矛盾なども直視することこそ必要であろう」と述べる。なお、「紅顔の死」は、箏曲の会の朱絃会会長・平井美奈勢《ひらいみなせ》の長女・澄子《すみこ》（当時一八歳）が晶子の許しを得て箏曲に作曲し、朱絃会記念大会で独奏した。「感傷的《かんしやうてき》な韻律《りつ》が頗《すこぶ》る聴衆《ちやうしう》に感動《かんどう》を与《あた》へ」たという（「読売新聞」一九三二・五・一一夕刊三面、五・一二夕刊三面）。

### 与謝野晶子略年表

| 年号 | 年齢 | 主なできごと |
|---|---|---|
| 1878（明治11） | 0 | 現在の大阪府堺市甲斐町《かいのちょう》で、菓子商「堺駿河屋」を営む鳳宗七《ほうそうしち》の三女として誕生（12月7日）。戸籍名は「志よう」（しょう）。 |
| 1886（明治19） | 8 | 樋口朱陽の漢学塾へ通い、『論語』などを素読する。 |
| 1888（明治21） | 10 | 宿院《しゅくいん》小学校卒業。同高等小学校に進み、途中で堺女学校に転校。「萬葉集の現代解釈―井上通泰《（みちやす）》博士の萬葉集新考―」によれば、11、12歳（数え）から、『萬葉集』を愛読。 |
| 1892（明治25） | 14 | 堺女学校卒業。同補習科に進む。店番をしながら、『源氏物語』『枕草子』『八代集』などに親しむ。 |
| 1896（明治29） | 18 | 堺敷島会に入会、短歌を発表。 |
| 1901（明治34） | 23 | 第一歌集『みだれ髪』出版（8月）。<br>◆夜の帳《ちやう》にささめき尽きし星の今を下界の人の鬢《びん》のほつれよ |
| 1902（明治35） | 24 | 歌人・詩人の与謝野寛《ひろし》（鉄幹）と結婚・入籍（1月）。 |
| 1904（明治37） | 26 | ＊日露戦争開戦（～1905年）<br>詩「君死にたまふことなかれ」を「明星」に発表（9月）。 |
| 1909（明治42） | 31 | 源氏物語百ヵ月完訳計画開始（9月）。 |
| 1911（明治44） | 33 | 「歌を詠む心持」（『一隅より』金尾文淵堂、7月） |

| | | |
|---|---|---|
| 1912（大正1） | 34 | 『新訳源氏物語』全4巻（金尾文淵堂）刊行開始（2月）。<br>夫・寛を追ってパリへ。ロンドン、ベルギー、ドイツなどを巡る（5月～10月）。 |
| 1913（大正2） | 35 | ※斎藤茂吉《さいとうもきち》『赤光《しゃっこう》』（東雲堂書店）刊行（10月）。 |
| 1914（大正3） | 36 | 『新訳栄華物語』全3巻（金尾文淵堂）刊行（7月）。<br>*第一次世界大戦勃発（7月28日～1918年10月11日） |
| 1916（大正5） | 38 | 『新訳紫式部日記・新訳和泉式部日記』（金尾文淵堂）刊行（7月）。『新訳徒然草』（阿蘭陀書房）刊行（11月）。 |
| 1917（大正6） | 39 | 「伝統主義に満足しない理由」（「太陽」、9月）。<br>*「石井・ランシング協定」締結（11月）<br>「私達の愛国心」（「横浜貿易新報」、11月）。「日米協約に現れた我国の態度」（「太陽」、12月）。 |
| 1918（大正7） | 40 | 評論集『若き友へ』（白水社）刊行（5月）。<br>*日本政府、シベリア出兵を宣言（8月） |
| 1919（大正8） | 41 | 『晶子歌話』（天佑社）刊行（10月）。 |
| 1921（大正10） | 43 | 文化学院（文化芸術教育を行う専修学校）の学監就任（4月）。 |
| 1923（大正12） | 45 | *関東大震災（9月）。一〇年近い年月をかけて完成した『源氏物語』の全訳原稿を消失。 |
| 1924（大正13） | 46 | 婦人参政権獲得期成同盟会（婦選獲得同盟）の創立委員となる（12月）。 |
| 1925（大正14） | 47 | *宇垣一成《うがきかずしげ》により陸軍4個師団などが削減（「宇垣軍縮」）（5月）<br>夫・寛、歌人・国文学者の正宗敦夫《まさむねあつお》らとともに、『萬葉集略解《りゃくげ》』を含む「日本古典全集」を編む計画を発表（9月）、刊行開始（10月）。 |
| 1928（昭和3） | 50 | 「萬葉集の現代解釈―井上通泰博士の萬葉集新考―」（「時事新報」、1月）。「国体の絶対性」（「横浜貿易新報」、4月）。<br>*済南《さいなん》事件勃発（5月3日～11日）<br>中国東北部（「満蒙」）を旅する（5月5日～6月17日）。奉天《ほうてん》で、*張作霖《ちょうさくりん》爆殺事件（6月4日）に遭遇。<br>*天皇、京都御所紫宸殿《ししんでん》で即位礼挙行（11月）、これを祝う歌を詠む。 |

| | | |
|---|---|---|
| 1929（昭和4） | 51 | 「傍観者の言葉」（「横浜貿易新報」、7月）。「支那が観《み》たい」（「横浜貿易新報」、11月。但し執筆は中国東北部旅行以前）。「新春雑感」（「横浜貿易新報」、11月）。 |
| 1930（昭和5） | 52 | 結社誌「冬柏《とうはく》」創刊（3月）。全日本婦選大会（第1回）に出席、婦選の歌を作詞（4月）。歌文集『満蒙遊記』（寛と共著、大阪屋号書店）を刊行（5月）。 |
| 1931（昭和6） | 53 | 評論集『街頭に送る』（大日本雄弁会講談社）刊行（2月）。<br>＊満州事変勃発（柳条湖事件）（9月18日） |
| 1932（昭和7） | 54 | 「東四省の問題」（「横浜貿易新報」、9月）。<br>「日本国民たることの幸せ」（「横浜貿易新報」、1月）。<br>＊上海事変（1月18日～3月3日、5月5日停戦協定）の報道を受けて、詩「紅顔の死」を制作（3月）。<br>＊「満洲国」建国宣言（3月1日） |
| 1933（昭和8） | 55 | 「日支国民の親和」（末尾の日付は3月）。「支那の近き将来」（「横浜貿易新報」、5月）。<br>評論集『優勝者となれ』（天来書房）を刊行（10月）（奥付で、発行年を修正して昭和八年とする）。 |
| 1934（昭和9） | 56 | 評論集『優勝者となれ』（天来書房）の2回目の刊行（2月）。 |
| 1936（昭和11） | 58 | 『自由の復活』（「読売新聞」、5月5日）。 |
| 1937（昭和12） | 59 | ＊日中戦争勃発（7月7日） |
| 1938（昭和13） | 60 | 「読売新聞」短歌欄に「愛国短歌」を発表し始める。<br>女性でただ一人審査員となった『新萬葉集』（改造社）刊行開始（1月）。『現代語訳平安朝女流日記』（非凡閣）刊行（4月）。『新新訳源氏物語』全6巻（金尾文淵堂）刊行開始（10月）。 |
| 1939（昭和14） | 61 | ＊ドイツ、ポーランドに侵攻。第二次世界大戦勃発（9月）。 |
| 1940（昭和15） | 62 | 脳溢血発作（2回目）により、左半身不随となる（5月）。 |
| 1941（昭和16） | 63 | 甲府の桂川へ転地療養（7月）、帰京（9月初旬）。<br>＊太平洋戦争開戦（12月8日） |
| 1942（昭和17） | （64） | 狭心症併発（1月4日）。「冬柏」に、「愛国短歌」を含む「峰の雲」38首を発表（2月）。2首の「愛国短歌」 |

が『大東亜戦争 愛国詩歌集』(目黒書店)に採録される(3月)。尿毒症を併発する(5月)。永眠(5月29日)。

(＊吉田精一編『与謝野晶子歌集』、『近代文学叢書』第49巻、山本藤枝『黄金の釘を打ったひと』、山本千恵『山の動く日きたる 評伝与謝野晶子』、逸見久美『新版 評伝 与謝野寛晶子 昭和篇』などによる)

第2章

# 齋藤瀏——二・二六事件の影

## 一　落魄の歌

### 激烈な国家主義的活動

齋藤瀏《さいとうりゅう》（一八七九〈明治一二〉～一九五三〈昭和二八〉）は元大日本帝国陸軍軍人（少将で退役）の歌人である。日中戦争（「支那事変」）・太平洋戦争（「大東亜戦争」）を通じて、激烈な「愛国短歌」を読むとともに、国家主義的な論説を精力的に発表した。例えば、次のような、調子の高い「愛国短歌」である（第1章のタイプA。三五頁参照）。これらは、『歌集新日本頌』（八雲書林一九四二・一二）に「神国日本」の題で収められている。

　支那事変起る
神御業《かむみわざ》いまし恢弘《ひろ》むと国こぞり偉《おほい》なるかな日本《にっぽん》世界にたか宣《の》る　（四〇頁）
　時局深刻となる
み民《たみ》われ生ける甲斐《しるし》あり日本《にっぽん》に歴史ありて未曾有《みぞう》の秋《とき》に遭へらく　（四一頁）
　米英に宣戦布告の大詔渙発せらる
米英を屠《ほふ》る時来てあなすがし四天一時に雲晴れにけり　（四二頁）

瀏は、国策に沿わないことを理由に、結社を超えた団体・大日本歌人協会を解散に追い込んだ。この出来事は、近代短歌史において戦争下の最大の事件として記憶されることになった。また、文学による国策の推進と戦争協力を行う団体・日本文学報国会（短歌部会評議員）や、思想家・評論家の国策協力団体・大日本言論報国会（理事）や、「愛国浪曲」の製作を推進する浪曲向上会（会長）などを舞台に、エネルギッシュに国家のための文化活動を展開した（その他に日本国語会と芸能聯盟の理事、出版会書籍委員、興亜同盟文芸委員など）。ところが、太平洋戦争末期に故郷の長野県に疎開して敗戦を迎えた後は、東京に戻らず、歌壇・文化界とは無縁に過ごした。そして、敗戦から八年後の一九五三年七月にひっそりとその生涯を閉じた。

**歌集『慟哭』**

亡くなる約一年半前の一九五二年二月に、短歌人長野編輯部から最後の歌集『慟哭《どうこく》』（図7・8）を非売品として刊行した。この歌集には、「愛国短歌」を咆哮《ほうこう》し続けた歌人の作とは思えない深い孤独感や、澄んだ光を宿した故郷の自然、人々の何気ない日々の暮らしを詠んだ歌が収められている。

次の歌はその中でも特に孤独の闇の深さを感じさせる。

1　瓢々《へうへう》と月夜をひとりあゆみゐて影にいひたる言《こと》のはか

図7　歌集『慟哭』

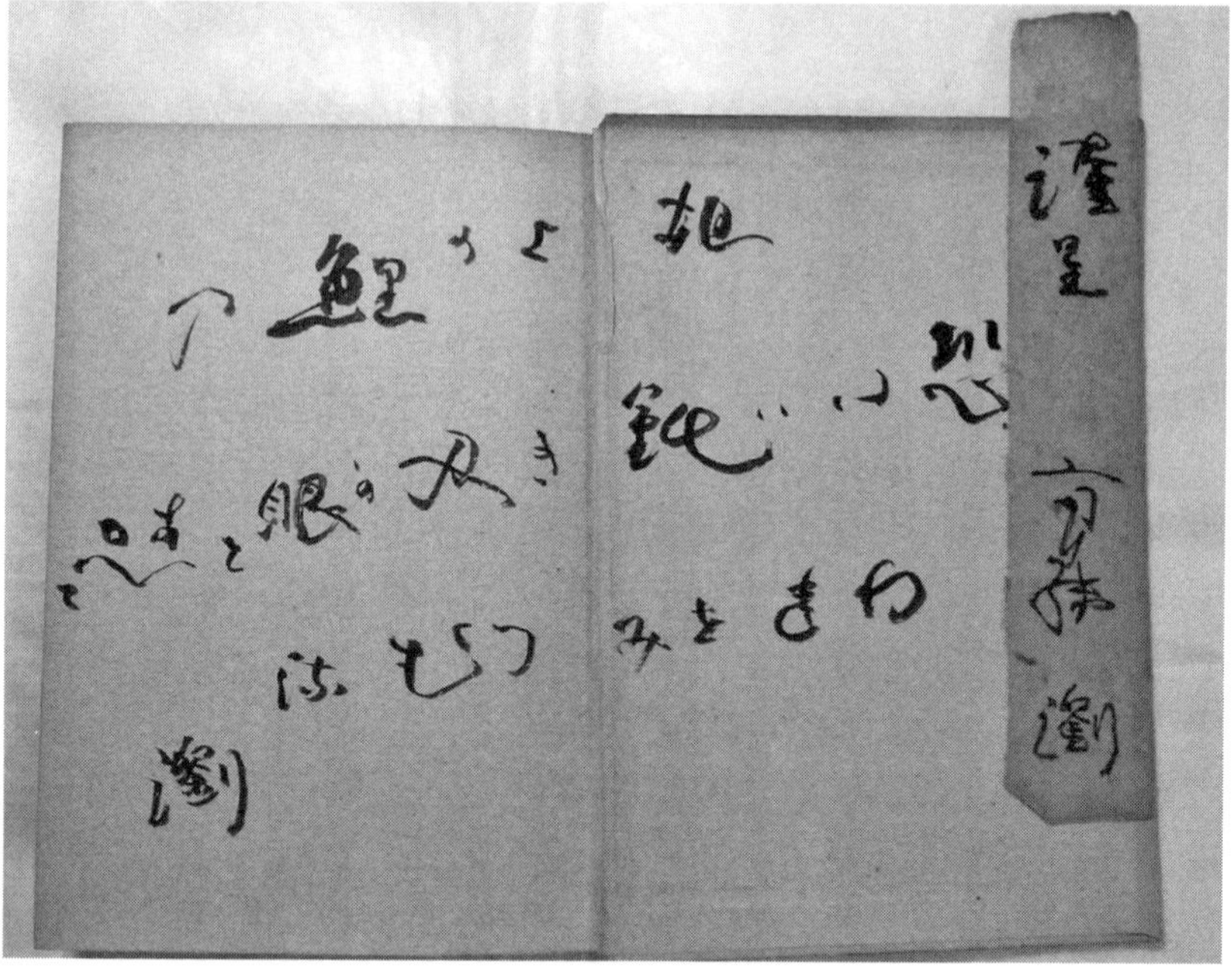

**図8　歌集『慟哭』の見返しの劉の書と短冊**
（恐るゝは鈍き刃か眼をすゑて俎上の鯉のわれをみつむる）

なさ

「我が影」（四五頁）

2　真闇《まやみ》にもわが身に影はありとおもふ
燈《ともし》よ月よ日よ照りてみよ

「我が影」（四七頁）

3　わが影と永久《とは》にわかるる日をかたり
月明《あか》き道をともに辿《たど》れり

「我が影」（四七頁）

4　地にふして牙嚙《きが》みたけびし日は夢か
畑をうちつつ老いほけむとす

「病む心」（五九頁）

5　死にしわが死にたる後も生きて居り
夢なれば夢とそれのみにして

「夢」（七〇頁）

1は、自分の影法師に語りかける孤独を詠む。一見隠遁者の飄逸《ひょういつ》のようであるが、「言のはかなさ」には無力感が漂う。2は、たとえ暗闇の中でも、自分には消すことのできない「影」があると言う。「影」は自分の生に捺《お》された刻印である。3は、影法師との別れ、つまり「死」がやがて訪れることを影法師に語りかける。それまでは「影」とともに生きよう、というのである。

「老い」の意識が強く漂う4は、国家主義的活動を精力的に展開した戦争下の日々と対照的な今の暮らしぶりを詠む。5は、死んだはずの自分がなおも生きていることへの違和感を歌う。瀏は太平洋戦争下に、

死も生もわが独りなりゆくと決め為《な》すときめたるすがしさはいまも　「現身を尊く」(一八〇頁)

という歌を詠んでいた。「死も生もわが独りなりゆくと決め」は、実質的には「死」の覚悟を言う。それを戦時下に改めて確認して清々しい思いを抱いたのである。ところが、生き延びることになってしまった。第五句の「それのみにして」という言いさしに深い諦観が籠る。

歌集『慟哭』は、このような落魄《らくはく》の思いと深い孤独感が基調となっている。槍田良枝《うつぎたよしえ》は「落魄してゆく魂を必死で支える痛ましい姿が全篇から立ち上がってくる」(『近代文学研究叢書』第七四巻)と評している。確かに『慟哭』は、戦争がもたらした荒寥たる心の風景の記録と言うことができる。

一九四〇年一〇月、瀏は、歌人の太田水穂《おおたみずほ》(一八七六〜一九五五。結社誌「潮音」を創刊)、吉植庄亮《よしうえしょうりょう》(一八八四〜一九五八。結社誌「橄欖《かんらん》」を創刊)とともに、大日本歌人協会を解散させた。「個人主義自由主義幹部」が共産主義の歌人も許容しているのは非常時にふさわしくないという理由であった(パンフレット「大日本歌人協会の解散を勧告す」〈冷水茂太《ひやみずしげた》『大日本歌人協会』所収〉)。敗戦後、水穂は歌作と古典研究を進め、一九四八

年には日本芸術院会員に選ばれている。庄亮は、衆議院議員であったため公職追放となったが、戦後には歌作とともに千葉県の印旛沼《いんばぬま》・手賀沼《てがぬま》の干拓開田事業を進め、没後に正五位勲三等瑞宝章が贈られた。

二人と異なり、瀏はなぜ敗戦後の歌壇・文化界に復帰しようとせずに、故郷の山河に囲まれて死を迎える道を選んだのであろうか――。

今日、瀏に関する研究は極めて少ない。それは、戦争下に、瀏が激烈な国家主義的活動を展開したことに加え、軍人であったことが影響しているように思われる。[*1] 文学者や文学研究者は軍人に対して自動的に拒絶反応を示すことが多い。本章では、むしろ軍人という特異な経歴に注目しながら、その文学的思想的活動を再検討し、瀏が落魄の道を選んだ理由を改めて見つめ直したい。

## 二　齋藤瀏と『萬葉集』

### 心の軌跡を示す『萬葉集』の鑑賞書

瀏は陸軍幼年学校、陸軍士官学校、陸軍大学校（第一期）を卒業し、大日本帝国陸軍のエリートの道を歩んでいた。ところが、済南《さいなん》事件（中国では「済南惨案」または「五・三惨案」）の責任をとって、退役することになる（最終の位は少将。時に五一歳）。

済南事件は、一九二八年四月に、立憲政友会の田中義一《たなかぎいち》内閣が、「北伐」を進める蔣介石《しょうかいせき》Jiang Jieshi に対して、日本人の居留民保護を目的に、山東《さんとう》省に第六師団（熊本）と支那駐屯軍天津《てんしん》部隊三個中隊を派遣したことに端を発する日本軍と中国・国民革命軍の武力衝突である（五・三〜一一）。それは、日清戦争以来の日中軍交戦であった。

当時、瀏は第六師団に所属する歩兵第一一旅団の旅団長であった。歩兵第一一旅団は先遣部隊として前線の済南に進んだ。瀏は国民革命軍への武力行使を極力回避しようとした。しかし、武力衝突が起きてしまった。その後も瀏は国際的観点から平和的解決を模索し続けたが、東京の陸軍参謀本部の意向によって、第六師団が済南城を攻撃、占領するまでに事態は進んだ（児島襄《こじまのぼる》『日中戦争』1）。なお、児島襄は、済南事件を記述する中で、瀏を「温厚」な将軍と描写している。

済南事件後まもなく起きた張作霖《ちょうさくりん》 Zhang Zoulin 爆殺事件の責任をとり、田中義一内閣は総辞職した。次の立憲民政党の浜口雄幸《はまぐちおさち》内閣は、外交方針を大きく転換する（外務大臣に国際協調主義の幣原喜重郎《しではらきじゅうろう》が就任）。これによって済南事件に関わった将官は退役を余儀なくされ、瀏も一九三〇年三月六日に予備役編入となった。

その後の瀏は、短歌制作と『萬葉集』の研究に励んだ。瀏が本格的に短歌制作を始めたのは、二〇代半ばの一九〇五年からである。日露戦争最大の陸上戦・奉天《ほうてん》会戦（一九〇五・二・二〇〜三・一〇）で負傷して、東京で療養することになった。このときに、和歌革新運動の一翼を担う竹柏会《ちくはくかい》の主宰者・佐佐木信綱《ささきのぶつな》（一八七二〜一九六三）の門を叩いた。当時、陸軍軍人が短歌を作ることは珍しいことであった。「文弱の徒輩のなすこと」と軽蔑され、門人になることが出世の妨げとなると諫《いさ》める親友もいた（『悪童記』三四頁、三省堂、一九四〇・六）。信綱のほうも、「さる軍人」が短歌を志したことを入門書で詳しく紹介している（『和歌入門』博文館、一三〜一四頁、一九一一・一二）。

瀏には三冊の『萬葉集』の鑑賞書がある。

❶『萬葉名歌鑑賞』（人文書院、一九三五・六〈初版〉、一九四二・五〈改訂増補版〉）

❷『萬葉のこゝろ』（朝日新聞社、一九四二・五）

❸『防人の歌』（東京堂、一九四二・六）

その他にも、『萬葉集』に関わる鑑賞文、研究論文、エッセイを、雑誌・共著・単著に発表している。

瀏がいつから『萬葉集』を読むようになったかを記した記録は管見に入らない。しかし、一九三三年から、『萬葉集』に関する著作が、次々と発表されるようになった（竹柏会の結社誌「心の花」での「萬葉名歌鑑賞」の連載〈一・一〜一九三四・一二・一。❶『萬葉名歌鑑賞』にまとめられた〉、「短歌新聞」での「古典解説 笠金村の歌三首」（一・一五〜二・一五）など）。そして、その後の瀏にとって、『萬葉集』は心の支えとなるのである。

一九三六年に二・二六事件（後述）の叛乱幇助《ほうじょ》罪で陸軍衛戍《えいじゅつ》刑務所に入獄した瀏は、『古事記』・『日本紀《（ママ）》』・『萬葉集』・四書五経・禅の書『碧巌録《へきがんろく》』・ファーブル『昆虫記』を家族に差し入れてもらい、心の安定を得たことを『獄中の記』（東京堂、一九四〇・一二）に記している。中でも『萬葉集』については、獄中でその事物・語彙などについての考証的研究を進め、出獄後にそれを「萬葉餓楽多記《（がらくた）》」（『悪童記』所収）としてまとめており、特別な存在であった。

激烈な「愛国短歌」や国家主義的論説の陰で見逃されているが、二・二六事件以前に刊行された❶『萬葉名歌鑑賞』は、明確な〈方法〉に裏打ちされた優れた鑑賞書である。その〈鑑賞〉は今日の研究にも益するところが多い。しかし、一九四〇年代の❷『萬葉のこゝろ』、❸『防人の歌』では、〈方法〉を放棄し、戦意高揚のために『萬葉集』を利用する。この『萬葉集』の鑑賞書の劇的変化には、瀏の心の軌跡が刻まれている。

**『萬葉名歌鑑賞』の〈方法〉**

まず『萬葉名歌鑑賞』について見てみたい（図9）。瀏は「自序」で、短歌の実作者として、作品から受けた直感を尊重する、という自分の立場を表明している。その上で、『萬葉集』も含めた短歌を「心の声、魂の叫《さけび》」と捉える。そして、それに触れるためには、「表現の息づき」である「調律」を味わうことが重要であると主張している。確かに『萬葉名歌鑑賞』の個々の歌の〈鑑賞〉では、

(1)「内容」と「リズム」の関係に徹底的にこだわること

(2)一首の中での「リズム」の変化に鋭い注意を払うこと

が歌を読むための〈方法〉となっている（詳細は、小川〔新姓、小松〕靖彦「齋藤瀏『萬葉名歌鑑賞』をめぐって」参照）。

例えば、山上憶良《やまのうえのおくら》が晩年の病苦の中で詠んだ巻五・八九九番歌、

術《すべ》もなく　苦しくあれば　出《い》で走り　去《い》ななと思《も》へども　児等《こら》に障《さや》りぬ

＊訓と表記は瀏の著書に拠る。第二章以下同

〔(❶での歌意説明）どうしやうもなく苦しいので、何処《どこ》かへ出て行つて仕舞はうと思へど、それでは児等がと思ふと、それもならぬ〕

図9　『萬葉名歌鑑賞』
（初版、改訂増補版、同6版〈1943〉）

について、次のように〈鑑賞〉を記す（傍線は引用者。以下同）。

「術《すべ》もなく苦しくあればいで《ママ》走りいなな《ママ》」にはそのリズムに何か狂奔的な心の平衡の崩れが見える。此処《ここ》まで一挙に踵《かかと》が地を浮くやうに、向う見ずに飛び出すといつた心がこもつて居る。

［…中略…］

此《こ》の飛び出しかかつた心を後から引き止めるやうに急に静止の状態に沈めるのが、「と思へど」で、この「と」が格段の働きをしてゐる。茲《ここ》で反省的に心のゆとりを取り返し、漸次に沈静を得て、さて思ひ考へて見れば、それは子等に障《さや》りぬ、となつて表れたのである。此の「障りぬ」の「ぬ」の結びは、此処《ここ》でそれを断念したと言ふ呼息である。よく内容とリズムと一致して居る歌と思ふ。

（『萬葉名歌鑑賞』五四～五五頁）

澀は「リズム」を通して、どこかに行ってしまいたいという感情、それを急激に引き止める理性、そして断念の吐息、という憶良の内的ドラマを読み取るのである。

佐佐木幸綱《ささきゆきつな》によれば、短歌の〈しらべ〉は、単に音楽・音声としての詩の韻律を指すものではなく、連続する〈時間〉を表象する語であるという（「短歌のひびき説」）。この考え方に従うならば、澀はまさに憶良の歌の〈時間〉を読み取ったと言える。

このように、澀は「リズム」が「内容」と同調（八九九番歌など）、あるいは反発（憶良の巻六・九七八番歌

〈五九〜六一頁〉など）しながら作り出す短歌の〈時間〉を綿密に読み解いた。

『萬葉集』の短歌を「心の声、魂の叫」とするのは、短歌を〝感情をありのままに写すもの〟とする近代的な短歌観（小川〔新姓、小松〕靖彦『万葉集と日本人』参照）に立つものである。また、瀏の考える「リズム」は、〝文字の歌〟としての『萬葉集』の歌の内在的な韻律を言う。瀏はあくまでも近代歌人としての自覚のもとに、『萬葉集』の短歌に向き合ったのである。

**〈鑑賞〉の劇的変化**

ところが、❷『萬葉のこゝろ』、❸『防人の歌』の〈鑑賞〉では、〈方法〉が放棄され、近代歌人としての自覚も希薄になる。

例えば、安倍女郎《あへのいらつめ》の巻四・五〇六番歌、

吾背子《わがせこ》は　物《もの》な念《おも》ほし　事《こと》しあらば　火にも水にも　吾《わ》れ無《な》けなくに

〔❶での歌意説明〕貴方《あなた》はくよくよと物を思ひなさるな。万一事があれば、私は火も水もそんなものは眼中にありませぬ、貴方の私です〕

について、瀏は、❶『萬葉名歌鑑賞』では、「表現」と「リズム」のずれを鋭敏に読み取った（傍線・波線は引用者。以下同）。

此《こ》の歌は、表現とそのリズムを一通り味へば如何《いか》にも情熱的の叫《さけび》と受け入れられるが、然《しか》し、表現の言葉が勝つて、却《かへ》つて実感を殺して居らぬかと思ふ。先に述べた通り武人が君命に対する覚悟の如く感ぜしむるは情熱の発露と言へば言へるが、やゝ誇張的にひゞくやうである。女性の一心不乱は正《まさ》にかくの如しと思ふのに、矢張りそこにこの疑《うたがひ》を除き得ぬのは、どうした事であらう。是《これ》は或《あるひ》は「火にも水にも」とこの重大なことを安易にあつかつて居る為《た》めかも知らぬが、根本は恐らく阿倍《ママ》女郎その人が歌才があり、心以上表現が脩飾《しうしよく》された為めではなからうか。外形の強さが必ずしも強き感動を打ち出すとは限らぬ。

（『萬葉名歌鑑賞』一四九頁）

そして、その誇張を『萬葉集』の女性の相聞歌に見られる「社交的うれしがらせ」と捉えた。今日でも説得力のある見解である。

しかし、同じ歌について❷『萬葉のこゝろ』では、

夫《をつと》に全身全霊《ぜんしんぜんれい》を捧《さゝ》げつくした貞順《ていじゆん》そのものの相《すがた》である。物《もの》な思《おも》ほしは、御心配遊《ごしんぱいあそ》ばすな、火《ひ》にも水《みづ》にも共《とも》に突進《とつしん》する私《わたし》がありますす、御《ご》一緒《しよ》に死生《しせい》を共《とも》にします。——将《まさ》に一体夫婦《たいふうふ》の血《ち》の叫《さけ》びである。

（『萬葉のこゝろ』一四三～一四四頁）

と「表現」のままに解釈し、この歌に夫婦のあり方の理想像を見る。❶『萬葉名歌鑑賞』が疑った波線部の解釈のところまで後退しているのである。

**図10　『萬葉のこゝろ』**（左・函、右・本体表紙）

❷『萬葉のこゝろ』は「婦人朝日」での連載（一九四一・七・一〜一九四二・三・一）をまとめたものである。女性読者を想定した、可憐な装丁となっている（図10）。しかし、その内容は、「序」で「萬葉人《まんえふじん》によつて表現《へうげん》され顕示《けんじ》された、日本精《にっぽんせい》神《しん》、日本民族《にっぽんみんぞく》の真姿《しんし》を把握《はあく》し、これを闡明《せんめい》するを第《だい》一義《ぎ》に置《お》いた」（三頁）と宣言しているように、『萬葉集』によって「国民」のあるべき姿を示した〝道徳書〟に外ならない。❸『防人の歌』もまた同様である。

一九四〇年代の瀏は、『萬葉集』を「日本精神」の顕れとして、戦意高揚の手段とした。瀏の〈鑑賞〉は〈方法〉を失い、国家主義的理想像を追認するものとなった。それには、二・二六事件と、一九四〇年に始まる「新体制運動」が深く関係している。

## 三　日中戦争の勃発

### 日中戦争の衝撃

『萬葉集』の鑑賞書における劇的転換の理由を知る手懸かりは、まず日中戦争の勃発（一九三七〈昭和一二〉・七・七）に対する瀏の反応にある。二・二六事件の叛乱幇助《ほうじょ》罪の刑（禁固五年）が確定した瀏は、一九三七年一月二六日に、陸軍衛戍《えいじゅつ》刑務所から豊多摩刑務所に移った。ここで瀏は、日中戦争が始まったことを開戦数日後に知り、激しいショックを受けている。


「さうか愈々《いよいよ》起《た》つたか。」

私は非常なショックを感じた。

蘇聯《ソれん》が起つぞ、英米仏が、援助するぞと殆《ほと》んど同時に思つた。又愈々起つたと心で叫んだ。

私の考へて居た通りだ。彼の青年将校の言つた通りだと思つた。

だから、だからと私は昂奮した。言はぬことではなかつたかと、多少得意の心持ちも湧いた。

然《しか》し我々を刑した以上、きつと準備はあれから怠らずに整へ、国民も覚悟をして呉《く》れたらうとも思つた。警鐘は呪はれ打ち砕かれた。然しそれによつて、醒むべきものが醒めて呉れれば、こなこなになつた警鐘も満足出来るとも思つた。


（『獄中の記』二一二頁）

日中戦争の勃発を、自分と「彼の青年将校」が予想した通りであったと受け止めたのである。「彼の青年将校」とは、二・二六事件を企てた青年将校である。さらに、瀏は、特設陸軍軍法会議が青年将校たちを死刑に、自分を禁固刑とした後に、自分たちの警鐘によって「国民」が目覚めたことを期待していたのである。

## 二・二六事件

二・二六事件は、帝国陸軍の青年将校および民間人が、約一五〇〇名の兵を率いて国家改造をめざしたクーデターである。騒乱は一九三六年二月二六日に始まった。この日に、内大臣・斎藤実《さいとうまこと》、大蔵大臣・高橋《たかはし》是清《これきよ》、陸軍教育総監・渡辺錠太郎《わたなべじょうたろう》らが殺害され、侍従長・鈴木貫太郎《すずきかんたろう》が重傷を負った。昭和天皇の鎮圧への強い意志によって、「決起部隊」は「反乱軍」とされ、二九日に騒乱は収束した（太平洋戦争研究会編・平《ひら》塚柾緒《つかまさお》『二・二六事件』などによる）。

青年将校が決起したのは、「昭和恐慌」（一九三〇）と東北・北海道の旱魃《かんばつ》による飢饉（一九三一）に起因する農村の窮乏にもかかわらず、政党が政争に明け暮れ、有効な対策を打ってこなかったことへの不満による。また、青年将校はソビエト連邦の五か年計画にも危機感を持っていた。彼らが頼りとした、陸軍「皇道《こうどう》派」（薩摩閥の流れを引く荒木貞夫《あらきさだお》・真崎甚三郎《まさきじんざぶろう》が率る派閥）の中心人物である陸軍少将小畑敏四郎《おばたとしろう》は、一九三二、三年頃から、「予防戦争論」を唱えていた。「予防戦争論」とは、重工業化を推進するソ連が、第二次五か年計画（一九三三〜一九三七）で国力が強大になる前に、極東ソ連軍を撃破して、「満洲」を守る必要がある、という主張である（半藤一利『昭和史　1926-1945』などによる）。

瀏もソ連に対する危機感を強く持っていた。戦後出版された『二・二六』（改造社、一九五一・四）には、一九三三年頃に陸軍が、第二次五か年計画完成前の一九三六年に備えて軍備増強を説いたことに強く共鳴したと記している。しかし、政党人は耳を傾けず、「国民」も戸惑うばかりで、切歯扼腕《せっしやくわん》したことも言い添えている（六七〜六八頁）。

### 澀と栗原安秀

ところで、澀が「彼の青年将校」と言うとき、具体的に意識していたのは陸軍歩兵中尉栗原安秀《くりはらやすひで》であろう。澀と栗原の父・勇《いさむ》は陸軍士官学校の同期生である。澀が第七師団（旭川）参謀時代にも同僚であった。澀の娘・史《ふみ》（後に歌人）も含め齋藤家と栗原家には家族ぐるみの交流があった。栗原は決起の中心人物として、澀にクーデター計画を相談していた。澀は栗原らに資金援助も行った。

その栗原は、決起直前の二月二日に澀に面会し、ソ連との戦争の可能性を伝えている。澀は栗原のことばを次のように記録している。

「第一師団［引用注、当時、栗原は第一師団（東京）歩兵第一聯隊所属］は満洲駐劄《ちゅうさつ》の為《た》め今年三月末か四月に出発する。満洲へ行けば、私共の居る間に、日蘇か、日支か、或は蘇支と日本との戦争が始まるやうに思ふ。此《こ》の場合英米仏が向ふに加はる。どうも残念だが私共は犬死をしさうだ。それは死んでも、日本が救はれればよいが。或《あるひ》は……で……どうせ死ぬなら国内で死に、国民を国家を醒《めざ》めさせたい。かくした方が国を救ひ得るやうに思へる。……それで国内で死ぬことに決めました。……我々が満洲へ行つて了《しま》へば万事水泡に帰します……」

（『二・二六』一三九頁）

獄中で日中戦争勃発を知った瀏は、栗原の考えが「正しかった」と確信したのである。

しかし、日中戦争勃発の実際の原因は、瀏や栗原の予想とは違っていた。ソ連の国力強大化による南進ではなかったのである。北平《ペイピン》（現在の北京）南西の盧溝橋《ろこうきょう》での日本の関東軍と中国の国民革命軍の偶発的な武力衝突が、そのきっかけであった。日本政府と陸軍は中国への兵力増派を決定した。但し、それはソ連を仮想敵国としての派遣であり、国民革命軍に対しては、「膺懲《ようちょう》」（こらしめること）が目的であった。ところが、蔣介石が抗日を決意したことで、日本はさらに兵力増派を行い、全面戦争へと突入していったのである（太平洋戦争研究会編・森康平《もりこうへい》『図説 日中戦争』などによる）。瀏は後に、自分たちの予想と違って「ソ満国境」で戦争が始まらなかったことを認めている（「支那事変の処理とその指導精神の徹底」『わが悲懐』六九頁、那珂書店、一九四二・一二）。

とはいえ、青年将校の予想とそれによる決起が「正しかった」という当時の瀏の確信は、一九三八年九月一七日の仮出所後の活動の原動力となっていった。

## 四 青年将校の「志」を継ぐ

**生き残った者の「義務」**

瀏は、自分自身を二・二六事件の「生き残り」と強く意識していた。一九三七年（昭和一二）に豊多摩刑務所に移動した後、瀏は心臓病を患い病監に入れられた。病監に入ってまもなく、次のような感懐を覚えている。

私は寝台の上で端坐瞑想にふけつた。若き戦友は死刑になつたが、私は助けられたのみでなく、茲《ここ》でかかる待遇を受けて病を養ふのが寧《むし》ろ苦しかつた。然《しか》しかうして私のやうに生き残つて居るものには、何か義務が託されて居るやうにも思つた。私の躰《からだ》は或《あるひ》は保《も》たぬかも知らぬ。然し一日でも立派に贖罪《しょくざい》生活をしやう。罪を持つて死に行くのは悲しい。惜しからぬ生命だが、保てる丈《だ》けは保つて見やうと思つた。

（『獄中の記』九二頁）

瀏は生き残った自分には、「義務」が託されていると考えたのである。なお、「贖罪《しょくざい》生活」ということばに注意したい。叛乱幇助《ほうじょ》罪による禁固刑を不服とはしていないのである（別のところで「まだ何かを呪ふ心」〈六四頁〉があるとも言っているが）。むしろ、自分には「罪」があると思っている。おそらく、その背後には天皇に対する「罪」の意識がある。特設陸軍軍法会議で禁固刑の宣告を受けた後、瀏は裁判官に、

身《み》陸軍少将として、白昼帝都で斯《かく》の如き事件を惹起《じゃくき》し、民心を不安に陥《おとしい》れ、累を多年恩顧を受けた陸軍に及ぼし、特に御宸襟《ごしんきん》をなやまし奉つた事は恐懼《きょうく》に堪へぬ。此《こ》の一事を以《もつ》てしても死の重刑に値すると思ふ。然《しか》るに今斯《かか》る御寛大な判決を受け、唯々《ただただ》皇恩の大なるに感泣する外ありません。茲《ここ》に

今迄《まで》斯る事で種々お骨折をかけたるをお詑《ママ》び致します云々。

（『悪童記』七八～七九頁）

と、天皇の心を悩ませたことは死に値すると述べた。軍人にとって、「大元帥」である天皇は絶対的存在であった。さらに、瀏の場合、若き大尉時代に、自分の短歌が明治天皇の目に留まったことを一生一代の名誉と感じていた。そして、「短歌は終生やめぬ」、再び天皇の目に留まる名歌を詠むと心に誓っていた（『悪童記』三四～三七頁、『無縫録』九一～九三頁、那珂書店、一九四三・二）。陸軍衛戍刑務所に拘置されているとき、瀏は明治天皇の幻覚を見て、涙している（『獄中の記』四六頁）。瀏は天皇に対して特別に強い崇敬の念を懐いていたのであった。

**瀏の決意**

日中戦争勃発以前のことではあったが、「生き残つて居るもの」という感懐を覚えてからさらに日を経て、「非常時」という焦燥感に駆られ、瀏は獄中で次のように思う。

私には責任がある。私には既に死に去つた、戦友がある。私も此の戦友と死を共にすべき心であつた。それが助かつた。助かつた私は此《こ》の戦友の骨を拾ひ、魂も浮び上がらせねばならぬ。死んだ彼等には口がない。今でさへ或るものは彼等を罵倒するものがある。この私をさへ白眼視するものがある。

（『獄中の記』一三一頁）

そして、歌誌で見かけた、青年将校を罵倒する短歌に怒りをぶつける（その短歌は挙げていない）。

早朝に起きた二・二六事件は、二月二六日の午後七時のラジオ放送まで一般「国民」には、公式には何も知らされなかった。その後も、事件についての情報は断片的にしか出されなかった（高橋正衛《たかはしまさえ》『二・二六事件（増補改版）』）。そのため、誰にとっても明白であった暴力の行使に批判が集中した。当時、次のような歌が詠まれている。

真実《まこと》に国思ふ人は一向《ひたぶる》に荒ぶる人に射たれたりけり
野老檀《ところまゆみ》（「水甕《みずがめ》」「くぐひ」の歌人。『新萬葉集』巻五）

あらあらしき力たのみて事はかるやからがともを許すべからず
上田英夫《うえだひでお》（「水甕」の歌人・国文学者。『昭和萬葉集』巻三）

栗原安秀ら決起した青年将校を知る瀏には、こうした歌は許し難いものに思えたのである。

瀏は、これらの歌に対抗して、

志《こころざし》　あはれむべしと天地《あめつち》の神は見まさむ人は言はねど
世に知己はありと思ひつつ言《こと》挙せず寂しまず独り成るを待つべし
（『獄中の記』一三二頁）

と、やがて彼らの「志」が世に認められる日が必ず来ることを期する歌を詠んだ。

このように「生き残り」としての使命感が増していたところに、日中戦争勃発の報が飛び込んできたのであった。これによって、青年将校や自分の予想とそれによる決起が「正しかった」と確信した瀏は、二・二六事件を企てたときの信念を貫くことを決意する。

殊に私は何にも更生すべきものの無いやうにも考へた。私は私の信念に殉じて茲《ここ》に来た。此《こ》の信念は今も之《これ》を是認して居る。此の後出獄しても此の信念で生活する。私は皇国の民であり、皇国を熱愛して居る。皇国の為《た》めには死も敢《あへ》て辞せぬ覚悟で居る。

（『獄中の記』二〇三頁）

そして、「無定見、無見識で妄挙妄動《まうきよまうどう》したのでもない」と言い切る。瀏は、「正しかった」青年将校の「志」を受け継ぎ、その名誉回復に努めることを、出獄後の自分の「責務」と見定めたのであった。それはまた、青年将校と同様の決死の覚悟で、天皇と「皇国」のために尽くすことでもあった。

## 五　齋藤瀏の「新体制運動」

### 「栗原安秀」のめざしたものの継承

『二・二六』において、瀏は栗原安秀がめざしたものを、栗原のことばとして、次のように記している。

「吾等陸軍青年将校は、国家の現状が、肇国《てうこく》の精神にそはず、皇国日本の真の相を得て居らぬ——即ち現下の政治は、一君万民の政治でなく、堕落した政党の党利党略による政治。財閥、特権階級の私利私営的政治である。天日《てんじつ》が掩《おほ》はれて万民これを仰ぎ得ず、徒《いたづら》に塗炭《とたん》の苦を嘗《な》めて居る。従つて吾等が革新の基調はこの病根を除去し、皇国の真姿を顕現するにある。一君万民の真の天皇政治を実現するにある。」

（『二・二六』四九頁）

瀏は、一九三八年（昭和一三）九月の仮出所後、「一君万民の真の天皇政治」の実現という栗原の考え方を引き継いで活動を展開する。

但し、右の栗原のことばは、あくまでも瀏が理解した栗原の考えである。瀏が受け止めた栗原の考えと、実際に栗原が考えていたことの間には実はずれがある。

歴史学者の筒井清忠《つついきよただ》は、二・二六事件を起こした青年将校には、二つのグループがあったとする。一つは「天皇主義」のグループである。このグループは、「斬奸《ざんかん》」によって天皇周辺の「妖雲」を払えば、本来の「国体」が現れると考えた。もう一つは「改造主義」のグループである。こちらは、北一輝《きたいっき》の『日本改造法案大綱』（改造社、一九二三）に立脚して、「上部工作」を通しての「政治改革」をめざした。そして、現天皇よりも理想の天皇像を重視した。それは、獄中の磯部浅一《いそべあさいち》の「獄中日記」の「天皇陛下　何と云ふ御失政でありますか、何と云ふザマです、皇祖皇宗《こうそこうそう》に御あやまりなされませ」（一九三六年八月二八日条）と「義挙」を起こした自分たちを「国賊反徒」にした天皇への怒りのことばに表れている（『二・二六事件と青年将校』）。

筒井によれば、栗原は「改造主義」のグループの中核メンバーであった。栗原は特設陸軍軍法会議で、「今回の決断も此《こ》の日本改造法案大綱に依るものでありまして大体論としては大権の発動により憲法を停止し戒厳令に導いて「クーデター」を行ひ国家改造を行はんとする如き信念を実行した」（池田俊彦編『二・二六事件裁判記録』一五九頁）と発言している。瀏が記録した、栗原の「実現する」ということばには、本来このような意味が含まれていた。

しかし、瀏はそのようには受け取らなかった。瀏は栗原に『日本改造法案大綱』に拠らず、自分たちの考えで行動するよう強く警告していた。瀏は特に「改造」後の政治を、青年将校がわが手で行うことに批判的であった（『二・二六』一〇四～一〇七頁）。むしろ、決起の成功後に、青年将校の志を汲んだ内閣が組織されることを期待していた（『二・二六』二〇四頁）。栗原は、瀏との面会の際、最後には「よく解りました」と答えているが、それは、栗原の本心ではなかったのである。

九一～九二頁の「栗原」（瀏が考える栗原）のことばの波線部は、まさに「天皇主義」のグループの考え方である。瀏の立場は、「改造主義」ではなく、「天皇主義」のグループに近かった。

## 「高度国防国家体制」と文芸

「一君万民の真の天皇政治」の実現という「栗原」らの意志を継承する瀏の活動は、一九四〇年（昭和一五）に提唱された「新体制運動」によって、本格的に始動した。瀏は「新体制」を、五・一五事件や二・二六事件を起こした青年将校たちが求めていたものに外ならないと見た（「新体制の実施者は国民生活の内容を討究せよ」〈末尾の日付＝一九四〇・一〇〉『わが悲懐』）。瀏はその「新体制」の実現に全力を投じるのである。

「新体制運動」とは、近衛文麿《このえふみまろ》が主導した運動である。近衛は、ドイツのナチスをモデルに、「万民翼賛」の「国民組織」を作り、強大な権力と国民動員体制を作り出すことをめざした。しかし、運動の過程で意見が分かれ、最終的には、「大政翼賛会《たいせいよくさんかい》」の創設という形に落ち着いた（一九四〇・一〇）。「大政翼賛会」は近衛が当初考えていた「一国一党」よりも、規模の小さな、行政補助的組織に止まった（有馬学《ありままなぶ》『帝国の昭和』など）。

瀏は近衛の「新体制」を自分なりに捉え直した。近衛はナチスをモデルにしたが、瀏は、日本はそれをめざすべきではないと考えた。つまり、ドイツやイタリアの全体主義は、個が個として存在していることを前提としており、個が分岐しながら集結した体制に過ぎないと見た。しかし、日本は、天皇・国土・国民が「帰一不二《（きいつふじ）》」の国家であり、それは、『萬葉集』の巻一八・四〇九四番歌に引かれた大伴氏の言立《ことだ》て（誓いの詞）「海行《ゆ》かば　水漬《みづ》く屍《かばね》…」にはっきりと表れていると言う（「臣民道不変」『わが悲懐』）。既に天皇・国土・国民が一つに融け合っている日本は、全体主義をめざす必要はない、というのが瀏の考え方であった。

瀏が考える「新体制」は政治学的なものではなく、極めて精神論的で情緒的《エモーショナル》なものである。序章で述べた、古い「ゲマインシャフト」（地縁・血縁・精神的結びつきにおいて自然発生的に形成された集団）への非合理的切望（一八頁）を極度に肥大化させたものと言える。

瀏は、この「新体制」を大前提とした上で、「高度国防国家体制」の建設を強く主張した。「高度国防国家体制」の建設は、近衛の「新体制運動」の目標の一つであった。『わが悲懐』の諸論に示された、瀏の考える「高度国防国家体制」の要点は次の三つに整理できる。

(1) 天皇のもとで、政治部門・外交部門・軍が一体となり、国防国家体制を造る。
(2) ソ連・中国（陸軍）、英米（海軍）に備えて、軍備の充実を図る。
(3) 「高度国防国家体制」では、軍備・外交・教育・経済・文化文芸思想すべてが国防を担うものとなる。

文芸は、軍人、外交官、経済・産業・教育人を国防的に育て上げるものとする。同時に、「新体制」建設には、休養・安静・慰楽も必要である。文芸はその役割も担う。

(1)・(2)は、二・二六事件の青年将校の考えにも沿うものであり、近衛や陸軍の考えとも一致する。(3)は元軍人で歌人の瀏らしい主張である。瀏は文芸が国防に直結すると考えていた。そして、軍人、外交官、経済・産業・教育人を国防的に育て上げる力を持った文芸を、国家が軽視してきたことを強く批判している(「文芸人に寄す」「文芸」第8巻第11号、一九四〇・一一。『わが悲懐』所収)。また、文芸は慰楽の役割を担うとするが、瀏の考える慰楽は、単なる慰楽ではない。

[…]慰楽なき人間建設、そんなものは人間を機械視し、遂に人間を消摩させるものだ。従つて此《こ》の方面の文芸も亦《また》、更に之《これ》を発揮するを要する。精神を昂揚し不屈不撓《ふくつふとう》、鼻歌を唄ひ冗談を言ひつゝ死に処する底の大国民を得ることも、何等《なんら》の苦悩もなく国家に帰一する国民も、人間感情を無視して産れる筈《はず》がないのだ。(「新体制と天衣無縫の文芸」「文芸首都」第8巻第10号、一九四〇・一二。『わが悲懐』二一一頁)

慰楽によって、死をも恐れぬ「国民」を育てることをめざしているのである。

文芸を「国防」に直接寄与するものと考えた瀏には、『萬葉集』の鑑賞書も、「国防」に資する「国民」を育成するものでなくてはならなかった。その目的のためには、独自に培った『萬葉集』の〈鑑賞〉の〈方法〉をも容易に棄て去ることができたのである。大日本歌人協会の解散を企てたのもまた、「高度国防国家」の建設のためであった。*2

## 六　齋藤瀏の「責」の負い方

### 「勝つ」ことへのこだわり

元軍人である瀏にとって、「新体制」と「高度国防国家体制」はあくまでも戦争に勝つためのものであった。そして、勝ってこそ、二・二六事件を企てた青年将校の正しさが真に証明され、名誉回復が果たされるのであった。しかし、日中戦争は泥沼化し、一九四一年（昭和一六）一二月八日には、太平洋戦争の開戦に至った。

歌集『慟哭』には、戦況が厳しくなった一九四三年頃の歌、

われ等死にて勝ちを遺さむ祖国《おや（くに）》のとはの栄《（さかえ）》に生命《（いのち）》ゆづりて　　「生死行徹　戦勢非なり」（一八五頁）

が載せられている。瀏は、「国民」は天皇や国家の「犠牲」になるのではなく天皇や「国家」を生かすために命を捨てるものだ、という考えを持っていた（「銃後の婦人に念ず」『わが悲懐』）。この歌もその考え方に基づいている。命を捧げてでも、勝たねばならない、と言うのである。瀏にとって、「勝つ」ことは、どこまでも重要であった。

しかし、一九四五年に、いよいよ「本土決戦」が現実味を帯びてきたときには、

効果《しるし》なく民一億が玉砕して何の矜持《ほこり》ぞしめすといへども

「本土決戦近く　昭和二十年二月米軍硫黄島上陸四月沖縄本島上陸」（一九二頁）

と歌っている。瀏は戦争末期の標語となった「一億玉砕」に否定的であった。〝「国民」全てが「玉砕」することは、「勝つ」ことではない。それは「国」が無くなることであり、「国」を生かすことにならない〟と考えたのであろう。

敗戦後の一九四六年に勅令一号の規定による覚書該当者として、公職追放となったときの歌、

国勝てと命かたむけ尽したる証明《あかし》とおもへこれの追放

「追放　昭和二十一年勅令第一号覚書該当者として」（三〇頁）

では、「勝つ」ことに全力を尽くした自分を肯定している。

「勝つ」ことに執念を燃やした瀏にとって、戦争の敗北は、めざしてきたもの全てが無に帰したことを意味した。昭和天皇は「終戦の詔書」で、「総力ヲ将来ノ建設ニ傾ケ」、「国体ノ精華」を発揚し、世界の進歩に遅れぬようにせよと「国民」に命じた。そして、瀏の歌の師である佐佐木信綱を始め、多くの文化人・文学者が、「終戦の詔書」に従って、「新日本建設」へと舵を切った（小松靖彦「佐佐木信綱の「新た世」の歴史観」）。しかし、それは、瀏のとるべき道ではなかったのである。

## 「責」を負う

敗戦後の濁の目は「新日本」にではなく、どこまでも過去に向けられている。

かくてわが一生の終《よ》りきたるらしめぐりの光つぎつぎに消ゆ　「光消ゆ」（九頁）〔配列から一九四六年作〕

あらたしく生《あ》るる光のあるらめどほろぶるひかりのみわれにみゆ「光消ゆ」（一〇頁）〔　〃　〕

次々と消えてゆく光の中に、二・二六事件の青年将校たちの「志」も確実に含まれていたと思われる。このころ、濁は自然の中の澄明なもの、光、静けさに鋭く反応している。それらは濁の救いであったのかもしれない。

澄みふかき水をたたふるこの湖《うみ》のうつればうつす空の濁りも　「湖畔に佇《た》ちて」（一九頁）

月夜の湖（うみ）さ霧は白し立ち枯れの木々燐光（りんこう）を放つかに見ゆ　「滅びゆく山湖」（八一頁）

夜の闇のおしおほふ下に山の湖（うみ）の厳しさ保つ自《おの》が闇をはなち　「夜の湖」（一〇六頁）

しかし、澄明なものは濁りを映し、光は時に不気味であり、闇は厳しさを持つ。それらは濁の心の闇の深さを映している。

とはいえ、落魄《らくはく》に身を浸すだけでなく、敗戦後の日本を冷静に批判する歌も作っている。講和会議の機運の高まる一九四九、五〇年頃に、

欺《あざむ》かれて戦ひたりと自らをなみすも敗けし人の弱さか　（＊「なみす」は、ないがしろにする、の意）

たたかひに敗けたる責をこぞり負はばやぶれても国の美しからむを　「偶感」（一一一頁）

と、〝政府と軍に騙《だま》されて戦争に参加した〟と戦後になって言い募る人々に強く反発している。さらに、サンフランシスコ講和条約の発効（一九五二・四）後まもなく、

敗けし国の国際辞令とうべなふや自己の否定の悲しき声々　「時の流転」（一六七頁）

戦《たたかひ》は勝たざるべからずこのふるき言葉に愚痴をまた結びたる　「時の流転」（一六八頁）

と、人々の自己否定を嘆き、戦争は「勝つ」ことが重要だという思いを新たにするのである。やはりこの時も、瀏は青年将校たちの「志」を思っていたのであろう。戦前の歴史を否定することは、瀏にとっては、彼らの「志」の否定に外ならなかった。

瀏は二・二六事件を企てた青年将校の「志」を継ぎ、彼らの名誉回復のために、「新体制」建設と戦争の勝利を自分の使命とした。そのために激烈な「愛国短歌」を詠み、国家主義的論説を矢継ぎ早に発表した。それは近代歌人としての感性を犠牲にすることであった。しかし、敗戦で夢は潰《つい》えた。戦後、落魄の道を選んだのは、軍人として、特に二・二六事件に関わった軍人としての「責」の負い方であったのだろう。瀏は軍人として生涯を閉じたのである。

［注］

（1）一九六〇、七〇年代に、米田利昭《よねだとしあき》は瀏の歌を、天皇の軍人として、指導階級の一環にあるという自信に基づいて時々の感懐を託すものであって、自己否定を媒介とする「文学としての短歌」ではない、と酷評した（「軍国主義者と短歌」）。そして、瀏を「軍国主義のイデオローグ」（『日本近代文学大事典』第二巻の「齋藤瀏」の項）と切り捨てた。二〇〇〇年代に入った後も、小池光《こいけひかる》は瀏の評論集『わが悲懐』を「率直なアジテーションの文章」と評した。短歌については、実体のない「大御心《おおみこころ》」を前提としており、自己判断が回避されている、と批判した（「斎藤瀏、歌人将軍の昭和」）。
また、瀏の希少な評伝である工藤美代子《くどうみよこ》『昭和維新の朝《あした》』は、仮出所後の瀏の生き方を、二・二六事件によって天皇から受けた逆賊扱いを挽回し、忠臣であることを必死に体現しようとしたものと捉えている。しかし、そのようには考えられないことを、第三節以下で論じる。

（2）大日本歌人協会の解散は、元軍人の瀏が軍の意を体したものと説明されることが多い。しかし、この時期の陸軍（二・二六事件で皇道派を廃除した統制派が実権を握る）報道部と瀏の関係を明確に示した資料を見つけられない（但し、子の史は「戦時下の総理大臣東条英機や小磯《こいそ》軍務局長［引用注、国昭《くにあき》。但し、戦時下に軍務局長ではない］が重要な役職をもって父をさそったのをことわった」（「おやじとわたし―二・二六事件余談」）と記している）。内閣情報局（一九四〇年一二月に情報局に改組）との関係も重要と思われる。瀏が役員を務めることになる日本文学報国会、大日本言論報国会、浪曲向上会の創設には、情報局が深く関与している。とはいえ、瀏の自発的な行動としての性格も強い。

## 齋藤瀏略年表

| 年号 | 年齢 | 主なできごと |
| --- | --- | --- |
| 1879（明治12） | 0 | 長野県北安曇郡《きたあずみ》七貴村《ななきむら》押野崎《おしのざき》（現在の安曇野《あずみの》市明科七貴《あかしななき》）で、旧松本藩士・三宅政明の四男として誕生（4月 |

| | | |
|---|---|---|
| | | 16日）。 |
| 1896（明治29） | 17 | 松本市の晩翠塾《ばんすいじゅく》塾主・齋藤星軒《さいとうせいけん》の養子となる。東京市ヶ谷の陸軍中央幼年学校に入学（修学年限は一年九カ月）。 |
| 1899（明治32） | 20 | 陸軍士官学校入学（第12期）。翌年卒業（修学年限は一年半）。 |
| 1901（明治34） | 22 | 少尉として近衛《このえ》歩兵第一聯隊（東京）付きとなる。 |
| 1904（明治37） | 25 | ＊日露戦争開戦（～1905）。近衛歩兵第一聯隊の大隊副官として従軍（中尉）（2月）。近衛歩兵第二聯隊の中隊長（12月）。戦地の中国・沙河《しゃか》で本格的に短歌を作り始める。<br>◆霜むすぶ古井の桁に柳ちりて百舌《もず》が音《お》さむき満洲の朝 |
| 1905（明治38） | 26 | 奉天《ほうてん》会戦で左足を負傷。東京で療養。佐佐木信綱《ささきのぶつな》に入門。 |
| 1906（明治39） | 27 | 陸軍大学校入学（第1期）。1909年卒業。 |
| 1910（明治43） | 31 | 教育総監部勤務時（大尉）、仙台の青葉城を訪ねた折に詠んだ歌（「心の花」に掲載）が明治天皇の目に留まったことを聞き、短歌を一生続けることを決意。<br>◆残月や五十四郡をかためたる城あとにしてきくほととぎす（＊表記は『悪童記』『無縫録』に拠る） |
| 1915（大正4） | 36 | 第七師団（旭川）歩兵第二七聯隊の大隊長（少佐）（4月）。第七師団は、1917年から満洲駐屯（～1919）、シベリア出兵（1918～1922）にも参加。 |
| 1918（大正7） | 39 | 第七師団参謀（中佐）（7月）。 |
| 1920（大正9） | 41 | 歩兵第五一聯隊（三重県一志《いちし》郡）に転任（8月）。〔1925年、歩兵第五一聯隊は宇垣軍縮で廃止〕 |
| 1921（大正10） | 42 | 第一歌集『曠野《あらの》』（竹柏会）刊行（12月） |
| 1922（大正11） | 43 | 小倉聯隊区司令官。 |
| 1923（大正12） | 44 | 第六師団（熊本）歩兵第四七聯隊長（小倉）（大佐）（8月）。〔1925年、歩兵第四七聯隊は宇垣軍縮で廃止〕 |
| 1924（大正13） | 45 | 第七師団参謀長（12月）。 |
| 1927（昭和2） | 48 | 第六師団（熊本）歩兵第一一旅団長（熊本）（少将）（3月）。 |

| | | |
|---|---|---|
| | | ＊立憲政友会の田中義一《たなかぎいち》内閣、第一次山東出兵を行う（5月）。 |
| 1928（昭和3） | 49 | ＊第二次山東出兵（4月）。第六師団派遣。済南の前線指揮官として、武力行使の回避に努めたが、中国・国民革命軍と武力衝突（＊済南《さいなん》事件）。 |
| 1930（昭和5） | 51 | 立憲民政党の浜口雄幸《はまぐちおさち》内閣誕生により方針転換（外務大臣に幣原喜重郎就任）、済南事件に関わった将官は退職となり、「待命」とされ、予備役となる（3月）。 |
| 1933（昭和8） | 54 | 「心の花」にて「萬葉名歌鑑賞」の連載開始（1月）。 |
| 1935（昭和10） | 56 | 『萬葉名歌鑑賞』（人文書院）刊行（6月）。 |
| 1936（昭和11） | 57 | ＊二・二六事件。事件を企てた青年将校を支援。叛乱幇助《ほうじょ》罪で陸軍衛戍《えいじゅ》刑務所に拘置され（5月）、禁固五年の刑を受ける（1937年1月）。入獄中に、『萬葉集』の鑑賞や、萬葉雑記の執筆に力を注ぐ。 |
| 1937（昭和12） | 58 | 陸軍衛戍刑務所から豊多摩刑務所に移る（1月）。＊日中戦争勃発（7月7日）。入獄中にこれを聞く。 |
| 1938（昭和13） | 59 | 仮出所（9月）。 |
| 1939（昭和14） | 60 | 結社誌「短歌人」を創刊（4月）。＊ドイツ、ポーランドに侵攻。第二次世界大戦勃発（9月） |
| 1940（昭和15） | 61 | 近衛文麿《このえふみまろ》、ナチスに倣い、強力な国民組織を作る「新体制運動」を提唱。その目標の一つが「高度国防国家体制」（8月の第1回新体制準備会で近衛首相が公式に言明）。『悪童記』（三省堂）刊行（6月）。『獄中の記』（東京堂）刊行（12月）。「新体制」に貢献するために、太田水穂《おおたみずほ》・吉植庄亮《よしうえしょうりょう》とともに、大日本歌人協会解散を要求（11月）。歌人の団体は「大日本歌人会」へ（1941年6月）、後に日本文学報国会に吸収される。 |
| 1941（昭和16） | 62 | ＊太平洋戦争開戦（12月8日）。太平洋戦争下、日本文学報国会短歌部会評議員、言論報国会理事、浪曲向上会会長などを務め、国家主義的活動を精力的に展開。 |
| 1942（昭和17） | 63 | 『わが悲懐』（那珂書店）刊行（2月）。『萬葉のこゝろ』（朝日新聞社）刊行（5月）。『防人の歌』（東京堂）刊行（6月）。 |

| | | |
|---|---|---|
| 1943（昭和18） | 64 | 『無縫録《むほうろく》』（那珂書店）刊行（2月）。 |
| 1945（昭和20） | 66 | 故郷の長野県に疎開（3月）。<br>＊太平洋戦争終結 |
| 1946（昭和21） | 67 | 連合国軍最高司令官総司令部（GHQ）から戦犯容疑保証人として喚問されたが、放免（3月）。 |
| 1947（昭和22） | 68 | 勅令第1号覚書該当者として公職追放（1月）。『自然と短歌』（人文書院）刊行（5月）。 |
| 1951（昭和26） | 72 | 『二・二六』（改造社）刊行（4月）。 |
| 1952（昭和27） | 73 | 歌集『慟哭《どうこく》』（短歌人長野編輯所）刊行（2月）。追放解除（4月）。 |
| 1953（昭和28） | 74 | 永眠（7月5日）。 |

（＊昭和女子大学近代文学研究室『近代文学研究叢書』第74巻、瀏『悪童記』、同『無縫録』などによる）

第3章

# 半田良平——戦争下の知性と〈愛国心〉

## 一　戦争下の防人像との距離

### 「国民精神」

半田良平《はんだりょうへい》（一八八七〈明治二〇〉～一九四五〈昭和二〇〉）は、人生の機微に触れる独自の歌風を打ち立てた歌人・窪田空穂《くぼたうつぼ》（一八七七～一九六七）に師事した歌人である。空穂の創刊した結社誌「国民文学」を主な活動の場とした。良平は、短歌評論や『萬葉集』の研究でも多くの著作を発表している。翻訳、美術評論、民俗学研究にも携わり、幅広い分野で業績を残した異色の歌人である。生活面では、一九一五年（大正四）から、亡くなる一九四五年まで、私立東京中学校の英語教員を務めた。大学教員就任のオファーもあったが辞退している。生徒たちと過ごす道を自ら選んだのである。

良平は、一九三〇年代から『萬葉集』についての研究成果を発表し始めた。この時期から、『萬葉集』は政府・軍・国家主義者によって、「忠君愛国」の精神・「日本古代の伝統」を示す古典とされ、一九四〇年代には、戦意高揚のために利用されるようになった（序章、二〇頁参照）。その時代の中で、良平は知性的に『萬葉集』の研究を進めた。

良平の姿勢を鮮やかに示しているのが、雑誌「文学」（岩波書店刊）の一九四二年八月号（第10巻第8号）の特輯《とくしゅう》「防人《さきもり》の歌」に寄稿された良平の論考である。

「文学」の「編輯後記」には、この特輯の趣旨が記されている。『萬葉集』には、「今日国民精神のなかに生かし得べき幾多の貴重なる要素」が含まれている。その中でも防人歌の「健康的なる上代精神と、美しき倫理性」を明らかにすることをめざした、という。つまり、防人歌による「国民精神」の高揚がこの特輯の目的であった。

「国民精神」とは、第一次近衛文麿《このえふみまろ》内閣が一九三七年八月二四日に閣議決定した「国民精神総動員実施要綱」によれば、「挙国一致」「尽忠報国」の精神を言う（石川準吉《いしかわじゅんきち》『国家総動員史』資料編第四）。「国民精神総動員実施要綱」は同年七月七日に勃発した日中戦争（「支那事変」）に、「挙国一致」で当たり、「皇運」を扶翼《ふよく》することを求めたものである。日中戦争が進む中、日本はアメリカ合衆国・イギリスとの対立を深めてゆくことになる。それとともに、政府は一層「国民精神」の強化に努めた。

## 「尽忠」の防人像

防人とは、古代の朝廷の兵士の中で、辺境（実際には九州北部）の防備に当たった者のことを言う。東国各国から二、三〇人から三〇〇人以下の農民、総勢二〇〇〇人前後が徴集され、三年交代で任務を務めた（岸俊男「防人考」）。しかし、実際に戦うことは一度もなかった。

日中戦争・太平洋戦争（「大東亜戦争」）下、『萬葉集』の防人は、「国民精神」の体現者とされた。特に太平洋戦争が始まると、防人は、〝私事を一切顧みず、命を天皇に捧げ尽忠に努める兵士〟と考えられた。佐《さ》佐木信綱《さきのぶつな》、久松潜一《ひさまつせんいち》、武田祐吉《たけだゆうきち》など、影響力のある国文学者たちが、この防人像の普及に努めている（小川〔新姓、小松〕靖彦「日中戦争下における「醜の御楯」の意識」、同「もう一つの防人像」）。また、防人歌に特化した次の本も出版された。

佐佐木信綱・今井福治郎《いまいふくじろう》『萬葉集防人歌の鑑賞』（有精堂、一九四二・四）
齋藤瀏《さいとうりゅう》『防人の歌』（東京堂、一九四二・六）
相磯貞三《あいそていぞう》『防人文学の研究』（厚生閣、一九四三・一一）

いずれも戦争下の新聞の第一面に広告が掲載され（繰り返し掲載されたものもある）、人気の高い本であったことが窺《うかが》える。

これらの本における防人歌の説明は、例えば、次のようである。

海ゆかば　水漬《みづ》く屍《かばね》　山行かば　草生《くさむす》屍《かばね》　大皇《おほぎみ》の　辺《へ》にこそ死なめ　顧《かへり》みはせじ

（＊訓と表記は齋藤瀏『防人の歌』に拠る。以下同）

瀏は、この『萬葉集』巻一八・四〇九四番歌に引かれた大伴氏の言立《ことだ》て（誓いの詞）について、「顧みぬ心、大君に身命を捧げて顧みぬ心、これは日本精神であつて、天皇に帰一、没入の心である」（『防人の歌』四頁）と畳みかけるように解説している。また、

今日よりは　顧みなくて　大君《おほぎみ》の　醜《しこ》のみ楯《たて》と　いで立つ吾《われ》は　（巻二〇・四三七三　今奉部与曾布《いまつりべのよそふ》）

の歌を、「不顧心と、御楯《みたて》たる感激とを以て、堂々と家門を出《い》づる防人与曾布の英姿が、私の眼前に描き出される」(『防人の歌』八頁)と称賛している。

瀏のこの防人像の根拠となっているのは、「顧みはせじ」「顧みなくて」ということばの解釈である。これらのことばは、満洲事変後に文部省(現在の文部科学省)社会教育局・財団法人社会教育会著、久松潜一校訂解説『萬葉集』(日本思想叢書、大日本教化図書、一九三二・一二)が示したように、〝家をも身をも顧みない〟と解釈することが一般的になっていた。太平洋戦争が始まると、〝私事を一切顧みない〟とさらに強い意味で解釈されるようになる(小川〔新姓、小松〕靖彦「日中戦争下における「醜の御楯」の意識」)。「文学」の編輯部は、このような防人像を、執筆者たちが描き出すことを期待したのである。

**良平の解釈**

特輯「防人の歌」の中には「防人歌研究随想」という欄があり、久松潜一ら国文学者や、今井邦子《いまいくにこ》、土屋《つちや》文明《ぶんめい》ら『萬葉集』に詳しい歌人が、防人の出身国別に解説を加えた文章が集められている。栃木県出身の良平は、「下野国《しもつけのくに》防人歌」という文章を寄稿した(「下野国」は現在の栃木県)。多くの執筆者が編輯部の期待に応えるように、「尽忠」の防人像を称える中で、良平の文章は異彩を放っている。

良平は歌のことばの丁寧な解説に終始し、「尽忠」の防人像には全く触れない。それどころか、下野国出身の今奉部与曾布の四三七三番歌について、「尽忠」の防人像を根底から覆しかねない解釈を淡々と提示するのである。

良平は『萬葉集』の用例を調査し、名詞「かへりみ」が、「後を振返つて見るといふ具体的の動作を指してゐる」（傍点は原文。以下同）ことを指摘する。その上で、「かへりみ」を打ち消しで用いた例（「かへりみなくて」〈四三七三〉、「かへりみはせじ」〈大伴氏の言立て〉、「かへりみせずて」〈巻二〇・四三三一〉）を見渡して、

［…］現代語の顧慮しないといふ抽象的の意が含まれてゐるかどうかである。私の管見では、後を振返つてみるやうな動作はしないといふ意識の裏には、後世の所謂うしろ髪を引かれる思ひはせぬといふ心持がこもつてゐると考へるのである。そしてそのうしろ髪を引くものが、家であるか、親であるか、乃《ない》至《し》妻子であるかはこの場合問題ではない。さういふ気持を撥無《はつむ》しようとする態度から、以上のやうな語句が自然に生れて来たのだと、私は解してゐる。
（「下野国防人歌」「文学」一）

という結論を導き出した。ややぼかした書き方となっているが、良平は「顧慮しない」という抽象的意味はなかったと見ている。良平の解釈によれば、与曾布の「顧みなくて」の基本的意味は、後ろを振り返る動作をしないことであり、極めて具体的身体的表現ということになる。

この良平の解釈に従うとき、改めて大伴家持《おおとものやかもち》の長歌・四三三一番歌の例が注目される（傍線は引用者。以下同）。

［…］鶏《とり》が鳴く　東男《あづまをのこ》は　出《い》で向かひ　顧《かへり》みせずて　勇《いさ》みたる　猛《たけ》き軍士《いくさ》と　［…］

防人の勇敢さを称える文脈で使われた「顧みせずて」は、敵に後ろを見せない勇敢さを表している。聖武《しょうむ》天皇の詔勅の中にも、東国の兵士たちが常日頃、「額《ひたひ》には箭《や》は立つとも背には箭は立たじ」と言っていたとある（『続日本紀』神護景雲《じんごけいうん》三年（七六九）一〇月一日条）。これらによれば、与曾布の「顧みなくて」も、敵を前にして怯《ひる》まない勇猛さを表しているのであり、〝私事を一切顧みない〟という「尽忠」を意味するものではない、と考えられる。

なお、良平は「顧みなくて」に〝後ろ髪を引かれる思いはしまい〟という心持ちも読み取っている。それは、与曾布の歌に「今日よりは」ということばがあるからである。昨日までの時間を断ち切ろうとする「今日よりは」は、昨日までの世界に残したものへの思いを自ずと感じさせる。

但し、良平は、それが家か親か妻子かは問題ではないと言い切っている。満洲事変以来の〝家をも身をも顧みない〟という解釈も、太平洋戦争下の〝私事を一切顧みない〟という解釈も退け、昨日までの世界への愛着だけをこの歌に見たのである。

良平は『萬葉集』の防人歌を知性的に読み、時代と一定の距離を保った。なぜ良平にはそのようなことが可能であったのであろうか。

ところが一方で、その良平が、太平洋戦争下に、過剰なまでに戦争を賛美する「愛国短歌」（Aタイプ。第1章三五頁参照）を作っている。また、自分を「草莽《くさかげ》の臣《おみ》」（民間にあって天皇に忠誠を誓う者）と称して天皇に対する崇敬の念を示すこともあった。良平の並外れた知性と〈愛国心〉は、一体どのような関係にあったのであろうか。

## 二　半田良平と『萬葉集』

### 上流貴族社会の産物としての『萬葉集』

まず、一九三〇年代の良平の『萬葉集』についての研究を見ておきたい。それが、一九四二年（昭和一七）八月の防人歌についての論考の基礎となっているからである。

良平は、一九三三年一〇月発表の論文「山上憶良論」（「短歌研究」第2巻第10号。『短歌詞章』〈人文書院、一九三七・五〉所収）で、『萬葉集』に関する極めて重要な見解を、臆することなく提示している（本文は『短歌詞章』に拠る。以下同）。良平は、『萬葉集』に、当時の生活諸相全てが表れているわけではないことを不満に思う。そして、『萬葉集』が「上は天皇から下は庶民に至るまで、あらゆる階級の人々の作を収めて居る」と言われているが、そうではないと否定する。

［…］仔細に見て来ると、その作家は上流社会に偏してゐて、下層階級の庶民の詠んだ歌は殆《ほとん》ど見当らない。飛鳥寧楽《なら》時代の文化がいかに燦然《さんぜん》たりしものがあつたとはいへ、それは帝都を中心とした文化であつて、それを享楽したものは、殆ど貴族上流社会の人々に限られてゐた。それゆゑ、何等《なんら》文化の恩沢に浴することなく、また、文字を用ゐて書き残す手段を持つて居なかつた下層階級の人々に、その感情をうたひあげた歌を求めることが、第一に間違つてゐる。（「山上憶良論」『短歌詞章』一五〇頁）（図11）

良平は、『萬葉集』はあくまでも貴族上流社会の産物であり、これを享受したのも上流社会の人々であったと見るのである。

『萬葉集』についてのこの見方は、現代の萬葉学では通説となっている（序章、一八頁参照）。しかし、一九三〇年代という非常に早い時期にこの見方を打ち出したことに驚きを禁じ得ない。現代の萬葉学ではこの見方は、西郷信綱《さいごうのぶつな》が一九四六年に『貴族文学としての萬葉集』（学芸新書、丹波書林）で提唱したと目されているからである。その西郷に先んじること一三年である。[*1]

今日でも未だに、『萬葉集』を〝天皇から庶民に至るまでの歌を集めた歌集〟とする説明が、国語教科書や『萬葉集』の一般書で行われているが、一九三〇年代には、この見方は確固たる「定説」であった。一九三〇年代に広く読まれた佐佐木信綱『萬葉読本』（日本評論社、一九三五・一一）は、作者の面から見た『萬葉集』の意義を、

> ［…］萬葉集の作者は、広く当時の国民一般であつたといふことである。実に、その作者は、当時の貴賤男女を網羅して、社会の全階級にわたつてをる。上は、天皇・皇后・皇子・皇女をはじめとして、官吏・僧侶・庶民があり、遊女・乞食にまで及んでゐるのである。
>
> （『萬葉読本』二〜三頁）

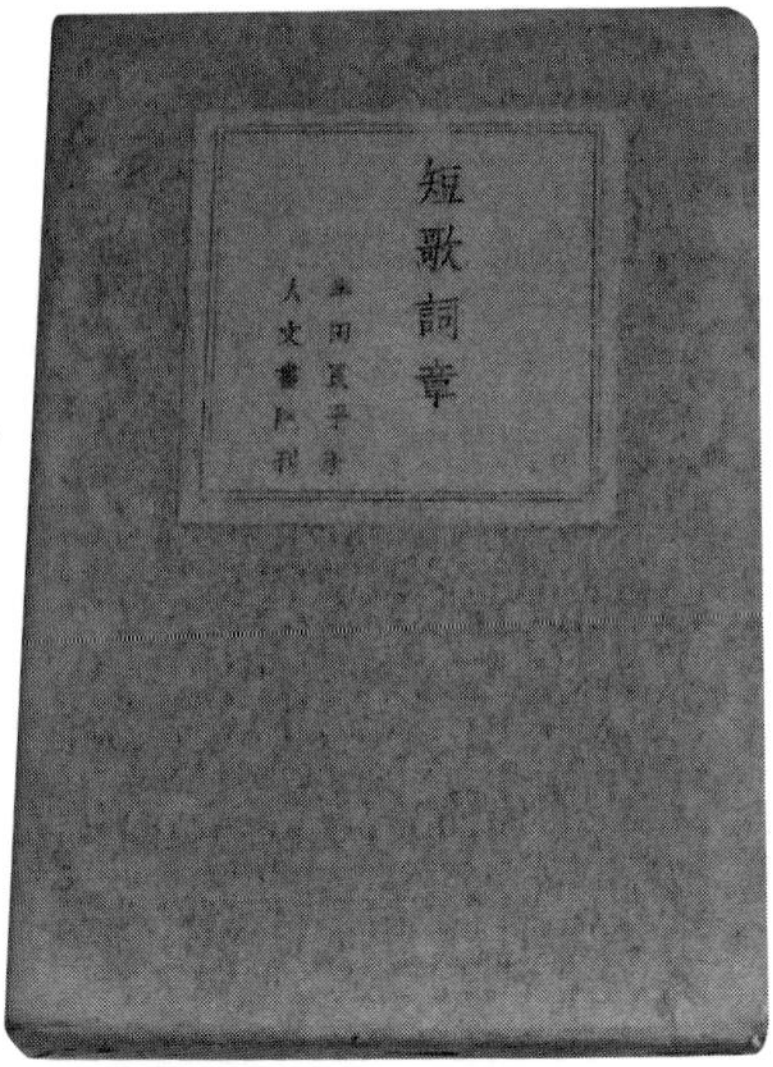

図11　『短歌詞章』

と説明している。その上で、信綱は、『萬葉集』には、建設の第一歩を踏み出した「上代日本人の国民精神」が表れていると見ている。この考え方は、その後まもなく第一次近衛文麿内閣が閣議決定する「国民精神」にまっすぐ繋がってゆくものである。

また、この「定説」は、一九三〇年代から、政府・軍・国家主義者が主唱した『萬葉集』像を支えるものでもあった。『萬葉集』は「忠君愛国」の精神・「日本古代の伝統」を体現しているという彼らの主張は、『萬葉集』が貴族社会の産物であっては成り立たないのである。

良平が時代の常識とは異なる見方ができたのは、社会的弱者に強いエンパシー（自分の経験を元として、他者と感情を分かち合うこと）を感じていたためであろう。また、良平は庶民の暮らしとは無関係に「国」が政治を進めてゆくことに強く反発していた（これらについては第六節に詳述）。そのような良平の目には、『萬葉集』は「国民」の歌集とは映らなかったのである。

## 古代の官僚の阿《おもね》りの歌

良平の『萬葉集』の歌の解釈も注目すべきものである。良平は評論「奈良朝時代の官人心理」（「文芸春秋」第12巻第4号、一九三四・四。『短歌詞章』所収）において、『萬葉集』の歌を「率直な」心の表れとばかり見ることに疑問を差し挟む。例えば、高橋虫麻呂《たかはしのむしまろ》の長歌「検税使大伴卿の筑波山に登りたまへる時の歌」（巻九・一七五三、一七五四）と「鹿島郡苅野橋《かるぬのはし》にて大伴卿に別るる歌」（巻九・一七八〇、一七八一）に、意図的な誇張を認めている。

まず、一七五三、一七五四番歌について、「熱けくに　汗かき嘆き　木の根取り　嘯《うそむ》き登り」（＊訓と表記は『短歌詞章』に拠る。以下同）と苦労して登る描写は、「実情」を表しているとする。しかし、筑波山に登った「今日の楽しさ」を繰り返し強調していることについては（特に、反歌の一七五四番歌が、今まで筑波山に登ったどんな人でも、今日の楽しさには及ぶまい、と言っていることについて）、文字通り解してよいものかと疑問を投げかける。

また、一七八〇、一七八一番歌については、

［…］浜も狭《せ》に　遅れ並《な》み居て　反覆《こひまろ》び　恋ひかも居《を》らむ　蹉《あしず》りし　哭《ね》のみや泣かむ［…］

（巻九・一七八〇）

という、大伴卿との別れの描写には、「真に迫るものがあるやうな気もするが、それと同時に、かなりの誇張と感傷があることも否定は出来ない」と述べる。

そして、この二つの作品の作歌動機を考えると、「儀礼的気分」が多分に加わっていると見る。つまり、良平は、地方官の財政を点検するために派遣された検税使・大伴卿に対する地方官・虫麻呂の官僚的な阿《おもね》りを感じ取っているのである。

［…］萬葉集の歌は一般には、『ひたぶるごころ』を率直に端的に表現したもののやうに考へられてゐる。そしてそれは大体に於《おい》て間違ひであるまい。しかし一首の意を正面からばかり解釈して、法衣の下に隠見する鎧《よろひ》を見ないやうな態度は、十分重盛《しげもり》［引用注、平重盛。父清盛《きよもり》の法衣の下の鎧を隠そうとしたのを箇

単に見破った」に嗤《わら》はれてよいと思ふのである。

（「奈良朝時代の官人心理」『短歌詞章』二二八頁）

「ひたぶるごころ」を『萬葉集』に見ることは、賀茂真淵《かものまぶち》の「あはれあはれ、上《かみ》つ代《よ》には、人の心ひたぶるに、直《なほ》くなむありける」（『歌意考』）に始まる。一九三〇年代には、「矯《た》めず偽らぬ人間自然の感情を、直截《ちょくせつ》にのべてゐる」（佐佐木信綱『萬葉読本』四頁）と言い換えられながら、『萬葉集』の本質についての「定説」となっていた。良平はそれに異議を唱えたのである。

## 三　半田良平の短歌観と『萬葉集』

### 良平の短歌観

良平が「定説」に囚われずに『萬葉集』の歌を柔軟に読むことができたのは、確たる短歌観を持っていたからである。

高橋虫麻呂の二作品の批評中に、「実情」「真に迫るもの」ということばがある。「実情」「真に迫るもの」は良平の短歌批評の基準であった（短歌に関する評論では、「実感実情」という用語を使用する）。

一九三五年（昭和一〇）九月に、「短歌研究」（第4巻第9号）に発表した評論「歌のリズムに関する一考察」（『短歌詞章』所収）では、「旧派」の歌人が宮中の新年歌御会《うたごかい》で題を与えられて歌を詠むことを「実感実情」から遠ざかるものと、厳しく批判している。「実感実情」の重視は、歌を感情の率直な表現と見る佐佐木信綱の考え方に近い。

しかし、信綱は、最初から『萬葉集』の歌を、感情を率直に表現したものと見ていた。これに対して、良平は、個々の表現に即して「実感実情」が詠まれているか否かを吟味するという、より徹底した姿勢をとる。吉川宏志《よしかわひろし》が言うように、良平の「実感実情」は良平個人としての感じ方・考え方をどこまでも尊重するものであった（「〈個〉を守るということ」）。

また、良平は「実感実情」を短歌のリズムとの関係で捉えた。短歌の、上から下へと流れる「流動的なリズム」が、「実感実情」を歌い上げるのにふさわしいと考える。「流動的なリズム」は、自由律俳句を提唱した俳人・荻原井泉水《おぎはらせいせんすい》（一八八四〜一九七六）の俳句の捉え方にヒントを得たものである。井泉水は、俳句を、休止を中心にリズムを作る芸術と捉え、そのリズムを「循環的《サアキユレーチヴ》なるリズム」または「反映的《レフレクチブ（ママ）》なるリズム」と名付けた（「自由律短歌と自由律俳句との差別」「短歌研究」第4巻第1号、一九三五・一）。

良平は、俳句の「循環的なリズム」「反映的なリズム」は印象的構成的であり、空想や想像を気分や雰囲気と融け合わせることができると見る。しかし、短歌の「流動的なリズム」は、空想や想像を詠むのにはそぐわないとする。

良平にとっては、実人生から溢れ出た「実感実情」を自然な「流動的なリズム」に乗せて表現した歌こそが、優れた短歌であった。近代歌人として「旧派」を厳しく批判する一方、「自由律」の可能性を模索する「新興短歌運動」には与《くみ》せずに、定型の特性をどこまでも追求する、という穏健な立場が良平のスタンスであった。

## 「流動的なリズム」による〈鑑賞〉

「実感実情」を重視した良平は、「流動的なリズム」に注目して『萬葉集』の歌を〈鑑賞〉している。同じ時期に、齋藤瀏が歌を「心の声、魂の叫《さけび》」と考え、「リズム」による〈鑑賞〉を行っていた（『萬葉名歌鑑賞』人文書院、一九三五・六）。瀏はあくまでも近代歌人としての自覚のもとに、〝文字の歌〟としての『萬葉集』の歌に向き合った（第2章、七九～八一頁）。同じことが、良平にも言える。

しかし、良平と瀏の〈鑑賞〉を比較すると、それぞれの違いが鮮明になる。豊前国《ぶぜんのくに》の娘子大宅女《おとめおおやけめ》の巻四・七〇九番歌について、二人は鑑賞文を残している。

【良平】

夕闇は　道たづ〳〵し月待ちて　行《い》ませわが背子《せこ》　その間《ま》にも見む

［…］女らしい心遣ひのよく現はれた歌で、殊に結句の、楚々たる情緒の表白は、一首を深味あるものとしてゐる。第四句までをなだらかな調子で叙《の》べて来て、結句で急に転回した手法も巧みである。

（「萬葉集の無名作家の歌」「短歌研究」一九三四・一〇。『短歌詞章』一七六頁）

【瀏】

夕闇は　路たづたづし　月待ちて　行かせ吾背子　その間にも見む

［…］「行かせ吾背子」までは闇の路を心配した心で、そんなあぶない路を行かせ度《た》くない愛の心を出して居る。それは単なる引とめ言葉ではなく、真実男を愛する心からの叫びであるが、然《しか》し根本には一刻も長く会つて居たい、かへしたく無い心があるのである。それで「吾背子」と呼んだ後、俄然《がぜん》呼びかけ

から変じて自己の心をつぶやくやうに打ち出して居る。従つて、夕闇から吾背子までは声も高く「さうなさいませ」と引きとゞめ、その後殆《ほと》んど独語のやうに、ただ自分の心を男に告げると言つた心持で、一寸《ちょっと》耻《はづ》かしいやうな口調で「そのま《ママ》にも見ん《ママ》」と言ふ。かうした場合の娘子の態度までが見えるやうである。

（『萬葉名歌鑑賞』二六七〜二六八頁、人文書院、一九三五・一〇）

良平も瀏も、第四句までの流れが、第五句で転調することに注目する。歌を「心の声、魂の叫」とする瀏は、〝相手を強く案ずる心から、「吾背子」という呼びかけを経て、恥じらうように自分の心をつぶやく〟という女性の心のドラマを、「リズム」に読み取った。

一方、良平の〈鑑賞〉は抑制的である。歌の情感と「リズム」の変化を辿るところで筆を止めている。良平に比べると、瀏の〈鑑賞〉は感情過多で、熱が入り過ぎている。

このような良平の抑制的な態度、対象との距離感は、太平洋戦争下にあっても、『萬葉集』の防人歌を見る目を曇らせることがなかった。

## 四　半田良平の知的バックグラウンド

**東京帝国大学文科大学英吉利文学科**

良平は感情の抑制と対象との距離感をどのようにして身に付けたのであろうか。良平の知的バックグラウンドが重要と思われる。

良平は、高等学校・大学時代に、ヨーロッパの文学と芸術を学ぶ機会を多く持った。第二高等学校在学時（一九〇六〈明治三九〉～一九〇九）に、「早稲田文学」などの雑誌や、ツルゲーネフ、モーパッサンなどの作品を次々と読んだ（『近代文学研究叢書』第五六巻）。

東京帝国大学文科大学に入学した良平は、英吉利《イギリス》語英吉利文学講座で英文学を学んだ（以下、東京大学の制度と教員については、『東京大学百年史』などによる）。文科大学は、良平の在学時の一九一〇年に学科再編があり、英吉利語英吉利文学講座は文学科所属の英吉利文学科となった。良平が在籍していた時期の教員には、外国人講師のイギリス人、ジョン・ローレンス（John Laurence 一八五〇～一九一六。英語学・韻律学）と、講師の松浦一《まつうらはじめ》（一八八一～一九六六。仏教を基礎に文学を考察した『生命の文学』など）と千葉勉《ちばつとむ》（一八八三～一九五九。音声学を日本に導入）、また英語担当の鈴木貞太郎《すずきていたろう》（一八七〇～一九六六。禅の思想を英語で紹介した鈴木大拙《だいせつ》）がいた。中心的存在はローレンスで、その門下からは、市河三喜《いちかわさんき》（一八八六～一九七〇。良平より一歳年長。後に東京帝国大学教授。『萬葉集』の英訳にも携わる〈*The Manyōshū.* Tokyo:The Iwanami shoten, 1940〉）、土居光知《どいこうち》（一八八六～一九七九。英文学者。日本古代文学も研究）らが出ている。象徴主義を日本に紹介した上田敏《うえだびん》が、良平の入学した一九〇九年まで講師を務めていた。良平に講義を受ける機会があったかは定かでない。

良平の卒業論文はイギリスの詩人・評論家のアーサー・シモンズ（Arthur William Symons 一八六五～一九四五）の研究であった。[*2] シモンズは、一九世紀後半のフランスに始まる象徴主義をイギリスに紹介した。象徴主義は、客観主義に反発して、暗示的表現とことばの音楽性を重視する文学運動である。美学科の大塚保治《おおつかやすじ》（後述）の講義でも象徴主義を取り上げている。また、現代の英文学者・富士川義之《ふじかわよしゆき》によれば、シモンズは物質主義のはびこる世紀末に「魂」（精神性）の復権を主張していた（「〝魂〟の出番―アーサー・シモンズの現代性」）という。

### 美学への関心

良平が在籍していた時期の文科大学は、講座（学科）ごとの必修科目が少なく、他の講座（学科）の科目も多く履修することができた。そこで、良平は美学の科目を履修した（小林邦子《こばやしくにこ》『半田良平の生涯』）。そして、一九一二年（大正元）に大学を卒業すると東京帝国大学大学院哲学科所属の美学科に入学したのである。

一九一二年当時の美学科の教員には、教授の大塚保治（美学科初代教授。芸術論、欧州文芸史〈耽美主義や象徴主義を紹介〉、絵画論などを講義）、外国人講師のドイツ系ロシア人、ラファエル・フォン・ケーベル（Raphael von Koeber 一八四八～一九二三。西洋美学の学説史、西洋美術史、音楽美学などを通訳なしで英語で講義）、講師の岡《おか》倉覚三《くらかくぞう》（天心《てんしん》。一八六三～一九一三。中国・朝鮮・日本の美術工芸史を講義）がいた。ケーベルと、大塚着任以前の外国人講師のアメリカ人、アーネスト・フェノロサ（Ernest Francisco Fenollosa 一八五三～一九〇八）の門下から、大塚、阿部次郎《あべじろう》（一八八三～一九五九。後に東北帝国大学教授。著書に『倫理学の根本問題』『萬葉時代の社会と思想』など）、大西克禮《おおにしよしのり》（一八八八～一九五七。良平より一歳年下。後に東京帝国大学教授。著書に『美学原論』『萬葉集の自然感情』など）らが出ている。良平は、英吉利文学科・美学科を通じて、外国人講師から、ヨーロッパの文学と芸術を直接学ぶ機会に恵まれたのである。

ところが、良平は大学院入学後半年で、退学を余儀なくされた。現役補充兵として徴兵されたためである。この時代には、徴兵されると退学せざるをえず、除隊後も復学できない制度であった（小林邦子『半田良平の生涯』)。良平には極めて無念な出来事であった。

しかし、シモンズを始めとする世紀末のヨーロッパの文学と芸術との出合いを通して学んだ深い内省や批評意識、また、象徴主義の主張する「詩の自律性」(非詩的要素の排除)の尊重は、確実に良平の知的基盤となっていた。

## 五　良平の知識人としてのスタンス

### 社会的弱者へのエンパシー

知識人としての良平のスタンスには二つの特徴がある。一つは、社会的弱者へのエンパシーである。もう一つは、芸術の独立性を重視し、社会との一定の距離を確保することである。

まず、社会的弱者へのエンパシーについて見てみたい。良平は旧制第二高等学校在学中から、ロシア文学、特にトルストイ(Lev Nikolayevich Tolstoy 一八二八〜一九一〇)に強く惹かれていた(小林邦子『半田良平の生涯』)。

ロシアに関心を寄せていた良平は、革命(一九一七〈大正六〉)後のロシアの食糧欠乏による悲惨な状況を伝えたモスクワ領事・熊崎恭《くまさききょう》の談話(「東京朝日新聞」一九一八年一二月一二日付五面)に激しい衝撃を受けている。モスクワで、児童が路傍の草を与えていた痩せ衰えた馬が翌日には首を切られ腿《もも》が抉《えぐ》られていたことなどを熊崎が伝えた。

この記事を読み、良平は、トルストイが臨終の際に言ったと伝えられている、「この世の中に苦しんで居る人が多いのに、お前等は何故俺一人のことを構つて居るのか」ということばを思い出す。これは、死の床にあったトルストイを見舞いに来た客に、トルストイがかけたことばである（昇曙夢《のぼりしょむ》『偉人トルストイ伯』〈春陽堂、一九一一・一〉、中沢臨川《なかざわりんせん》『トルストイ』〈東亜堂書房、一九一三・四〉などに記されている）。そして、次のように記す（本文は『短歌新考』〈紅玉堂書店、一九二四・一〉に拠る。以下同）。

［…］私は今この原稿を、冬の日の温《ぬく》とく射す八畳の間で片手を火鉢にかざしながら書いて居るのであるが、かういふ間にも、かの陰惨な凍雲《とううん》に鎖《とざ》された露土では、幾千万といふ人達が一片のパンを獲《と》る為《た》めに命掛けになつて騒いで居るのではないか。それをおもへば実際余所事《よそごと》でないといふ気がする。

（「恐ろしき真実《テリブル・ツルース》」「国民文学」第54号、一九一九・一。『短歌新考』二三六頁）

良平は、モスクワ市民の飢餓を自分のこととして受け止めたのである。この頃、日本では米価が高騰し、各地で米屋の襲撃などが行われていた（一九一八年七～九月の「米騒動」）。農家出身の良平は、食糧難に見舞われた「国民」の苦しみに深い共感を寄せていた。遠いロシア市民に対しても、良平は人々の苦しみに鋭く反応したのである。それは隣人愛を基礎に置くトルストイの思想に学んだ姿勢である。

## 良平の芸術観

しかし、芸術に関しては、良平はトルストイに対して自分の立場を譲らなかった。トルストイは、芸術は誰にでも理解できるものでなくてはならない、と考えていた（トルストイの芸術観は、『芸術論』として翻訳されていた〈有馬祐政《ありますけまさ》訳、博文館、一九〇六・一〇〉)。これに対して、良平は、芸術を理解する者は「よき魂の所有者」、すなわち「真実なる人間性にめざめた人々」であり、それが直ちに一般民衆であるわけではないとした。芸術、特に詩歌の一般的性質を、「著しく貴族的」なものと考えていたのである(「専門的と非専門的」「国民文学」第45号、一九一八・四。『短歌新考』所収)。

このような良平の芸術観は、その作歌経験に基づいている。良平は一九一六年六月に東京帝国大学講堂で行われた、インドの詩人、ラビンドラナート・タゴール(Rabindranath Tagore 一八六一〜一九四一)の講演を聴き、次のような冒頭のことばに深い感銘を受けている。

私の生涯の大部分、私は詩を書くわざを修めたのであります。それで御承知の通り、詩的想像は臆病な鳥であつて、群衆の目を避けて独り静寂の地に其巣《その》を造るものであります。

(「友に与ふ」「国民文学」第57号、一九一九・四。『短歌新考』九四頁。訳は良平による)

良平も、自分の作歌には、「社会の騒音から、更に家庭の喧噪《けんそう》から、隔絶された瞬間が必要」であると感じていた。タゴールのことばに、良平は「詩歌は寂寞《せきばく》の心から発せられる叫びである」という信条を確固たるものとしたのであった。芸術を「著しく貴族的」と言ったのは、〝日常から遮断された孤独な営み〟という意味であったと思われる。

それゆえ、『萬葉集』についても、この歌集が千年以上の時を超えて今日まで保存されてきたのは、「情熱をもつ少数者」がこれを伝えてきたからと捉える。そして、良平の時代以後も、『萬葉集』は依然として

「情熱をもつ少数者」にのみ愛読され味読されてゆくとする（「情熱をもつ少数者」「日本短歌」一九三四・一。『短歌詞章』一四六〜一四七頁）。一九三〇年代における政府・軍・国家主義者による『萬葉集』観をさりげなく批判しているのである。

良平はマルクス主義にも理解を示していたが、民衆の間に入って、ともに革命をめざす道はとらなかった。むしろ有島武郎《ありしまたけお》の「宣言一つ」（「改造」第4巻第1号、一九二二・一）に強く共鳴した。有島は、ブルジョア階級出身の自分に出来ることは、階級戦に従事することでなく、ブルジョア階級に訴え、横暴を諦《あきら》めさせることだと述べた（良平によるまとめ）。良平は、このように述べた有島は自らをよく知っていると推服する。さらに、世俗を超越して、芸術家として自分の「分《ぶ》」を守った芭蕉を称える（「芭蕉の生活態度に就て」「国民文学」第103号一九二三・三。『短歌新考』二七二〜二七三頁）。

一般民衆とともに戦うのではなく、また政治・社会の動きの渦中に身を置くのでもなく、あくまでも知識人・文学者として「分」を守る、というのが良平の選んだ道であった。

## 六　〈時事歌〉の制作

**米騒動**

このようなスタンスをとった良平は、〈時事歌〉によって時代と向き合った。〈時事歌〉とは、時々刻々に起こる事件や問題を取り上げ、政府を厳しく批判する短歌である。良平は、「米騒動」を受けて、一九二〇年（大正九）から、〈時事歌〉を制作し始めた。しかし、その芽は既に旧制第二高等学校時代に萌《きざ》していた（良平の短歌の本文は原則として『半田良平全歌集』〈以下、「全歌集」〉に拠る。歌集名の下の「明治四十一年―四十二年」等は歌集における項目名〈数字表記は「全歌集」に従う〉）。

農民は建国の日に愛憎のけぢめもあらず野におかれける

（『黎明《れいめい》』「明治四十一年―四十二年」）〔全歌集一三頁〕

建国記念日に特別な感情を抱くことなく、ひたすら土を耕す農民。良平の出身地・栃木県北犬飼村《きたいぬかいむら》は、土質が悪く水利も十分でなく、農民の生活は苦しかった（阿部豊三郎《あべとよさぶろう》「半田先生のふるさと」）。「野におかれける」ということばには、農民の暮らしとは無関係に進む「国」というものを見つめる目がある。〈時事歌〉においては、さらに自覚的に、人々の暮らしへのエンパシーと「国」への怒りを明瞭なことばで表現する。

1　これの世に直《なほ》く生きむと人皆が乞《（こ）》ひ禱《の》むほどの政《まつりごと》を布《し》け

2　うちつけに苦しさ言はぬ国民の心悉《たな》皆知り政を布け　（＊「うちつけに」は、はっきりと、露骨に、の意）

3　米の値は高くともよしこの国に生くる誇りをわれに有《も》たしめ

「偶感」（「旦暮」「大正九年」）〔全歌集九三頁〕

第一次世界大戦（一九一八年に休戦協定締結）後、激しい物価高が起こった。そこに地主と米商人による米の買い占めが加わった。彼らはシベリア出兵による米価上昇を見込んだのである。これらによって米価が高騰、一九一八年七月に、富山県で米の流出阻止の運動が起こり、それが全国に波及した。各地で米屋が襲撃されるようになり、政府は鎮圧のために警察だけでなく、軍隊も派遣した。また、緊急に外国米の輸入などの対策も行ったが、米価は一九三〇年（昭和五）頃まで、高止まりのままであった。

良平は、米価高騰に苦しむ「国民」の側に立って、「国民」を救う政治を行うよう、「政を布け」という強いことばで訴えたのである。

**作り続けられた〈時事歌〉**

これ以後、良平は「国民」の暮らしを無視する政府の動きを、〈時事歌〉によって批判し続ける。

4　軍艦《いくさぶね》あまた造りてよしゑやし大御宝《おほみたから》を飢ゑしむなゆめ　「所懐」（「旦暮」「大正十年」）〔全歌集一〇六頁〕

5　米野菜よく出来ながら百姓が困るといふはあるべきことか
　　跫音《あし》　「世相」（「旦暮」「昭和五年」）〔全歌集一四四頁〕

6　このままに過ぐべきことかわが国のいづこを見ても行き詰りたり
　　林内閣更迭二首（＊うち一首）　「旦暮」（「旦暮」「昭和六年」）〔全歌集一四九頁〕

7　悪声は耳に入らずとよそほへる内閣もつひに倒るゝ日来ぬ

「六月居常吟」（『幸木《こうぼく》』「昭和十二年」）〔全歌集二五一頁〕

8　掌《てのひら》をかへすが如き行動を国の上に見てこの日頃あり

「清秋」（『幸木』「昭和十八年」）〔全歌集三三九頁〕

4は、一九二〇年八月の、「八八艦隊《はちはち》」（戦艦八隻、巡洋戦艦八隻を中核とする大艦隊建造計画）の予算公布を、「国民」の生活を圧迫するものと批判した歌。5は、世界恐慌（一九二九）によって引き起こされた「昭和恐慌」による農民たちの困窮を憤る。6も、「昭和恐慌」による「国」の行き詰まりを憂える。その背後には、「新興階級」への期待があった（一九三〇年前後に複数の無産政党が合同した）。

7は、陸軍予備役大将の林銑十郎《はやしせんじゅうろう》を首班とする内閣を痛烈に批判。「祭政一致」という時代錯誤の政策を掲げた林内閣は、第二〇回総選挙で敗北した。それにも関わらず政権を手放すまいとしたが、一九三七年五月に総辞職に追い込まれた。8は、東條英機《とうじょうひでき》内閣の急激な政策転換を批判のまなざしで見ている。どの政策転換を指すのか定かではないが、あるいは一九四三年一〇月の在学徴集延期臨時特例公布（文科系学生・生徒の徴兵猶予停止。「学徒出陣」の法的根拠）を言うのであろうか。

ところで、良平の関わる結社誌「国民文学」の一九三三年六月号（第20巻第6号）は、発禁処分を受けている。篠弘《しのひろし》によれば、それは、良平の〈時事歌〉（「身辺雑詠」の中の「感懐」〈「日暮」「昭和八年」〉）と良平を支持する関根松園《せきねしょうえん》の評論が原因であったという。その良平の〈時事歌〉は、資本主義社会の行末の不安を歌い、「共産党事件」（一九三二年一〇月の共産党幹部一斉検挙〈「熱海事件」〉を指すか）で検挙された知人を思うものであった（「国に絶望した半田良平」）。

これより後、良平は社会体制の変革には触れなくなった。しかし、政府を厳しく批判する〈時事歌〉を作ることをやめることはなかったのである。[*3]

## 理性と感情

良平が感情の抑制と対象との距離感を身に付けていたことを先に指摘した（第三節）。〈時事歌〉の激烈な政府批判のことばは、一見それらとは矛盾しているように見える。しかし、良平の怒りの感情表現は、実は十分に計算されたものであった。それを窺わせるのが、「国民文学」一九三三年六月号が発禁処分を受けてから約二年後に発表された評論「時事歌再検討」（「日本短歌」第4巻第5号、一九三五・五）である。良平は、各自の生活が社会情勢の微妙な動きに支配されている時代には、時事問題は歌人の関心の対象となると考えた。〈時事歌〉は時事問題が忘却されると影の薄いものとなるが、優れた要素を具《そな》えていれば後世に残ると主張する。その優れた要素とは、イデオロギーを感情の波に乗せることである。

［…］イデオロギーといふものは、体系として一貫したところの、物の基本的な考へ方のことであるから、その基調を理性において居ることは言ふ迄《まで》もない。さういふイデオロギーが感情の波に乗つて三十一音律に表現されたものが、謂《い》ふところの時事歌である。

（「時事歌再検討」『短歌詞章』八三頁）

すなわち、理性と感情を一体にして表現するのが、良平の考える〈時事歌〉であった。

確かに良平の〈時事歌〉を読むと、感情のままに、政府批判をしているのではないことがわかる。「米騒動」の〈時事歌〉では、ただひたすら正しく生きようとしている人々が報われない不条理、それ以後の〈時事歌〉では、軍艦建造費と飢えた「国民」の対比（4の歌）、収穫があるのに農民の口に入らない理不尽さ（5の歌）などがしっかりと見据えられている。また、「掌をかへすが如き行動」（8の歌）という皮肉も鋭い。良平は冷静に社会を分析した上で、「国」の不合理さに激しい怒りの感情をぶつけたのである。

## 七　戦争下の半田良平の〈時事歌〉と日記

**戦争に関わる〈時事歌〉**

良平は、戦争に関する〈時事歌〉も作っている。

時事漫吟

9　たはやすく戦をいふこの人は死を他人事《ひとごと》と思へるらしき

「雑詠」（『旦暮』「昭和七年」）〔全歌集一五二頁〕

八月中旬、宇都宮停車場にて

10　出でてゆく兵は皆よき顔だちなりこの一人だに死なしむべからず

「晩夏小吟」（『幸木』「昭和十三年」）〔全歌集二七〇頁〕

11　高やまに死にし人らをあはれめど国のうごきはしばしも止まず

「身辺吟」（『幸木』「昭和十六年」）〔全歌集三一三頁〕

12　若きらが親に先立ち去《い》ぬる世を幾世し積まば国は栄えむ

「子らに後れて」（『幸木』「昭和十八年」）〔全歌集三五二頁〕

満洲事変から太平洋戦争に至るまで、戦争に関する良平の〈時事歌〉の思想は一貫している。兵士となった「国民」を死なせることに何も感じない政府を批判することが良平の思想であった。良平は兵士を戦争で死なせたくないと強く願っていた。戦争に関する良平の〈時事歌〉の特徴は、特定の兵士についてではなく、同じ「国民」として、兵士一般に対するエンパシーを詠んでいるところにある。

12は、一九四四年（昭和一九）九月に、三男・信三を思って詠まれた歌である。信三は七月にサイパン島の激戦の最中《さなか》、亡くなった。戦死の確報が届かないものの、生存の望みは無くなっていた。この「親」にはもちろん良平自身も含まれる。しかし、この歌で、良平はパーソナルなこととして、子が戦死する悲しみを感情的に歌うことはしない。兵士となった子を持つ全ての親に共通する心を詠んだ。そして、どこまでも犠牲を強いる「国」に怒りをぶつけた。良平の〈時事歌〉の極北と言える作である。

**空爆下の『萬葉集』研究**

良平は、一九四四年八月一日から一九四五年五月一六日まで、日記を付けている。最後の日付から三日後の一九日に、良平は亡くなった。

良平が日記を付け始めたのは、三男・信三の生存への望みが失われたためであった（小林邦子『半田良平の

**表5　半田良平の日記の『萬葉集』の研究関連記事**

- 床《とこ》の上で武田祐吉『上代日本文学』を読む（1944年8月1日、4日）
- 「萬葉集語彙考」を書く（9月8日〈6枚〉）
- 『萬葉集』の通読を思い立ち、読む（9月13日〈巻六、巻七〉）
- 床上で西村真次『萬葉集の文化史的研究』を読み続ける（9月28日）
- ラ行の萬葉時代に於ける用法について結論を得る（11月25日）
- 佐佐木信綱『日本歌選上古之巻』で「ゆ」「よ」の用例を調べる（11月27日）
- 「萬葉集語彙考（三）」の原稿を「短歌研究」の記者に渡す（1945年1月14日）
- 武田祐吉『萬葉集新解』を読む（1月30日〈夜寝床で〉、2月25日〈中巻。座敷の火鉢の傍で〉、27日〈中巻。縁側で〉、3月5日〈中巻。就寝前〉）
- 「萬葉集語彙考」を書く（3月2日〈3枚半〉）

生涯』）。この日記はたびたび紹介されている（川口常孝《かわぐちつねたか》編「半田良平の「終焉日記」」、阿部《あべ》豊三郎《とよさぶろう》『半田良平の歌と生涯』、古川清彦《ふるかわきよひこ》「半田良平の病床日記」）。ここでは、新たに全文を解読した小林邦子の翻刻（「空襲下の日記」として『半田良平の生涯』に収録。但し、片仮名書きを平仮名書きに改め、また一部省略を含む）に拠りたい。

良平の日記の主な内容は、①三人の息子を失った悲しみの吐露、②戦況の詳細な記録と、空爆を受けた体験の冷静な手記、③『萬葉集』研究の進捗状況の丹念な覚書である。12の歌も一九四四年九月二五日条に記されている。

私が注目したいのは、③である。一九四四年八月一日条から一九四五年三月二日条まで、表5のように、たゆむことなく『萬葉集』の研究を進めていたことがわかる。次男・克二を結核性の肋膜炎で失い（一九四二年四月）、さらに長男・宏一も同じ病が悪化する中、一九四三年一月に、良平自身も肋膜炎を起こした。病状は一時的に安定するものの、発熱と疼痛《とうつう》に苦しみ、その再発の不安を抱える日々に、良平は『萬葉集』の研究に専心したのである。

第一節で紹介した、一九四二年八月に発表された文章「下野国防人歌《しもつけのくにさきもりうた》」は、次男の没後、長男の看病中に執筆されたものである。一九四四年八月一日以後の研究は、「下野国防人歌」に見られた実証性をますます研ぎ澄ましてゆく。良平が少しずつ書き溜めていった「萬葉集語彙考」は、時勢と一切関わらない、どこまでも実証的な、『萬葉集』の語彙（接尾語「ら」「ろ」、助詞「ゆり」「より」。また「こ」を含む地名など）についての研究である（「萬葉集語彙考」は、「短歌研究」第1巻第1号〈一九四三・一一〉から第2巻第4号〈一九四五・四〉に四回掲載）。

サイパンで戦う三男・信三の戦死がほぼ確実となる中、良平の不安と悲傷を癒したものが、『萬葉集』の厳密な研究であったのである。

## 八　半田良平の〈愛国心〉

### 戦意高揚の記事が見えない日記

良平の日記には、戦意を高揚する記事はない。戦意高揚の「愛国短歌」は、

天《あま》つ日のひかりの如き大き勝《かち》国こぞり立ち祝賀や宴《うたげ》や

（一九四四年〈昭和一九〉一〇月一六日条）〔全歌集未収録〕

の一首が見えるに止まる。この歌は、日本陸海軍の最高統帥機関である大本営が、大戦果と報じた台湾沖航空戦（一九四四・一〇・一二〜一六。実際には「大戦果」は誤認であった）を受けての作である。但し、良平はこ

れに「ダメ」と添え書きしている。
むしろ、良平はフィリピンのレイテ島の戦いで行われた陸海軍航空隊による体当たり攻撃（一九四四・一〇・二一～一九四五・一・一三）について、

［一九四四年］十一月十五日（水）快晴。新聞は特別攻撃隊の勇士の記事を満載。忠烈無比の反面に無残といふ気持が掩《おお》ふべくもない［…］

という注目されるコメントを残している。死を強制された若者たちの痛ましさに強い悲しみと憤りを覚えているのである。
天皇については、日記の短歌に、〝子を大君に捧げた〟ことを詠む歌が複数記されている。しかし、記事では天皇に触れることがない。自分のために書いた日記では、戦意高揚も天皇賛美も記事として書き記すものではなかったのである。

**「草莽の臣」**

ところが、良平は多くの「愛国短歌」を詠んでいる。日中戦争下ではその数は僅かであるが、太平洋戦争開戦後は積極的に詠むようになる。しかも、その中には、第1章でAタイプとした「過剰なまでの戦争賛美」の歌（三五頁）が含まれている。

大君《おほきみ》の詔勅《みこと》のまにま飛びたてる機上の兵はすでに神なり
大御代《おほみよ》にいのちを享《う》けし喜びを幾たびかしてまた今日にあふ
「太平洋戦争(一)」(「幸木以後」「昭和十六年」)〔全歌集三七五頁〕

海渡り飛びこむ醜《しこ》の奴《やつこ》らをいついつと待つ邀《むか》ひ撃《う》つべく
「太平洋戦争(八)」(「幸木以後」「昭和十八年」)〔全歌集三八六頁〕

知性の人であり、戦争で「国民」を死なせることに無関心な政府に批判の目を持っていた良平でさえも、短歌によって戦争に加担することになったのである。

「本心」に反して、このような歌を作ったとする見方もあるが、単純にそう言うことはできない。一つには、良平の天皇に対する崇敬の念は根深いものであったからである。一九四二年一二月の、昭和天皇の伊勢行幸の歌でも、良平は自身を「草莽の臣」と称している。

草莽《くさかげ》の臣《おみ》なる吾も大君《おほきみ》の御旨《みむね》畏《かし》こみをろがみまつる
「伊勢行幸　旧臘《きふらふ》〔引用注、去年の一二月〕十三日」(『幸木』〈「昭和十八年」〉)〔全歌集三二六頁〕

昭和天皇の伊勢神宮参拝の目的はミッドウェー海戦(一九四二・六・五)以来の敗北を受けての戦勝祈願であった。その敗北の事実は、「国民」には知らされていなかった。しかし、事の重大さを感じさせる行幸であることは「国民」にも感じ取れた。良平は天皇に忠誠を誓う一民間人として、天皇の心を畏れ多く思い、身をかがめて拝礼したのである。

良平は、一九一七年（大正六）に予備勤務召集となった時点の歌から、天皇に対する崇敬の念を詠んでいた（「習志野」〈『野づかさ』〉）〔全歌集五〇頁〕[*4]。また、一九三三年の明仁《あきひと》親王（現在の上皇）の誕生を心から祝った歌もある（「日の皇子《みこ》の春」〈「旦暮」〉）〔全歌集一八〇〜一八一頁〕。良平の天皇に対する崇敬の念は、突然起こったものではなかった。

しかし、良平は与謝野晶子《よさのあきこ》（第一章）や齋藤瀏（第二章）のように「国体」の聖性や護持を声高に叫ぶことはなかった。大日本帝国憲法公布（一八八九）、教育勅語下賜（一八九〇）以後に初等教育を受け、青少年期に日露戦争や第一次世界大戦での勝利を体験した良平らの世代にとって、天皇崇敬はごく自然な「道徳感情」になっていたように思われる。

## 良平の〈愛国心〉

良平はまた、強い〈愛国心〉の持ち主であった。〈時事歌〉には、「国」ということばが繰り返し出てくる。その「国」は、「国に生くる誇りをわれに有《も》たしめ」（「偶感」〈「旦暮」「大正九年」（一九二〇）〉）〔全歌集九三頁〕のように歴史的・文化的な共同体としての「日本国」を指す場合があり、「国のうごきはしばしも止まず」（「身辺吟」〈『幸木』「昭和十六年」（一九四一）〉）〔全歌集三一三頁〕のように「大日本帝国政府」を指す場合もある。

しかし、いずれの場合でも良平は「国」そのものを否定することはなかった。「国民」に寄り添う「政府」によって、「日本国」がより良き方向に向かうことを強く願ったのである。

その根底には日本の国土への愛着があった。

日本地図に題す

いづべにも土はあらめどこの国のかぐろき土のわけて親しも
見《み》が欲《ほ》しき国さはにあれど住むべくはおのれ生れし此《こ》の国をわれは

「雑詠」（「旦暮」「大正十年」）〔全歌集九六頁〕

農家出身の良平は、東京に生活拠点を置くようになってからも、故郷の栃木県北犬飼村の実家との繋がりを大切にしていた。良平の「国土」への愛着は、文字通り「日本」の「土」への親しみであった。「日本の国土」「日本国」、そしてそこに生きる「国民」のために、歌によって「大日本帝国政府」に働きかけてゆくことを〈文学者としての役割〉と良平は考えていたのであろう。そうであるからこそ、烈しい〈時事歌〉を次々と作ったのである。

しかし、太平洋戦争開戦によって、「国」（国土・日本国）が危機を迎えたとき、良平の〈愛国心〉は、「大日本帝国政府」が期待する方向と一致することになった。天皇のもと、戦争に勝つために、歌によって「国民」の団結を図り、戦意を高揚することを、良平は〈文学者としての役割〉と見定めたと思われる。

もちろん、個人としての良平は、どこまでも知性の人であった。若い「国民」に死を強要する「大日本帝国政府」への批判の目を、なおも持ち続けていた。『萬葉集』の研究についてもあくまでも学問的立場を貫いた。しかし、知性とはほど遠い「愛国短歌」を作ることになったのである。

最晩年、空爆が激しくなる中、良平は病床にあって、「国」を詠んでいる。

言挙《ことあ》げを吾はせねどもうら深く国を憂ふる者の一人ぞ
一夜寝ば明日は明日とて新しき日は照るらむを何か嘆かむ

「三月上旬詠」（『幸木』「昭和二十年」）〔全歌集三五七頁〕

一首目はことばには出さないが、心の内に深く「国」の行く末を案じていることを歌う。二首目では、その不安を、気持ちを引き立てるようにして打ち消している。良平は生涯の最後まで、「国」を愛し、「国」がよりよき方向に向かうことを期待し続けた。決して、「国」に絶望した者ではなかった。[*5]

だが、自分自身の〈愛国心〉とは何であるのかを知性的に問う機会を持たなかった。知性も〈愛国心〉も、良平の「本心」であったと思われる。そして、個人的な知性と、戦争下で膨張した〈愛国心〉は、遂に交わることがないまま良平はこの世を去った。――日本の敗戦を知ることなく。[*6]

［注］
（1）榎戸《えのきど》渉吾《しょうご》によれば、土屋文明《つちやぶんめい》は一九三四年一〇月刊行の『日本文学講座』第七巻〈和歌文学篇下〉（改造社）に収められた「萬葉歌人の研究」において、『萬葉集』の無名作者が、極めて限定された世界の人々であることを指摘している（「土屋文明の「民謡論」」戦争と萬葉集研究会〈二〇二一・五・一五〉）。良平と同時期の発言として注目される。
（2）良平の追悼文で、土岐善麿《ときぜんまろ》は、アーサー・シモンズに関する良平の卒業論文を、「その内容とかかれた英文は当時の専門家にも推賞されたもの」と称賛し、遺稿として刊行されることを切望した（「平田良平の一生」）。しかし、それは今日まで実現していない。

（3）良平は二・二六事件についても〈時事歌〉を詠んでいる。その中から四首を挙げる。

新聞により少しづつ異なれる記事は朝起きて息つめて読む
蹶起《けつき》せる青年将校らは三日《みつか》経て反乱部隊となりをはりたり
兵に告ぐる声はラジオに幾たびか繰返されぬ朝闌《た》くるまま　「四日間」（『幸木』「昭和十一年」）〔全歌集二三三頁〕
将校らの死刑は終へしことをのみ伝へて時と処に触れず　「七月日常吟」（『幸木』「昭和十一年」）〔全歌集二三七頁〕

感情表現を最小限に切り詰め、自分の知った事実のみを淡々と叙する。良平の歴史家のような目を感じさせる。

（4）良平の予備勤務召集については、小林邦子『半田良平の生涯』、篠弘「国に絶望した半田良平」、吉川宏志「予備兵われは」参照。なお、吉川は、兵役という身体的体験を通じて、良平が、「国」を護るという意識を持ったとする。但し、良平の〈愛国心〉の強さの最大の原因を、兵役の体験に求めることには疑問が残る。

（5）篠弘は半田良平論のタイトルを「国に絶望した半田良平」としている。良平は「大日本帝国政府」の国策には批判的であった。しかし、「国」（国土・日本国）への愛着と期待は揺らぐことはなかった。「国」という融通無碍《むげ》に意味が変わることばには注意が必要である（終章参照）。

（6）本書で触れることはなかったが、良平は自然表現を得意としている。

山峡《やまかひ》は夕づくはやし刈小田《かりをだ》の稲扱《こ》く音のいまだきこゆる　「鹿野山」（「旦暮」「大正七年」）〔全歌集七五頁〕

旅舎
わがこころたよるものなし山の湯の谿間《たにま》の空の朝焼けの色　「塩原の山」（「旦暮」「大正八年」）〔全歌集八六頁〕
風花《かざはな》が降りて濡らしし街上《がいじやう》をまぼろしなして日が流れたり　「季冬」（『幸木』「昭和十九年」）〔全歌集三四七頁〕

良平は空間の広がりの中で、音や孤独な思いを捉えた。

## 半田良平略年表

| 年号 | 年齢 | 主なできごと |
| --- | --- | --- |
| 1887（明治20） | 0 | 栃木県上都賀《かみつが》郡北犬飼村《きたいぬかいむら》深津《ふかつ》（現在の鹿沼《かぬま》市深津）で、農業を営む勝蔵の長男として誕生（9月10日）。 |
| 1900（明治33） | 13 | 旧制栃木県立第一中学校（現在の宇都宮高等学校）入学（4月）。（＊「半田良平年譜」（『幸木』）では1899年） |
| 1905（明治38） | 18 | 歌人・窪田空穂《くぼたうつぼ》を中心に結成された「十月会」に入会。 |
| 1906（明治39） | 19 | 宇都宮中学校（第一中学校改称）卒業（3月）。旧制第二高等学校第一部英法文科入学（9月）。当時の日記によれば、在学中信仰問題に悩む。「早稲田文学」などの雑誌や、ツルゲーネフ、モーパッサンなどを読む。 |
| 1907（明治40） | 20 | 「十月会」同人の合同歌集『白露集』（文芸社）に作品を発表（9月）。<br>◆雲の峰大地より吐く赤熱を吸ひつゝ生くるものと思ひぬ |
| 1909（明治42） | 22 | 旧制第二高等学校卒業。東京帝国大学文科大学文学部英吉利《イギリス》文学講座入学。イギリスの詩人・評論家のアーサー・シモンズ（Arthur William Symons）を研究。岡倉天心《おかくらてんしん》の美学・美術史などの講義を受ける。 |
| 1910（明治43） | 23 | 合同歌集『黎明《れいめい》』（十月会）刊行（4月）。 |
| 1912（大正元） | 25 | 東京帝国大学卒業。同大学大学院哲学科所属の美学科に入学（9月）。現役補充兵として召集され、やむなく退学し、近衛《このえ》歩兵第四聯隊（東京）入隊（12月）。1年後除隊。 |
| 1914（大正3） | 27 | 窪田空穂、「国民文学」（総合文芸誌、後に結社誌に）を創刊。この創刊に関わり、創刊号にシモンズの評論「トルストイの小説と「復活」の脚色」の翻訳を発表。12月号に「明治文学研究―樋口一葉《ひぐちいちよう》の作品―」を発表。編著『ベルグソンの哲学』（日月社）刊行（11月）。<br>＊第一次世界大戦勃発（7月〜1918年10月） |
| 1915（大正4） | 28 | 私立東京中学校の英語教師就任。英語教育に力を注ぐ。 |
| 1917（大正6） | 30 | 予備勤務召集に応じて近衛歩兵第四聯隊に入隊（6月）。軍への反発を歌に詠む。<br>◆人間の流すべき汗ながしつくし予備兵われはかなしかりけり |
| 1918（大正7） | 31 | ＊日本政府、シベリア出兵を宣言（8月） |

| | | |
|---|---|---|
| 1919（大正8） | 32 | ＊米騒動が起こる（7月）<br>「恐ろしき真実《テリブル・ツルース》」（「国民文学」、1月）。「友に与ふ」（「国民文学」、4月）。第一歌集『野づかさ』（国民文学叢書、国民文学社）刊行（7月）。 |
| 1920（大正9） | 33 | この頃より〈時事歌〉を詠み始める。 |
| 1923（大正12） | 36 | 『芭蕉俳句新釈』（紅玉堂書店）刊行（4月）。近衛歩兵第四聯隊に後備兵として入隊（4月20日より3週間）。<br>＊関東大震災（9月） |
| 1924（大正13） | 37 | 歌論集『短歌新考』（紅玉堂書店）刊行（1月）。『大隈言道《おおくまことみち》歌集』（紅玉堂書店）刊行（3月）。『香川景樹《かがわかげき》歌集』（紅玉堂書店）刊行（11月）。 |
| 1925（大正14） | 38 | 『季題別年代附芭蕉俳句集』（紅玉堂書店）刊行（5月）。『季題別蕪村俳句全集』（紅玉堂書店）刊行（9月）。『季題別年代考一茶俳句集』（紅玉堂書店）刊行（11月）。 |
| 1930（昭和5） | 43 | 「短歌雑誌」にて「古歌より見たる上代関係の交通路」の連載開始（1月）。 |
| 1931（昭和6） | 44 | ＊満洲事変（柳条湖事件）（9月） |
| 1933（昭和8） | 46 | 「国民文学」6月号が発禁処分を受ける（6月）。<br>萬葉地理調査のため、銚子近くの海上村《うなかみむら》三宅《みやけ》を訪ねる（5月）。「山上憶良論」（「短歌研究」、10月）。 |
| 1934（昭和9） | 47 | 「情熱をもつ少数者」（「日本短歌」、1月）、「奈良朝時代の官人心理」（「文芸春秋」、4月）、「萬葉無名作家の研究」（「短歌研究」、10月）。「紀貫之」『日本文学講座』第7巻、改造社、12月） |
| 1935（昭和10） | 48 | 「時事歌再検討」（「日本短歌」、5月）。「歌のリズムに関する一考察」（「短歌研究」、9月）。 |
| 1936（昭和11） | 49 | ＊二・二六事件起こる。これについての〈時事歌〉を詠む。 |
| 1937（昭和12） | 50 | 歌論集『短歌詞章』（人文書院）刊行（5月）。<br>＊日中戦争勃発（7月7日） |
| 1938（昭和13） | 51 | 柳田國男《やなぎたくにお》に民俗学を学んだ成果を「国民文学」にて「常民筆録」として連載開始（12月）。 |
| 1939（昭和14） | 52 | 「人麿《ひとまろ》忌」にJOBK（日本放送協会大阪放送局）の「萬葉集座談会」に出席するため大阪に旅行（3月）。<br>＊ドイツ、ポーランドに侵攻。第二次世界大戦勃発（9月）。 |

| | | |
|---|---|---|
| 1940（昭和15） | 53 | ＊齋藤瀏《さいとうりゅう》・太田水穂《おおたみずほ》・吉植庄亮《よしうえしょうりょう》の発議により大日本歌人協会解散（11月）。 |
| 1941（昭和16） | 54 | 政治的意図による大日本歌人協会の解散を自分の責任と考え、その再建に力を尽くす。「大日本歌人会」発足（6月）。長男・宏一病臥する（10月）。<br>＊太平洋戦争開戦（12月8日）<br>太平洋戦争下、多数の「愛国短歌」を制作。 |
| 1942（昭和17） | 55 | 二男・克二病没する（4月）。「下野国防人歌《しもつけのくにさきもりうた》」（「文学」、8月）。日本文学報国会短歌部委員となる（9月）。 |
| 1943（昭和18） | 56 | 肋膜炎に罹る（1月）。長男・宏一病没する（2月）。聖母病院に入院（2月。4月に退院）。三男・信三出征（8月）。 |
| 1944（昭和19） | 57 | 信三、サイパンで戦死（7月。享年24）。日記を付け始める（8月1日～死の前々日）。肋膜炎再発（10月）。「萬葉集語彙考」（「短歌研究」、11月～1945年4月） |
| 1945（昭和20） | （57） | 5月19日永眠。 |
| 1947（昭和22） | | 歌集『幸木《こうぼく》』（沃野社）刊行（12月）。 |

（＊「半田良平年譜」〈良平『幸木』〉、「半田良平年譜」〈良平『半田良平全歌集』〉、小林邦子『半田良平の生涯』、昭和女子大学近代文学研究室『近代文学研究叢書』第56巻、篠弘「国に絶望した半田良平」などによる）

第4章

# 今井邦子

――「小さきこと」「かすかなもの」へのまなざしと戦争

# 一　今井邦子と時代

## 苛烈な生涯

今井邦子《いまいくにこ》（一八九〇〈明治二三〉～一九四八〈昭和二三〉）は、与謝野晶子《よさのあきこ》の一二歳年下、半田良平《はんだりょうへい》と同じ世代の歌人である。「アララギ」の有力歌人・島木赤彦《しまきあかひこ》（一八七六～一九二六）に師事した。邦子は文学と学問に強い熱意を抱き、それを阻む前近代の「家」制度に烈しく反発しながら、生きるものの「いのち」と生きることの哀れを見つめる独自の歌境を開いていきた。清冽《せいれつ》な水に生命の甦《よみがえ》りを願った次の歌はその代表作である（邦子の短歌の本文は原則として『今井邦子短歌全集』〈以下、「短歌全集」〉に拠る。歌集名の下の「大正十四年」等は歌集における項目名。〈数字表記は「短歌全集」に従う〉）。

真木ふかき谿《たに》よりいづる山水の常あたらしき生命《いのち》あらしめ

「山水」（『紫草《むらさきぐさ》』「大正十四年」〈岩波書店、一九三一・七〉）〈短歌全集一四六頁〉

邦子の父・山田邦彦《やまだくにひこ》は教育官僚で転任が多かった。そのため、邦子は幼少期に長野県下諏訪町《しもすわまち》の祖母に預けられている。一三歳の時に日本最初の少女雑誌「少女界」(金港堂)に短歌を応募して入選、文学への意欲を高めた。邦子は、一五歳の時、女学校への進学を希望した。しかし、下諏訪町に一時帰郷していた父は反対した。父は、邦子に〝良き家庭人〟となることを求めたのである。一九〇九年(明治四二)、一九歳の時、邦子は、父が縁談を進めていることに反発して、下諏訪町から東京に出奔した。まもなく、父の危篤によって帰郷するも、再び出奔する。

一九一〇年に中央新聞社家庭部記者に採用された。翌年、二一歳で、同社政治部記者の今井健彦《いまいたけひこ》と恋愛結婚。しかし、一九一三年(大正二)には、詩作の不振と、結婚後まもなくの子の誕生による苦悩から下諏訪町に一時帰郷している。この時に邦子は、長野県高木村に島木赤彦を訪ねるのである。

三年後に正式に赤彦の門人となった邦子は、激情を奔出させる短歌から、感情を抑制した写実の短歌へと歌風を変えてゆく。一方、二七歳の時に急性リウマチに罹《かか》り、右足の不自由を抱えながら生涯を送ることになった。

その後も、「家」の束縛に苦しみ、三二歳の時、夫婦生活の亀裂から、京都の一燈園《いっとうえん》(トルストイの思想に影響を受けた懺悔《ざんげ》と奉仕の修養団体)の西田天香《にしだてんこう》(一八七二~一九六八)を頼って、一時、工場に住み込み、奉仕と托鉢《たくはつ》の日々を送ったこともあった。四カ月を経て年末に帰宅し、三四歳の時には、夫・健彦が衆議院議員に当選、国会議員夫人という高い社会的地位を得るものの、学問への思いは抑えられず、一九四八年(昭和二三)に五八歳で亡くなるまで、女性であっても文学者として生きることと、思うままに学ぶことを切望し続けた。

図12　歌集『鏡光』

邦子は、短歌に加え詩や小説も制作したが、それに止まらず、女性を読者に想定した短歌評論や、『萬葉集』の鑑賞書も執筆している。また、一九三六年には、日本初の女性だけが会員の結社誌「明日香《あすか》」を創刊した。「家」の束縛に苦しんだ邦子は、後半生では女性の支援に力を注いだのである。

　その邦子が晩年に太平洋戦争（「大東亜戦争」）に遭遇する。邦子は開戦に、『萬葉集』の海犬養岡麻呂《あまのいぬかいのおかまろ》の歌（表記は『鏡光《きょうこう》』に拠る）、

　御民《みたみ》われ　生ける験《しるし》あり　天地《あめつち》の　栄ゆる時に　遇《あへ》らく念《おも》へば　（巻六・九九六）

と同じ感動を覚えた。そして、一一人の門人とともに、合同歌集『鏡光』（青梧堂、一九四三・七）（図12）を出版した。「後記」によれば、歌集の目的は、〈愛国心〉を表明することにあった。ところが、この歌集には図らずも戦争の本質に鋭く迫るような歌が収められている。

　この第4章では、その意義を再発見するとともに、それらがどのように生み出されたのか、また〈愛国心〉とどのような関係にあったのかを考えたい。

　また、邦子は、戦争下に独自の『萬葉集』の鑑賞書を執筆している。邦子らの短歌と『萬葉集』の受容には深い関わりがある。『萬葉集』受容の視点からも、戦争下における邦子の文学的営みに光を当てたい。

## 二　戦争の本質に迫る歌

**戦争に対する鋭い視点**

歌集『鏡光』から、戦争の本質に鋭く迫る歌六首を挙げたい（本文は『鏡光』に拠る）。

1　科学戦きはまりゆかば勝ち負けのけじめも知らに殺しあはむか　今井邦子　「真珠湾」（『鏡光』一〇頁）

2　新春を寿《ことほ》ぐ今朝の新聞に戦死者の名は並びてありぬ　品田《しなだ》政子《まさこ》　「父と母と」（『鏡光』一三四頁）

3　狂ほしき歓び持ちて還り来し故国《くに》になじめぬ心を言へり　「戦報」（『鏡光』一七三頁）

4　うつろなる思ひの果てに追撃戦のすさまじかりし日を恋ふるとや　「戦報」（『鏡光』一七三頁）

5　女われの解き難きこと日々に起り見究めむ間もなくて過ぎゆく　臼井《うすい》敦子《あつこ》　「戦報」（『鏡光』一七七頁）

6　六尺の男《を》の子の体一瞬に土に果てしか血潮ふきつつ　井上《いのうえ》つや　「軍刀」（『鏡光』一八九頁）

邦子の1の「科学戦」とは、戦車・軍艦・飛行機などの科学兵器による戦闘のことを言う。「科学戦」は白兵戦とは異なり、遠距離の戦闘であり、兵士一人一人には勝敗はわからない。ひたすらに科学兵器を操り、「敵」を殺すばかりである。邦子は「殺しあはむか」という直接的なことばを用いて、「科学戦」の非情さを表現した。

『鏡光』において、1は「真珠湾」の題の歌の一首であるが、実は真珠湾攻撃に関わる歌として作られたものではない。本来「白木蓮」という題の一首であり、「短歌全集」の配列によれば、一九四一年の作ではあるが、太平洋戦争開戦以前のものと見られる（「明日香路《あすかじ》以後」の「昭和十六年」）〔短歌全集三八八頁〕。「短歌全集」には「真珠湾」という題の歌もあるが、1は含まれていない。日中戦争で感じていた「科学戦」の非情さを、真珠湾攻撃の報道で改めて実感し、『鏡光』では「真珠湾」の題に組み入れたのであろう。

品田政子の2は、『鏡光』の配列から、南京占領（一九三七・一二）の翌年正月の新聞を見ての歌と見られる。南京占領を受けての新春の喜びの記事と、多数の戦死者追悼の記事が並ぶことに、ことばにならない複雑な思いを抱いている。政子は一九〇八年（明治四一）生まれ。一九三〇年一二月より邦子に師事した（生年・経歴は『新萬葉集』第四巻の「作者略歴」による）。

臼井敦子の3・4は戦場から帰ってきた弟の、日常に馴染めない心を表現する。弟は戦場の激戦の中でしか、生の充実を感じられなくなっている。日本軍兵士のPTSD（心的外傷後ストレス障害）を詠んだ貴重な歌である。『鏡光』の配列によると、一九三八年一〇月のバイアス湾（現在の大亜湾《だやわん》。香港の東方の湾）上陸作戦後の作。敦子は一九一〇年生まれ。東京第五高等女学校卒。一九三二年一〇月に邦子の主宰する梛《なぎ》ノ葉歌話会に加入。一九四三年に結婚し、旧満洲国のハルビン市に住んだが、一九四六年に夫と死別している（生年・経歴は『新萬葉集』第一巻の「作者略歴」、『昭和萬葉集』巻七の「作者略歴・索引」による）。歌集に『枇杷の花

—臼井敦子遺歌集』がある。

同じく敦子の5は、一九三九、四〇年頃の政治・社会の激しい動きを詠む。その動きに付いてゆけない「女」の無力さを嘆いているように見せて、その底には時勢のめまぐるしい変化を批判的に見る眼がある。

井上つやの6は、日中戦争に出征した弟の命が一瞬にして失われたことを詠む。「六尺の男の子の体」(六尺は約一八二センチメートル)、「血潮ふきつつ」という身体的表現が、戦場での死の実相を生々しく想起させる。つやは一九〇五年生まれ。主婦。歌集に『風紋』がある(生年・経歴は『昭和萬葉集』巻一の「作者略歴・索引」による)。

**言論統制を受けなかった『鏡光』の歌**

これらの歌は、平時には許されない「殺人」が「大義」(正当性)のもとに行われるという戦争の本質(序章、一三頁)に迫るものである(1の歌)。その本質ゆえの、無残な人間の肉体の損壊(6の歌)や精神の破壊(4、5の歌)を捉えている。さらに、「勝利」と表裏の関係にある兵士の大量の死(2の歌)や、戦争を進める政府(5の歌)を冷静に見据えている。これらの歌には、確かに、戦争に対する鋭い視点が存在しているのである。しかし、これらが検閲によって削除されたり伏字《ふせじ》にされたりすることはなかった。

戦争下の出版物に対する言論統制は、一九三七年(昭和一二)七月一三日付の、各庁府県長官宛内務省警保局図発甲第一四号「時局ニ関スル記事取扱ニ関スル件」によって始まった。この文書は、「反戦又ハ反軍的言説ヲ為《ナ》シ或ハ軍民離間ヲ招来セシムルガ如キ事項」を禁じた(『マスメディア統制』2)。

田中綾《たなかあや》は、実際に言論統制の対象となった文学作品として、同人誌「人民文庫」(一九三七・九)掲載の中《なか》山今朝春《やまけさはる》の詩「閃《ひら》めく」、アンドレ・ジイド（André Gide 一八六九～一九五一）『ソヴェト旅行記』（小松清《こまつきよし》訳、岩波文庫、岩波書店、一九三七・九）、鶴彬《つるあきら》の川柳などを挙げている。

中山の詩は「せいかんなやつ等は、いのちを／ちり芥《あくた》の如くふり廻してゐる。／ちり芥の如く。」（部分）と中国大陸の戦場での命の軽さを歌ったことで発禁となった。ジイドの翻訳も、二〇歳の兵卒が「まだほんの子どもだのに／戦争をするなんて　なんと惨《みじ》めなことだらう（部分）と若者に耐え難い苦しみをもたらす戦争を批判した部分が削除された。鶴彬は、

屍《しかばね》のゐないニュース映画で勇ましい

万歳とあげて行った手を大陸において来た

手と足をもいだ丸太にしてかへし

（「川柳人」二八一号、一九三七・一一）

などの川柳を発表していたことで検挙され、「川柳人」も発禁処分を受けた（『権力と抒情詩』。原資料は明石博隆《あかしひろたか》・松浦総三《まつうらそうぞう》編『昭和特高弾圧史』1など）。

『鏡光』の歌は、これら言論統制を受けた作品のように、戦争をあからさまに批判するものではない。解釈によっては、戦場での兵士の勇敢さや、「崇高」な犠牲を称える「愛国短歌」として読むこともできる。言論統制の対象とならなかったのはそのためであろう。

戦争の本質に迫る歌でありながら、なお言論統制の対象とはならない、ニュートラルな性質を持ったこれらの歌をどのように捉えればよいのであろうか。[*1] このような性質の歌が生み出された背景を、邦子の『萬葉

集』受容を通して考えてみたい。邦子の『萬葉集』受容にはその文学の基本的姿勢が明確に表れているからである。

## 三　今井邦子と『萬葉集』

### 『萬葉集』との出合い

一〇代の頃、邦子は、口語自由詩運動を推進した詩人・河井酔茗《かわいすいめい》（一八七四～一九六五）主宰の女性向け文芸誌「女子文壇」を愛読していた。邦子の『萬葉読本』（七～八頁、第一書房、一九四〇・六）によれば、ある時、「女子文壇」掲載の、与謝野晶子《よさのあきこ》による和歌の解説の中に、額田王《ぬかたのおおきみ》の歌、

茜《あかね》さす　紫《むらさきぬ》野行き　標野《しめぬ》行き　野守《ぬもり》は見ずや　君が袖《そで》振る*2

（巻一・二〇）

（＊訓と表記は『萬葉読本』に拠る。以下同）

を見出し、文字の美しさと調べの心地よさに、「まあ！」と叫んでしまうほどの感動を受けた、という。邦子と『萬葉集』との関わりはここに始まる。

邦子の作品は一九〇六年（一六歳）に「女子文壇」で初めて一等入選している。一九〇八年（一九歳）に一等入選したとき、酔茗に賞金の代わりに、『萬葉集』と『源氏物語』を送ってもらうことを希望した。届い

たのは江戸時代の国学者・橘 千蔭《たちばなのちかげ》の注釈書『萬葉集略解《りゃくげ》』（全七冊〈二帙〉、辻本修学堂、一八九九）と北村《きたむら》季吟《きぎん》の注釈書『源氏物語湖月抄《こげつしょう》』であった。『萬葉集略解』を読み始めたものの、あまりに難解であったため、

或時には余りの悲しさ、やるせなさ口惜《くや》しさに右手に持つて居つた鉛筆をいきなり頁の上にギリギリとさすやうにして泣きながら、それでもわからぬ先へと歩みをつづけて行きました。

（『萬葉読本』一〇～一一頁）

という。若い邦子の『萬葉集』を知りたいという強い思いと、激烈な負けじ魂が窺《うかが》える。

これ以後、邦子は『萬葉集』を読み続け、専門家からも講義を受け、四〇代からは『萬葉集』に関する著作を次々と発表して、『萬葉集』の専門家と認められるようになった。

**心を清めるものとしての『萬葉集』**

邦子は歌集『明日香路《あすかじ》』（古今書院、一九三八・一二）の「巻末小感」で、『萬葉集』についての考え方を披露している。邦子は、汲んでも尽きぬ泉である『萬葉集』に心と目を洗い、『萬葉集』の道を尊んでゆきたいと言う。しかし、『萬葉集』のとおりの歌い方をしたり、外形的に『萬葉集』のような生活をしたりすることは強く否定する（傍線・波線は引用者。以下同）。

〔…〕萬葉集を過去の沈殿《よど》んだ水のやうに考へ扱《あつか》つていふならば、私の萬葉に依る精神は随分異つてゐる。萬葉集の歌からは、たとへ千年たつたものにせよ、常に新鮮に湧き上つて来る水の力の様な、透明新鮮なものを味ふことが出来る。その力に触れ、その力に覚醒されてゐる意味で、私はどうしても萬葉集を元として歌の道を教へられて行くので、いたづらに保守の精神とは異つてゐる。唯時代の波にのり過ぎて右がはやれば右、左がはやれば左、といふやうに動かされてゆくのには賛成できない。

（『明日香路』「巻末小感」）〔短歌全集二六五頁〕

邦子にとって、『萬葉集』は常に心を清め、新鮮な力を与えてくれるものであった。つまり、崇めるべき〈過去〉のものではなく、〈今現在〉に生きているものなのである。

波線部の「保守の精神」と、時代の流行への批判は、一九三〇年代から、『萬葉集』が政府・軍・国家主義者によって、「忠君愛国」の精神・「日本古代の伝統」を示すものとして喧伝《けんでん》されていったことと、『萬葉集』の入門書・鑑賞書の出版が流行となったこと（序章、一八〜一九頁参照）に対するものであろう。邦子の『萬葉集』への敬愛は一朝一夕のものではなかった。

# 四　今井邦子の〈鑑賞〉

**図13　『萬葉読本』**（左・函、右・本体表紙）

## 苦しみに満ちた〈今現在〉

なぜそれほどまでに邦子は『萬葉集』を敬愛したのか。それが窺《うかが》えるのが、『萬葉読本』の鑑賞文である。『萬葉読本』の元となった、女性雑誌「令女界」での連載は、歌集『明日香路』の出版と同じ年の一九三八年（昭和一三）に始まっている。第一書房から単行本として出版されたのはその二年後の六月である（図13）。

邦子は、作者未詳の相聞歌《そうもんか》を集めた『萬葉集』巻一一の鑑賞文の末尾で、『萬葉集』の恋について、次のように述べている。

［…］申すまでもない事ですが、萬葉集には「恋」の歌のすぐれたものが沢山に集められてあります。「恋」とさへ言へば現代では下劣なもののやうにとる人が多いやうですが、さすが萬葉集の歌にはまじりものがなくて純情をこめてありますから、読んでもすこしも厭味《いやみ》のものがなく、その至純至情にふれて、濁つた心をむしろ清められ、高く揚げられてゆく幸を直接に知ることが出来ます。尊い話です。

（『萬葉読本』一三七頁）

『萬葉集』の「恋」を「至純至情」と見ることは当時の「定説」であった(『萬葉集』の歌を、「ひたぶるごころ」を率直に端的に表現したものと見ることが「定説」であったことを第3章で述べた〈一一六頁〉)。しかし、「至純至情」が「濁った心」を浄化するとしているところに、邦子の〈鑑賞〉の独自性がある。邦子はなぜ「濁った心」を問題にするのか。安倍女郎《あへのいらつめ》の歌、

今更に 何をか念《おも》はむ うち靡《なび》き こころは君に 縁《よ》りにしものを (巻四・五〇五)
吾背子《わがせこ》は 物な念《おも》ほし 事《こと》しあらば 火にも水《みづ》にも 吾無《われ》けなくに (巻四・五〇六)

の〈鑑賞〉にその理由を見出せる。

[…]「火にも水にも」は火の中へも水の中へもであつて、ちよつと誇張のやうに考へるむきもありませうが、真実純一に夫を思ふ女心のほんたうの極地は、やはりこれだと私は考へます。誇張どころか、あらはすべき心をかく言つてこそ、あらはし得てゐると思ふばかりであります。萬葉集以後、特に現代ともなれば世の中が複雑になつて、いろいろ夫婦生活の上にも直線でないものが生じ、その点で苦しみ歎く多くの人があります。 (『萬葉読本』四九頁)

「火にも水にも」という表現を「誇張のやうに考へるむき」というのは、齋藤瀏《さいとうりゅう》『萬葉名歌鑑賞』(人文書

院、一九三五・六）のことであろう（第2章、八一〜八二頁）。邦子は瀏の〈鑑賞〉を退け、この表現をあくまでも「真実純一」と捉える。そのように考える背景には、傍線部のように、邦子の時代には夫婦生活が円滑に進まず、多くの人々が嘆き苦しんでいるという認識がある。苦しみに満ちた〈今現在〉を生きているからこそ、『萬葉集』の「至純至情」「真実純一」、すなわち《純粋さ》に、救いを求めるのである。

それゆえ、邦子の〈鑑賞〉は、『萬葉集』の歌の中に、「純情」「真情」などの《純粋さ》を確認してゆくものとなる。

## 『萬葉集』の人々の人生の「哀れ」

その確認を進めてゆく中で、邦子が特に意を注いだと思われることが二点ある。第一点は、人が見過ごしてしまうようなことを詠んだ歌に注目することである。

それが、高橋虫麻呂《たかはしのむしまろ》の「河内《かふち》の大橋《はし》を独去《ひとりゆ》く娘子《をとめ》を見る歌」（巻九・一七四二、一七四三）の〈鑑賞〉に典型的に表れている。この長歌は、美しく装った若い女性が、河内国（現在の大阪府南東部）の片足羽川《かたしはがは》にかかる赤く塗られた大橋を、物思わしげな様子で独り渡ってゆく情景を詠んでいる。邦子は、この歌が「説明しきれないひとつの人生を暗示してゐて、限りなく哀れに」（傍点は引用者。以下同）なる、と言う。続けて、

> さういふ見すごせばみすごしてしまふやうなことを取りあげて、これだけの暗示を与へたといふことは、作者その人が深く感動してをるからで、そこにとてもよい味があると思ひます。
>
> （『萬葉読本』一〇二頁）

と述べる。邦子は、見過ごされてしまうような、しかし人生の奥行を感じさせる情景を詠んだ歌に強く心惹かれるのである。

第二点は、人生を順調に生きてきた人には作れない歌に注目することである。巻一〇の作者未詳歌、

秋萩を　散らす長雨《ながめ》の　零《ふ》る頃は　一人起き居て　恋ふる夜ぞ多き　（巻十・二二六二）

をこの観点から〈鑑賞〉している。邦子は、「いかにも一篇の物語を読むやうな哀れを含んだ一首」とこの歌を評する。ここでも「哀れ」ということばが使われていることに注意しておきたい。

この作者はたしかに深く切ない恋をしてゐる。その恋は晴れて成就する恋ではないのでせう、いはばかくれて窃《ひそ》かに恋ひわたつてゐるといふ恋でありませう。

[……中略……]

かうした歌は人生を順調に経た人には出来ない歌で、幸福に酔つてゐる人は夢にも思はない歌でありませう。それだけに私はいよいよ深く心にしみて愛誦するのです。　（『萬葉読本』一一七〜一一八頁）

この歌に、表に出すことのできない恋を抱き続ける悲しみを読み取っているのである。

## 『萬葉集』の〈鑑賞〉と歌集『鏡光』

邦子にとって、〈今現在〉は、多くの人々が障害や困難によって思うままに生きられず、「濁つた心」を抱えてゆかなければならない時代であった。その心を浄化するものが、『萬葉集』の《純粋さ》であったのである。つまり、邦子の〈鑑賞〉は、〈今現在〉が生きるのに困難な時代であるという認識の上に立っている。

しかし、その〈鑑賞〉も、結果的には、『萬葉集』を「忠君愛国」の精神・「日本古代の伝統」を示すものとする見方に接近してしまう。例えば、安倍女郎の歌の「火にも水にも」の表現を「真実純一」と見た邦子の〈鑑賞〉は、一九四〇年（昭和一五）以後に劇的に変化した齋藤瀏の〈鑑賞〉に近い。瀏の『萬葉のこゝろ』（朝日新聞社、一九四二・五）は、この表現を「夫《をつと》に全身全霊《ぜんしんぜんれい》を捧《さゝ》げつくした貞順《ていじゆん》そのものの相《すがた》である」と説明している（第2章、八二頁）。

また、防人歌《さきもりうた》についても、邦子は、今日の出征兵の歌とは事情が違い、「時代性」が異なると言う。しかし、その一方で、防人たちは理屈抜きで大君《おおきみ》の御楯《みたて》となる心を持っているとも述べる。そして、「千年の昔も今も変りはない」（『萬葉読本』二一八頁）と、「時代性」の違いを放棄してしまうのである。

このように、邦子の『萬葉集』の〈鑑賞〉は時代の流れに絡《から》めとられてしまう面を持っていた。ただし、その中にあって、見過ごされてしまうような、人生の「哀れ」の潜む情景や、順調に生きてきた人にはわからない「哀れ」に対するまなざしが、邦子の〈鑑賞〉を、時代に関係のない独自なものとしている。邦子は『萬葉集』に素朴な《純粋さ》を見た。しかしそれだけではなく、『萬葉集』の時代の人々の、生きることの困難さに、強いエンパシー（自分の経験を元として、他者と感情を分かち合うこと）を感じていたのである。

邦子の『萬葉集』の〈鑑賞〉は、多くの類型的な「愛国短歌」の間に、戦争に対する鋭い視点を持った歌が差し挟まれた歌集『鏡光』のあり方と共通するものであった。

## 五　「いのち」の浄化

### 「家」への「忌避と愛惜」

邦子の『萬葉読本』に見られる、《純粋さ》への志向と、『萬葉集』の人々へのエンパシーは、邦子の文学の基本的姿勢と言える。それらはどのように形作られてきたのか。その鍵となるのが「家」である。邦子は「家」に対して「忌避と愛惜」という両義的感情を抱いていた。

一九一三年（大正二）、邦子は「家」の束縛から逃れるため、夫の健彦が台湾出張中に、長野県下諏訪町に一時帰郷した。この時の心境を、後に「悲しき道程」という文章（「婦人公論」第11巻第7号、一九二六・七。『茜草《あかねぐさ》』〈古今書院、一九三三・一〉）に記している。邦子は一〇代の時のように思ったことをそのまま書いてゆくことに満足できず、次第にもっと突き詰めて考えてから書きたいと思うようになった。しかし、知識の浅さに「とても手も足も出ない曠野《くわうや》に立つて寂寞《せきばく》を感ずるようになつて」いったと言う。そこに夫婦生活の深刻な苦痛が重なり、「もつと生きいきした、感激に富んだ、魂の声が響き合ふやうな人間生活に入り、もつと深く物を識《し》り物を学び度《た》いといふような願ひが燃えあがつた」。

ところが、いざ「家」を出てみると、家庭生活がしみじみと心に甦《よみがえ》ってくるのだった。

［…］自分には溝泥《こうでい》のやうに思へてゐたあの家庭生活といふものが、そんな心持には丸きり無関係に十幾年といふ年月をかけて、いつどれ程といふ量をはかる事も出来ないおのづからなる土台を固めて、それに根をおろし枝をはる大木のやうに動きのとれぬ「家」といふ形以外の厳粛《げんしゆく》な実在が暖かく根づよく永遠性をもつて築きあげられてゐるのをはじめてありありと心の瞳にあほぎ《ママ》見て忌避《きひ》と愛惜《あいせき》の長嘆息をもらしたのであつた。

（「悲しき道程」『茜草』二〇一頁）

「家」の束縛を烈しく忌避しながら、その厳粛な実在としての永遠性を自ずと愛惜してしまうのである。「家」を飛び出すものの、さりとて「家」を捨てることもできない、それが邦子のあり方であった。

## 〈述懐歌〉を歌い続ける

この「忌避と愛惜」の葛藤を一時的に解決するのが、心中の思いをそのまま歌にすることであった。それらの歌は〈述懐歌〉と呼ぶことができる。邦子は、若いころから晩年まで、女性の身であっても文学者として生きたい、思うままに学びたいという切望とそれが満たされぬ苦しみを歌にし続けた。

7　血の音を聞けば淋しや夫《つま》よ子よ吾等に何のかゝはりあらむや

「夏に入らんとして」（『片々《へんぺん》』〈婦人文芸社、一九一五・六〉）〔短歌全集三六頁〕

8　たゞ一粒すめる心かうつそ身と生れざりせばけがされじもの

「しらべ」の「心から　その一」（『光を慕ひつつ』〈曙光社、一九一六・六〉）〔短歌全集七六頁〕

9　たまきはるいのちのゆらぎ身に耐へてわが心をばひたに浄めむ

「折に触れて」（『紫草』「大正十二年」）〔短歌全集一三一頁〕

10　独学のすすみおそきをかへりみつ吾が運命を嘆く事あり

「生ける嘆き」（『明日香路』「昭和八年」）〔短歌全集二三四頁〕

11　わが性《さが》のなさけは我を苦しめて世にあき足らず一生《ひとよ》すぎなむ

「春の歌」（『明日香路以後』「昭和十四年」）〔短歌全集三五七頁〕

12　青年期より学ばんとして飽き足らずつひに一生《ひとよ》も終らむとするか

「述懐」（『明日香路以後』「昭和十六年」）〔短歌全集三八五頁〕

「血の音」という自分の「いのち」ある身体（7の歌）と「一粒の心」（8の歌）こそが、周囲から理解を得られぬ邦子の生きる拠《よ》り所であった。

自分自身の烈しい〈情念《パッション》〉（感情の激化し、その自然の流れが塞き止められ苦悩に持続的にさらされている状態〈島崎敏樹《しまざきとしき》『感情の世界』〉）を「汚れたもの」「自分を苦しめるもの」と意識し（8、11の歌）、その浄化をひたすら願う（9の歌）。学ぶことへの切望は晩年においてもなお、満たされることはなかった（12の歌）。〈述懐歌〉で詠まれた〈情念〉は、若い頃から、邦子に〈淋しさ〉を強く意識させた。特に第一歌集『片々』では〈淋しさ〉を繰り返し詠んだが、それは、

うす青き此《この》湖の水辺ゆき水辺ゆきわがいのち淋しむ

「洲羽の歌」（『片々』）〔短歌全集三七頁〕

という歌に表れているように、「いのち」の根源的な〈淋しさ〉であった。そして、〈情念〉を清め、〈淋しさ〉の淵から「いのち」を救い出し、新鮮な力を与えてくれるものが、故郷・下諏訪町の山中の清浄な水であった。

真木ふかき谿《たに》よりいづる山水の常あたらしき生命《いのち》あらしめ

「山水」（『紫草』「大正十四年」）〔短歌全集一四六頁〕

『萬葉集』の《純粋さ》もまた、邦子にとって、「いのち」を浄化するものであったにちがいない。

## 六　今井邦子のまなざし

### 他者の「いのち」へのエンパシー

『萬葉集』の人々へのエンパシーも、この〈情念〉が生み出した「いのち」の根源的な〈淋しさ〉によって形作られたものと言える。

邦子は、『萬葉読本』では、順調に生きてきた人にはわからない「哀れ」を感じさせる歌に注目していた。邦子の文学にも、他者の「いのち」（生と死）に強いエンパシーが見られる。

例えば、随筆集『秋鳥集』（信正社、一九三六・一一）（図14）に収めた二編の随筆「旧《ふる》き友」「美しすぎた人」では、それぞれ普通の女性の生の「哀れ」を、筆を尽くして描いている。「旧き友」では、教育を受けていなかったばかりに嫁ぎ先を追い出され、子も奪われた不幸な女性を、「美しすぎた人」では、両親の反対を押し切って婚約したが、不誠実な相手に裏切られた挙げ句、病となり若くして亡くなった女性にエンパシーを寄せている。

邦子はまた、文学への志半ばに亡くなった女性を悼む歌も詠んでいる。

文学に志して七年　空しく病を獲て逝きし女人を憐れむ〔五首のうち三首〕

13　灯のつかぬ汽車くらければ片すみのみ骨《ほね》の箱をさぐり念仏《ねぶつ》す

14　みぞれ降る夜更けの汽車に思ひ置くみ骨の箱を他人《ひと》知らずをり

15　こころざし挙ぐるまれなり人の世に名はたてずして逝《ゆ》く人のかず

「かね女回向《ゑかう》　新宿駅発夜行列車にて」（『明日香路』「昭和十年」）〔短歌全集二五四頁〕

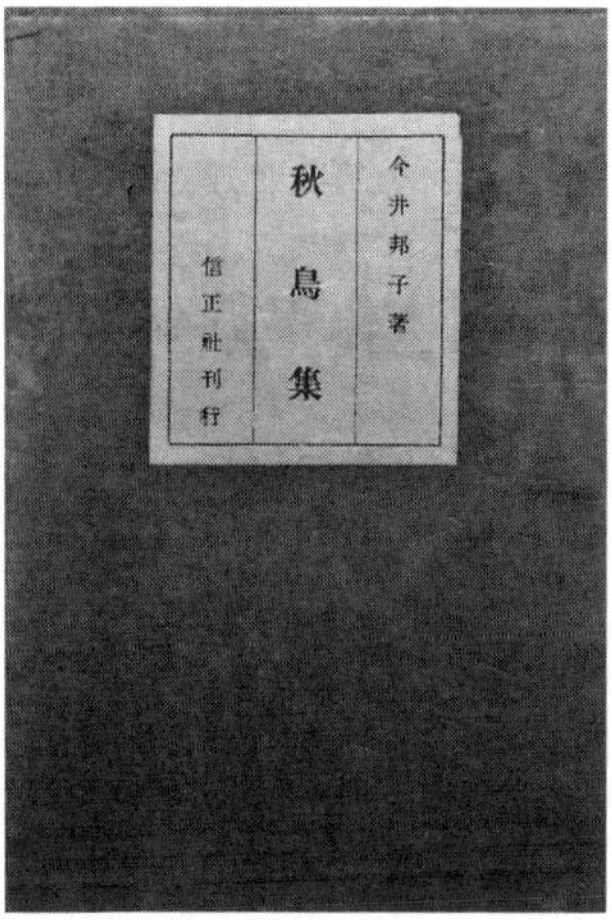

図14　『秋鳥集』

14の「他人知らずをり」には、たとえ他人は知らなくとも自分は知っているという、かね女へのいとおしみが籠る。15の「逝く人のかず」には、そのように志を遂げずに亡くなる女性がいかに多いことか、という嘆きと憐みがある。

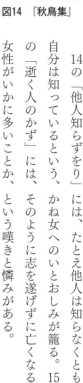

さらに邦子は、死にゆくものたち、病むものたちにまなざしを向ける。

秋あはれやがて死にゆくさまぐの魂《たま》のごとくに蜻蛉《せいれい》のとぶ

「二十歳の悲しき情緒」(『姿見日記』、短歌「迷走」〈女子文壇社、一九一二・一〇〉)〔短歌全集一一頁〕

此朝《このの》の罠《わな》のなかなる鼠の目死《しに》の覚悟にかゞやけるかも

「しづもり」の「わなの鼠」(『光を慕ひつつ』)〔短歌全集六九頁〕

みるみるに瞳《ひとみ》をとぢて死にてゆく雛子《ひよこ》をおきぬ我が掌《て》のなかに

「ひよこ」(『紫草』「大正十四年」)〔短歌全集一四三頁〕

窓むきに枕ならべて病む娘等《こら》よ見てすぐるよりすべなし吾は　工場病舎

「岡谷町附近」(『明日香路』「昭和七年」)〔短歌全集二二二頁〕

赤児の頃姉に代りてわが乳を吸はせし甥も戦死をとげぬ

「冬の花」(『明日香路以後』「昭和十五年」)〔短歌全集三八一頁〕

虫、動物、鳥、そして病む若い女工、日中戦争で戦死した甥ら……。はかない「いのち」を、肉体的表現を用いてまざまざと描き出すのである。他者の「いのち」の哀れを、体温あるものとして表現した邦子には、戦車・軍艦・飛行機などによる「科学戦」は、あまりに即物的な「殺し合い」でしかなかったであろう(第一節の1の歌)。

## 「小さきこと」「かすかなもの」

『萬葉読本』で邦子は、見過ごされてしまうような、しかし人生の奥行を感じさせる情景を詠んだ歌に強く心惹かれていた。邦子の文学においても、「小さきこと」「かすかなもの」へのまなざしが広く認められる。例えば、次の歌のように、日常をひそやかに生きる人々に心を寄せる。

此男《(この)》下水人夫としるしたるはつぴはおりて町ゆくあはれ

「青光」の「途上所見」(『光を慕ひつつ』)〔短歌全集七三頁〕

昼さびしき廓《くるわ》の裏をゆきしかばうかれ女《め》がつく毬唄《まりうた》かなしも

「若楓」(『紫草』「大正十年」)〔短歌全集一二二頁〕

品川駅にて

児を連れて夫《つま》を見送るをみなかも鋪道に坐《(すわ)》り乳のませおり

「冬深く」(『明日香路』「昭和七年」)〔短歌全集二一七頁〕

大正時代に人口が急増した東京で雨水・汚水の処理に当たった作業員（三河島汚水処理場の完成はこの歌よりも後の一九二二年）、遊郭の女性、第一次上海事変（第1章、五〇頁）で兵士を送り出す妻、いずれも人が見過ごしてしまうような何気ない情景を描き出している。そして、その情景に対して「あはれ」と嘆声を発するのである。

邦子のこうしたまなざしは、自覚的なものであった。評論集『女性短歌読本』（むらさき出版部、一九三七・

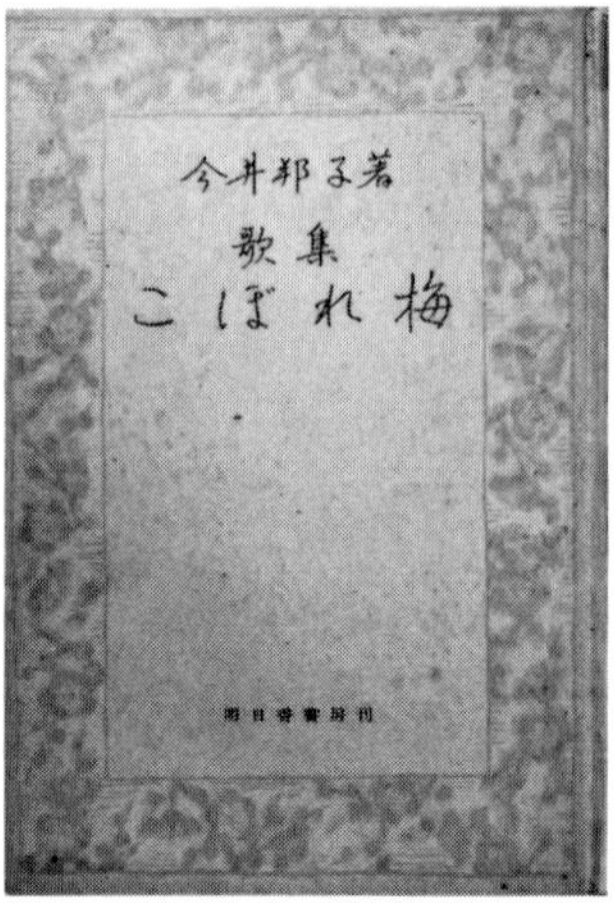

図15　歌集『こぼれ梅』

九）に収められた「女人の歌」（初出未詳）からそれがわかる。[*3]和歌史の革新は男性の手によってなされてきており、男性の歌集にはいろいろな意味で貫録があると述べる。しかし、男性の歌集には「実につまらぬものがある」と厳しく批判している。それらは、時代の流行を追っただけで「真実性」がないと言うのである。

そこにゆくと女人の歌集は、たとへ小さくとも何といふ純《じゆん》な真実性《しんじつせい》のあるものであらう……よし一人あやつるボートにもせよ、それは彼《か》の女の一心をこめてゐる尊《たふと》さがある、一途さがある。政治的野心のない、純な歌心をもつて歌はれてあるのである。
（『女性短歌読本』三五三頁）

邦子は女性の歌を「政治的野心」とは無関係で、小さくともそこに一心を込めたものと捉える。そして、邦子はこの考え方に基づき、あくまでも〈女性〉の立場で、「小さきこと」を見続けた。それゆえ、満洲事変以前には、政治的・社会的事件を正面から詠んだ歌は、関東大震災を例外として（『紫草』「関東震災」）（短歌全集一三〇～一三二頁）、ほとんど見ることができない。歌集『鏡光』で臼井敦子が「女われ解き難きこと」（5の歌）と歌ったのも、この立場に立ったものと言えよう。

また、邦子は自然の中の「かすかなもの」に〈宇宙の秩序〉を感じ取っていた。東京入谷の小野照崎《おのてるさき》神社の先のある家を訪ねていったときのこと、台所に掛かっている、乾いたはずの水柄杓《みずびしゃく》から水が滴り落ちる音を耳にする。内側に溜まったごく少量の水が滴り落ちる一瞬に立ち会ったことを知り、宇宙のことは、どんな微細なことでも、几帳面で無駄や偶然はない、と感じるのである（「かすかなるもの」〈初出未詳〉『秋鳥集』）。

邦子は自然の中の人が見過ごしてしまう「かすかなもの」を好んで歌にしている。

おくれ咲く芙蓉《ふよう》の花は小さくて秋の光は花にたまるか

「山国の残暑」（『明日香路』「昭和八年」）〈短歌全集二三七頁〉

捨ててある蜜柑《みかん》の皮に初雪の今朝の淡雪つもりてありけり

「朝庭一首」（『こぼれ梅』〈明日香書房、一九四八・八〉）〈短歌全集二七五頁〉（図15）

## 七　今井邦子の「愛国短歌」

### 他者へのエンパシーと「愛国短歌」

政治や社会の大きな動きとは離れたところに、自分の「いのち」の場所を確保してきた邦子も、満洲事変、日中戦争、太平洋戦争という戦争の時代の中で、「愛国短歌」を作るようになっていく。それらの歌は、強いられて作ったものと見ることはできない。なぜならば、邦子の歌の特徴である、他者の「いのち」〈生と死〉に対するエンパシーと、見過ごしてしまうような「小さきこと」「かすかなもの」への関心が、「愛国短歌」においても遺憾なく発揮されているからである。邦子は自分の得意とする方法で、戦争下を生きる人々を励まし、あるいは悼みながら、戦意を高揚する歌を作ったのである。

他者の「いのち」へのエンパシーを詠んだ「愛国短歌」には、次のような歌がある。

16　もののふの起き伏す国は零度以下いく度の寒き春かたつらむ

「冬深く」（『明日香路』「昭和七年」）〔短歌全集二一七頁〕〈『鏡光』二四頁〉

品川駅にて

17　かならずや生きてかへると言ひがたきいのちをきほふつはものの群《むれ》

「冬深く」（『明日香路』「昭和七年」）〔短歌全集二一七頁〕〈『鏡光』二四頁〉

思はざりき太平洋上アッツ島といふに我皇軍勇士の玉砕すとの報告をきかむとは

18　小夜《さよ》なかの床に起きなほり海洋《うみ》遠きアッツ島の兵に謝し泣くひとり

「山本長官を悼む」（『明日香路以後』「昭和十八年」）〔短歌全集四一三頁〕

19　婦女子《をみなご》も子を率きつれて皇軍に参ぜしといふ夢ならずあはれ　サイパン

「雀声清し」（『明日香路以後』「昭和十九年」）〔短歌全集四二四頁〕

20　すがしくも散りしみ霊《たま》と思ひつつ指をり思ふ婦女子のかずを

「鶴川村疎開」（『明日香路以後』「昭和十九年」）〔短歌全集四二六頁〕

16・17は満洲事変で戦う兵士を詠む。満洲事変は一九三一年九月に勃発し、翌年二月に関東軍がハルビンを占領し、中国東北部を支配下に収めた。邦子は、極寒の中で戦う兵士たちの、「きほふ」（競《きほ》ふ。負けまいと意気込む）「いのち」へのエンパシーを歌うのである。

18は一九四三年五月二九日に全滅したアッツ島守備隊（戦死者二六三八名、捕虜二七名。数値は日置英剛《ひおきえいごう》編『年表 太平洋戦争全史』による。以下同）を悼む歌。大本営発表による「玉砕」の発表は五月三〇日の夕刻に行われた。邦子は夜中に起きて姿勢を正し、たったひとりで兵士たちに感謝の涙を流す。

19・20は一九四四年六月一五日から七月九日までの、マリアナ諸島のサイパン島の戦いを詠んだ歌である。この戦いで、日本軍の守備隊は全滅（戦死者四一二四四名）、在留邦人約二万人のうち八千から一万人が亡くなった。戦いの末期、島の北端に追いつめられた民間人は自ら命を絶った。その中に多くの女性と子どもがいたことに邦子は注目している。19は「あはれ」と深い悲しみをストレートに詠むが、20では、潔く散ったみ霊と称えるのである。

これらの歌からは、邦子が自らの痛みを通して、戦場の兵士、さらに民間人の「いのち」に寄り添おうとしていることが窺《うかが》える。それは、邦子の偽りではない心情であったと思われる。そして、そのエンパシーは、戦う者たちへの賛美に収斂《しゅうれん》してゆくのである。

**「小さきこと」「かすかなもの」と「愛国短歌」**

見過ごしてしまうような「小さきこと」「かすかなもの」への関心は、次のような「愛国短歌」をも生んでいる。

21　庭の樹の色づく頃のかすけさよ戦は今長沙《ちやうさ》に迫れり

「秋の花」（「明日香路以後」「昭和十三年」）〔短歌全集三五〇頁〕

22　生絲《きいと》工場の若きをと女《め》がおのづから唄ふをきけば国讃《ほ》めやまず

（昭和十六年五月）「二重橋のほとりにて」（『こぼれ梅』）〔短歌全集二九五頁〕

23　あなさやけ振の袖《たもと》をたち切りてをと女身軽く鍬《くは》とる見れば

「戦時下の少女」（「明日香路以後」「昭和十七年」）〔短歌全集四〇二頁〕

21は日中戦争で起きた「長沙大火」を詠んでいるかと思われる。「長沙大火」は、中国南部内陸部の湖南省長沙で起きた放火事件である。それは、日本軍の漢口《かんこう》・広東《カントン》攻略後に、日本軍の進出を恐れた中国・国民革命軍によるものであった。秋のひそやかな紅葉を近景に、中国で快進撃する日本軍に思いを馳せている。「かすかなもの」が戦争の進行を改めて気づかせるものとなっている。

22・23は、〈銃後〉の女性たちの日常を捉えた歌。22は「国」を賛美する歌を自然と口ずさんでいる女工、23は公園（日比谷公園か）の修理工事をする少女たちの姿を活写する。

これらの歌は、日常の中に浸透している戦争を捉えており、邦子らしいまなざしを感じさせる。しかし、それが「国民」が一丸となって戦う「総力戦」の賛美へと繋がってゆく。例えば、22・23は、戦時中のポスターや、婦人雑誌・少女雑誌の表紙の絵にも使えそうな情景である。

## 八　今井邦子の戦争賛美の歌

### 「乱雲」における戦争賛美

邦子は日中戦争下から、「過剰なまでに戦争を賛美する」というAタイプの「愛国短歌」（第1章、三五頁参照）を作った。その多くが、歌集『鏡光』の邦子の歌「乱雲」に収められている（本文は『鏡光』に拠る）。

24　一系の日嗣《ひつ》ぎの御子《みこ》が神《かむ》ながら宣《の》らすかしこし撃ちてし止まむ

「宣戦詔勅」（六頁）〈「明日香路以後」「昭和十六年」、原題「真珠湾」〉〈短歌全集三九五頁〉

25　天かけり秋津島根《あきつしまね》をおそひ来る敵のかげなし神息吹《いぶ》きます

「秋津島根」（二六頁）〈『こぼれ梅』、その題「冬園」〉〈短歌全集二八七頁〉

26　黄金《こがね》もつ豊けきほこる亜米利加《アメリカ》が買ひ得ぬあはれ我《わが》国体の精華

「十二月八日」（三〇頁）〈「明日香路以後」「昭和十七年」、原題「十二月八日を憶ふ」〉〈短歌全集四〇七頁〉

24は「開戦の詔書」を渙発《かんぱつ》した昭和天皇を、「万世一系」の「神」の子孫として畏敬しながら、敵を討ち滅ぼすことを誓う。25は日本が古代以来、「神」に守られた無敵の国であることを宣揚する。26は日本の「国体」がアメリカ合衆国の経済力を以てしても侵すことができないと告げる。26では、邦子が、他者の「いのち」に対するエンパシーや見過ごしてしまうような「小さきこと」「かすかなもの」への嘆声を表現するために使っていた「あはれ」が、「国体」を賛美することばとなっている。

これらも「強いられた演技」と単純に捉えることはできない。「乱雲」は、歌を制作年代順に配列せずに、冒頭に一九四〇年制作の「秋の靖國神社祭」の題の歌を、末尾に一九三七年、三九年の新春の歌から抜き出した「興振の春」の題の歌を置く。この配列を通して、遺族の心を慰め、戦死者を悼み、兵士を称えるのである。兵士や遺族に寄り添う、邦子らしいモチーフと言える。

その中にあって、「過剰なまでに戦争を賛美する」Ａタイプの「愛国短歌」は、戦争による犠牲を積極的に価値づけ、戦う意欲を鼓舞するために不可欠のものであったのである。

**天皇への崇敬と「国」の意識**

しかも、Ａのタイプの「愛国短歌」の発想は、日中戦争・太平洋戦争下に邦子が突然思いついたものではなかった。

天皇について言えば、邦子は、一九一二年（明治四五）七月の明治天皇の崩御に対して、「日《ひ》の御子《みこ》」の死による淋しさを静かに詠んでいた（『姿見日記』の短歌「迷走」の「明治天皇の崩御を伝へらる」[*4]〔短歌全集二九頁〕）。さらに一九一五年（大正四）に行われた大正天皇の即位礼について、

高光《たかひか》る日の御子、吾が大君《おほきみ》の御位《みくらゐ》の有難さあふぎ思はるゝかも

「母と其児」の「十一月十日（大正四年）」（『光を慕ひつつ』）〔短歌全集八五頁〕

という賛歌を詠んでいる。これ以後、邦子は、大正天皇の崩御、昭和天皇の即位などの節目に「み民《たみ》」として天皇賛歌を謳い上げてゆく。24の「日の御子」への崇敬と忠義心、26の「国体」の尊重は、邦子が早くから身に付けていたものであった。

また、邦子は第一次上海事変と満洲国建国（第1章、五〇頁、六一頁参照）があった一九三二年の翌年の新春詠から、

27　あたらしき年の光にまことある国の歩みをととのへしめよ

「新光」（『明日香路』「昭和八年」）〔短歌全集二二五頁〕

28　あらたまの年の光よ伸びのぶる国の力を幸《さきは》ひたまへ

「新光」（『明日香路』「昭和八年」）〔短歌全集二二六頁〕

と「国」を詠み始める。政治的・社会的事件に対して距離をとる立場に身を置いていた邦子は、与謝野晶子のように、上海事変・満洲国建国について論評したり作品を発表したりすることはなかった（第1章参照）。しかし、上海事変と満洲国建国は、邦子の目を「国」に向けさせ、「み民」としての意識を一層強く自覚させる事件であったのである。

翌一九三四年の新春詠では、

昭和九年の春

常ならぬ国の時なりいましめて神代《かみよ》ながらの精神《こころ》によらむ
「元旦に」（『明日香路』「昭和九年」）〔短歌全集二四一頁〕

と詠んでいる。一九三二年後半に、イギリスのリットン（Victor Alexander George Robert Lytton）を団長とする調査団が、満洲事変を合法的な自衛と認めないとする報告書を国際連盟に提出した。国際連盟はこれを票決して可決する。この結果に不服であった日本は、翌年三月には国際連盟を正式に脱退した。邦子はこのような「国」の非常時に拠《よ》り所とすべきものを、神代の精神と考えたのである。

邦子の門人の川合千鶴子《かわいちづこ》によれば、邦子はキリスト教、仏教を問わず、「大いなる者に対しては非常に敬虔で、人力以上のもののある事を信じていた」という（『今井邦子の秀歌』）。『萬葉集』に、自分の時代にはない《純粋さ》を求め、また「かすかなもの」に宇宙の秩序を見たのも、〈絶対的なもの〉への志向に外ならない。「国」を意識したとき、邦子が求めた〈絶対的なもの〉は、神代であり、今日から見れば時代錯誤に見える、25のような「神」の加護であった。

なお、邦子のAのタイプの「愛国短歌」は、〈女性〉の作であることを感じさせない。〈男性〉の歌と言っても違和感はない。邦子は〈女性〉であることに苦しみ続けた。「愛国短歌」は、その邦子に、〈男性〉に伍する機会をもたらしたのである。この点においても、邦子には積極的に「愛国短歌」を作った理由があると思われる。

邦子は、『萬葉読本』に見られるように、『萬葉集』の時代と自分の時代を区別できる歴史意識を持っていた。また、自らの生きる苦しみの代償として、他者の「いのち」へのエンパシーと、見過ごしてしまうような「小さきこと」「かすかなもの」へのまなざしも身に付けていた。*5

これらは、邦子と「明日香」の会員たちに戦争に対する鋭い視点を確かにもたらした。第3章で論じた半田良平《はんだりょうへい》の〈時事歌〉が「俯瞰的《ふかん》」であるとするならば、邦子らの視点は「微視的」と言えるが、その「微視的」視点は、戦争の本質を暴き出す力を秘めていた。

しかし、邦子らはその視点を究める方向には進まなかった。戦争を遂行する天皇と「国」は、邦子らにとって、どこまでも「厳粛な実在」(「悲しき道程」〈『茜草』〉における「家」についてのことば)として永遠性を持っていたからであろう。「国」が危機的状況にあるとき、「国」のために尽くすことこそが、「国民」(み民)の当然の責務として、何よりも優先されたのである。それほどまでに天皇と「国」は、邦子らにとって忽《ゆるが》せにできない存在であった。

[注]

(1) 『鏡光』について、高崎隆治《たかさきりゅうじ》は、「銃後詠は一般に女性の作に秀逸が多いようだが、近親に出征者をもつ人の歌が特にすぐれている点、この集も例外ではない。戦争下の女性の合同歌集としてももっと高く評価されるべき一冊であろう」(『戦争詩歌集事典』)とする。共感される評価である。しかし、高橋がその評価の根拠として、主に近親との〈別離〉の歌を挙げている点には必ずしも同意できない。〈別離〉の秀歌は、『鏡光』以外にも多く見られる。政府や軍は、〈別離〉の歌を、結果的には出征を納得させる歌として肯定的に捉えていた。むしろ『鏡光』の価値は、戦争に対する鋭い視点を持つ歌を含んでいるところにある。

(2) 邦子は、与謝野晶子による和歌の解説を「女子文壇」で読んだ時期を、一九〇九年(明治四二)頃としているが(『萬葉短歌読本』七頁)、記憶違いであろう。この『萬葉集』との出合いがきっかけとなり、邦子が『萬葉集略解』を入手したのが、一九〇八年だからである。なお、一九〇五～一九〇八年の「女子文壇」には邦子の言うような晶子の文章は掲載されていない。「をんなの歌」（第3巻第1号、一九〇七・一）という晶子の随筆があるが、額田王の歌は挙げていない。

（3）「女人の歌」は、浅野豊子《あさのとよこ》『山かげ』（あけび叢書、天人社、一九三一）、市村《いちむら》するゑ『亜麻の花』（野菊社）への批評として書かれた文章である。なお、『亜麻の花』については、図書館などのウェブサイトでは情報が得られない。

（4）塚本邦雄《つかもとくにお》は、明治天皇の死を悼む邦子の歌、

かゝる日の大内山にあふぎ見る松は淋しき木の一つかな

に、明治天皇の死を大仰に愁嘆した多くの人々とは異なる「醒めた」自我を見ている（「今井邦子論」）。しかし、後の邦子の大正天皇・昭和天皇への賛歌から考えると、一般の人々よりも、個人的感情の深い次元で明治天皇の死を受け止めていたということではなかろうか。それが基盤となって、天皇に対する揺るぎない崇敬の念が築かれていったように思われる。

（5）架蔵の『こぼれ梅』には、「明日香」会員と思われる人物の「〃こぼれ梅〃とは良き名なり／そは　如何にも先生らしき感じの深き名なり／吾れは愛すこの　一巻を――。／御自分の心を深く反省されて　其《そ》の時々の微妙な／心のうごきを　歌ひ出されたものに　すぐれた作品が／多くさすがに――と感動させられた。」（一九四八年一一月二一日付）とある。邦子の歌の特徴を捉えているとともに、会員たちがどれほど邦子の歌を理解していたかをものがたっている。



今井邦子略年表

| 年号 | 年齢 | 主なできごと |
|---|---|---|
| 1890（明治23） | 0 | 徳島県徳島市徳島町《ちょう》（父邦彦《くにひこ》の任地）で、山田邦彦の次女として誕生（5月31日）。本名は「くにえ」。当時邦彦は徳島県第二部学務課長及び師範学校校長。邦彦の生家は長野県下諏訪町《しもすわまち》湯田《ゆだ》の宿場旅籠《はたご》「松屋」で、山林・田畑を有する中流家庭。 |
| 1892（明治25） | 2 | 姉・はな子とともに下諏訪町の祖父母の家に引き取られる（～1907〈明治40〉） |

| | | |
|---|---|---|
| 1903（明治36） | 13 | 日本最初の少女雑誌「少女界」（金港堂）に作品を応募し入選。 |
| 1905（明治38） | 15 | 町立下諏訪尋常小学校高等科卒業。同校補習科に通う。一時帰郷した父に女学校への進学希望を懇願したが、認められず。下諏訪地方で伝道を始めたルーテル教会の宣教師ウーセタロ・シーリー、クルビネンから聖書・語学・音楽などを学ぶ。 |
| 1906（明治39） | 16 | 河井酔茗《かわいすいめい》主宰の女性向け文芸誌「女子文壇」（婦人文芸社）で、新体詩「弱き我」が入選。 |
| 1907（明治40） | 17 | 『萬葉集』の額田王《ぬかたのおおきみ》の歌に出合い感動したのはこの頃か。祖母死去、函館の両親のもとに引き取られる（12月）。 |
| 1908（明治41） | 18 | 酔茗に手紙を出し、「女子文壇」の賞品として現金でなく、『萬葉集略解《りゃくげ》』（辻村修学院）と『源氏物語湖月《こげつ》抄《しょう》』を得る。 |
| 1909（明治42） | 19 | 父・邦彦が重病となり、一家は函館から下諏訪町に移る。この時、縁談が起こる。詩人として世に出たいと願うが両親が反対。姉の出産手伝いの帰路、そのまま東京に出奔し、酔茗宅に寄寓（7月）。父危篤により帰郷（9月）、父死去（10月）。 |
| 1910（明治43） | 20 | 再び出奔（1月）。女子文壇社、婦人の友社で手伝いをする。中央新聞社入社、家庭部記者となる（4月）。 |
| 1911（明治44） | 21 | 中央新聞社政治部記者の今井健彦《いまいたけひこ》と結婚、退社（6月）。 |
| 1912（大正元） | 22 | 歌文集『姿見《すがたみ》日記』（女子文壇社）刊行（10月）。 |
| 1913（大正2） | 23 | 詩壇の詩風の変化（自然主義の強まり）で詩が作れなくなり、また子の誕生による新生活に馴染めず懊悩。下諏訪町に帰郷、高木村に島木赤彦《しまきあかひこ》を訪ねる。<br>◆添乳する其《（その）》一瞬のかぎりなき物わびしさよ泣かまほしけれ |
| 1915（大正4） | 25 | 第一歌集『片々《へんぺん》』（婦人文芸社）刊行（6月）。<br>◆五月雨《さみだれ》の夕《（ゆふべ）》悲しも鳴る笛のまして悲しも吾子《あこ》が吹きしく<br>結社誌「アララギ」に短歌が掲載される（10月）。 |
| 1916（大正5） | 26 | 島木赤彦の門人となる（5月）。赤彦より『萬葉集』の講義を受ける。歌集『光を慕ひつつ』（曙光社）刊行（6月）。発起人の一人となり女性文芸雑誌「ビアトリス」創刊（9月）。 |

| | | |
|---|---|---|
| 1917（大正6） | 27 | 急性リウマチに罹る（11月）。3年間の闘病生活を送るが、右足は生涯不自由となる。 |
| 1921（大正10） | 31 | 国語国文学者・山田孝雄《やまだよしお》より『萬葉集略解』の講義を受ける。 |
| 1922（大正11） | 32 | 1920年に夫・健彦が衆議院議員選挙に立候補して落選。これ以後、夫婦の生活に亀裂が入り、この年、家を出て（8月）、京都の一燈園《いっとうえん》の西田天香《にしだてんこう》（宗教家・社会運動家。トルストイの思想に影響を受ける）に頼る（9月）。京都の工場に住み込み托鉢する。帰宅（12月）。 |
| 1923（大正12） | 33 | ＊関東大震災（9月） |
| 1924（大正13） | 34 | 夫・健彦、衆議院議員選挙で当選（1946〈昭和21〉まで衆議院議員）。 |
| 1926（昭和元） | 36 | 師・赤彦死去（3月）。「悲しき道程」（「婦人公論」7月）。三宅《みやけ》やす子の主宰するウーマンカレント社主催の第1回「女流文芸大講演会」に、岡本《おかもと》かの子、吉屋信子《よしやのぶこ》、ささきふさ、三宅やす子とともに講演する、大盛況（10月）。 |
| 1927（昭和2） | 37 | 女性歌人の親睦会「ひさぎ会」の創立委員となる。 |
| 1928（昭和3） | 38 | 市川房枝《いちかわふさえ》らの婦人参政権獲得同盟を支援。 |
| 1929（昭和4） | 39 | 女性文芸雑誌「婦人文芸」（新知社）にて「萬葉集に於ける恋愛歌の種々相」を連載開始（4月）。国文学者・武田祐吉《たけだゆうきち》より漢字のみの『白文《はくぶん》萬葉集』の講義を友人と受ける（10年以上に及ぶ）。 |
| 1931（昭和6） | 41 | 歌集『紫草《むらさきぐさ》』（岩波書店）刊行（7月）。棚《なぎ》ノ葉歌話会誕生。毎月、『萬葉集』の講義と作歌指導（9月）。 |
| | | ＊満洲事変（柳条湖事件）（9月） |
| 1932（昭和7） | 42 | ＊上海事変（1月18日～3月3日、5月5日停戦協定）。 |
| | | ＊「満洲国」建国宣言（3月1日） |
| 1933（昭和8） | 43 | この年の新春詠から、「国」を詠み始める。「額田女王」（『萬葉集講座』第1巻、春陽堂、2月）。「末摘花《すえつむはな》」（「文学」、10月）、これを機に国文学者・池田亀鑑《いけだきかん》が編集する雑誌「むらさき」に寄稿するようになる。婦人解放運動家・神近市子《かみちかいちこ》より唯物論の講義を受ける。 |
| 1935（昭和10） | 45 | 「巻十五概説及び評釈」（『萬葉集総釈』第8篇、楽浪書院、12月）。 |
| 1936（昭和11） | 46 | 「アララギ」退会。棚ノ葉歌話会を母胎として、女性のみの結社誌「明日香」創刊（5月）。随筆集『秋鳥集』 |

| | | |
|---|---|---|
| 1937（昭和12） | 47 | （信正社）刊行（11月）。<br>過労のため重態となり入院（5月）。退院（7月）。<br>**＊日中戦争勃発（7月7日）**<br>「愛国短歌」を数多く制作し始める。 |
| 1938（昭和13） | 48 | 『女性短歌読本』（むらさき出版部）刊行（9月）。<br>女性雑誌「令女界」（宝文館）にて「萬葉読本」の連載開始（8月）。歌集『明日香路《あすかじ》』（古今書院）刊行（11月）。 |
| 1939（昭和14） | 49 | 随筆集『歌と随想』（第一書房）刊行（6月）。<br>**＊ドイツ、ポーランドに侵攻。第二次世界大戦勃発（9月）。** |
| 1940（昭和15） | 50 | 『萬葉読本』（第一書房）刊行（6月）。『樋口一葉』（万里閣）刊行（7月）。 |
| 1941（昭和16） | 51 | 上野美術館の石段から落ちて骨折、入院。診察の結果、軽い脳溢血か（9月）。入院中に明日香会員のための歌集『聖桃』（古今書院）を編集（刊行は翌年1月）。随筆集『蛍と雪』（むらさき出版部）刊行（11月）。「萬葉女流歌人」（『短歌文学講座』第三巻、三笠書房、12月）。<br>**＊太平洋戦争開戦（12月8日）** |
| 1942（昭和17） | 52 | 「ホームグラフ」（後に「生活文化」）にて「家庭萬葉講座」の連載開始（1月）。『萬葉集』漢訳を進める銭稲《せんとう》孫《そん》 Qian Daosun と「婦人朝日」で対談（6月）。文学報国会会員として援護章販売に街頭に立つ。長男・幸彦（24歳）、出征。 |
| 1943（昭和18） | 53 | 合同歌集『鏡光《きょうこう》』（青梧堂）刊行（7月）。日本赤十字社病院にて傷痍軍人有志の短歌指導をする。 |
| 1944（昭和19） | 54 | 「満洲新聞」にて「萬葉講座」の連載開始（1月）。『清少納言と紫式部』（潮文閣）刊行（2月）。「明日香」休刊（3月）。復刊なるまで謄写版のパンフレット発行（7月〜）。夫・健彦、小磯国昭《こいそくにあき》内閣の文部政務次官就任（9月）。 |
| 1945（昭和20） | 55 | 下諏訪町の生家に疎開（4月）。空爆で自宅と明日香社焼失（5月26日）。<br>**＊太平洋戦争終結** |

| | | |
|---|---|---|
| | | 夫・健彦、公職追放（12月）。 |
| 1946（昭和21） | 56 | 「明日香」、下諏訪町にて復刊（2月）。湯殿の石段から転落し、後頭部に大怪我（6月）。 |
| 1948（昭和23） | 58 | 下諏訪町の家で、心臓麻痺で死去（7月15日）。歌集『こぼれ梅』（明日香書房）刊行（8月）。 |

（＊『今井邦子短歌全集』、『近代文学研究叢書』第64巻、堀江玲子『今井邦子の短歌と生涯』などによる）

第5章

# 北園克衛——「郷土詩」と戦争

# 一　北園克衛と戦争

## 前衛詩人・北園克衛と戦争

北園克衛《きたぞのかつえ》（一九〇二〈明治三五〉～一九七八〈昭和五三〉）は時代の最先端で詩作をしてきた詩人である。北園は、既成秩序を否定するダダイズム、そしてシュルレアリスム（超現実主義）の影響下に制作を始めた。初期の代表作「記号説」（『白のアルバム』厚生閣書店、一九二九・六）（章末「参考」）は、色のある物体の名前を次々と並べてゆく。〝ことばを写真に写した詩〟とも言うべきこの作品は、詩壇に強い衝撃を与えた。

第二次世界大戦後には、独自のコンクリート・ポエトリー（具体詩）、次いでプラスティック・ポエトリー（視覚詩、または造型詩）など、常に前衛的な詩作を試みた。コンクリート・ポエトリーは、ことばや、ことばの一部を、組版、色、行の配列によって視覚的に操作し、知的感情的な内容を美的に増幅させる詩である（ジョン・ソルト John Solt『北園克衛の詩と詩学』）。また、プラスティック・ポエトリーは、もはやことばに拠らず、新聞紙や紐などのオブジェを配置した写真によって「詩」を表現するものである。これらの北園の試みは日本のみならず海外の詩人たちにも大きな影響を与えている。

北園は、戦前から、海外の詩人たちと文通していた。一九三〇年代には、アメリカの詩人エズラ・パウンド（Ezra Pound 一八八五〜一九七二）との交友を深め、互いに大きな刺激を与え合っている。北園は当時の日本の詩人としては例外的に、世界的交友圏と広い視野を持っていた。

その北園が、日中戦争（「支那事変」）下に出版された東京詩人クラブ編『戦争詩集』（昭森社、一九三九・八）に「戦線の秋」という作品を寄稿している。『戦争詩集』は、フランスの詩人ギョーム・アポリネール（Guillaume Apollinaire 一八八〇〜一九一八）の詩を理想として、砲弾の炸裂する戦場を詩的に描く〈戦争名作詩〉を制作することをめざしていた（徐載坤《スゼコン》「「荒地」派と戦争」）。「戦線の秋」も砲弾飛び交う戦場と戦闘後の払暁の静寂を描いている。

このような詩を発表していたにもかかわらず、一九四〇年（昭和一五）九月に、北園は特高警察の取り調べを受けた。ヨーロッパでは、シュルレアリスムが共産主義と結び付いていたからである（但し、北園は共産主義者ではなかった）。特高警察による言論統制の過激化は、一九三八年四月一日に第一次近衛文麿《このえふみまろ》内閣によって公布された「国家総動員法」（厳しい言論統制を伴う）、続く平沼騏一郎《ひらぬまきいちろう》内閣によるその強化（一九三九年二月九日に国民精神総動員強化方策を決定）によるものである。一九四〇年三月には、シュルレアリスムの詩を書く「神戸詩人クラブ」のメンバー約二〇人が検挙されていた。

取り調べ後、北園は、主宰するVOUクラブの機関誌「VOU」30号（一九四〇・一〇）で方向転換を宣言する。『萬葉集』を理想の文学とし、「民族精神」の振興に努め、「新体制運動」（近衛文麿が主導した強力な権力と国民動員体制を作り出す運動。第2章、九三頁参照）に寄与することを新たな方針とした。そして、翌一九四一年から、「民族の伝統」を追究する「郷土詩」という新たなスタイルの詩を意欲的に制作し始めた。

さらに、太平洋戦争（「大東亜戦争」）下には、愛国の情熱や報国の至誠を表現する「愛国詩」（「愛国詩」の定義は今村冬三《いまむらふゆぞう》『幻影解「大東亜戦争」』による。第1章、三五頁参照）を作り、日本文学報国会の詩部会幹事として、戦争の遂行に積極的に協力した。北園の「愛国詩」は現在七編の存在が確認されている。[*1]私たちは、北園の「愛国詩」をどのように受け止めればよいのであろうか。また、戦争下、北園はどのように『萬葉集』と関わったのか。さらに、北園の考える「民族の伝統」とは何であったのか。これらの問いを検討するとき、戦争下における前衛詩人・北園克衛の複雑な立ち位置が見えてくる。

## 二　北園克衛の「愛国詩」

### 詩「冬」をめぐって

北園の「愛国詩」の中で特に注目したいのは、次の作品である（本文は『風土』に拠る。『風土』所収の詩については以下同。その他の作品は『北園克衛全詩集』〈以下、「全詩集」〉に拠る。各連冒頭の数字は引用者）。

冬

1　冬の日が
風とともに明け

かぜとともに暮れていつた

2

霜の庭は
いちにち
ぬかつてゐた

3

榛木《はんのき》の上の
星が
風のなかに光つてゐた

4

けれども
熱帯の諸島に
皇軍は奮戦してゐた

5

あ
東亜千年の運命を担ふ
忠烈な将士よ

**図16　詩集『風土』**

6
その勇猛
比類なき
遠い進撃よ

7
ぼくは
ちひさな茶器のそばで
終日机にむかつてゐた

8
暗い部屋のなかに
思ひはながれ
かすかな光りがただよつてゐた

（『風土』昭森社、一九四三・一）〔全詩集未収録〕

詩集『風土』巻末の「詩集 風土 作品年表」によれば、「冬」は一九四二年（昭和一七）一月四日の作である。北園と村野四郎の共同編集による詩誌「新詩論」第59号（一九四二・四）に発表され、その後、詩集『風土』に収録された（図16）。

一九四一年一二月八日（日本時間）の開戦から、「冬」が制作された翌年一月四日までのわずかな間に、大日本帝国陸海軍は、ハワイの真珠湾を攻撃し、同時にタイ国に進入、マレー半島に上陸、香港・フィリピン・シンガポールを攻撃し、さらに、南太平洋のタラワ・マキン島を占領、グアムに民政部を設置、フィリピンのマニラを占領して軍政を布告するなど、西太平洋地域を中心に破竹の進撃を見せた。この進撃への感動の中で作られたのが「冬」である。

「冬」は八連で構成されている。第一連から第三連では、日本の冬の光景を描く。第一連は一日中吹く風、第二連はぬかるんだ地上、第三連は風の吹く夜空で光る星、と視点を変えながら、スナップ写真を並べてゆくように冬の一日を立体的に描いている。

第四連から第六連では、第三連の「星」が導き手となって、南洋諸島で戦う「皇軍」に思いを馳せる。第五連の「あ」という一文字だけからなる一行が感動の頂点となり、続いて「忠烈な将士よ」「遠い進撃よ」と「皇軍」賛美のことばを畳みかける。この「あ」は瀬尾育生《せおいくお》によれば、事柄への傾倒を、ひとつの母音を即物的に放置することで示す、北園独自の表現法である（『戦争詩論 1910－1945』）。

第七連・第八連では、第四連の「皇軍は」に呼応するように「ぼくは」と歌い、視点が「ぼく」に戻ってくる。「ぼく」は小さな茶器の傍の静かな空間にひとり居て、「皇軍」を思う。

この詩は、抑制されたトーンを基調としている。基本的に一連が一文で構成され、最小限の事柄しか述べない。また、「ていつた」・「てゐた」という過去の動作の完了・継続を表す文末表現によって、〈詩の主体〉である作者の北園は、過去の出来事を俯瞰《ふかん》する場所に位置をとる。これによって〈詩の主体〉と、情景や出来事（その中には「ぼく」も含まれる）の間に一定の距離が作り出されている。

このような抑制されたトーンの中にあって、「皇軍」を賛美する第四連から第六連は異質なものに感じられてならない。この部分のみ漢語が多く、特に第六連の「その勇猛／比類なき／遠い進撃よ」は硬い漢文訓読調である。「皇軍」の活躍ぶりの表現としては、あまりに抽象的類型的である。第一連から第三連、第七連・第八連と比べると実質的内容を伴っておらず、調子の高さは素朴な標語《スローガン》となってしまっている。

　それゆえ、この詩を国策に寄り添うための「見せかけ」とする見方（金澤一志《かなざわひとし》『北園克衛の詩』）も出されている。後述するように、そのような面もあると思われる。しかし、それだけで、この「冬」を捉えることはできない。

## 北園の〈愛国心〉と戦争賛美

　北園は「冬」を掲載した「新詩論」第59号の「後記」で、ハワイ真珠湾攻撃の特別攻撃隊の勇士について、死を覚悟した「荘厳な出発を想像し、そのこの世ならぬ光景に烈しく胸をうたれない者はおそらく無いであらう」と述べている。そして、自作の「ハワイ海戦戦歿勇士に贈る詩」（所在未詳）に、「自分の大東亜戦争に対するすべての感激を圧縮したつもりである」と言う。北園が「大東亜戦争」の開戦と、一九四二年三月六日に公表された、この特別攻撃隊の特殊潜航艇乗組員九名（「九軍神」と呼ばれる）の戦死に、深い感動を覚えていたことは疑いない。

　また、北園は児童向け雑誌「週刊少国民」一九四五年二月四日号（図17）に、「紀元節」という「愛国詩」を寄稿している。日中戦争・太平洋戦争下には、児童に天皇への忠義心を刷り込み、「国」のために命も捧げる勇気を鼓舞する本や雑誌が多数出版された。これらの出版物は、メッセージを児童にわかりやすく伝えるため、また、大人向けの本と違って、複雑な言い回しによって自分の立場を防備する必要がないため、戦

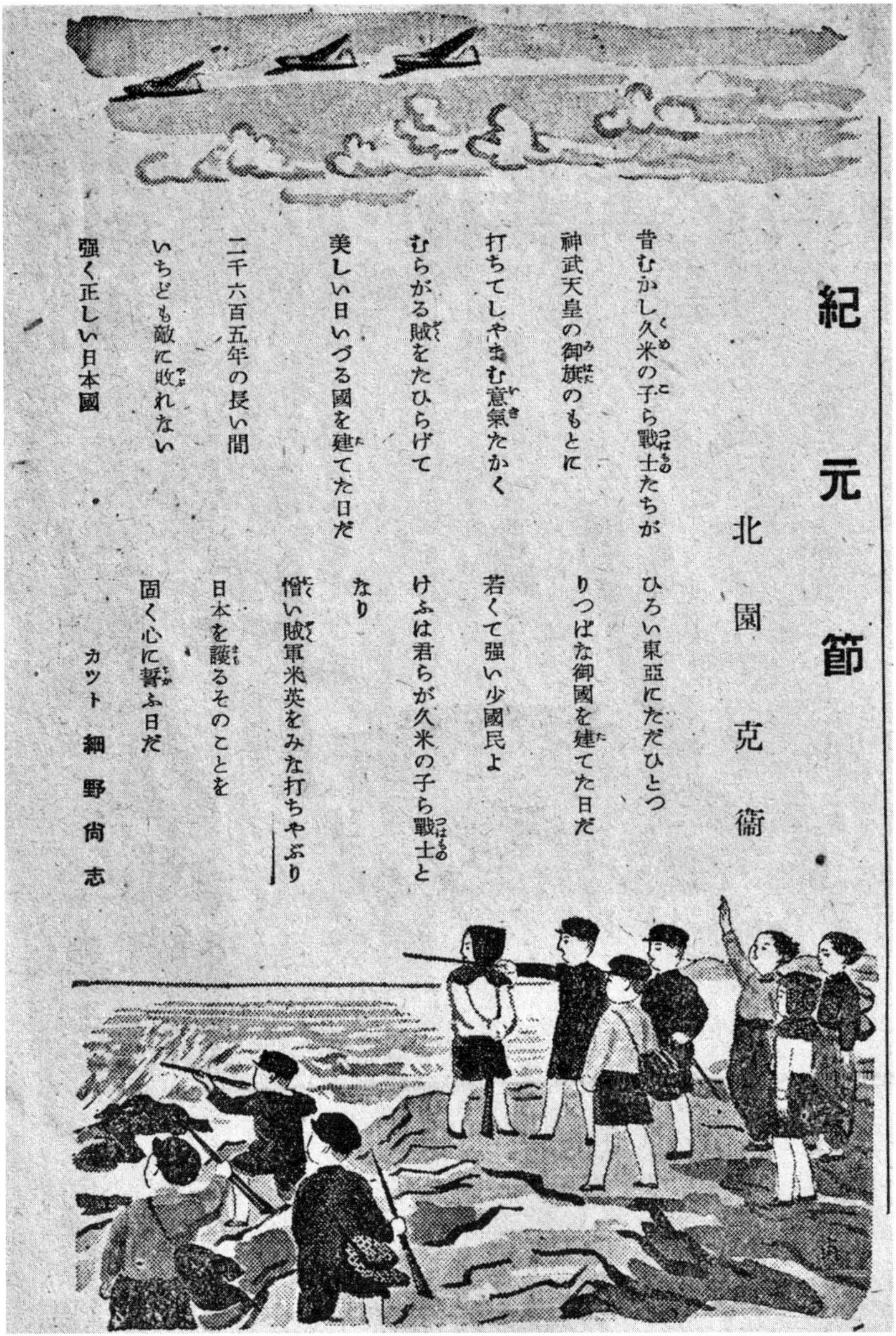
# 紀元節

北園克衛

昔むかし久米《くめ》の子《こ》ら戰士《つはもの》たちが
神武天皇の御旗《みはた》のもとに
打ちてしやまむ意氣《いき》たかく
むらがる賊《ぞく》をたひらげて
美しい日いづる國を建《た》てた日だ

二千六百五年の長い間
いちども敵に敗《やぶ》れない
強く正しい日本國

ひろい東亞にただひとつ
りつぱな御國を建《た》てた日だ

若くて強い少國民よ
けふは君らが久米の子ら戰士《つはもの》と
なり
憎《にく》い賊《ぞく》軍米英をみな打ちやぶり
日本を護《まも》るそのことを
固く心に誓《ちか》ふ日だ

カット　細野尚志

図17　「紀元節」（「週刊少国民」1945年２月４日号）

争に対する書き手の考えが単純化されて示されている（小松（小川）靖彦「少国民の萬葉集」）。

北園も「紀元節」で、「少国民」（天皇に仕える小さな皇国民である国民学校生徒）に対して、次のような強いメッセージを発している。

## 紀元節

1　昔むかし久米《くめ》の子《こ》ら戦士《つはもの》たちが
神武天皇の御旗《みはた》のもとに
打ちてしやまむ意気《いき》たかく
むらがる賊《ぞく》をたひらげて
美しい日いづる国を建《た》てた日だ

2　二千六百五年の長い間
いちども敵に敗《やぶ》れない
強く正しい日本国
ひろい東亜にただひとつ
りつばな御国を建《た》てた日だ

3
若くて強い少国民よ
けふは君らが久米の子ら戦士《つはもの》となり
憎《にく》い賊《ぞく》軍米英をみな打ちやぶり
日本を護《まも》るそのことを
固く心に誓《ちか》ふ日だ

（「週刊少国民」一九四五年二月四日号）〔全詩集未収録〕

神武天皇による「建国」を賛美し（第一連）、その後の日本の無敗の歴史を示し（第二連）、古代の戦士「久米の子」（神武天皇に仕えた久米氏の若者たち）のように「国」を護ることを児童に強く促すのである（第三連）。七五調をベースとする高揚した調子と、各連末の「……日だ」という強い断定から、この詩が大きな熱量をもって作られた詩であることが窺える。「週刊少国民」でこの詩に添えられた細野尚志《ほそのたかし》（一九一四〜二〇〇二）のカットもこの熱量に応じるように、武器を手にした「少年少女」たちを描いている（図17）。〈愛国心〉も勝利の願いも、北園の偽りではない一つの心情であった。[*2]

同時に、この「紀元節」には、「冬」に共通する問題が存在している。「建国」の賛美も「少国民」に対する鼓舞も、その内容はどこまでも抽象的類型的である。例えば、「久米の子」が具体的にどのように戦ったかを描くことはない。また、〈詩の主体〉は、「国」の歴史を叙述して、「……日だ」と断定はするが、生々しいことばで感情を表現することはしない。北園個人の感情を、詩のことばからダイレクトに辿ってゆくことができないのである。

〈愛国心〉や戦争賛美を抽象的類型的にしか表現しない、ないしは表現できないのが、北園の「愛国詩」

の特徴と言える。もっともそれは、戦争下の「愛国詩」の一般的特徴でもあった。しかし、北園の場合には、「冬」のように、抑制されたトーンの間に抽象的類型的表現が、〝異物〟のように差し挟まれ、北園の「真意」がどこにあるのか、読者を戸惑わせる。それゆえ、国策に寄り添うための「見せかけ」という見方も生じる。

一九四〇年代の北園の文学活動全般を見渡すと、「冬」のように、戦争の遂行に進んで加担していることは明らかであるにもかかわらず、北園個人の「真意」を図りかねることに出くわす。北園の『萬葉集』の受容と、「民族の伝統」を追求した「郷土詩」の提唱もまたそうである。

## 三　北園克衛と『萬葉集』

### 「思考の造形的把握」

北園は、文学活動の方向転換を示した「VOU」30号の「宣言」の中で、『萬葉集』に言及している（傍線は引用者。以下同）。

そもそもわれわれが主張する芸術理論の根幹をなす思考の造形的把握といふ命題は時代的にはシュルレアリズムに比肩し、その技術的部面に於《お》いてはドイツのノイエ・ザハリツヒカイト［引用注、Neue Sachlichkeit　表現主義の反動として起こった新即物主義。事実を冷静に捉えることをめざす］の芸術理論に共通し、方法的部面に於ては支那の唐、宋期の芸術思潮に相通ずるものであつて、これを我国の古典に照合するならば古今、新古今期よりも更に百年を遡る萬葉期の文学機能に近似するところの視覚映像としての思惟《しい》の世界を対象とするところに在つたことは既に機関誌VOUに依つて明示した。

（「宣言」「VOU」30号）

難解な文章である。粗くまとめれば、「VOU」は「思考の造形的把握」をめざしてきたが、それは日本の古典で言えば「萬葉期の文学機能」に近い、ということである。「思考の造形的把握」、あるいは「視覚映像としての思惟の世界」というのは、〝思考をクリアに目に見える形にする〟ということであろうか。『郷土詩論』（昭森社、一九四四・九）に収められた評論「郷土詩」を読むと、北園の言わんとするところがもう少しはっきりする。北園は「郷土詩」とは何かを説明する中で、『萬葉集』に言及する（本文は『郷土詩論』に拠る。その他の評論は『北園克衛全評論集』〈以下、「全評論集」〉に拠る）。

郷土詩は決して郷愁の詩ではない、しかし郷愁の如く持続的であると共に地下水のごとき熾烈《しれつ》さを以《もつ》て流露する風土への愛着の詩なのである。それはそのもの自体に同化し、それとともに流露しようとする純粋意志の詩である。物それ自体に同化し流露しようとするところの詩の世界は、その伝統を萬葉の原型にまで遡ることが出来るところのものである。それは象徴詩や浪漫派の如く仮説の痕跡をとどめる事のない世界である。

（「郷土詩」、五七頁）〔全評論集四九四頁〕

人為を排して物自体に同化し、それをそのまま流露するのが「郷土詩」であり、その原型は『萬葉集』にあるという。この考えを参考にするならば、「思考の造形的把握」、あるいは「視覚映像としての思惟の世界」とは、〝思考を物に同化しクリアに目に見える形にする〟ことを言う。

## 『萬葉集』の本質の直覚的把握

北園のこの『萬葉集』の捉え方は、久松潜一《ひさまつせんいち》『増訂萬葉集の新研究』（至文堂、一九二九・一一）に重なるところがある。『増訂萬葉集の新研究』は一九三〇年代の最もオーソドックスな『萬葉集』研究書であった。久松は『萬葉集』の自然観を次のように説明する。

> ［…］萬葉集の歌人は自然を眺めて、平安朝以後のやうに自然を優美であり、静寂であると意識したのではなく、たゞ自然をあるがまゝに直観したのである［…］　（久松潜一『増訂萬葉集の新研究』一六一頁）

久松は、平安時代以降の和歌が、距離を置いて自然の美を「意識」するものであるのに対して、『萬葉集』は自然をそのまま直観していると説く。この〝あるがままの直観〟と、北園の言う「同化」は、対象との間に距離がないという点で重なっている。

しかし、久松の説明は、〝あるがままの直観〟を可能にしたのは「純粋なる愛の心」（山部赤人《やまべのあかひと》の場合）である、と言い、道徳的な方向に向かう。久松の見方は、一九三〇、四〇年代に「定説」となっていた、「至純の情」「真実の感情」という『萬葉集』の捉え方（第3章、一一六頁）に収斂《しゅうれん》する。

これに対して、北園はあくまでも〝クリアに目に見える形にする〟という表現のあり方に力点を置く。この捉え方は、一九四〇年代に、『萬葉集』が政治利用されてゆく中、美学的立場を堅持した美学者・大西克《おおにしよし》禮《のり》に近い。大西は、単純な叙景詩に見えるような『萬葉集』の歌を挙げて、「自然の斯様《かやう》に単純な契機をとらへ、斯様な簡単な形に表現するだけで、それが直に立派な「詩」になる」(『萬葉集の自然感情』一五九頁、岩波書店、一九四三・四)と述べている。

但し、北園は大西と異なり、『萬葉集』の歌を挙げて自分の捉え方を論証することを全くしていない。『萬葉集』における「思考の造形的把握」や物それ自体との同化・流露が実際にどのようなものかはわからないのである。

## 矛盾に満ちた『萬葉集』の受容

北園は、太平洋戦争開戦後間もない時期に、「新詩論」第57号(一九四二・二)の「後記」で、『萬葉集』の今奉部与曾布《いままつりべのよそふ》の防人歌《さきもりうた》(巻二〇・四三七三)に言及している。この文章は後に『郷土詩論』に収められた(「身辺抄」の「愛国詩」)。北園は、ラジオや新聞に愛国詩の朗読や発表が積極的に行われるようになったことを「愉快である」と言う。しかし、それらがセンチメンタルであることへの不満を述べる。

[…]近頃よく歌はれる萬葉詩人の歌に

今日よりは顧《かへり》みなくて

大君《おほきみ》の醜《しこ》の御楯《みたて》といで立つ吾《われ》は

と言ふのがあるが、このやうに純粋で充実した詩がどうして生れないものかと頻《しき》りに思ふ。自分も愛国詩を委頼されて是非書かねばならないと思ひながら上述のやうな萬葉の歌を思ふにつけて、どうしてもペンをとる事が出来ないのである。

（「愛国詩」『郷土詩論』八二〜八三頁）〔全評論集五一四頁〕

北園は与曾布のような「純粋で充実した詩」は自分では作れないと言う。北園の『萬葉集』の捉え方に即せば、与曾布の歌を、天皇への忠義心が物に同化して極めてクリアに目に見える形となっている詩と見ていたことになろう。

与曾布の歌は、太平洋戦争開戦の日のラジオ放送で、首相・東條英機《とうじょうひでき》が「醜の御楯」の語を引用し、さらに情報局次長・奥村喜和男《おくむらきわお》が談話の中で朗読している。これによって、多くの「国民」が、この歌に開戦の高揚した心を託すようになった（序章、二〇頁参照）。北園もその一人であった。しかし、北園はこの歌に情緒的に共感しただけではなく、「思考の造形的把握」が高度に達成されていることにも深く感動したのである。

それゆえ、与曾布の歌のような「愛国詩」を作りたいという願望も、これに及ぶ「愛国詩」は作れないという絶望感も、北園の偽りではない心であったに相違ない。

また、この文章からは、北園の「愛国詩」が、「冬」や「紀元節」に見られるように抽象的類型的なものとなった事情もわかる。北園は「感激の熱い涙を流した」といった感傷的表現を避け、力強いことばで「愛国詩」を作ることをめざした。しかし、そのための新たな表現を創り出すことができず、結局抽象的類型的表現に頼らざるを得なかったのである。

それにしても、「上述のやうな萬葉の歌を思ふにつけて、どうしてもペンをとる事が出来ないのである」ということばは、北園が「愛国詩」を多作しないことの弁明ともとれる。北園が〝本当〟は何を考えていたのかははっきりしない。

北園は『萬葉集』を自分の追求する詩の「原型」と位置づけ尊重した。また、自分の追求する詩に基づいて、『萬葉集』の歌の本質（「思考の造形的把握」）も直覚的に把捉した。しかし、北園は、それ以上には『萬葉集』に深入りしなかった。北園の詩には、『萬葉集』の直接的影響は認められない。そもそも、北園は、一九四〇年よりも前には、『萬葉集』について発言することはなかったし、敗戦後も『萬葉集』への言及は管見に入らない。北園の『萬葉集』との関わりは一九四〇年以後敗戦までの一時期に限られる。

このような『萬葉集』に対する関心の持ち方を考えると、北園が『萬葉集』を、戦争下に、自分の身を守るための手段として利用したように思えてくる。[*3] とはいえ、全くの「方便」であったと断定することもできない。単なる「方便」にしては、北園独自の詩学に基づく『萬葉集』の理解は深遠である。

北園と親交のあった詩人・藤富保男《ふじとみやすお》は、野卑なもの、じめじめした生活の話を極端に嫌いながら、原始的なものに関心を寄せ、また礼節のある紳士でありながら、文章や人前で悪口を吐き、ルネサンス的ヒューマニズムを嫌悪しながら生きることを楽しむ北園という人物を「矛盾の多角形」と評した（『近代詩人評伝 北園克衛』「あとがき」）。

時代の「定説」に極めて近いところに位置しながら、それとは微妙に異なる立場をとり、また、『萬葉集』

を尊重する一方で身を守る手段として利用する、という北園の『萬葉集』への対し方もまた、「矛盾の多角形」であったと言えるであろう。

## 四 「郷土詩」とは何か

表6　詩集『風土』所収の「郷土詩」の制作年次
（巻末「詩集 風土 作品年表」による）

| | | | |
|---|---|---|---|
| 早春 | 1940年 2月11日 | 茶 | 1942年 1月 6日 |
| 雨 | 1941年 1月24日 | 道 | 1942年 1月14日 |
| 家 | 1941年 4月 6日 | 花 | 1942年 3月14日 |
| 夏 | 1941年 6月28日 | 水 | 1942年 3月29日 |
| 笛 | 1941年 8月 | 春 | 1942年 3月31日 |
| 野 | 1941年 8月10日 | 麦 | 1942年 4月16日 |
| 秋 | 1941年 9月 9日 | 聚落 | 1942年 5月14日 |
| 夜 | 1941年10月 | 夏 | 1942年 6月28日 |
| 月 | 1941年11月18日 | 館 | 1942年 7月 1日 |
| 風 | 1941年12月 3日 | 土用 | 1942年 7月31日 |
| 刀 | 1941年12月 4日 | 夜 | 1942年 8月 1日 |
| 小寒 | 1942年 1月 1日 | 山 | 1942年 8月 3日 |
| 冬 | 1942年 1月 4日 | 送行 | 1942年 8月 3日 |

### 生涯をかけた「実験」

北園は、満洲事変（一九三一・九）の翌年頃から、「伝統的な詩」を意識し始め、その関心は、詩集『鯤《こん》』（民族社、一九三六・三）を経て、「郷土詩」という詩形に結実する（後述するように、「郷土詩」は一定の形式を有する）。北園が「郷土詩」に大きく傾いてゆく契機は、一九四〇年（昭和一五）九月の特高警察による取り調べであった。その直後、「民族精神」の振興に努めることを宣言している（事実、表6のように一九四一年から「郷土詩」が数多く作られている。）。北園の「郷土詩」は、一九四三年一月刊行の詩集『風土』に選定・集成され、さらに一九四四年の九月刊行の『郷土詩論』（昭森社）において理論化された。このように、「郷土詩」は戦争の時代と深く関わっている。

しかし、北園は敗戦後も「郷土詩」を放棄することなく、むしろ自分の重要な「実験」の一つとさえ位置付けている。末尾に一九四七年の日付のある評論「詩における私の実験」において、「今後の新しい詩はどんな方向に行くだろうか」という問いに対して、答えにくいと言いつつ、次のように述べている。

自分は戦争中、郷土詩論を書き、郷土詩の発展に努力した。こういう運動に加わった詩人たちのなかから若い素晴らしい詩人たちが生れた。これらの才能ある詩人たちは今後もそれを洗煉《せんれん》し、発展させるために努力するのがよいと思う。そして郷土詩はますます美しく、気品高い素朴さを作品に与えてゆくであろう。そしてこれらの詩人は地方の文化団体と交流し一つの世界を郷土に形づくるように心掛けなければならない。そして都会の一見華かな運動に眩惑《げんわく》されて、自らの道を放棄することがないよう切に希望する。

（「詩への断片的意見」『黄いろい楕円』宝文館、一九五三・九）〔全評論集五六四〜五六五頁〕

戦争中に「郷土詩」の発展に力を尽くしたことを肯定的に記し、若い詩人たちがこれを発展させることに期待を寄せている。

さらに、一九五九年六月には、「太平洋戦争の末期、東京の街が絨毯《じゅうたん》爆撃のための滅びさらうとする悲劇を見つつ」（『家』末尾の「覚書」）〔全詩集六二九頁〕制作した「郷土詩」をまとめ、詩集『家』（昭森社）として出版している。北園は「私は将来、もういちどこの詩形を発展させて、更に完全なものとしたい」（同）〔同〕という希望も持っていた。

北園にとって、「郷土詩」は、戦争下の一時的なものではなく、敗戦後も、生涯をかけて追求したいと願った詩形であった。すなわち、坪井秀人《つぼいひでと》も説いているように、北園にもともと存在していた「伝統的な詩」への志向が、戦争によって「郷土詩」として明確な形をとった、という事情であったと思われる（「北園克衛の郷土詩と戦争」）。

とはいえ、「郷土」にしても、「郷土詩」のめざす「民族の伝統」にしても、日中戦争・太平洋戦争を遂行するために大日本帝国政府が宣揚したものに外ならない。それでは北園の「郷土詩」は、政府の言う「郷土」や「民族の伝統」とどのような関係にあったのだろうか。

## 「郷土詩」の定義(1)——「原始的単純性」

まず、「郷土詩」についての北園の考え方を『郷土詩論』によって確認したい。「郷土詩」の定義が比較的明確に述べられているのは、「禅と茶」の章である（傍線・波線・丸囲み数字は引用者。以下同）。

［…］言ふまでもなく現代詩としての郷土詩は、従来の田園詩や民謡とはその詩法に於《おい》て本質的な相違を持つてゐるのである。すなはち地方の風物や物語を詩によつて表現し紹介し讃美するが如き内容のものではないのであつて、①郷土の風物の原始的単純性に②倫理的意義と価値を求め、あるひはそれを付与することによつて、③それ自らを洗煉《せんれん》美化し、人間の理想的姿態の完璧なる『像』を形造らんとするのである。

（「禅と茶」、二九頁）〔全評論集四七四頁〕

我々の祖先の世界である岩乗な農家や農具
弾力と湿度に富む微妙な村道の素朴な屈折
長い歳月にわたる保存と使用によつて殆どモラルにまで高められた家具のフォルムやその色調
無雑作な器物の曲線の持つ宗教的雰囲気
**＝純粋な空気と光線にみちた形而上学的［＊超自然的・理念的］明澄の世界**
**〈自然の繊細さ〉**

↕

繊細なガラス器や華奢な硬質陶器のセット
幾何学的な舗装道路
オフィス建築の世界
**＝従来の都会主義的文化に属するあらゆる姿態**
**〈人工の繊細さ〉**

（「郷土詩論」、15頁）

**図18　「郷土の風物の原始的単純性」について**

この定義に注釈を加えてゆきたい。第一に、①「郷土の風物の原始的単純性」とは、「郷土詩論」の章によれば、都会主義的文化に対置される、〈地方〉に存在しているものの単純さ・純一さを言う。「郷土詩論」の章で示された具体例を図にすると図18のようになり、北園の言う「原始的」とは、時間的な原始古代というよりは、「プリミティブ」の意味と考えられる。北園は、近世以降の文学である俳句にも「原始的単純性の美しい在り方」（「禅と茶」、二九頁）〔全評論集四七四頁〕を認めているのである。

但し、北園の「原始的」はそれだけではなく、「民族の伝統」という意味も含んでいる。

例へばその住宅・什器《じふき》・服装・容貌・姿態・習慣・道徳、これらのものは殆《ほと》んど純粋且《か》つ完全な状態の下《もと》に悠久二千六百余年［引用注、皇紀による計算］の伝統の純一なる発展の軌跡の最尖端をたもつてゐるのである。

（「作像」、一七頁）〔全評論集四六六頁〕

さらに、「建国」以来、「伝統」の最尖端を保ってきた「原始的」なものは、明治以来の近代的都市文化に代わる、新たな規範となると北園は主張する。

また、ここに挙げられた「住宅・什器・服装・容貌・姿態・習慣・道徳」は、地理的概念としての「地方」に限定されるものではない。つまり、北園の「郷土」とは地理的概念ではなく、文化的概念なのである。そして、北園にとって、「郷土」を体現するものは、具体的な「モノ object」である。北園は、「モノ object」の中に、明晰な理念と法則を認め、それに〈永遠の時間〉を見る。

自分は今一個の茶碗を机の上に置いた。そしてこの茶碗が数千年の昔よりここに置かれてゐたかのやうに眺めてゐる。そしてまた数千年の未来にまでも動かされることのない永遠の姿として眺めてゐる。これが郷土詩の一つの思考の原型なのである。

（「郷土詩」、五九頁）〔全評論集四九五頁〕

第二節で検討した「愛国詩」の「冬」も「郷土詩」の一つである。この記述によれば、その第七連「ぼくは／ちひさな茶器のそばで／終日机にむかつてゐた」は、茶器の明澄なフォルムに宿る、「民族」の永遠の時間を、「ぼく」が見つめていることを表している。

## 「郷土詩」の定義(2)——「倫理」と「像」

次に、②「倫理的意義と価値を求め、あるひはそれを付与することによつて」であるが、これは、「モノ object」に宿る「自然の厳しさ」、すなわち自然の中の明晰な理念と法則が人間のあり方の規範となる、ということである。

北園は、「倫理」の章で、倫理に熱心なあまりの諷刺、悲憤慷慨《こうがい》、大言壮語や戯作者《げさくしゃ》気質（卑下する姿勢をとりながら実は驕慢な性質）による退廃的な詩を厳しく批判し、王朝以来連綿と続いてきた工匠や歌人の「端厳」や、禅の「単純、直裁、自恃、克己」を、「倫理」の例として挙げ、賛美している。

> 倫理の世界は、古代と現代とが、自然と人生とが、相交り、たがひに触れあふところ峻厳にして微妙な諧調の世界である。
> この座に立つて、遠く古典に眼を展《ひら》くとき、それらの一群の文化が撥剌《はつらつ》たる生気をもつて甦《よみがへ》るのを感じるに違ひない。
> （「倫理」、三五頁）〔全評論集四七九頁〕

「モノ object」に宿る「厳しさ」と同じ「厳しさ」で相対したとき、時を超えて、「モノ object」と人との生き生きとした交流が生じるのである。「冬」の第七連「ぼくは／ちひさな茶器のそばで／終日机にむかつてゐた」は、茶器と交感するために、禅の「単純、直裁、自恃、克己」を実践していることも表していたのである。

さらに、③「それ自らを洗煉美化し、人間の理想的姿態の完璧なる『像』を形造らんとするのである」と

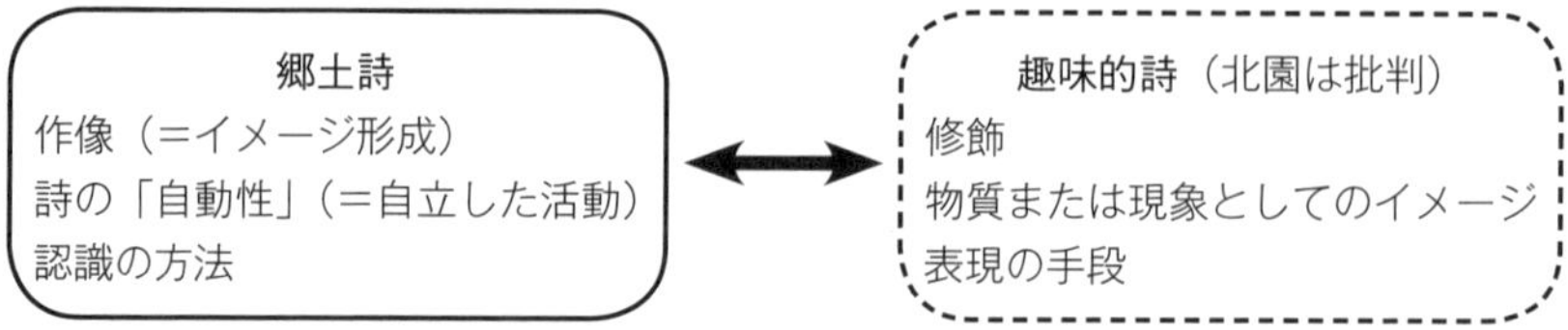


**図19　「郷土詩」と「趣味的な詩」の対比**

は、「モノobject」を詩によって洗煉美化することによって、人間のあるべき「像」（イメージ）を完成することを意味する。

北園は「像」（イメージ）を作り上げることを重視した。「趣味的な詩」と対比しながら、「郷土詩」とは何かを明確にする「作像」の章の論旨をまとめると、図19のようになる。「郷土詩」にとって、イメージは、何かを表現するための手段ではなく、認識の方法そのものなのであった。

以上に見てきたように、北園の「郷土詩」は、単に地方の風物を詠む詩ではない。禅の端厳な姿勢で、プリミティブな「モノobject」に宿る明晰な理念と法則を悟り、これと生き生きと交流して、イメージを創り上げる詩である。

## 五　北園克衛の「郷土」

### 大日本帝国政府の「郷土」政策

一九三〇年代に文部省の主導によって「郷土教育」が盛んとなった（以下、「郷土教育」については、小国喜弘《こくによしひろ》「1930年代郷土教育運動における歴史の再構築」などによる）。文部省は、「昭和恐慌」による社会不安を鎮め、子どもたちに市町村の事物や生活習慣を再認識させることで、〈愛国心〉を養おうとした。しかし、実際の教育現場では、「郷土教育」は〝古物漁り〟に陥り、「昭和恐慌」に苦しむ農村の現実からかけ離れたものとなった。そのため、一九三〇年代後半には、「郷土教育」は下火になった。

しかし、一九四一年（昭和一六）三月一日公布の「国民学校令」によって、「郷土の観察」が国民学校の科目となる。その指導書『郷土の観察　教師用』（文部省、一九四二・三）は、「総説」で、「郷土」を「児童の誕生の地」「父祖代々ここに居住して、皇国のために奉公の誠を致した地」と定義している。そして、

> ［…］郷土は皇国の一部であり、わが国土の縮図である。郷土の事象を観察、把握することは、やがてわが国土国勢の具体的な理会に資し、国史の一環としての郷土の認識に資せしめる。郷土愛の啓培《けいばい》は国土愛護の精神に拡張せられ、皇国の使命の自覚に昂揚《かうやう》せられるものである。
>
> （『郷土の観察　教師用』三五頁）

と、〈愛国心〉の基盤となる〈郷土愛〉の育成を指示した。文部省は、日中戦争、そしてまもなく起こった太平洋戦争遂行のため、「郷土の観察」を強力に推進したのである。

また、政府は児童への教育と並行して、一九四一年頃から地方文化運動・農村文化運動を積極的に進めるようになった。一九三七年八月に、日中戦争遂行のために開始した「国民精神総動員運動」（八月二四日に、第一次近衛文麿《このえふみまろ》内閣が「国民精神総動員実施要綱」を閣議決定。第3章、一〇七頁参照）を、地方に徹底するためであった（中見真理《なかみまり》『柳宗悦《やなぎむねよし》』）。

こうした一九四一年頃からの政府による「郷土」の宣揚という奔流に、大正期に〈近代化〉（＝西洋化）と、

都市文化に対する反発として起こった郷土研究（柳田國男《やなぎたくにお》が提唱）、民芸運動（思想家・柳宗悦、陶芸作家、河井寛次郎《かわいかんじろう》、濱田庄司《はまだしょうじ》が提唱）などが巻き込まれてゆく（中見真理『柳宗悦』、「郷土」研究会編『郷土』、依岡隆児《よりおかりゅうじ》「日本の近代とハイマート（郷土／故郷）概念」）。また、政府が万世一系の天皇による統治を明確にする「国体明徴声明」（第一次）を発表した一九三五年頃から高まっていた文学者・知識人による「日本的なもの」についての主張も、この流れに呑み込まれていった。

このような流れを集約しつつ、戦争下の地方文化振興の方向性を明示したのが、政府創設の大政翼賛会《たいせいよくさんかい》文化部が発表した「地方文化新建設の根本理念と当面の方策」（以下、「根本理念と当面の方策」）である。それは一九四一年一月のことであった。この方策は、「新体制」確立のために（「新体制」は近衛文麿が主導した「万民翼賛」の「国民組織」。第2章、九三〜九四頁参照）、「精神の更生」が必要であると訴える。「精神の更生」とは、「伝統の自覚」によって現在の出来事に即応することである。

〔…〕伝統の自覚とは、過去に於《お》けるある特定の時代、あるひは特殊の歴史的事実にかへる単なる復古に非《あら》ずして、①何千年来皇室を中心として生成発達し来つた我が国文化の本質に基きつゝ新しい時代の文化を創造する、維新の精神を意味することを銘記しなければならぬ。かくのごとき②日本文化の正しき伝統は、外来文化の影響の下に発達した中央文化のうちよりも、特に今日に於《お》いては地方文化の中に存し、これが健全なる発達なくして新しき国民文化の標識を樹立することは不可能ともいふべきである。地方文化振興の意義と使命はこゝにあるのである。

（岸田國士《きしだくにお》「地方文化の新建設」の引用による）

「伝統の自覚」は単なる「復古」であってはならず、また、日本文化の正しい伝統は、地方文化にこそ存在していると説く。地方文化を新しい国民文化を創造する道しるべと位置付けている。

## 新文化創造のための「郷土」

都会主義的文化に反発した北園の「郷土詩」は、郷土研究・民芸運動・「日本的なるもの」の主張と同じ地平に立つものと言える。〈近代化〉(=西洋化)と都市文化に対する反発は、外部から〈近代化〉(=西洋化)を強いられた日本の知識人が宿命的に背負わされた心性であった。

但し、北園は、先に引用した『郷土詩論』の「禅と茶」の一節(二〇〇頁の波線部)に示されているように、「郷土詩」が従来の地方の風物や物語の賛美とは異なることを強調した。また、民芸運動に対しても、民芸を完成されたものと賛美珍重し、そこに「民族」としての将来の発展を見ようとしていない、と厳しく批判している(「作像」、一八頁)〔全評論集四六七頁〕。

西洋の文学と芸術を時代の最先端で受容していた北園の〝反動〟は、郷土研究・民芸運動・「日本的なるもの」の主張よりもはるかに急進的であった。その結果、北園の「郷土」は、政府の「根本理念と当面の方策」と大きく重なるものとなった。例えば、北園の〝日本の「建国」以来、「伝統」の最尖端を保ってきた「郷土」の風物が、明治以来の近代的都市文化に代わる新たな規範となる〟という主張は、「根本理念と当面の方策」の傍線部①と重なる(但し、『郷土詩論』には「天皇」「皇室」ということばは全く現れない)。

また、北園の、「今日、我国土に於《お》いて、すくなくともより純粋且《か》つ完全な状態の下《もと》に民族の伝統を保有してゐるところのものは、地方の生活環境を除いて他に求めることが出来ない」(「作像」、一七頁)〔全評論集四六六頁〕という認識は、傍線部②と完全に一致する。『郷土詩論』には、「郷土詩」の提唱が、「文化の地方分散政策」と並行しているという主張も見え（「郷土詩論」一四頁）〔全評論集四六四頁〕、大川内夏樹《おおかわちなつき》が指摘するように、北園は大政翼賛会文化部の動きを明確に意識していたと思われる（「北園克衛の「郷土詩」と「民族の伝統」」）。

## 瞑想の内部の「郷土」

ところで、北園は一九七七年一二月刊行のエッセイ「私のブルーノート⑩」（「短歌」第24巻第13号）〔『北園克衛エッセイ集』（以下、「エッセイ集」。本文は「エッセイ集」に拠る）で「故郷」に対する自分の感じ方を記している。北園は、戦後三〇年以上経つが故郷（三重県渡会《わたらい》郡四郷村《しごうむら》大字《おおあざ》朝熊《あさま》。現在の伊勢市朝熊町）へ一度も帰っていない（なお、敗戦までの五年間も帰郷していない）、と言う。しかし、「室生犀星《（むろうさいせい）》の詩の一節のように「ふる里は遠きにありて思うもの」などという感傷など毛ほどもない」〔エッセイ集一二六頁〕。むしろ、「故郷」を訪ねることで、頭のフィルムに焼き付いている幼年時代（「生命の限りをつくして野獣のように生きていた」時代）の時間と空間のバランスを壊すことを恐れるのである。

この「故郷」への対し方は、戦争下において、「郷土」に対する感傷的郷愁を否定したことに通ずる。ドイツ文学研究者の依岡隆児は、都市文明への反動として呼び起こされる「郷土」「故郷」が常に「ハイマートロス」（郷土喪失感）を伴うものであることを指摘している（「日本の近代とハイマート（郷土／故郷）概念」）。「郷土詩」も「ハイマートロス」を基礎に置いているが、北園は感傷的郷愁を拒否したのである。このような北園の志向が、「郷土詩」の性格を、「郷土」によって新文化創造をめざすという「根本理念と当面の方策」と一致させたと思われる。

しかしその一方で、「ブルーノート⑩」は、北園の「郷土」と、政府による「郷土教育」や「根本理念と当面の方策」の「郷土」との違いを浮かび上がらせている。「ブルーノート⑩」によれば、北園の「故郷」は、北園の脳裏に、彼が理想とする時間と空間のバランスを保ちながら存在するものであり、現実の「故郷」ではない。

『郷土詩論』の「郷土」も極めて一般的抽象的であった（図18の具体例参照）。それは、ジョン・ソルトの言い方に倣えば、「瞑想の内部で生じた郷土」（「瞑想の内部で生じた」は「郷土詩」の時間についてのソルトの評語〈『北園克衛の詩と詩学』〉）である。それゆえ、北園の期待とは裏腹に、「郷土詩」への支持は広がらなかった。実際、北園の「郷土詩」を読んで、一般「国民」の〈郷土愛〉や「民族の自覚」が促されるとは思えない。

これに対して、政府の「郷土」は具体的であった。国民学校の科目「郷土の観察」において、観察の対象となるのは、市町村の展望（高所からの俯瞰《ふかん》）、学校、山・川・海その他の地理、気候、産業、交通、村や町（成り立ちや発達）、神社と寺院、史蹟である（『郷土の観察 教師用』）。また、「根本理念と当面の方策」も指導的目標として、「あくまでも郷土の伝統と地方の特殊性とを尊重し、地方地方がその特質を最大限に発揮」することを掲げている。政府はそれぞれの「地方」に即して、具体的に〈郷土愛〉を養うことを目標としていた。

但し、政府は、「地方」の独自性を全面的に認めていたわけではない。多様な住民が住む市町村を、均質な文化空間と扱い（小国喜弘「1930年代郷土教育運動における歴史の再構築」）、その均質性を足場に、各地方に分有された「皇国」としての特徴を確認させて、「国民」としての自覚を促そうとしたのである。政府の

「郷土」は、具体的なものに見せかけて、実は抽象的なもの、すなわち〝半抽象的〟なものであった。その効果は大きく、地方文化団体が各地で続々と組織化されることになった（北河賢三《きたがわけんぞう》「戦時下の文化運動」、同「戦時下の地方文化運動」）。

北園の「郷土詩」は、その目的と「郷土」への対し方において、政府の「郷土」政策と重なっていた。しかし、そのあまりに高い抽象性は、政府がめざした〈郷土愛〉の自覚や〈愛国心〉の高揚には、不適であったのである。

## 六　「郷土詩」という詩形

**「郷土詩」の形式**

北園の「郷土詩」は実際にどのようなものなのか。北園が詩集『家』の「覚書」で「詩形」と言ったように（一九九頁）、「郷土詩」には一定の形式が認められる。それを私なりにまとめると次のようになる。

①　基本的に一連一文で構成する。一連は二〜六行。一作品において各連は、基本的に同じ行数。連は四〜九。

②　作品を構成する文は、文法的に完全な文である（ことばの断片ではない）。

③　各連はそれぞれで自立しているが、同時に前後の連と意味的に関連する。連は互いに連歌《れんが》的に結び付いている。

④　文の時制は原則的に過去である。始まりも終わりもない時間を作り出す「てゐた」(過去の動作の継続)を特に多用する。

⑤　作品中に「ぼく」が登場する(「ぼく」と主語を明示しない場合でも「ぼく」の動作であることがわかる)。「ぼく」の動きは小さい。なお、「ぼく」は〈詩の主体〉(詩の作者北園)に近いが、〈詩の主体〉そのものではない。「ぼく」はあくまでも作中人物である。

北園の「郷土詩」では、これらの形式が厳格に守られる。具体的に、「愛国詩」の「冬」と同じ三行八連構成の「野」を見てみたい。

## 野

1

涼しい風が
やはらかに
青い萱《かや》の野をふいた

2

遠く
九輪《くりん》のするゐは
輝いてゐた

3

ぼくは
ひくい土の橋をすぎ
寂寞だつた

4

あ
羅生門《らしやうもん》の
跡もなかつた

5

水干《すいかん》の
かげも
伽羅《きやら》の香もなかつた

6

風が
わづかに
琴の音をおくつてきた

7

かるく
萱の葉をかすめ

ぼくの思ひをかすめていつた

8
廓寥《くわくれう》と
かすかな
雲もなかつた

（一九四一・八・一〇作、『風土』）〔『全詩集』二九九〜三〇〇頁〕

第一連・第二連は野の情景を描く。第一連では、風が渡るという野全体の情景を皮膚感覚と色彩で表現するが、第二連では遠くに輝く、寺院の塔の先端（「九輪」）に視点を転ずる。

第三連で「ぼく」が登場し、突然陰鬱な場面に切り替わる。ここには飛躍がある。第三連では、なぜ「ぼく」が「寂寞」なのかは示されない。第四連・第五連で、「ぼく」が平安京跡にいることがわかる。「羅生門」は平安京の中心道路の朱雀大路《すざくおおじ》南端の門で、外交使節を迎えた門、「水干」は平安時代以降の下級官人の装束、「伽羅」は東南アジア産で平安時代に最高級とされた香木。これらは平安京の華麗と繁栄を象徴しているが、今は全て失われている。

第六連・第七連で、「風」が再び登場する（第一連と呼応）。「風」がわずかに琴の音を伝える。琴は平安貴族が嗜《たしな》んだ楽器。わずかな琴の音が、一瞬、「寂寞」の中にある「ぼく」の心をゆらめかせる。詩はこの二連で移調する。

第八連では、寂しい野の情景に戻る。「かすかな」は、第六連の「わづかに」と呼応して、情景のかそけさを強調している。また、最終行の「雲もなかつた」は、第一連の「風が…ふいた」と呼応する。「涼しい風」が「雲」のない空をもたらしていることを思い起こさせる。そして、「雲」を見上げる視線は、第二連の視線に重なる。つまり、詩はこの連で完結せずに、第一連・第二連へとループする。

## 「郷土詩」としての「野」の特徴

「野」は一連一文構成で(①)、一文は文法的に完全な文となっている(②)。各連はそれぞれ自立しているが、連と連の間には、視点の変化、飛躍、移調があり、さらに連を飛び越えたことばの呼応も見られる(③)。文末は「た」(一か所のみ「ていた」)で、時制は過去である。現代語の「た」は、そのことが現在の時点において、確かなこととなっていることを表す(山口明穂《やまぐちあきほ》『国語の論理』)。すなわち、〈詩の主体〉のいる「現在」という時点から見て、この詩の情景は全て確かなものとなっている。そして、この時間的距離が、この詩に抑制されたトーンを生んでいる(④)。

それに呼応するように、この詩で歌われる「凮」「萱」「九輪」などの「モノ object」一つ一つも輪郭鮮明である。それらはまばらに配置され、相互関係が明示されない場合もある(例えば、「羅生門」と「水干」と「伽羅」の関係)。読者が自分でその間を埋めてゆくのである。

この詩における「郷土」は、失われた平安京である。かつて平安京のあった野で、「寂寞」の中にあった「ぼく」が、琴の音に平安京の華麗を感知し、遠い祖先の記憶を呼び起こす。失われた平安京を感受する者として、「ぼく」という存在はこの詩にとって不可欠である(⑤)。但し、「ぼく」は平安京に心を惹かれながらも、それを感傷的に述べることはもちろん、「思ひ」の中身さえ明らかにしない。

「野」はこのような形式に支えられながら、〈永遠の時間〉を表現している。「野」には三つの時間がある。[*4]

一つは、涼しい風の吹く野の情景の時間。この時間は特定の時点に限定されない、無始無終の水平的な時間と言える。二つ目は、この時間の中で、「ぼく」が感得する、祖先から続く垂直的な〈永遠の時間〉。そして、三つ目は、第八連から第一連・第二連にループすることで、無始無終の水平的な時間の中で、垂直的な〈永遠の時間〉を感得することが無限に繰り返される、反復する時間である。これによって〈永遠の時間〉の感得は一回限りの出来事ではなくなり、今に生き続ける「民族の伝統」となるのである。

## 七　北園克衛の戦争との向き合い方

**二つの「民族の伝統」**

以上のように、北園の「郷土詩」の特徴を押さえるならば、この第5章が考察の出発点とした「愛国詩」の「冬」も、「大東亜戦争」を〈永遠の時間〉において捉えようとした詩であったと考えられる。「冬」も「郷土詩」の五つの形式に則っている。さらにその構成は「野」と類似している。やはり、情景描写に始まり、はるか遠くにあるものを感知し、「ぼく」の「思ひ」が動くという展開になっている。また、「冬」でも、第八連の「かすかな光」は未明の光を思わせ、第一連の「冬の日が／風とともに明け」にループする。

「野」の平安京に当たるものは、「冬」では「熱帯の諸島」での「皇軍」の奮戦である。つまり、「熱帯の諸島」での「皇軍」の奮戦が、垂直的な〈永遠の時間〉を表していることになる。それは、大川内夏樹の言うように、「民族の伝統」を体現しているのである（北園克衛の「郷土詩」と「民族の伝統」）。なぜ「熱帯の諸島」での「皇軍」の奮戦が「民族の伝統」になるのであろうか。ここで重要なのが、北園の「民族」意識である。

実は、北園の『郷土詩論』には二種類の「民族」意識が存在している。第一は、〈近代化〉（＝西洋化）への反発によって意識されたナショナリスティックな「民族」意識である。「二千六百年にわたる我々民族の努力」（「熱情」、四五頁）〔全詩集四八六頁〕と述べているように、この意識に基づく「民族の伝統」は、神武天皇による「建国」以来受け継がれてきた「民族」の文化をさしている。

これとは別に、北園は、中国文化に影響を受けるよりもはるか以前に形成された「我々の民族固有」の日本の文化があったと考えていた。その起源について（傍点は引用者）、

寧《むし》ろジャワ島より東北方に拡がる海域、かつてあの偉大な海洋民族たるポリネシヤ人が散住した諸島に類似を求めるべきかも知れないのである。（「民族」、四〇頁）〔全評論集四八二頁〕

と述べる。すなわち、南方の海洋民族を日本人の祖先とするのが、第二の「民族」意識である。北園は、この意識に基づく「民族の伝統」は、「我々のなかに沈潜して絶えず郷愁をよびさます」（「民族」、三九頁）〔全評論集四八一頁〕と言う。その例として、北園は、南方系の音楽のリズムが、「山間僻地の農民や樵夫《せうふ》が口ずさむ民謡や俚謡」の中に浸透していることを挙げる。また、日本人の「感覚の明晰、感情の軽快、思考の透明と、それよりくる清浄さへの驚くべき執着」は、南方の海洋民族であったことに由来していると見るので

ある。

## 「郷土詩」としての「愛国詩」の問題点

「冬」では、この二つの「民族」意識が渾融している。「皇軍」の進撃は、神武天皇以来行われてきた〝国土建設〟が今行われていることを意味していよう。一九四〇年（昭和一五）七月に第二次近衛文麿内閣は「大東亜新秩序」を打ち出した（「基本国策要綱」）。後に「大東亜共栄圏」と呼ばれるこの構想は、「日満支」（日本・満洲国・中国北部）を基軸に東南アジア・太平洋島嶼《とうしょ》地域を含む広域経済圏の樹立をめざすものであった。政府は「大東亜共栄圏」の建設を、〝新たな国造り〟と喧伝《けんでん》し、「国民」もそのように受け止めていた（小松靖彦「佐佐木信綱の「新た世」の歴史観」参照）。

しかし、北園が東南アジアではなく、あくまでも「熱帯の諸島」での奮戦を歌ったのは、そこが北園の考える「民族の伝統」の始まりの地であったからである。「熱帯の諸島」での奮戦は、北園には祖先の地への帰還を意味していた。[*5]

このように、北園の「民族の伝統」は、一方で大日本帝国が公式に認める「民族の伝統」と一致するものの、他方でその枠組みから外れる性質を持っていた。北園が『郷土詩論』で、「郷土」や「民族の伝統」を論じるときに、「天皇」「皇室」ということばを全く使わないのも、「二千六百年」よりもはるかに長いスパンで、「民族の伝統」を捉えていたからであろう。

北園は二つの「民族の伝統」を調整し、論理的に関係付けることはしなかった。『郷土詩論』では、二つの「民族の伝統」は並立したままである。

「郷土詩」の一般的なあり方からすれば、「冬ミ」において〈永遠の時間〉として描くべきものは、「皇軍」の進撃よりも、「我々の骨髄に深く」沈潜しながら、その細部が失われた南方の文化（「民族」）であったはずである。

しかし、北園の思い入れの強い第二の「民族の伝統」は、結局第一の「民族の伝統」に呑み込まれてしまっている。しかも、第二節で指摘したように、「皇軍」の描写は抽象的類型的で、素朴な標語《スローガン》に陥っている（「愛国詩」の「旗」〈「文芸汎論」第42巻第4号、一九四二・四〉でも「熱帯」での勝利を謳い上げるが、南洋の風物は概念的に表現されるに止まる）。「冬ミ」は「郷土詩」としては失敗作と言わざるを得ない。

一九五五年（昭和三〇）一月刊行の『現代日本詩人全集』第一三巻（創元社）に、「冬ミ」を収録することを北園が拒否したのは、戦後一〇年の時期に「軍国主義的」作品を人目に触れて批判を受けることを嫌ったことに加え、この時期にも追求し続けていた「郷土詩」としては、不満な作品であったからであろう（「冬ミ」が全詩集に収録されていないのは、『現代日本詩全集』への北園の掲載拒否を、編者の藤富保男が尊重したからである〈ソルト『北園克衛の詩と詩学』二五五頁、四四九頁〉）。

## 矛盾に満ちた戦争との向き合い方

北園の「愛国詩」も、『萬葉集』の尊重も、〈郷土〉による新文化創造の提唱も、北園の偽りではない心から出たものである。これらは、前衛詩人・北園が抱え込んでいた、強いられた〈近代化〉への反発の衝動に、形を与えるものであった。

しかし、感情を直接的に表現することを嫌った北園は、〈愛国心〉や戦争賛美を抽象的類型的にしか表現できなかった。その抽象的類型的表現には、国策に迎合することで身を守りたいという願望も滲む。『萬葉集』についても、当時の「定説」以上に深い理解を示しながら、保身のために『萬葉集』を利用しようという意図も透かし見える。また、抽象度の高い北園の「郷土詩」は、政府の期待する〈愛国心〉・〈郷土愛〉とは異質なものであった。「郷土詩」がめざす「民族の自覚」も、政府が公式に認める「民族の自覚」の範囲を超える性質を秘めていた。

北園は大日本帝国政府が宣揚した〈愛国心〉・『萬葉集』賛美・〈郷土愛〉それ自体を、時代の外側に身を置いて問い直す視点を持っておらず、それらを独特の感性と知性で過剰と言えるまでに追求したのである。同時に、政府による弾圧を極度に恐れ、それを巧みにすり抜けることにも細心の注意を払った。

北園の戦争への向き合い方は極めて矛盾に満ちたものであった。北園の「愛国詩」を読むとき、私たちはその全てを受け止める必要がある。[*6]

〔参考〕

記号説

★

白い食器
花
スプウン

春の午後3時
白い
白い
赤い

白色建築
遠い郊外の空
遠い

★

空
海
屋上庭園
煙草をすふ少年白い少年
1人
空間

★

魔術する貴婦人の魔術する銀色の少年
魔術する貴婦人の魔術する銀色の少年
赤い鏡に映る
赤い鏡に映る
白い手と眉と花
私
空間

★

青い空
なにも見えない
なにも見えない
白い家

★

白い遠景
淡い桃色の旗
絶望

★

白い少年
遠い空
ヒヤシンス
窓
白い風景

★

明るい生活と僕です

明るい思想と僕です
透明の悦楽と僕です
透明の礼節と僕です
新鮮な食慾と僕です
新鮮な恋愛と僕です

青い過去の憶ひ出は
みんなインキ瓶に詰めてすてました

★

力学は暗い
植物は重い

★

白い食器
花束と詩集
白い
白い
黄色い

★

白い住宅
白い
桃色の貴婦人
白い遠景
青い空

★

トランペットの貴公子はみんな赤いハンカチをかぶつてゐる

★

夜会服
夜会服
夜会服
夜会服
夜会服
面白くない

＊本文と「★」の位置は、北園克衛『白のアルバム　詩・散文』（現代の芸術と批評叢書6、ゆまに書房、一九九四。厚生閣

一　書店版の復刻）に拠る。

［注］

（1）ジョン・ソルトは櫻本富雄《さくらもととみお》から情報を得つつ、七編の北園の「愛国詩」を見出している。この中には、日中戦争下の「戦線の秋」も含められている。しかし、「戦線の秋」は、太平洋戦争下の「愛国詩」とは区別して考えるべきであろう。ソルトが挙げていない「愛国詩」が「日本学芸新聞」第１４３号（一九四二・一一・一〇）に掲載されている。これらを「北園克衛略年表」に示した。

なお、北園は「ハワイ海戦戦歿勇士に贈る詩」を作ったと言っている（『郷土詩論』「身辺抄」の「蔵書印その他」）。ソルトは「世紀の日」がこれに当たるとするが（『北園克衛の詩と詩学』二五〇頁）、内容と制作時期から別の作品と考えられる。

（2）児童向けの「愛国詩」について考えるとき、それを年少の読者がどう読んでいたかという観点を失ってはならない。「週刊少国民」の読者であった社会学者の山本明《やまもとあきら》は、北原白秋《きたはらはくしゅう》の詩「僕らは昭和の少国民だ」（創刊号〈一九四二年五月一七日号〉）を「楽しくも面白くもな」かったという。また、少年兵募集に呼応した高村光太郎《たかむらこうたろう》の詩「ぼくも飛ぶ」（一九四三年九月一二日号）について、論文の執筆時点の山本の心情として、光太郎自身の感慨を記すならばまだしも、何もわからぬ児童に「ぼくを少年飛行兵にしてください」と歌ったことは許し難い、と述べている（「一五年戦争末期の雑誌㈠」）。北園の「紀元節」も、細野のカットと併せて、児童を戦争に向かわせた作品として厳しい批判を免れることはできない。

（3）ジョン・ソルトは、北園が今奉部与曾布の防人歌を引いたことを、特高警察から身を守るための「ごまかし方」であったと捉えている（「平和な時代に振り返って鏡をのぞき込むと、後ろに小さく北園克衛像が見える」）。

（4）「郷土詩」の時間に注目したのはジョン・ソルトである。ソルトは、『風土』における時間は、永遠なものとして概念化されている。つまり、感覚器官の知覚作用は運動をともなわない瞑想の内部で生じており、それゆえに、木の葉のほんの僅かなゆらめきでさえ大きく拡大されて映ることになる。時は決して昼と夜といった程度以上には特定されない」（『北園克衛の詩と詩学』二四四頁）と捉える。重要な指摘であるが、私は、「瞑想の内部」の時間は無始無終に水平的に延長された時間と考える。

（5）大川内夏樹は、「冬」の「民族の伝統」は、「大東亜共栄圏」の「民族の伝統」と異なるところがあることを指摘している。「日本人」を頂点とする民族的ヒエラルキーのある「大東亜共栄圏」に対して、北園の「民族」は超民族的共同体を志向していたとするのである（「北園克衛の「郷土詩」と「民族の伝統」」）。日本統治下朝鮮出身の金環麟《キムギョンリン》が、VOUクラブに入会を希望して北園を訪ねたとき、北園は「朝鮮人は政治的に不遇かもしれないが、文学においてまで不遇である必要があるか」と言っており（チェホソク共編『証言からの文学史』깊은샘、二〇〇三）、確かに文学における超民族的共同体を志向していたことが窺《うかが》える。但し、これについて、北園自身が書いた文章は残っていない。また、「冬」自体から超民族的共同体への志向を読み取ることは難しい。

（6）厳格な形式のある「郷土詩」という詩形は、敗戦後の詩壇に衝撃を与えた実験詩集『詩集 黒い火』（昭森社、一九五一・七）を準備するものとなったと思われる。この詩集に収められた「暗い室内」「死と蝙蝠傘《かうもりがさ》の詩」「秋の立体」「黒い雨」は、「郷土詩」の形式①に拠りつつ、②③④⑤を徹底的に破壊して、敗戦後の断片化した都市の姿を描き出している。これらの作品は〈反転した「郷土詩」〉と見ることができるかもしれない。

死と蝙蝠傘の詩（＊題は朱色）

星
その黒い憂愁
の骨
の薔薇
五月

の夜
は雨すら
黒い

壁
は壁のため
の影
にうつり

死
の
泡だつ円錐
の襞《ひだ》

その
湿つた孤独
の
黒い翼

あるひは
黒い
爪

**北園克衛略年表**

| 年号 | 年齢 | 主なできごと |
|---|---|---|
| 1902（明治35） | 0 | 三重県渡会《わたらい》郡四郷《しごう》村《むら》大字《おおあざ》朝熊《あさま》（現在の伊勢市朝熊町）で、雑貨店を営む橋本安吉の次男として誕生（10月29日）。本名は橋本健吉《けんきち》。父・安吉は皇學館《こうがくかん》で学び、新古今風の和歌を詠んだ。母・ゑいは英語や数学を学んでいた。兄・平八は彫刻家。 |
| 1920（大正9） | 18 | 新聞記者を志し上京。中央大学専門部経済学科に入学（中退）。佐藤春夫《さとうはるお》、萩原朔太郎《はぎわらさくたろう》、千家元麿《せんげもとまろ》らの詩集に親しむ。また生田春月《いくたしゅんげつ》、西条八十《さいじょうやそ》を訪問。一時期、俳人の原石鼎《はらせきてい》の離れに下宿。石鼎の結社誌「鹿火屋《かびや》」に投稿。京橋の絵画教室に通う。 |
| 1923（大正12） | 21 | **＊関東大震災（9月）**<br>京橋でデッサン中に、関東大震災に遭い罹災。帰郷（11月）。後に奈良に移り、兄・平八《へいはち》と共同生活をする。 |
| 1924（大正13） | 22 | 再び上京。生田の勧めで、文芸雑誌「文章倶楽部《くらぶ》」（新潮社）に詩を発表（9月号）。日本画家・作家の玉村方久斗《たまむらほくと》（善之助《ぜんのすけ》）宅に居候。ここで、野川孟《のがわはじめ》・野川隆《のがわたかし》兄弟と知り合い、彼らを通じてヨーロッパの新興芸術運動を知る。 |
| 1925（大正14） | 23 | ダダイズムの文芸誌「ゲエ・ギムギガム・プルルル・ギムゲム（GGPG）」に参加（1月）。ヨーロッパのダダイズムを直接経験してきた村山知義《むらやまともよし》が1924年に創刊した「Mavo」に参加（6月）。この頃より、多くの詩誌・文芸誌に寄稿。村山の演劇集団「単位三科」に加わり、前衛劇を書く。 |
| 1927（昭和2） | 25 | **※ダダイズム詩人萩原恭次郎《はぎわらきょうじろう》が、文字の造形性を追求した詩集『死刑宣告』（長隆舎書店）刊行（10月）。**<br>小説家・徳田戯二《とくだじょうじ》の文芸誌「文芸耽美」（フランスのシュルレアリスムの作品を紹介）に参加、「白色詩集」 |

| | | |
|---|---|---|
| | | を発表（5月）。「三科形成芸術展覧会」に油絵を出品（6月）。同人誌「薔薇《しょうび》・魔術・学説」の編集同人となる（11月）。 |
| 1928（昭和3） | 26 | シュルレアリスムのマニフェスト「A NOTE」を上田敏雄《うえだとしお》・上田保《うえだたもつ》と共同執筆（1月）。「薔薇・魔術・学説」と西脇順三郎《にしわきじゅんざぶろう》らの「馥郁《ふくいく》タル火夫ヨ」が合同、シュルレアリスムの詩誌「衣裳の太陽」を創刊（11月）。<br>※春山行夫《はるやまゆきお》を編集人とする「詩と詩論」（厚生閣書店）創刊（9月）。 |
| 1929（昭和4） | 27 | 第一詩集『白のアルバム』（厚生閣書店。序文＝春山行夫）刊行（6月）、意味内容との関係を切断した記号としてのことばの配列による詩「記号説」「図形説」などを収める。 |
| 1931（昭和6） | 29 | ＊満洲事変（柳条湖事件）（9月） |
| 1932（昭和7） | 30 | 詩誌「MADAME BLANCHE」創刊、積極的に若い詩人たちを組織する（メンバーに短い詩を書くことを勧める）（5月）。第19回二科展に油彩「昼の仮説」を出品、入選（9月）。この年から、「MADAME BLANCHE」などに「伝統的な詩」として短詩を発表（「伝統」へと向かい始める）。 |
| 1933（昭和8） | 31 | 散文詩からなる『円錐詩集』（ボン書店）刊行（10月）。 |
| 1935（昭和10） | 33 | 中原實《なかはらみのる》の好意により、日本歯科医学専門学校（現在の日本歯科大学）の嘱託となる（5月）。1937年に図書館配属、後に図書館長。VOUクラブを結成、機関誌「VOU」を創刊（7月）。兄・平八、急死（11月）。 |
| 1936（昭和11） | 34 | アメリカの詩人エズラ・パウンド（Ezra Pound）と文通を始める。パウンドはVOUクラブを称賛、西洋の文学界でVOUクラブを取り上げるように働きかける。「伝統的な詩」からなる詩集『鯤《こん》』（民族社）刊行（3月）。 |
| 1937（昭和12） | 35 | ＊日中戦争勃発（7月7日） |
| 1938（昭和13） | 36 | ＊第一次近衛文麿《このえふみまろ》内閣、「国家総動員法」公布（4月）<br>ジェイムズ・ロックリン（James Laughlin）の *New Directions 1938* に詩とノートを発表。西洋の詩人や編集者は、VOUの詩人たちとの連帯を、戦争に邁進する政府への抗議のしるしとする。<br>長田恒雄《おさだつねお》企画の朗読会「傷兵におくる戦争の夕」で、アポリネールの「四夜」と自作の戦争詩「戦線の秋」を朗読（10月）。 |

| | | |
|---|---|---|
| 1939（昭和14） | 37 | ＊平沼騏一郎《ひらぬまきいちろう》内閣、国民精神総動員強化方策を決定（2月）。<br>俳論集『句経』（風流陣発行所）刊行（7月）。東京詩人クラブ編『戦争詩集』（昭森社）の、表紙を含め装丁を担当。『戦争詩集』は「戦線の秋」を収録（8月）。文芸誌「文芸汎論《ぶんげいはんろん》」（文芸汎論社）9月号の「詩壇時評」で自由が失われてゆくことを激しく批判。<br>＊ドイツ、ポーランドに侵攻。第二次世界大戦勃発（9月） |
| 1940（昭和15） | 38 | ※「神戸詩人クラブ」のメンバーが検挙される（3月）<br>＊第二次近衛文麿内閣、「大東亜新秩序」を示した「基本国策要綱」を決定（7月）<br>インドの作家アマル・ラヒリ（Amar Lahiri）から、Japan Talksでインタビューを受ける。右翼的な理想の因習への執着を批判（7月）。特高警察の取り調べを受ける（9月）。「VOU」30号に方向転換を示す「宣言」を掲載（10月）。機関誌名を「VOU」から「新技術」に変更（12月。ただし、出版社名はVOUクラブのまま）。 |
| 1941（昭和16） | 39 | ＊大政翼賛会文化部、「地方文化新建設の根本理念と当面の方策」を発表（1月）<br>評論集『ハイブラウの噴水』（昭森社）刊行（2月）。「詩の回帰」で「郷土主義」を提案（「新技術」、8月）。ことばの特異な結び付きを作る実験詩集『固い卵』（文芸汎論社）刊行（4月）。<br>＊太平洋戦争開戦（12月8日） |
| 1942（昭和17） | 40 | 愛国詩❷「冬」を制作（1月）。「新詩論」第57号の「後記」で『萬葉集』の防人歌に言及（2月）。佐藤惣之助《さとうそうのすけ》・勝承夫《かつよしお》編『国を、挙《こぞ》りて 大東亜戦争詩集』（甲子社書房）に愛国詩❶「世紀の日」を寄稿（制作は太平洋戦争開戦まもなくか。12月刊）。<br>＊文部省、『郷土の観察 教師用』刊行（3月） |
| 1943（昭和18） | 41 | 愛国詩❸「旗」を発表（「文芸汎論」、4月）。日本文学報国会詩部幹事（「新詩論」8月号で報告）。愛国詩❹「大東亜文学者大会に寄せる詩」を発表（「日本学芸新聞」、11月）<br>詩集『風土』（昭森社）刊行（1月）。「新技術」廃刊（9月）。詩誌「新詩論」終刊（11月）。日本文学報国会編『辻詩集』（八紘社杉山書店）に愛国詩❺「軍艦《ふね》を思ふ」を寄稿（10月刊） |

| | | | |
|---|---|---|---|
| 1944 | （昭和19） | 42 | 会報「麦通信」を詩人仲間に送り始める（6月〜1945年11月）。評論集『郷土詩論』（昭森社）刊行（9月）。日本文学報国会編『詩集 大東亜』（河出書房）に愛国詩❻「早春の砂丘に」を発表（10月刊）。 |
| 1945 | （昭和20） | 43 | 愛国詩❼「紀元節」を発表（「週刊少国民」、2月4日）。新潟県三条市に疎開（6月）。<br>＊太平洋戦争終結<br>敗戦の報を聞き翌日上京。<br>「麦通信」で「国民を欺いた」と軍を間接的に批判。「読売新聞」に「詩人の任務 革命の先駆者たれ」を発表（12月20日）。 |
| 1946 | （昭和21） | 44 | 長田恒雄・村野四郎《むらのしろう》と詩集『天の繭《まゆ》』（天明社）刊行（3月）。「VOU」復刊、抽象詩を次々発表。 |
| 1951 | （昭和26） | 49 | 『詩集 黒い火』（昭森社）刊行（7月）。 |
| 1953 | （昭和28） | 51 | 詩論集『黄いろい楕円』（宝文館）刊行（9月）。 |
| 1957 | （昭和32） | 56 | 「VOU」58号に、コンクリート・ポエム「単調な空間」を発表。 |
| 1959 | （昭和34） | 58 | 太平洋戦争末期の東京空爆下に作った「郷土詩」からなる詩集『家』（昭森社）刊行。 |
| 1966 | （昭和41） | 64 | 「VOU」105号にプラスティック・ポエトリーのマニフェスト「造型詩についてのノート」を発表（5月）。<br>造型詩集『moonlight night in a bag』（Editions VOU）刊行。 |
| 1978 | （昭和53） | （74） | 6月6日、肺癌により永眠。「VOU」は160号で終刊。 |

（＊藤富保男『近代詩人評伝 北園克衛』、同「北園克衛略年譜」〈『北園克衛全詩集』〉、ジョン・ソルト『北園克衛の詩と詩学』、金澤一志『北園克衛の詩』、野田尚稔編「北園克衛・略年譜」〈『橋本平八と北園克衛展 図録』〉などによる）

第6章

# 高木卓――〈歴史小説〉という細き道

# 一　高木卓の文学活動

## 高木卓という文学者・芸術家

高木卓《たかぎたく》（一九〇七〈明治四〇〉～一九七四〈昭和四九〉）。本名、安藤熙《ひろし》）は、一九三六年（昭和一一）から一九四二年にかけて、すなわち日中戦争（「支那事変」）および太平洋戦争（「大東亜戦争」）初期に、独創的な理論に基づく〈歴史小説〉を執筆した（以下、この理論に基づく高木の歴史小説を〈歴史小説〉と表記する）。戦争下の文学者として忘れてはならない存在である。

高木の母・安藤幸《あんどうこう》は、小説家・幸田露伴《こうだろはん》の末妹で、ヴァイオリニスト。幼い高木は、この母と、ピアニストでヴァイオリニストの伯母・幸田延《こうだのぶ》という日本の近代洋楽のパイオニア二人から、西洋音楽の素養を身に付けた。高木は文学にも関心を寄せ、一九二七年に東京帝国大学文学部独逸《ドイツ》文学科に入学する。在学中から執筆活動を開始するが、高木がまず手がけたのは音楽評論であった。

東京帝国大学を卒業した一九三〇年は、折からの「昭和恐慌」のため就職口がなく、高木は一時大学院に籍を置き、その後、文部省嘱託となる。音楽理論を独習する傍ら、大学時代の旧友・豊田三郎《とよださぶろう》らと同人誌

「制作」を創刊し、文学活動を開始した。

二七歳の時に旧制水戸高等学校教授に就任。二年後の一九三六年一月に、最初の〈歴史小説〉「獄門片影《ごくもんへんえい》」を同人誌「意識」に発表した。この小説は、キリシタン禁制下の江戸時代の日本に潜入して捕らえられた宣教師ジョヴァンニ・バティスタ・シドッティ（Giovanni Battista Sidotti 一六六八～一七一四）を、当時最高の知識人・新井白石《あらいはくせき》が取り調べたという史実に取材して、ヨーロッパ科学文明が日本に与えた衝撃を描くものである。奇しくも同時期に太宰治《だざいおさむ》が同じ史実を元にした小説「地球図」（「新潮」第32巻第12号、一九三五・一二）を発表している。

同年五月、阿倍仲麿《あべのなかまろ》と吉備真備《きびのまきび》の葛藤を描いた〈歴史小説〉「遣唐船」を同人誌「作家精神」に発表する。この作品は、第三回芥川賞候補（一九三六年上半期）となった。芥川賞には選ばれなかったものの、「遣唐船」は「文芸春秋」に再録され、高木は文芸誌に執筆する作家と認められた。

そして、一九四〇年三月に同人誌「作家精神」に発表した〈歴史小説〉「歌と門の盾」が第一一回芥川賞受賞作（一九四〇年上半期）に選ばれる。しかし、高木は萬葉歌人・大伴家持《おおとものやかもち》の生涯を描いたこの小説の受賞を辞退した。この一件によって高木の名望は高まり、多くの文芸誌から執筆依頼を受けるようになった。

一九四一年には旧制第一高等学校教授に就任。太平洋戦争の戦況が厳しくなる一九四三年以後は、〈歴史小説〉はほとんど制作しなくなり、児童向けの史話・物語の執筆と音楽家ヴィルヘルム・リヒャルト・ヴァーグナー（Wilhelm Richard Wagner 一八一三～一八八三）の評論の翻訳に専念した。高木は文学が戦意高揚のために利用されることに対して批判的であった。

戦後の高木は、東京大学教授として教育に携わりながら、戦前に発表した〈歴史小説〉と児童向けの史話・物語の再刊、新たな児童向け史話の書き下ろし、芥川龍之介《あくたがわりゅうのすけ》の評伝の執筆、ヴァーグナーの評論の改訳と評伝の執筆などに力を注いだ（現代小説も数編制作）。そして、芸術活動の集大成として、歌劇「神代《かみよ》ものがたり」を完成してからまもなく、その生涯を閉じた。

## 「歌と門の盾」をめぐる問題点

高木卓というと、どうしても「芥川賞史上唯一の辞退者」という面が注目されがちである。その辞退の理由について、〝文壇史的事件〟として様々な憶測も行われている。しかし、重要なのは、辞退作となった「歌と門の盾」がどのような作品なのかであり、また高木自身がこの作品をどう評価していたかである。

高木は、第一一回芥川賞選考結果発表の一九四〇年八月一日からまもなく発行された「日本学芸新聞」第91号（一九四〇・八・一〇）に、「芥川賞拝辞の弁」という文章を寄せている。非常に悩んだ末に、

〔…〕あの程度《てい》の作品《さく》で、はいありがたうと、のめ〱賞《せう》をもらふことは公的には芥川賞《せう》の権威《けんい》のために、私《し》的には痩《や》せても枯《か》れても面子《めんつ》のために、どうしても出来なかつたのです。

という結論に至ったと述べている。文芸春秋社の佐佐木茂索《ささきもさく》に辞退を告げた後は、「もや〱してゐた一切《さい》がすつかりとり払《はら》はれた気持《もち》で実にせい〱」したという。

高木は、一九三六年から一九四二年までの間、明確な理念と理論を持って〈歴史小説〉を制作した。特に質の高い〈歴史小説〉を発表したのは、一九三六年から一九四〇年の五年間である。それが戦争の時代と重

なっているのは偶然ではない。高木は戦争の時代と対峙するために、〈歴史小説〉という方法を意識的に選び取り、歴史を介して、戦争を進める時代を知性的に批評しようとしたのである。それは、一歩間違えれば、〝政府批判〟として弾圧を受ける危険と常に隣り合わせた細き道であった。

「歌と門の盾」は、この高木の〈歴史小説〉の一つに外ならない。日中戦争が泥沼化していた一九四〇年という時点で、なぜ高木は萬葉歌人・大伴家持の生涯を辿《たど》る〈歴史小説〉を発表しようとしたのであろうか。

## 二　「歌と門の盾」について

### 「歌と門の盾」の制作事情

戦後の高木のインタビューから、「歌と門の盾」の制作事情がわかる。これによれば、高木は「遣唐船」が一九三六年(昭和一二)に芥川賞候補作となったため、次作も本格的な作品を制作することを期したという。そこに三笠書房が、四年後(つまり一九四〇年)に雑誌「長編小説」を刊行することになり、毎月四〇〇字詰め原稿用紙五〇枚ずつ、半年間の連載を勧められた。高木は、大伴家持の〈歴史小説〉を書くことを考え、メモや年表を作成し始めた。しかし、三〇〇枚にするのは容易でなく、メモ代わりに七〇枚足らずにまとめて発表したのが、「歌と門の盾」であった(「高木卓の芥川賞辞退」読売新聞社文化部編『文壇事件史』)。つまり、「歌と門の盾」は、大作のための試作版であったのである。しかし、三〇〇枚の最終版はついに制作されることはなかった(雑誌「長編小説」も刊行されず)。なお、「歌と門の盾」は、一九四〇年九月に、高木の他の〈歴史小説〉とともに三笠書房から『歌と門の盾』の書名で刊行された（図20）。

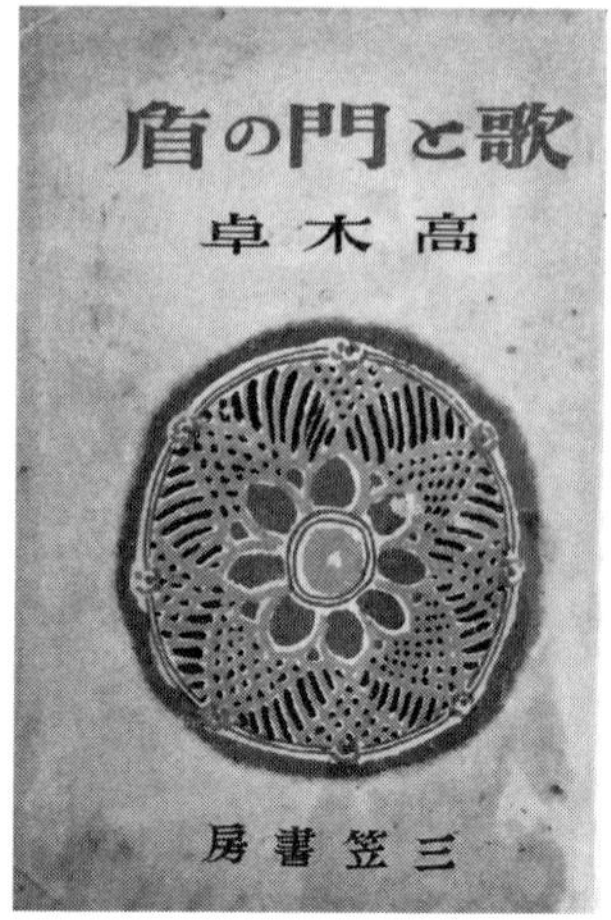

図20　『歌と門の盾』

作品名「歌と門の盾」とは、「和歌」と「家門の盾」の意である。同じインタビューで、高木はこの作品について、次のように語っている。

大伴家持《（おおとものやかもち）》は家門意識の強い人物で、藤原全盛時代に家門の興隆をはかろうとしたが、はたし得ない。歌のほうも努力であの域に達した歌人だと、わたしは考えているが、それをタテにかざして生きていく姿を描いた。

（『文壇事件史』二五六頁）

〝「和歌」を「家門の盾」として生きた家持〟という意味を、高木はこの題名に込めたと思われる。

### 「歌と門の盾」の梗概

「歌と門の盾」の内容は以下である。

八世紀前半、新興の藤原氏が興隆し、武門の旧貴族たちを圧倒してゆく時代、大伴家持《おおとものやかもち》は一四歳にして、大伴宗家を継いだ。家持は和歌の才能がなかったが、叔母の坂上郎女《さかうえのいらつめ》の指導のもと、懸命な努力を重ねた。和歌を学ぶことは、家持に恋の目覚めも促した。

二一歳となり、内舎人《うどねり》（中務省《なかつかさ》に属し殿上のことを見習う官）として宮中に出仕した家持は、そこで権益をめぐる人々の醜さを見るとともに、自分がその人々にまったく相手にされていないと感じた。家持の心は政界よりも情界に向かい、大勢の女たちと和歌を交わし合った。その中で、家持は作歌技術を著しく進歩させた。

二九歳で越中守《えっちゅうのかみ》（「越中」は現在の富山県。「守」は長官）となった家持は、恋愛怒濤《どとう》時代を脱し、越中国で大きな試練に遭遇しながらも、歌道に精進した。天平二一年（七四九）、盧舎那仏《るしゃなぶつ》を飾る黄金発見に感謝する詔において、聖武天皇が大伴氏の家訓を引用した。家持は感激して、懸命に長歌を詠んだ。しかし、時代はもはや伝統的な長歌をはるかに超えたところに進んでいた。

天平勝宝《てんぴょうしょうほう》三年（七五二）に、少納言《しょうなごん》に任じられて帰京した家持が奈良の都で目にしたのは、唐文化に倣った天平文化の爛熟《らんじゅく》、漢詩文の全盛であった。家持はこれに自分を合わせる生き方をせず、不満を募らせるばかりで、時代からますます引き離されていった。そうした中、時の権力者・藤原仲麻呂《ふじわらのなかまろ》打倒をめざした橘奈良麻呂《たちばなのならまろ》の陰謀が発覚し、奈良麻呂に与《くみ》した大伴氏の人々も断罪された。長歌を作り、大伴氏の人々に自粛するよう訴えていた家持は、巧みに和歌が詠めても世の中を渡ることができないことを思い知らされ、和歌の創作意欲を失った。しかし、内在的宿命的なものとなった和歌への執着を捨てきれず、守として赴任させられた因幡《いなば》（現在の鳥取県東部）の地で、歌集を編もうと、収集した和歌を読み耽《ふけ》る日々を送るのであった。

「歌と門の盾」は、激しくゆれ動く時代の中で、家持が、世俗的なものと関わりながら、詩人として生きてゆくことの困難さを描いた作品である。

**表7　第11回芥川賞最終候補作**

| | | |
|---|---|---|
| 高木卓 | 「歌と門の盾」「作家精神」1940年3月号 | 大伴家持 |
| 木山捷平 | 「河骨」「文学者」1940年2月号 | 男女の再会と交情 |
| 吉田十四雄 | 「墾地」『百姓記』（牧野書店、1940年2月） | 北海道開拓移民 |
| 元木国雄 | 「分教場の冬」「芸術科」1940年1月号 | 山村の小学校 |
| 中井信 | 「病院」「裸木」創刊号（1940年6月） | 赤十字病院の負傷兵 |
| 池田みち子 | 「上海」「三田文学」1940年5月号 | 日中の血を引く主人公 |

（『芥川賞全集』第二巻、『芥川賞小事典』、ブログ「芥川賞のすべて・のようなもの」https://prizesworld.com/akutagawa による）

## 三　「歌と門の盾」と芥川賞

### 「芥川賞受賞作」となった経緯

「歌と門の盾」（「作家精神」第5巻第1号、一九四〇・三）が第一一回芥川賞受賞作に選ばれたことには、同時の政治・社会状況が大きく影響している。

第一一回芥川賞の評議員（選考委員の当時の名称）は、菊池《きくち》寛《かん》、瀧《たき》井《い》孝作《こうさく》、小島政二郎《こじままさじろう》、室生犀星《むろうさいせい》、佐藤春夫《さとうはるお》、宇野浩二《うのこうじ》、川端康成《かわばたやすなり》（「文芸春秋」第18巻第12号〈一九四〇・九〉に選評を記した評議員）であった。

小島、佐藤、宇野の選評によれば、第二回詮衡《せんこう》委員会で最有力であったのは、高木の作家仲間・並木宋之介《なみきそうのすけ》の、中国唐代を舞台とした「薤露《かいろ》の章」（「作家精神」第5巻第2号、一九四〇・五）であった。しかし、評議員からこの小説が唐代伝奇小説「李娃《りあい》伝」を粉本としているとの指摘があって、候補から外された。その結果、高木の「歌と門の盾」が有力候補として浮上した。第一一回芥川賞最終候補作は六編（表7）であったが、歴史に取材したものはこの作品だけであったからである。

しかし、多くの評議員が「歌と門の盾」の完成度に問題ありとし、「受賞作なし」とする意見も出された。それを剛腕で押し切ったのが菊池寛である。菊池は次のように述べている（傍線は引用者。以下同）。

今度は、授賞中止説が多かつたが、自分は高木卓氏の前作「遣唐船」が受賞に値したものであつたと思ふので、今度の作品は不充分であるが、歴史小説として「遣唐船」と共に上古日本の世界に取材してある点を買つて、受賞を主張したのである。（「話の屑籠《くずかご》」「文芸春秋」第18巻第12号、一九四〇・九）

菊池が第三回芥川賞候補作の「遣唐船」も考慮して高木に授賞することを強く希望したため、流れが決した。瀧井の選評も、菊池が高木の今後の歴史小説に期待し、「歴史もの」に授賞することにした、と記している。

この第一一回より前は、上代日本を舞台とする歴史小説は受賞していない（歴史小説の受賞としては、第三回の鶴田知也《つるたともや》「コシャマイン記」がある）。菊池自身が、「忠直卿行状記《ただなおきょうぎょうじょうき》」（「中央公論」第33年第10号、一九一八〈大正七〉・九）や「恩讐《おんしゅう》の彼方《かなた》に」（「中央公論」第34年第1号、一九一九・一）などの歴史小説によって作家としての地位を確立したこともあって、高木の歴史小説への期待は大きかったのであろう。

しかし、菊池が「歌と門の盾」への授賞にこだわったのはその理由だけではあるまい。菊池は『萬葉集』を愛好しており、コラム「話の屑籠」（「文芸春秋」など）でしばしば『萬葉集』に言及した。一九四一年からその数は目立って増加し、大伴家持の長歌（巻一八・四〇九四）に引かれた大伴氏の言立《ことだ》て（誓いの詞）「海行《ゆ》かば　水漬《みづ》く屍《かばね》…」を、日本最古の軍人訓として賛美するようになる。このような『萬葉集』賛美へと菊池を導いたものは、「紀元二千六百年」によるナショナリズムの高潮であった（内村文紀《うちむらあやのり》「菊池寛「話の屑籠」に

**図21　第11回芥川賞選考結果を発表した「文芸春秋」誌**

おける『萬葉集』関連表現」）。

「紀元二千六百年」とは、『日本書紀』の記述に基づき、一九四〇年を神武天皇による「建国」から二六〇〇年とする数え方である。一九三五年一〇月から、政府はその祝典の準備を開始した。菊池も「内閣情報部参与」の身分で、内閣情報部編「週報」第１７３号（一九四〇・二・七）から「二千六百年史抄」の連載を始めるなど、祝典準備に積極的に関わった（「二千六百年史抄」において、「上代国民の剛健素朴な日常生活や、純真無垢な忠君の精神や、天真無縫の感情生活が脈々として流れてゐる」『萬葉集』を、「何人も一読すべきだ」と言う）。一一月一〇日に盛大に挙行された奉祝式典について、「参列する光栄に浴した」と菊池は「話の屑籠」（「文芸春秋」第18巻第15号、一九四〇・一二）に誇らしげに記している。

このように、菊池には「紀元二千六百年」への強い思い入れがあった。また、菊池は興行に関して鋭い嗅覚も持っていた。萬葉歌人・大伴家持の生涯を描く「歌と門の盾」が、まさに「紀元二千六百年」の年の芥川賞受賞作にふさわしいと考えたに相違ない[*1]（図21）。

**評議員たちが指摘した「問題点」**

それでは、他の評議員たちは「歌と門の盾」のどのような点を不十分と見ていたのであろうか。評議員たちが指摘した「問題点」を、私のことばでまとめてみると次のようになる。

・史実重視で、芸術的意欲が弱い。

〔「史実とそれに対する批判の正しさを愛する理性の喜びが、それを根拠として更に立体的に一大飛躍を必要とする小説化の芸術的意欲を圧倒してゐる」（小島政二郎）〕

・骨太に家持の運命を描くに至っていない。

〔「小説家としての力の盛り上つて来る感じが乏しい」「高木氏が作家として苦悩にまみれるところから、家持の性格の骨格が運命の悲音を立てて来ないと、十分に敬服することは出来ぬ」（川端康成）〕

・作為がなく平凡。

〔「ありふれた駄洒落《だじやれ》やインチキの食ツ付きがなく、［中略］それだけ平凡だといへばいへる」（室生犀星）〕

・文章表現力と小説としての構成が劣る。

〔「あの散漫な構成とセンスに缺《か》けた文字とを見ると一応満座の諸家に念を押して見ざるを得なかつた」（佐藤春夫）〕

・描写の文章が味気ない。〔「描写の文章は、ぼくは外米を噛《か》むやうで味がなくて、とりたくなかつた」（瀧井孝作）〕

すなわち、歴史的事実を淡々と叙述していて、文学としての構想力と文章表現力が劣る、というのが、評議員の指摘である。

しかし、これらの「問題点」は、単純に「歌と門の盾」の小説としての完成度の低さを示すものではない。指摘された「問題点」は、高木の〈歴史小説〉の理念と理論に由来する確信犯的なものであり、また、その理念と理論に大伴家持の生涯というテーマがそぐわなかったことによる結果と思われる。それではもう少し細かく「歌と門の盾」という作品の特徴を見てみたい。

## 四 「歌と門の盾」の特徴

### プロットと登場人物の特徴

まずプロット（筋立て）について。「歌と門の盾」には、〝劇的事件〟は設定されていない。また、典型的な近代小説に特徴的な〈葛藤と解決〉というプロットも見られない。さらに読者に期待感を持たせる「サスペンス」や、読者の共感を呼ぶ「クライマックス」を始め、「予兆」「偶然の一致」「伏線」などのプロットの技法も用いられていない。

この作品のプロットは、家持に即すならば、懸命の努力によって歌を極めてゆくという「上昇線」を描く。一方、政治の視点に立つと、懸命に努力をすればするほど、家持はますます時代遅れになってゆくという「下降線」を辿《たど》る。「上昇線」と「下降線」は不条理な関係にあるが、橘《たちばなの》奈良麻呂《ならまろ》の乱によって、「上昇線」は途絶えることになる。

次に、登場人物について。「歌と門の盾」には登場人物が多いわりに、「円球人物 round character」と言えるのは家持のみである。「円球人物」とは、イギリスの小説家E・M・フォスター(Edward Morgan Forster 一八七九〜一九七〇）が小説を分析するために提案した概念で、行為と心理にふくらみのある人物をさす。この反対にあるのが、一つの観念や性質を表すための「扁平人物 flat character」である（*Aspects of Novel*)。

**表８　「歌と門の盾」の「扁平人物」たちが表す観念と性質**

・藤原四兄弟、橘諸兄《たちばなのもろえ》、橘奈良麻呂《たちばなのならまろ》、吉備真備《きびのまきび》、玄昉《げんぼう》、藤原仲麻呂《ふじわらのなかまろ》＝「**権力を求める者**」
・正妻・大伴坂上大嬢《おおとものさかのうえのおおいらつめ》＝「**平凡な女性**」
・笠女郎《かさのいらつめ》、紀女郎《きのいらつめ》、平群女郎《へぐりのいらつめ》（以上は家持と同年輩か年配）、日置長枝娘子《へきのながえのいらつめ》、粟田娘子《あわたのいらつめ》、河内百枝娘子《かわちのももえのいらつめ》（以上は家持よりも年若）＝「**家持の情界の構成者**」（家持の和歌を上達させ、やがて家持から離れてゆく存在）

家持以外の登場人物のほとんどは、**表８**のように特定の観念と性質を表す「扁平人物」である。大宰府から帰京後、心身が急速に衰えてゆく父・大伴旅人《おおとものたびと》と、才気煥発《かんぱつ》な女流歌人で、家持を一門の代表とするために力を尽くす叔母・大伴《おおともの》坂上郎女《さかのうえのいらつめ》の二人が、かろうじて「半円球人物 half-round character」と言えるであろう。

加えて、家持の性格は固定されており、小説の中で変化することはない。「歌と門の盾」は、〝生まれついての和歌の才能を具えていない〟ということを、家持の性質の根本としている。この点は繰り返し確認される。

① 血液的にも環境的にも和歌に素質がある筈（はず）の家持は案外歌詠みが上手でなく、再三叔母をひどく失望させた。（『歌と門の盾』二四四頁）

② 創意に乏しいことは依然たる（『歌と門の盾』二七〇頁）

③ 家持はやはり生得《せいとく》的な歌人ではなかつたのである（『歌と門の盾』二七七頁）

④ 天稟（てんりん）は恵まれなかつたとはいへやはり本質は詩人であつて所詮現実人ではなかつた。（『歌と門の盾』二八〇頁）

この家持像は、一九三〇年代の最もオーソドックスな『萬葉集』研究書である、久松潜一《ひさまつせんいち》『増訂萬葉集の新研究』（至文堂、一九二九・一二）に依拠している。久

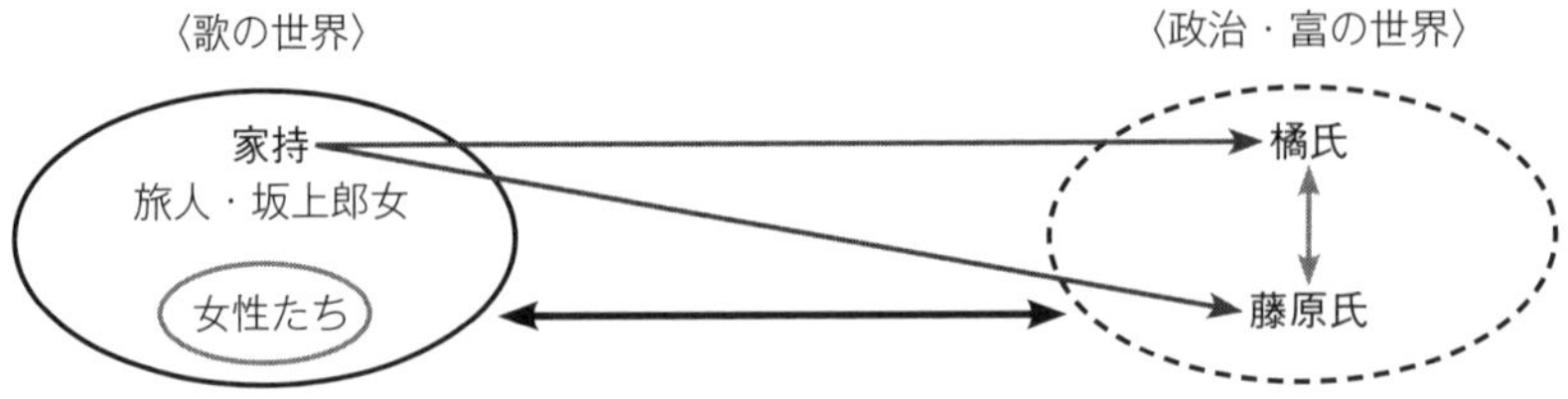


**図22　「歌と門の盾」の登場人物たちの関係**

松は歌人としての家持を次のように捉えた。

［…］歌人として見ても、人麿《ひとまろ》や憶良《おくら》の様な卓越した力を持つてゐるとは言はれないであらう。武人として見ても、勇敢と剛毅《がうき》とを備へてゐたとは言はれないであらう。しかも、萬葉集の中に於《お》いて一箇の人間として考へる時、歌人としての素質が他の有数なる歌人に比して乏しかつただけ、それだけ人間らしい弱さとなつかしさとが見られる。

（久松潜一『増訂萬葉集の新研究』二二七頁）

「歌と門の盾」は、久松の言う〝歌人としての素質の乏しさ〟を家持がいかに努力によって克服してゆくかに焦点を絞っている。

また、家持と他の登場人物たちの関係は、図22のように単純である。つまり、家持は旅人や坂上郎女、さらに情界の女性たちとともに〈歌の世界〉に、橘氏や藤原氏の人々は〈政治・富の世界〉に生きている。この二つの世界は対立関係にある。しかし、家持は、〈政治・富の世界〉の内部で対立する橘氏と藤原氏の両方と関係を持っており、その間で態度を決めかねているのである。

## 〈語り手〉の位置と文体の特徴

「歌と門の盾」では、物語の〈語り手〉の位置に特徴が見られる。〈語り手〉は、常に家持との間に一定の〈距離〉を置いている。外側から家持の心情を「解説」し、あるいは「論評」を加える。「解説」は、次のように「ようだ」「であろうか」によって、心情を推測するという形をとり、家持の〈内面〉に直接入り込むことは少ない（傍点は引用者）。

⑤　竹田庄《たけだのしやう》行きによつて家持は愛人たる侍女を失つた傷心もすつかり慰められたかのやうであつた。

（『歌と門の盾』二五二頁）

⑥　貴公子家持もいよいよ世間なみに官界入りをすることになり、和歌のほかに、これまで潜在してゐた名門意識もよび覚まされてきたやうであつた。

（『歌と門の盾』二六四頁）

⑦　名利に恬淡《てんたん》たる筈《はず》の家持も年齢や家門を思へばやはり釈然としないものがあつたのであらうか、同時に藤橘《とうきつ》対立をめぐる暗流が漸《やうや》く身近に迫つた不安を覚えたためでもあらうか、此の頃から和歌の数が漸く少なくなり、

（『歌と門の盾』二八七～二八八頁）

また、「論評」は先に引用した①・②・③・④のように、家持を生得の歌人ではなかったと容赦なく断定する。

こうした〈語り手〉の家持への〈距離〉と表裏するように、「歌と門の盾」では、会話文と心中思惟《しい》が極端に少ない。そのため、読者は、作品世界の内部に入って、家持に感情移入することがなかなかできないのである。

しかし、〈語り手〉は、家持に対して冷静に〈距離〉を置いているばかりではない。むしろ、作品の末尾

では、歌人としての家持の生涯を俯瞰《ふかん》して、

⑧　だが因幡守《（いなばのかみ）》以後の家持は内容の変つた人物であり、歌人たることをやめた歌人は畢竟《（ひつきやう）》無意味に等しい存在であつた。天稟《（てんりん）》なくして「歌人」となり「歌人」を保つたのち又歌人たるをやめざるを得なくなつた家持の偉さよ哀れさよ、稀代の名門の宗家も深い和歌の造詣も、すべて時代を離れたものは、いかに強靭《（きやうじん）》にすがり怺《こら》へても結局は取り残されて行くより外《（ほか）》ないのであつた。（『歌と門の盾』三〇二頁）

と、感情的なことばで家持を称え、家持に無限の共感を寄せている。

外側から家持の心情を「解説」し、あるいは「論評」を加える一方で、家持に強く共感する、という〈語り手〉の曖昧な距離感は、読者を戸惑わせるものである。読者は家持に反発してよいか、共感してよいかわからない。

また、「歌と門の盾」の文体は、読者に家持を外から見ている感覚をさらに強く持たせるものである。〈語り手〉のことばを別にすると、全体として事実を淡々と説明してゆく、硬い印象を与える文体となっている。例えば、冒頭の文章は以下である。

天平《てんぴやう》二年も押しつまつた年の暮《くれ》、十三歳の少年大伴家持は弟妹と共に大伴旅人《たびと》に伴はれて五年ぶりで九州から奈良へ帰つてきた。久々で見る平城京《ならのみやこ》の物珍らしさもさることながら、思へばやはらかい少年の胸に数々の忘れがたい印象を刻みつけた太宰府《（だざいふ）》《（ママ）》の五ヶ年であつた。（『歌と門の盾』二三九頁）

第一文で事実を端的に述べ、続くやや長めの第二文でその事実の持つ意味を解説する。その解説中に家持の心情も溶かし込んでいる。

「歌と門の盾」の劇的でないプロット、家持だけが「円球人物」であること、〈語り手〉の家持に対する曖昧な距離感、事実を淡々と説明してゆく文体はいずれも、高木の〈歴史小説〉の理念と理論に由来している。その理念と理論は、歴史小説としては特異なものであった。

## 五　高木卓の〈歴史小説〉の理念と理論

### 高木の〈歴史小説〉

高木は、数多くの評論において、繰り返し自分の〈歴史小説〉の理念と理論を語っている。その要点は次の三点である。

(1) 〈歴史小説〉においては、史実に精確であることは大切であるが、それ以上に「詩的真実」の追求が必要である。

(2) 〈歴史小説〉には、現在との関わりが必要とされる。さらに言えば、現在と「相応」（ドイツ語の「エントシュプレヒェン entsprechen」＝相当する、対応する、一致する）のある過去を描く。歴史は一回的なものである（ドイツ語の「アルス als」に当たる）。しかし、民族の歴史は、民族特有のものが反復的に現れる

（ドイツ語の「ヴェン wenn」に当たる）。〈歴史小説〉は、現在と「相応」する過去を追求することで、現在の課題を明らかにするものである。

(3) 世界の歴史が大きく転換している現在、〈歴史小説〉は、人物や事件ではなく、時間・空間を主役として、歴史の推移する様相の把握をめざす必要がある。

## 「詩的真実」の追求

高木は、(1)のように〈歴史小説〉において重要なのは「詩的真実」の追求であるとした。それゆえ、「歴史小説」ということばについても、「歴史」よりも「小説」のほうが重要であると考える（傍点は原文）。

歴史小説は歴史ではない。にも拘《かかは》らず歴史家から、否《いな》一般の読者や批評家からさへも史実の誤りといふことが、何か大変な欠陥《けつかん》のやうに指摘されることがある。史実の誤りは勿論《もちろん》無いに越したことはなからうが、しかし史実的な誤りが全然ない小説といふものが抑々《そもそも》あり得るであらうか。既に歴史小説といふ以上は、それは作者が創つたものであり、作者自身の世界像であつて、純客観化された過去の事象ではあり得ないのである。

（「歴史小説と史実」「形成」第2号、一九四一・一）

つまり、高木の言う「詩的真実」とは、「作者自身の世界像」であり、さらに言えば、「作者の思考や直観が加はつた」もの（「歴史小説の課題」『北方の星座』三〇七頁、大観堂、一九四一・一〇）である。

この高木の理念の背景には、ヴァーグナーのオペラ「ニーベルングの指輪」（四部作）がある。高木はエッセイ「影響について」(「現代文学」第6巻第4号、一九四三・三)で、自分が最も影響を受けたものとして、このオペラを挙げている。「ニーベルングの指輪」は、神話に題材をとり、時間の流れに沿って、黄金の指輪をめぐる権力闘争と、闘争者たちの破滅を描いている。高木は、そのテーマを「世界不正の根源と運命を追究し、あわせて新世界の黎明《れいめい》をも示唆」するものと捉えた(『ヴァーグナー』二一二頁、音楽之友社、一九六六・六)。

高木は、人間が破滅してゆく運命を力強く描く叙事詩的世界に心惹かれていたのである。そうであるからこそ、「新潮」が企画したアンケート「萬葉集の好きな歌」(第38年第12号、一九四一・一二)で、「人麿《ひとまろ》が大津《おほつの》宮《みや》の荒廃を歎いた歌」(巻一・二九~三一)を挙げたのであろう。この長歌は、壬申の乱による近江大津宮の滅亡を、柿本人麻呂《かきのもとのひとまろ》が歴史家の眼も持ちながら悲嘆した作品であった(小川〔新姓、小松〕靖彦「近江荒都歌」)。

(1)の理念によれば、高木が「歌と門の盾」で描きたかったのは、大伴家持の伝記ではなく、伝統的な和歌を抱いて滅んでゆくしかなかった詩人の運命であったと思われる。

このような家持像は、現代の萬葉学による家持の評伝と近い穏健なものである(但し、今日では家持に生得の歌の素質がなかったとは見ない)。しかし、一九四〇年代には特異な家持像である。日中戦争が勃発する一九三七年(昭和一二)頃から、家持の天皇に対する忠誠心と〈愛国心〉が強調されるようになっていた。その象徴とされたのが、大伴氏の言立《ことだ》て(誓いの詞)を引用した「陸奥国《みちのくに》に金《くがね》を出《い》だす詔書を賀《ほ》く歌」(巻一八・四〇九四~四〇九七)であった。例えば、久松潜一の『萬葉集に現れたる日本精神』(至文堂、一九三七・一)はこの歌を挙げて、家持の「国を思ひ家を思ふ情」や「忠君の情」の深さを説いた(二一頁)。

ところが、「歌と門の盾」では、天皇に対する家持の忠誠心については、「陸奥国に金を出だす詔書を賀く歌」のところで僅かに触れる程度である。しかも、〈語り手〉はこの長歌を「懸命の力詠」ではあるが、「全体としては修辞上にも句法上にも至らない所が多く、韻文よりもむしろ散文に近い感じの作品」(『歌と門の盾』二七七頁)と、評価しない。〝忠臣・家持〟を劇的に描くことは、高木の関心の埒外《らちがい》であった。

## 「現在相応」の理論

高木が、(2)のように、〈歴史小説〉には「現在」が必要であることを説いたのは、単に理論的関心からだけではない。高木の生きた時代の制約に対する鋭い意識に基づくものであった。高木はなぜ現代小説ではなく、〈歴史小説〉なのかについて次のように発言している。

・[…]例へば二十世紀のある時や所の社会的欹陥《けっかん》を抉剔《けってき》しようとする場合その欹陥の如何《いかん》によつては現代物にはそれが許されないのに、歴史物は例の現在相応的な方法によつて、つまり過去の外形をかりて、そこを通過し得ることも屢々《しばしば》あり得る。

(「歴史小説の制約」『北方の星座』二九六頁)

・[…]歴史小説は現在の特殊性を直接追求することが目的ではない。それは現代小説の役目であり、現代小説が制約上その役目を果しえないとき、過去に相似の素材をもとめるのである。

(「物差し」「現代文学」第5巻第1号、一九四一・一二)

・[…]しかしたとへば江戸時代なら江戸時代に将軍の秕政《ひせい》や暴君ぶりなどを描かうとするとき、徳川将軍直接を描くことが江戸時代の作家にできるであらうか。さういふ制約の場合には、直接の現在からはなれて、たとへば歴史上徳川よりも前の時代に素材をもとめるよりほか仕方がないのである。
（「物差し」「現代文学」第5巻第1号）

高木はあくまでも「現在の社会」の課題を明らかにするために、歴史を借りるのである。このような「現在相応」の〈歴史小説〉は、「現在の社会」の側から激しい批判を受ける危険性を常に孕《はら》んでいる。高木の〈歴史小説〉「北方の星座」（「新潮」第37年第10号、一九四〇・一〇。『北方の星座』所収）（図23）は、文芸評論家の岩上順一《いわかみじゅんいち》（一九〇七〜一九五八）の厳しい批判に晒《さら》された。この小説は、「蝦夷《えぞ》」と言われた古代の東北地方の人々と中央貴族たちとの葛藤の歴史（奥州藤原氏の滅亡まで）を描いたものである。岩上は「北方の星座」に日中戦争との「現在相応」を認め、「異民族に対する討伐のごときもの」を、「全体主義国家群［引用注、日本など］と、民主主義国家群との生死を賭けた世界戦争」「国民生活体制間の戦ひ」「思想と思想の戦ひ」を本質とする日中戦争に重ねることは、「現実に対する救ひがたき侮辱であらう」と非難した[*2]（「新人論(二)」「知性」第4巻第12号、一九四一・一二。『新文学の想念』〈昭森社、一九四三・二〉所収）。

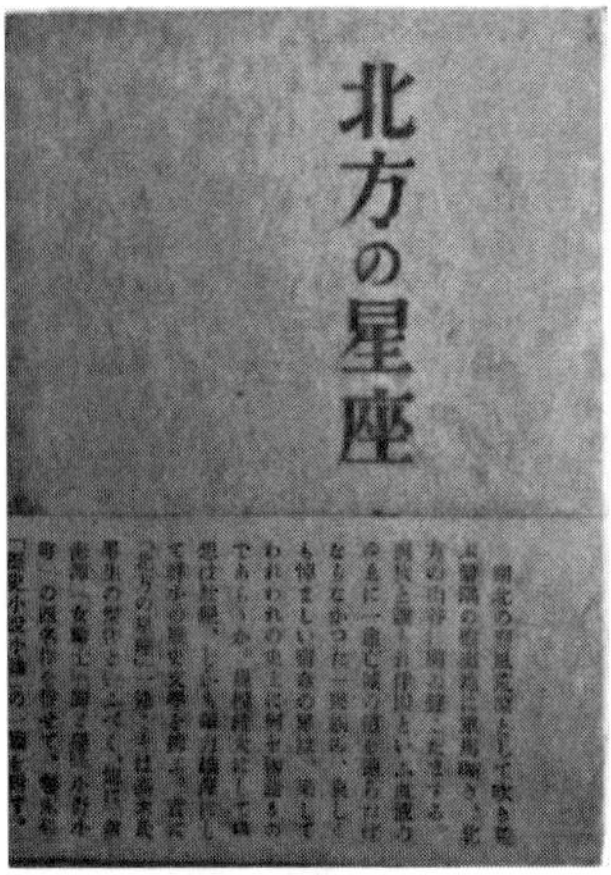

図23　『北方の星座』

戦後に、文芸評論家の平野謙《ひらのけん》は、岩上の高木批判について、制約によって書きたいものも書けない窮状の打開策として、高木が〈歴史小説〉を試みたことを、岩上が正当に汲み取らなかったと論評している（『昭和文学史』）。

さらに言えば、高木の執筆意図は、岩上の考えの及ばないところにあったように思われる。「北方の星座」は、中央貴族や鎌倉武士による「蝦夷」への〈差別〉と、その〈差別〉を内在化してしまった「蝦夷」の苦悩を抉《えぐ》り出した作品である。また、「内地化」した「蝦夷」が、「内地化」していない「蝦夷」を裏切り、中央政府を支えるという〈差別の構造〉にも注目している。高木は、異民族間の戦争である日中戦争における〈差別〉を、「蝦夷」の歴史を借りて明らかにしようとしたのであろう。「北方の星座」は、戦争の相手側に立って、〈差別〉による苦悩を描こうとした稀有の〈歴史小説〉であり、戦争文学であった。

岩上の読解が「北方の星座」のテーマにまでは届いていなかったにしても、高木の〈歴史小説〉が、〝現在を絶対視する〟人々からの敵視という地雷を踏む可能性を常に有していたことは確かである。[*3]

「歌と門の盾」も「現在相応」の理論に基づいて書かれたはずである。権力を求める者たちが、戦争によってより強い権力と富を求めてゆく時代状況の中、文学者が文学者として努力をするほどに、時代から離反してゆくことを高木は痛切に意識していたのであろう。

しかも、「歌と門の盾」は際どい問題に触れるものとなっている。先行する「遣唐船」でも、高木は、阿《あ》倍仲麿《べのなかまろ》を、自己の意志のままに生きようとして、日本での世俗的栄達から逸れてゆく人物として描いた。その仲麿が憧憬したのは中国の新しい文明であった。それに対して、「歌と門の盾」の家持は伝統的な和歌に生きる文学者なのである。それゆえ、「歌と門の盾」は、〝日本的な〟伝統に立てこもる者が滅んでゆくことを予言しているものとも読める。

一九三一年（昭和六）九月の満洲事変以後、「国民」の間では「日本精神」ということばが急速に流布していた（文部省思想局「日本精神論の調査」）。また、文学においても、一九三五年頃から〝日本への回帰〟を主張する「日本浪曼派《にほんろうまんは》」が台頭した。「歌と門の盾」はこうした潮流への痛烈な批判となる性質を含んでいた。「歌と門の盾」の〈語り手〉の曖昧な距離感は、この際どい問題に関係していると思われる。家持に過度に共感すると、〝日本的な〟伝統の無条件な賛美となりかねない（例えば、「日本浪曼派」の保田與重郎《やすだよじゅうろう》の評論『萬葉集の精神』〈筑摩書房、一九四二・六〉のように）。しかし、家持への批判を強めると、厳しい時代を生きる文学者の運命を描くには冷やや か過ぎるものとなり、加えて、〝日本的な〟伝統を擁護する側の敵愾心《てきがいしん》を煽《あお》る恐れもある。家持は、〈歴史小説〉の題材としては当時、極めて扱いにくい人物であった。

## 主役としての時間・空間

高木が、(3)を最初に主張したのは、一九四〇年（昭和一五）一〇月九日付の「帝国大学新聞」掲載の評論「歴史小説の新しい方向」であった。

現在《ざい》のやうに世界《かい》の歴史《れきし》が大きな転換期《てんかんき》にある時代に於《（おい）》てはかういふ見方［引用注、時間・空間が主役となる歴史小説が必要という見方］も甚《はなは》だ大切であり意義《い》も決して浅くないと思ふ。

高木が意識した「世界の歴史の大きな転換期」とは、前年一九三九年九月の、ドイツのポーランド侵攻に始まる第二次世界大戦のことを指している。

ドイツ文学者であった高木は、ドイツによって引き起こされた激動を不安なまなざしで見つめていた。一九四一年六月の、ドイツのソビエト連邦への攻撃開始について、文芸誌「文芸」は文化人にアンケートを行った。驚きや快哉を多弁に語る文化人たちの中にあって、高木は極めて寡黙であった。

一、［独ソ開戦の報を、何時《いつ》、何所《どこ》で、どんな風に聞きましたか？　という問いに］うちで号外で。

一、［そして、どんな感想をもちましたか？　という問いに］不安な感じ。

（「文芸」第9巻第8号、一九四一・八）

「不安な感じ」という短いことばには、万感の思いが込められていよう。

歴史の転換期における不安感が、高木に、時間・空間を主役とする〈歴史小説〉を志向させたのであろう。高木の〈歴史小説〉においては、人物は背景的になり、時間・空間に支配される存在となる。その結果、人物は、一つの観念や性質を表す「扁平人物 flat character」となることが多い。さらに、〝主人公〟と目される「円球人物 round character」さえも、ある観念や性質を体現するものとなり、その性格は変化しない。例えば、「遣唐船」でも〝主人公〟の阿倍仲麿は〈自由〉、対する吉備真備は〈世俗〉という観念を体現する人物として明確に描き分けられている。

このような人物の描き方には、高木が若い頃に傾倒したドイツ表現主義も影響を与えているように思われる。写実や外界から受ける印象を排除して、内面の表出や非写実的表現や幻視的意識を重視するドイツ表現主義の演劇では、個別の人間ではなく、「典型的人間」を描くことがめざされた（レナーテ・ベンスン『トラーとカイザー』）。

(3)の理論によれば、「歌と門の盾」の主役は、進んだ中国文明が奔流となって日本に流れ込み、その流れの中で醜い権力闘争が繰り広げられた〈時代〉ということになる。脇役の男性たちはその権力闘争を具現する存在であり、一方、脇役の女性たちはそれと反対側の世界を具体化する存在である。「円球人物」である家持も、あくまでも〈時代〉に支配される人物なのである。そして、〈時代〉が主役である以上、〈語り手〉は、家持の〈内面〉に深く入り込むことはしない。

但し、「歌と門の盾」においては、〈時代〉と中心人物の関係が「遣唐船」や「南海譚《なんかいたん》」（後述）のように明瞭ではない。「遣唐船」の阿倍仲麿は、激しい〈時代〉の流れの中で、日本の世俗的なものと訣別《けつべつ》する道を選んだ。「南海譚」の角屋《かどや》七郎兵衛は、鎖国の〈時代〉を異国の地で懸命に生き抜こうとした。しかし、「歌と門の盾」の家持は、藤原氏・橘氏と関わりを持ち、和歌によって、〈政治・富の世界〉の一角に大伴一族の地位を築こうとしている。〈時代〉に対する位置取りが中途半端なものとなっていると言わざるを得ないのである。

## 『萬葉集』との一回的出合い

「歌と門の盾」は、高木の〈歴史小説〉の理念と理論に沿って制作された作品であった。それは、萬葉歌人・大伴家持によって、不安な〈時代〉を描こうとする良心的な試みであったと思われる。

高木が文学活動・創作活動において『萬葉集』と真正面から関わったのは、「歌と門の盾」のみと言える。[*4]エッセイ「影響について」（『現代文学』第6巻第4号、一九四三・三）において、高木は高校・大学時代（一九二四〈大正一三〉～一九三〇〈昭和五〉）に、「萬葉集の偉大さにうたれて、ある期間萬葉ばりの歌をつくつた」と述べている。にもかかわらず、その歌を「今は、その一首も記憶してゐない」と突き放した言い方をする。

表9 「歌と門の盾」に至る高木の〈歴史小説〉

❶「獄門片影」 1936年1月発表(「意識」)
・新井白石《あらいはくせき》とイタリア人宣教師ジョアン・バプチスト・シドツチ(ジョヴァンニ・バティィスタ・シドッティ)の対決を通して、ヨーロッパ文明が与えた衝撃を描く。

❷「遣唐船」 1936年5月発表(「作家精神」)
・自己の意志のままに、中国で生きようとした阿倍仲麿《あべのなかまろ》と、国家の中で世俗的栄達を追い続けた吉備真備《きびのまきび》の人生を対照的に描く。

❸「長岡京」 1937年8月発表(「新潮」)
・呪われた都・長岡京があたかもそれ自身で意志を持ったかのように、人々を苦しめ、さらに辺境での蝦夷《えぞ》との戦いの敗北をもたらしてゆくさまを描く。
・強引に遷都を進める藤原種継《ふじわらのたねつぐ》に反発する、保守的旧貴族の一人として家持が登場。辺境での家持の死を、旧貴族の没落を示すものとする。

❹「応天門」 1939年7月発表(「作家精神」)
・家持の子孫の伴善男《とものよしお》は、武門の旧貴族が没落してゆく中で、執務能力の高さによって異例の出世を遂げる。政敵を追い落とすために応天門に放火したことが露見し、最高位目前にして失脚することを描く。

❺「歌と門の盾」 1940年3月発表(「作家精神」)

このエッセイが発表された一九四三年時点で、『萬葉集』に深入りすることを嫌っているように見える。

愛好していただけに、文学活動・芸術活動において『萬葉集』に関わることに、高木は慎重であったように思われる。「歌と門の盾」以前にも以後にも、『萬葉集』から題材を得た作品は戦後に一編を見るに止まる。『萬葉集』に言及する評論が執筆されるのも戦後においてである。「歌と門の盾」は高木の『萬葉集』との一回的な出合いによる作品であった。

高木の〈歴史小説〉発表の道程(表9)によれば、「長岡京」・「応天門《おうてんもん》」と大伴氏の運命を書き継いできて、いよいよメインテーマである家持に辿《たど》り着いたと見ることができる。しかし、この一回的出合いはそれだけが理由であったのではない。

高木は一九四〇年刊行予定であった雑誌「長編小説」のために、一九三六年から家持に題材をとった〈歴史小説〉の準備を始めた（二三五頁）。この時期には、久松潜一『萬葉集に現れたる日本精神』、久松の見解を踏まえた『国体の本義』（文部省、一九三七・三）、鴻巣盛広《こうのすもりひろ》『萬葉精神』（日本精神叢書、教学局編、一九三八・六）など、文部省とその周辺で、『萬葉集』による「忠君愛国」の宣揚が強力に推し進められていた。高木は、このような『萬葉集』の受容に対する批判を込めて、あえて萬葉歌人・大伴家持に題材をとったのではなかろうか。しかし、その作品化には多くの困難が伴ったのである。

## 六　高木卓の「偽装」

**「歌と門の盾」における「偽装」**

ところで、「歌と門の盾」は極めて不可解な終わり方をしている。先に末尾近くを部分的に引用したが（二四六頁）、そこで省略した末尾の一文も含めて最終段落を次に挙げたい。

といつてもそれから間もなく彼が死んだわけでは決してない。肉体的な生命だけは彼はその後もなほ廿七年《にじふしち》の長きにわたつて保ち続け、官も中納言《ちうなごん》までは進んだのである。だが因幡守《いなばのかみ》以後の家持は内容の変つた人物であり、歌人たることをやめた歌人は畢竟《ひつきやう》無意味に等しい存在であつた。天稟《てんりん》なくして「歌人」となり「歌人」を保つたのち又歌人たるをやめざるを得なくなつた家持の偉さよ哀れさよ、稀代の名門の宗家も深い和歌の造詣も、すべて時代を離れたものは、いかに強靭《きやうじん》にすがり怺《こら》へても結局は取り残されて行くより外《ほか》はないのであつた。さあれ、千二百年前に家持が未完成のままに遺した萬葉集は幸運にも現二十世紀まで伝はつて燦然《さんぜん》と光つてゐるのである。

(『歌と門の盾』三〇二頁)

段落冒頭の「といつても」から最後の文の一つ前の「外はないのであつた。」までは、この小説のまとめとしていかにもふさわしい。ところが、最後の一文で突如『萬葉集』を賛美するのである。この一文は、「歌と門の盾」全体に流れる陰鬱なトーンからあまりに懸け隔たっており、木に竹を接いだような印象が拭えない(この一文は初出から存在しており、後に付加したものではない)。

高木が高校・大学時代に「萬葉集の偉大さにうたれて、ある期間萬葉ばかりの歌をつくつた」(「影響について」)と述べていることによれば、この最後の一文には、『萬葉集』についての高木の偽りではない心情が込められているであろう。しかし、小説全体を視野に入れると、この作品が、決して家持や『萬葉集』を貶《おとし》めるものではないことを言明して自分の身を守る、「偽装」とも見えるのである。

それほどまでに高木が「歌と門の盾」の発表に慎重であったことが窺《うかが》われる。それと同時に、高木ほどの知性の人であっても、〈時代〉に妥協するしかなかったことが示されているように思われる。

## 「国策」に対する高木の姿勢

このように、「偽装」しつつも、そこに高木の偽りではない心情が込められるというあり方は、太平洋戦争末期の一九四四年四月に「文学界」(第11巻第4号)に発表した評論「倫理の徽章《きしやう》――こんにちの文学の倫理ようになる。

について――」にも認められる。迂遠《うえん》な言い回しで、内容がわかりにくいこの評論の要旨をまとめると以下の

①　所用でM市に行ったが、旅行中、「憚《はばか》り」を感じてならなかった。もし赤襷《あかだすき》か日章旗を肩にかけていたら（兵士が出征するとき、赤襷や寄せ書きした日章旗を肩にかけた）、「憚り」など決して感じなかったであろう。

②　今日の文学は、赤襷かけて、つまり戦争の「表符」を戴いて安心して歩いている。現代小説は産業戦士や挺身隊《ていしんたい》（銃後の女性の勤労動員組織）を主人公として安心している。歴史文学も志士を主人公として、戦記文学も派遣員の文学となって安心している。しかし、それでよいのか。「憚り」を知るべきである。

③　文学の「表符」は簡単に付け替えることができる。それに対して、「憚り」を知る徳田秋声《とくだしゅうせい》は、周囲のきびしさに筆を折った。

④　今日の「文学の倫理」とは、文学が国民意識にめざめ、個人主義的な一切を捨て、自己のすべてを君国にささげることとなっている。しかし、文学においては、この「倫理」は「表符」に止まっている。「倫理」に根ざした国民文学は生まれていない。

戦意高揚のための文学が、作者が「安心」を得るための表層的なものに止まっていることを指摘し、「倫理」に根ざした真の「国民文学」（この評論では「国策文学」の意であろう）の誕生を期待する、という文章となっている。

しかし、高木自身の強い気持ちは、①と③にあったと思われる。①の「憚り」は、戦争遂行の国策を「国民」が支持する雰囲気の中、高木自身が肌で感じた息苦しさである。そして、③で述べているように、その息苦しさに耐えられない文学者は、徳田秋声（一八七一～一九四三）のように筆を折るしかないというのである。秋声は、情報局の干渉を受け、長編小説「縮図」の連載（「都新聞」）を、一九四一年九月一五日で中断し、「妥協すれば作品は腑《ふ》ぬけになる」と記して筆を絶った。

この頃、高木は、文芸時評の執筆などはしているが（「新潮」など）、〈歴史小説〉はほとんど制作せず、児童向けの史話・物語とヴァーグナーの評論の翻訳に力を注ぎ、創作に関しては、半ば筆を絶った状態にあった。また、この評論以外で、「国策文学」を積極的に推進することを主張した高木の文章は管見に入らない。高木は文学が国策に安易に妥協することに批判的であったのである。〝真の「国策文学」はまだ生まれていない〟という論理によって、高木はその批判を「偽装」したと見られる。

但し、それがまったく「偽装」にすぎなかったかはわからない。一九四三年に放送された、学徒動員を含む国内体制強化を指示した首相・東條英機《とうじょうひでき》の「官民に告ぐ」（「週報」第３６３号〈一九四三・九・二九〉）について、「新潮」（第40年第11号、一九四三・一一）が文学者たちにアンケート（「一億国民戦闘配置につけ！」）を行った。高木もこれに回答している。

> 小金井の国民錬成所の合宿から帰宅したばかりのいま、公人としては小生関係の学校方面にて徴集猶予の停止ならびに理工科学生の入営延期はまことに当然の処置なることを、また私人としては国やぶれて何の文学ぞといふ感じを、痛切に感じます。

悪化する戦況の中、高木が「国」の存亡に強い危機感を抱いていたことがわかる。「国」あっての文学という考え方からすると、〝真の「国策文学」を求める〟という主張も全くの「偽装」であったとは考えにくい。

## 七　児童向け史話・物語の問題

### 『安南ものがたり』と「大東亜共栄圏」

このような妥協の姿勢が、児童向け史話・物語において高木に大きな過誤を犯させることになった。児童向け史話『安南《あんなん》ものがたり』（東京出版、一九四五・四）は、〈歴史小説〉の「南海譚」（〈初出題「南国譚」〉「文芸」第8巻第12号、一九四〇・一二。『北方の星座』所収）を児童向けに書き直したものである。「南海譚」は、徳川幕府から朱印状を得て安南国（現在のベトナム中部）に渡った商人・角屋《かどや》七郎兵衛が、突然の鎖国によって帰国できなくなりながらも、交易と安南の「日本町《にほんまち》」のために懸命に力を尽くした生涯を描いている。この〈歴史小説〉の主役は「鎖国」であろう。七郎兵衛は、幕府に見棄てられながらも、異国で生き抜く人々の典型である。そして、七郎兵衛らの努力にもかかわらず滅んでゆくしかない「日本町」の運命。「南海譚」は、旧満洲国を始めとする〈外地〉で生きる日本人の行く末を予言するかのような小説となっている。『安南ものがたり』は、「南海譚」の主題を基本線としながら、ところどころに国策に応じた表現を挿入している（例えば、「日本精神」〈一三三頁〉、「神国日本」〈二四〇頁〉）。それが最も明瞭な形で示されるのが末尾である。

［…］七郎兵衛をはじめ大ぜいの日本人が、三百年もまへに『鎖国《さこく》』の苦しみと闘ひながら安南国で奮闘したといふそのことが、どうして忘れられていゝでせう、いや、七郎兵衛やその他大ぜいの日本人たちの血は必ずや安南の人々のなかに今なほ脈《みやく》うつて流れてゐるにちがひありません。さうしてこんどの大東亜戦争のとき安南の人々がよろこんで日本に協力してきたのも、さういふ血が陰《かげ》でひそかにはたらいてゐなかつたとどうしていへませう。

ご朱印船のひと〴〵が血と汗できりひらいた南洋各地の『日本町』は、『鎖国』のためかなしくもこと〴〵く亡びたとはいへ、こんにちそれらの各地が、ふたゝびことごとく畏《(かしこ)》くも御稜威《みいつ》の光を仰ぐやうになつたいま、三百年まへのわれらの祖先たちは、さうしてことに角屋七郎兵衛は、地下でどんなによろこんでゐるでせう。まことに角屋七郎兵衛こそは、ご朱印船の人々のなかでも、鎖国の悲運《ひうん》に屈せず、海外にふみとゞまつて一生奮闘をつゞけ、商人として又日本人としてもつともみごとな道を歩いた者の一人でありました。

（『安南ものがたり』二六五〜二六六頁）

安南の人々が進んで日本に協力したのは、七郎兵衛たち日本人の血が受け継がれているからであり、東南アジア各地が天皇の威光に浴することになったことを七郎兵衛たちは喜んでいる、と言う。七郎兵衛たちの奮闘が、「大東亜共栄圏」（一九四〇年に第二次近衛《このえ》文麿《ふみまろ》内閣が打ち出した、「日満支」を基軸に東南アジア（「南方」）・太平洋島嶼《とうしょ》地域（「南洋」）を含む広域経済圏を樹立する構想。第5章、二一七頁参照）を肯定する材料となっているのである。*5

「大東亜戦争」・「御稜威の光」ということばは、作品の末尾で唐突に登場する。このような閉じ方は、「歌と門の盾」と似ている。それは、幕府に見棄てられ、滅ぶしかなかった「日本町」の運命を描く『安南ものがたり』への批判をかわすための「偽装」と見ることができる。

## 天皇に対する忠義心

しかし、「歌と門の盾」の最後の一文に、高木の偽りではない心情も込められていたように、『安南ものがたり』末尾の傍線部にも、高木の本心が含まれているように思われる。高木が〝「皇軍」の進撃〟ということは言わないものの、「ことごとく畏《かしこ》くも御稜威《みいつ》の光を仰ぐやうになつた」と天皇の威光を賛美していることに注目したい。児童向け物語『太平記物語』（小学館、一九四四・六）においても、高木は驚くほど素朴に、楠木正成《くすのきまさしげ》一族の天皇への忠義心を称えている。

・［…］おもへば楠木正成が、かしこくも主上のお召しによつて元弘《げんこう》元年（［引用注、皇紀］一九九一年）赤坂城に賊とたたかつてから、この延元《えんげん》元年（［引用注、皇紀］一九九六年）にいたるまでわづかに五年、しかしながらそのあひだに朝廷につくした誠忠のふかさ高さは、わが国をまもる精神として永遠に生きてゐます。ああ七たび生まれて七たび命をすてようとの、いわゆる七生報国《ほうこく》の信念こそは、四十三歳で湊川《みなとがは》にたふれた正成を、わが国のあらんかぎり、国民の血と心のうちに生きながらへさせるのでした。

（『太平記物語』、十八、湊川、一三一〜一三二頁）

・「正成一人、生きてありと聞こしめされ候《さうら》はば、聖運《せいうん》つひに開かるべしとおぼしめされ候へ。」［中略］かかる純忠《じゅんちゅう》の大信念《だいしんねん》こそ、われわれ日本人ひとりひとりが、胸の中に固くいだいてをるのでありまして、大楠公《だいなんこう》のこの大信念によつて、百万の敵も、千万の仇《あだ》も、皇国に歯向《はむ》かふものは、ことごとくうちくだいてしまふことができるのであります。

（『太平記物語』、あとがき、一五七頁）

高木は、正成の天皇への純忠が、今も日本人の心に生きており、これによって敵を打ち破り、「国」を護ることができるのだ、と繰り返し言う。知性的な高木とは思えない熱狂的なことばである。『太平記物語』を読むと、太平洋戦争末期に戦況が厳しくなる中、高木は天皇に対する素朴な忠義心を本心から拠《よ》り所としていたと思わざるを得ない。

しかし、その忠義心を児童向け史話・物語で記したことは大きな問題である。『太平記物語』を読む児童は、高木の生き生きとした戦闘場面の描写によって、あと一歩で「賊」に及ばなかった正成に共感し、「賊」を斃《たお》し天皇のために尽くしたいと願うであろう。また、『安南ものがたり』を読む児童は、高木の描く、南方の風土や異国での七郎兵衛の努力と栄達、苦境にも屈せぬ強さに心躍らせながら、自分も「南方・南洋」に行きたいと思うであろう。『太平記物語』も『安南ものがたり』も児童を戦争へと導く作品となっている。

高木は、〈時代〉の推移を俯瞰《ふかん》的に見つめ、独自の理念と理論に基づく〈歴史小説〉によって、高木の生きる時代を批判的に捉えようとした。また、戦争と文学の関係についても、慎重な立場をとった。しかし、その高木も、厳しい戦況のもと、「素《す》」の表れやすい児童書において（第5章、一八八〜一九〇頁参照）、天皇への素朴な忠義心を述べ、戦争遂行に加担することになってしまった。ここに戦争の魔物性がある。

［注］

（1）「文学者」第2巻12号（一九四〇・一二）掲載の三笠書房の広告は、〈歴史小説〉集『歌と門の盾』について「芥川賞を辞退せる問題作!! 本書の投げた文壇的衝動こそ正に興亜文学の炬火《きよくわ》だ!」という宣伝文と、「本書こそ、我々大和民族の本然の姿を文学に贏《か》ち得た恐らく最初の傑作であるといへる」という解説文を付している。なお、当時作家たちの間でも大伴家持への関心が高まっていた。佐藤春夫は第一一回芥川賞の選評で、「一昨年」（一九三八年）の暮れあたりから家持に着目して下調べをしていたと述べている。戦争下に執筆された（刊行は戦後）、家持を主人公とする歴史小説としては、岩倉政治《いわくらまさじ》『大伴家持』（六興出版部、一九四八・四）がある。

（2）岩上は「北方の星座」を、「蝦夷等が永い歳月に亙《わた》つて、いかに叛乱し、抗戦し、内応し、分裂し、帰順し、又叛乱しつつ遂に完全に滅びゆくかを描いたもの」と捉えている。岩上はマルクス主義の立場に立つ評論家であったが、一九三五年に転向。その後もマルクス主義を潜めた評論を執筆するが、一九四一年には、生活様式を合理化するためには「全国民を統《とう》一的に動かす政治的指導《しだう》が絶《ぜつ》対に必要」と主張し、「新体制運動」を支持する論説を発表している（「礼法外のもの」「朝日新聞（東京版）」一九四一・五・三付朝刊）。

（3）「北方の星座」は、マルクス主義に立つ文芸評論家・赤木俊《あかぎしゅん》（荒正人《あらまさと》）（一九一三〜一九七九）からも激しい批判を受けた。赤木は、「北方の星座」は、読者が大和朝廷と「蝦夷」の両方に等距離にしか立てず、「極言すれば、常識によつて割りきつて終つた歴史の配列に過ぎない」とした。また、「蝦夷がゐる限りは、蝦夷の指導者が滅ぼされないうちは、二つの民族のあひだに恒久の平和がもたらされない」という高木の考える民族政策は、赤木の時代の民族政策（具体的には社会評論家・細川《ほそかわ》嘉六《かろく》の考える、アジアの各民族の自立独立と自由発展を旨とする民族政策）とは次元を異にしていると批判する。さらに、「時間、空間が主人公たるべきではなく、むしろ時間空間をも動かし得る国民」が本当の主人公になるべきであると言う（「歴史文学の主題—「北方の星座」のなかから—」「現代文学」第4巻第2号、一九四一・三）。

この赤木の批判は戦後の研究にも継承され、紅野敏郎《こうのとしろう》の「高木の歴史小説についての考え方の不完全さが、「北方の星座」においてみごとに露出した」(「昭和十年代の歴史小説」)などの発言がなされている。しかし、大原祐治《おおはらゆうじ》が指摘したように、赤木の評価が、「歴史文学」を強引に赤木の考える「国民文学」(小市民ではなく、国民という広い基礎の上に立つ文学)に引き付けて捉えようとしたものであることを見逃してはならない。また、大原は、高木の〈歴史小説〉には、岩上のような、固定された「史観」を前提として、「歴史」を「全体」として語ってしまう立場への批評性が含まれているとする(『文学的記憶・一九四〇年前後』)。私には赤木の批判も固定された「史観」を前提とするものにしか思えない。

また、赤木は、高木が「蝦夷がゐる限りは、蝦夷の指導者が滅ぼされないうちは、二つの民族のあひだに恒久の平和がもたらされない」という「民族政策」を考えていたとするが、「北方の星座」の中にはそのような言表はない。これは、「北方の星座」の第一章・第二章末尾で、平定されても蝦夷が存在し続けていたと高木が記していることについての赤木の解釈に過ぎない。この「民族政策」は高木自身の考え方というより、むしろ日中戦争を進める大日本帝国政府と陸海軍の考え方であり(一九三八年から重慶国民政府の首都・重慶に対する大規模な戦略爆撃「重慶爆撃」も開始され、その戦況は新聞で報道されていた)、高木はこれを鋭く批判したのだと思われる。赤木の性急な批判を無条件に受容することなく、「北方の星座」を評価すべきである。

(4) 一九六九年(昭和四四)に、高木は「歌と門の盾」の続編と言える「残光の門 大伴家持」を発表している(「太陽」№73、一九六九・六。挿絵は洋画家の御正伸《みしょうしん》(一九一四〜一九八一))。この作品は、東北の多賀城《たがじょう》での死、その後の官職剝奪《はくだつ》、そして復位までを含めた家持の生涯を追った小説である。一応高木の〈歴史小説〉の理念や理論に依拠した作品とは言えるものの、「歌と門の盾」のような緊迫した「現在相応」は認めることができない。

(5) 『安南ものがたり』は、戦後に編集された「少年小説大系」の『戦時下少年小説集』(三一書房、一九九〇)に収録された。この巻は、戦時色の強い「少年小説」を集めている。『安南ものがたり』を、編者は戦意高揚のための「少年小説」と認めたのであろう。なお、『安南ものがたり』は、戦後の一九四五年一一月一五日に再版されている。再版でも戦争下の国策に沿った表現は削除されていない。どのような事情でそのまま再版されたかは不明である。

## 高木卓略年表

| 年号 | 年齢 | 主なできごと |
|---|---|---|
| 1907（明治40） | 0 | 東京市本郷《ほんごう》区西片町《にしかたまち》で、英文学者の安藤勝一郎《あんどうかついちろう》、ヴァイオリニストの幸《こう》の長男として誕生（1月18日）。本名は安藤熙《あんどうひろし》。母の幸は、小説家の幸田露伴《こうだろはん》の末妹で、ドイツ留学後、東京音楽学校教授。 |
| 1915（大正4） | 8 | 母・幸から『百人一首』を学ぶ。父・勝一郎から『アラビアン・ナイト』、講談、史話を話してもらう。 |
| 1916（大正5） | 9 | 伯母の幸田延《のぶ》（ピアニスト・ヴァイオリニスト、元東京音楽学校教授）からピアノを学ぶ。 |
| 1923（大正12） | 16 | ＊関東大震災（9月） |
| 1924（大正13） | 17 | 旧制第一高等学校文科乙類入学。このころから浅草に通う。夏目漱石《なつめそうせき》・森鷗外《もりおうがい》・倉田百三《くらたひゃくぞう》などを読む。 |
| 1925（大正14） | 18 | 築地《つきじ》小劇場に通う。谷崎潤一郎《たにざきじゅんいちろう》を愛読する。E・T・A・ホフマン、ヴィルヘルム・リヒャルト・ヴァーグナーなどのドイツ・ロマン派を読み始める。 |
| 1926（昭和元） | 19 | 劇作家ゲオルク・カイザーなどのドイツ表現主義文学（20世紀初めに、外界の印象を排除して、内面の表出、非写実的表現、幻視的意識を重視するドイツで起こった芸術運動。ダダイズムに先んじる）を多く読む。 |
| 1927（昭和2） | 20 | 東京帝国大学文学部独逸《ドイツ》文学科入学。当時の教官は、青木昌吉《あおきしょうきち》（1908年、助教授就任。1923年、教授昇任。主にドイツ語学、19世紀ドイツ文学史）、木村謹治《きむらきんじ》（1924年、助教授就任。1932年、教授昇任。「ファウスト」と「ヴィルヘルム・マイスター」を中心とするゲーテ研究。後に国粋主義へ）。外国人講師にヤコブ・オーヴァーマンス（Jakob Overmanns　ドイツ文学、ドイツ近代演劇などを講義）、日本人講師に新関良三《にいぜきりょうぞう》（ドイツ演劇への古代劇の影響を講義）、山岸光宣《やまぎしみつのぶ》（ゲーテ、ロマン派、ヘッベル、現代戯曲史を講義）。国文学科とかけもちで聴講し、卒業時には両方の教職免状を取得。国文学科の当時の教官は、藤村作《ふじむらつくる》（江戸文学）、久松潜一《ひさまつせんいち》（古代文学）。講師に佐佐木信綱《ささきのぶつな》（萬葉集）、志田義秀《しだぎしゅう》（俳諧）（『東京大学百年史』による）。 |
| 1928（昭和3） | 21 | 歌舞伎に興味を持つ。 |
| 1929（昭和4） | 22 | ヘンデルのオラトリオ「メサイア」の解説を書き、音楽評論を始める。 |
| 1930（昭和5） | 23 | 東京帝国大学文学部独逸文学科卒業。不況のため就職口がなく、大学院に籍を置く。しばらくして文部省嘱 |

| | | |
|---|---|---|
| | | 託。仕事があまりなく、省内の応接室で和声や対位法などの音楽理論を独習。大学時代の級友の豊田三郎《とよださぶろう》らと同人誌「制作」を創刊。創刊号に作品（題未詳）を発表。 |
| 1931（昭和6） | 24 | **＊満洲事変（柳条湖事件）（9月）** |
| 1932（昭和7） | 25 | このころ『古事記』を取材とした歌劇の創作を試みるが挫折。 |
| 1933（昭和8） | 26 | 同人誌「言葉」（後に「ヘリコーン」と改題）に参加し、西脇順三郎《にしわきじゅんざぶろう》、原民喜《はらたみき》、高橋新吉《たかはししんきち》らを知る。このころより、「制作」（→「噴水」→「意識」→「作家精神」）、「ヘリコーン」、「行動文学」などの同人誌に作品を精力的に発表。 |
| 1934（昭和9） | 27 | 旧制水戸高等学校教授に就任、水戸に赴任。 |
| 1936（昭和11） | 29 | 最初の〈歴史小説〉「獄門片影《ごくもんへんえい》」を同人誌「意識」最終号に発表（1月）。偶然にも、元となった史実は太宰《だざい》治《おさむ》「地球図」と同じ。〈歴史小説〉「遣唐船」（同人誌「作家精神」創刊号、5月）、第3回芥川賞候補（上半期）となる。落選となるが、「遣唐船」は「文芸春秋」に再録（11月）。 |
| 1937（昭和12） | 30 | **＊日中戦争勃発（7月7日）** |
| 1939（昭和14） | 32 | **＊ドイツ軍、ポーランドに侵攻。第二次世界大戦勃発（9月）** |
| 1940（昭和15） | 33 | 〈歴史小説〉「歌と門の盾」（同人誌「作家精神」、3月）。旧制水戸高等学校教授を退職し、帰京（5月）。進学塾の講師などを務める。「歌と門の盾」が第11回芥川賞（上半期）に選ばれる（7月）。受賞を辞退。作品集『歌と門の盾』（三笠書房）刊行（9月）。〈歴史小説〉「北方の星座」（「新潮」、10月）。「歴史小説の新しい方向」（「帝国大学新聞」、10・9）。〈歴史小説〉「南海譚《なんかいたん》」（「文芸」、12月）。この年より、「新潮」「知性」などの文芸誌や「婦人界」「婦人朝日」などの女性誌に執筆する機会が増える。<br>**＊紀元二千六百年祝典（11月10日）** |
| 1941（昭和16） | 34 | **＊ドイツ、ソビエト連邦に攻撃開始（6月）** これについての「文芸」のアンケートに答える（8月）。<br>旧制第一高等学校教授就任。作品集『北方の星座』（大観堂）刊行（10月）。<br>**＊太平洋戦争開戦（12月8日）** |
| 1942（昭和17） | 35 | 児童向け『遣唐船ものがたり』（学習社）刊行（2月）。文学報国会結成、小説部門に所属（5月）。 |

1943（昭和18） 36 現代語訳『曽我物語』（小学館）刊行（2月）。ヴァーグナー『ベートーヴェンまゐり』の翻訳（岩波文庫）刊行（3月）。児童向け史話『聖徳太子』（至文堂）刊行（3月）。「新潮」の「辻小説」欄に「日本町」を発表（5月）。旧制第一高等学校教授として、学徒出陣の東京帝国大学の学生を引率（10月）。首相・東條英機《とうじょうひでき》の「官民に告ぐ」についての「新潮」のアンケートに答える（11月）

1944（昭和19） 37 評論「倫理の徽章《きしょう》――こんにちの文学の倫理について――」（「文学界」、4月）。児童向け物語『太平記物語』（小学館）刊行（6月）。

1945（昭和20） 38 児童向け史話『安南ものがたり』（東京出版）刊行（4月）。

＊太平洋戦争終結

1946（昭和21） 39 『遣唐船』（あづみ書房）刊行（10月）。

1947（昭和22） 40 江戸川乱歩に誘われ、「土曜会」に参加する。推理小説に関心を寄せる（3月）。『獄門片影』（大日本雄弁会講談社）刊行（3月）。『巴御前』（御影文庫）刊行（6月）。「東大学生自治会戦没学生手記編集委員会」から編集のアドバイスを求められた戦没学生の手記『はるかなる山河に』刊行（10月）。

1948（昭和23） 41 ヴァーグナーの評論『第九交響曲』の翻訳（八雲書店）刊行（1月）。

1949（昭和24） 42 大学制度の改変により東京大学助教授に就任。

1951（昭和26） 44 ヴァーグナーの歌劇「さすらいのオランダ人・タンホイザー」の翻訳（岩波書店）刊行（8月）。児童向け史話『紫式部』（偕成社）刊行（9月）。児童向け物語『曽我物語』（同和春秋社）刊行（9月）。

1953（昭和28） 46 児童向け物語『東海道《（ママ）》膝栗毛』（偕成社）刊行（1月）。東京大学教授に昇任。

1956（昭和31） 49 絵本『紫式部』（講談社）刊行（2月）。児童向け物語『平家物語』（福村書店）刊行（5月）。

1956（昭和33） 51 評伝『芥川龍之介読本』（学習研究社）刊行（11月）。

1961（昭和36） 54 「少年少女世界伝記全集」（講談社）に『聖徳太子』を執筆（7月）。翌年、「少年少女世界伝記全集」は「サンケイ児童出版文化賞」を受賞。

1962（昭和37） 55 長崎謙二郎の勧めで同人誌「碑《いしぶみ》」の創刊に参加（5月創刊）。

1966（昭和41） 59 評伝『ヴァーグナー』（音楽之友社）刊行（6月）。

| | | |
|---|---|---|
| 1967（昭和42） | 60 | 東京大学を退官。獨協大学外国語学部教授就任。 |
| 1969（昭和44） | 62 | 〈歴史小説〉「残光の門 大伴家持」（「太陽」、6月） |
| 1974（昭和49） | 67 | 歌劇「神代《かみよ》ものがたり」を自費出版（4月）。11月6日、脳血栓で倒れ入院、12月28日、肺炎を併発して永眠。 |

（＊高木嵩作成「年譜」、竹内勝巳『卓さんの文人楽』などによる）

# 終章　〈報国〉という誘惑

西洋体験を通して得た批評精神
知性的な『萬葉集』受容
六人にとっての転換点
「孤忠」ではなかった〈愛国心〉
〈報国〉という誘惑

## 西洋体験を通して得た批評精神

『萬葉集』と深い関わりを持った、与謝野晶子《よさのあきこ》、斎藤瀏《さいとうりゅう》、半田良平《はんだりょうへい》、今井邦子《いまいくにこ》、北園克衛《きたぞのかつえ》、高木卓《たかぎたく》ら六人の文学者たちは本来、政治・社会を知性的に捉える眼を持っていた。

瀏は軍人であったが、一九二八年（昭和三）の済南《さいなん》事件の前線指揮官であったときに、国際情勢を視野に入れ、中国・国民革命軍との武力衝突を可能な限り回避しようとした（第2章、七七頁）。瀏は直情径行型の将軍ではなかった。

晶子、良平、邦子、北園、高木の五人に共通するのは、西洋の文化・芸術・文学から大きな影響を受けたことである。晶子は、一九一二年（大正元）に、パリ、ロンドン、ベルギー、ドイツなどを旅することによって、自主自律の精神を自分の生きる道と見定めている（山本千恵《やまもとちえ》『山の動きたる』）。良平の知的バックグラウンドは、ヨーロッパの文学と美学であった。邦子は、一五歳の頃、ルーテル教会の宣教師ウーセタロ・シーリーとクルビネンから聖書・語学・音楽などを学んだ。キリスト教やヨーロッパ文化への憧れは、邦子の文学活動の伏流水となった。

北園はダダイズム、シュルレアリスムの影響下に詩作を開始し、ヨーロッパ・アメリカの詩人たちとも直接交流した。また、高木はドイツ文学研究者であり、ドイツ・ロマン派、ドイツ表現主義の洗礼を受け、音楽家のリヒャルト・ヴァーグナーには特に強い影響を受けた。

強烈な西洋体験が、五人に〈自由〉への志向を生み、また、政治・社会に対する批評精神をもたらしたと思われる。

## 知性的な『萬葉集』受容

それゆえ、五人の『萬葉集』受容は知性的なものであった。

晶子は、第一次世界大戦が生み出した「伝統主義」を痛烈に批判した。『古事記』『萬葉集』などを、無批判に民族の〝伝統〟の始まりと称揚する「伝統主義」を、偏狭独断に過ぎないと切って捨てた。

良平は、『萬葉集』が上流貴族社会の産物であることを明らかにした。また、一九四〇年代に、防人《さきもり》が「尽忠」の体現者とされる中、その根拠となった今奉部与曾布《いままつりべのよそふ》の歌の「顧《かへり》みなくて」(巻二〇・四三七三)が、元来〝後ろを振り向かずに〟という具体的身体的意味しか表さないことも論証した。さらに、太平洋戦争末期には、ひたすら『萬葉集』の実証的研究に打ち込み、心の平静を保とうとした。

邦子にとっても、良平同様に、『萬葉集』は生きる支えであった。無媒介に『萬葉集』を称えるのではなく、〈今現在〉を、生きるのに困難な時代と見た上で、『萬葉集』の《純粋さ》に救済を求めたのである。そして、『萬葉集』の人々の人生の「哀れ」を見つめ続けた。

北園は、『萬葉集』の特質が、〝思考を物に同化しクリアに目に見える形にする〟ところにあることを直観的に認識した。それは、一九三〇年代の通説的な『萬葉集』理解をはるかに超え、『萬葉集』の本質に迫るものであった。一方で、北園は厳しい言論統制をすり抜けるためにも『萬葉集』を利用もした。

高木は、日中戦争(「支那事変」)勃発の頃から強調されるようになった、「尽忠」の歌人という大伴家持《おおとものやかもち》像とは異なる家持像を、独自の〈歴史小説〉の理念と理論によって描き出した。それは、一九三〇、四〇年代における『萬葉集』受容、さらには〝日本的な〟伝統に立てこもる者への痛烈な批判を含んでいた。

さらに、五人とは異なり軍人であった瀏にしても、日中戦争勃発以前には、近代歌人としての自覚のもと、〝文字の歌〟としての『萬葉集』の歌に内在する「リズム」に鋭い注意を向けていた。そして、「リズム」と「内容」の関係を綿密に読み解いていた。また、二・二六事件の叛乱幇助《ほうじょ》罪による入獄中に支えとなったのは、『萬葉集』についての綿密な考証であった。

『萬葉集』は、一九三〇年代に、政府・軍・国家主義者によって、「忠君愛国」の精神・「日本古代の伝統」を示すものとされた。「国文学者」たちも、文部省に協力して、この『萬葉集』像の理論化と流布に積極的に努めた。『萬葉集』は、近代化への反動として起こる、古い「ゲマインシャフト Gemeinschaft」（地縁・血縁・精神的結びつきによって自然発生的に形成された集団。村落共同体・家族など）に復帰しようとする非合理な切望の受け皿となっていたのである（序章参照）。

そして、一九四一年の太平洋戦争（「大東亜戦争」）開戦後には、政府・軍・「国民」が一体となった〝萬葉熱〟が高潮した。その中心には、一九三〇年代の『萬葉集』像を一層強調した、〈殉国〉（天皇のために命を捧げること）の『萬葉集』像があった。

このような潮流の中で、晶子、瀏（日中戦争以前）、良平、邦子、北園、高木の『萬葉集』受容は、時代から突出した極めて知性的なものであった。彼らは、『萬葉集』を、「日本」という「国」の〝伝統〟を示すものとしてよりも、あくまで自分自身にとってかけがえのない歌集として読んだのである。それぞれが、戦争という個人の力ではどうすることもできない〈歴史〉を、『萬葉集』とともに生きたと言える。

にもかかわらず、彼らは戦争遂行に加担することになった。

### 六人にとっての転換点

六人の文学者たちは、日中戦争・太平洋戦争の開始によって、突如〈愛国者〉になり、戦意高揚のための文学作品を作ったわけではない。明治生まれの彼らは、天皇への忠義心と〈愛国心〉を幼い頃から身に付けていた。特に、良平、邦子、北園、高木のような、大日本帝国憲法公布（一八八九）、教育勅語下賜（一八九〇）以後に初等教育を受け、青少年期に、日露戦争と第一次世界大戦での勝利を味わった文学者たちにとっては、天皇への忠義心も〈愛国心〉も自然な「道徳感情」となっていたと思われる。[*1]

とはいえ、戦争下に天皇への忠義心と〈愛国心〉が戦意高揚の文学として発現するまでには、その前史となるプロセスがあった。注目される転換点は以下である。

(1)第一次世界大戦（一九一四〜一九一八）
(2)済南《さいなん》事件（一九二八）
(3)上海事変・満洲国建国（一九三二）
(4)「新体制運動」・「紀元二千六百年」（一九四〇）

(1)の第一次世界大戦は、晶子に「人道主義・人類主義」を強烈に意識させた。良平は、第一次世界大戦後の物価高に、シベリア出兵を見込んだ地主と米商人による買い占めが加わって起こった米価高騰をきっかけに、政府を厳しく批判する〈時事歌〉を作り始めた。二人の知性は、人道主義へと大きく振れるのである。

(2)の済南事件は、日清戦争（一八九四〜九五）以後、初めての日中間の武力衝突であった。前線で日本軍を指揮した瀏は、事件後に日本の外交方針が国際協調主義に転換したため、退役を余儀なくされた。これによって瀏は文学者としての道を歩み始める。また、済南事件のすぐ後に、中国東北部を旅した晶子は、中国人の対日感情の悪化を肌で感じ取った。そして、戦争がなくならないことを実感した。

(3)の上海事変では、日本の陸海軍と中国の国民革命軍第一九路軍との間で激しい戦闘が行われた。この時から、日本の新聞は中国兵を「敵兵」と呼ぶようになった。晶子は、中国側で市民や学生までもが激しく抵抗したことの意味を理解できなかった。そして、中国への見方を改め、日本を含めた外国勢力による中国大陸の分割統治を肯定するようになる。また、邦子も上海事変と満洲国建国によって、「国」を意識するようになり、「み民」（天皇の民）としての自覚を深めた。さらに、北園もこの年に、「伝統的な詩」として短詩を発表し始める。この頃から北園の関心は「伝統」へと向かうのである。

(4)の「新体制運動」と「紀元二千六百年」は、日中戦争下の出来事である。今日では翌一九四一年一二月八日（日本時間）の太平洋戦争開戦に目を奪われがちであるが、その直前の「新体制運動」と「紀元二千六百年」は、「国民」に大きなインパクトを与えていた。これらは、アメリカ合衆国・イギリスとの直接対決に進んでゆくための「国民」の精神的基盤を整える役割を果たしたと言って過言ではない。

瀏は「新体制運動」を支持する評論を精力的に発表することによって、一九三六年の二・二六事件に参画しながらも「生き残った者」の務めとして、刑死した青年将校の「志」を継ごうとした。同時期、瀏は、個人主義自由主義幹部を排除し「新体制運動」に貢献するため、大日本歌人協会を解散に追い込んでもいる。その後に、歌人が団結して〈報国〉の活動を行うべく、歌人団体の再建に最も力を尽くしたのは、良平であった（冷水茂太《ひやみずしげた》『大日本歌人協会』、小林邦子《こばやしくにこ》『半田良平の生涯』）。

また、北園は、この年に特高警察の取り調べを受けて方針を転換し、「民族精神」の振興に努め、「新体制運動」に寄与することを宣言する。一方、高木の〈歴史小説〉「歌と門の盾」は、この年上半期の芥川賞に選ばれた。それは菊池寛《きくちかん》が、この作品を、「紀元二千六百年の年」にふさわしいと考えたことによると思われる。しかし、高木は、作品の完成度の低さを理由に、受賞を辞退した。

「新体制運動」と「紀元二千六百年」によって、瀏は〈殉国〉の道を積極的に進むことになった。また「新体制運動」と「紀元二千六百年」は、良平、北園、高木を激しく翻弄し、やがて三人を、〈愛国心〉を行動によって示す〈報国〉へと向かわせたのであった。

## 「孤忠」ではなかった〈愛国心〉

〈愛国心〉は単なる感情以上のものであり、行動に表されて初めて意味を持つ（テッサ・モーリス－スズキ『愛国心を考える』）。行動に表すことが〈報国〉であり、その究極が「国」に進んで命を捧げる〈殉国〉である（子安宣邦《こやすのぶくに》『日本ナショナリズムの解読』、市川昭午《いちかわしょうご》『愛国心』）。瀏は〈殉国〉をめざしたが、敗戦後は軍人としてその「責」を負い、落魄《らくはく》の道を自ら選んだ。瀏以外の五人の文学者たちも、太平洋戦争下に、文学によって〈報国〉に努めた。しかも、五人の〈報国〉は知性とは程遠い、神話的で熱狂的なものであった。なぜ彼らはそのような行動をとってしまったのであろうか。

大日本帝国憲法の制定を進めた明治政府は、西洋的な近代国家の「国民」を作り出すために、〈忠君〉と〈愛国心〉を一体化した〈忠君愛国〉の概念を創出した。明治初期までの多くの「日本人」が意識できる最大の政治単位は「藩」であった。それを「国」に拡大するために、忠義心の対象を藩主から天皇に置き換え、

〈愛国〉の意識を受け容れやすくしたのである（嘉戸《かど》一将《かずまさ》「「忠君」と「愛国」」など）。

それゆえ、戦後の一九五〇年代の〈愛国心〉についての議論では、戦前の〈愛国心〉が、「国民」に対する愛情と奉仕でなく、専ら天皇に対する忠義心であったことが厳しく批判された。例えば、戦争期にはジャーナリストとして難しい位置に立たされ、敗戦後には「民主主義」の論客として強い影響力を持った社会学者の清水幾太郎《しみずいくたろう》（一九〇七～一九八八。高木と同年の生まれ）は次のように言う（本文はちくま学芸文庫に拠る）。

［…］仲間としての民衆が如何なる苦しみに出会おうと、一途に天皇の安泰を願うのが愛国者というものの態度であった。そればかりではない。国民の間の横の連絡、協力、尊敬、愛情などは全く見られず、一人一人がすべて上を仰いで、ただ自分だけが天皇との結合、天皇への接近を望む。自分と同列に並んでいる同胞のことは関心の外へ置かれ、自分だけが天皇との間に特別の結びつきを作り、天皇に向って接近しようという願望である。（『愛国心』一二九頁、ちくま学芸文庫、二〇一三。初版＝岩波新書、一九五〇）

清水はこの戦前の〈愛国心〉を「孤忠」と呼んだ（同様の批判は、笠信太郎《りゅうしんたろう》「愛国心ということば」〈「朝日新聞」一九五六年一年一日付朝刊〉に見える）。

しかし、晶子は人道主義に立ち、特に「国民」である女性の支援に力を尽くした。良平も、政府の政策によって苦しむ「国民」に対して並々ならぬエンパシーを抱いていた。戦争下には、兵士となった「国民」を死なせることに無感覚の政府を、批判の眼で見つめ続けた。邦子も、他者の〈いのち〉や「小さきこと」「かすかなもの」に対して強いエンパシーを感じていた。そして、戦場で亡くなった兵士や民間人に、自分自身の痛みを通して寄り添おうとした。

一方、北園は、「民族精神」の振興と「新体制運動」への寄与を具体化する「郷土詩」を理論化するに際して、「天皇」「皇室」に言及することはなかった。高木も「歌と門の盾」において、天皇に対する大伴家持の忠誠についてはごく簡単に言及するに止まった。

晶子、良平、邦子、北園、高木の〈愛国心〉は、「孤忠」とは異なっていたのである。それゆえ、本書では、天皇に対する忠義心と〈愛国心〉とを区別して記述する立場をとってきた。[*2]

## 〈報国〉という誘惑

五人の文学者は、天皇に対する忠義心と〈愛国心〉が一体の素朴な〈忠君愛国〉から、〈報国〉へと進んだわけではなかった。彼らを〈報国〉へと進ませたものは、強い責任感と、そしてその対象である「国」というものの概念の曖昧さであったように思われる。

今日においてさえも、〈愛国心〉(今日では〝国を愛する心〟という言い方をされることが多い)の対象となる「国」は、自然の土地(land)、そこに住む人々(nation)、歴史的・文化的な共同体(「国柄」identity)、統治機構(state)のいずれをも指す。法律上の「国」に関しても、同じ法律の、ある条文の「国」は歴史的・文化的な共同体、別の条文の「国」は統治機構と、都合よく解釈を変えることさえ政府によって行われている(市川昭午『愛国心』[*3])。

戦前においては、「国」の概念は今日以上に渾然《こんぜん》としたものであった。良平が〈時事歌〉で「国」を詠む場合に、「日本国」、すなわち、歴史的・文化的な共同体としての「日本」を指す場合と、「大日本帝国政府」、すなわち統治機構を指す場合とがあった。また、高木が、首相・東條英機の「官民に告ぐ」についてのアンケートに対して（傍線は引用者）、

［…］私人としては国やぶれて何の文学ぞといふ感じを、痛切に感じます。

（「新潮」第40巻第11号、一九四三・一一）

と回答したときの「国」も、歴史的・文化的な共同体としての「日本国」であり、統治機構としての「大日本帝国政府」であったように思われる。

さらに、戦前、特に一九三〇、四〇年代においては、歴史的・文化的な共同体としての「日本国」は、「国体」（万世一系の天皇が神勅《しんちょく》によって永遠に統治する国家形態）と重なっていた。「国体」は戦前に理想とされた「国柄」である。また、その「国体」の護持は、統治機構としての「大日本帝国政府」の目標となっていた。つまり、歴史的・文化的であるとともに政治的な「国体」によって、「日本国」と「大日本帝国政府」は、強く連結されていたのである。

西欧の強国であるアメリカ合衆国・イギリスとの戦争が引き起こした巨大な不安、さらには、悪化する戦況による焦燥感の中、責任感の強い五人の文学者たちは、「日本の国土」「日本国」、そしてそこに生きる「国民」のために何ができるのかという熱意を持てば持つほどに、「国体」の護持という非合理で強力な「磁場」[*4]に惹きつけられていったのである。そして、「国体」の護持を、文学による〈報国〉として行動に示したとき、彼らは、無謀なやり方で戦争を遂行し続ける「大日本帝国政府」の強力な支持者となってしまった。

もし彼らが、自分たちの護《まも》ろうとした歴史的・文化的な共同体を、その知性によって、「国体」と分かつことができていたらと思う。もちろん、天皇への忠義心を「道徳感情」として身に付けていた彼らにとって、それは容易なことではなかったであろう。しかし、政治・社会を知性的に捉える眼を持ち、〈自由〉を深く愛好した彼らならば、まったく不可能であったとは思えない。「愛国短歌」「愛国詩」、児童向け愛国史話・物語を執筆せずに、沈黙を守る道を採ることもできたのではないか。*5

そのためには、戦争の本質に向き合うことが必要であった。戦争の本質は、必ず相手が存在し、平時には許されない「殺人」が「大義」（正当性）のもとに行われ、また戦争のために集団が個に圧倒的に優位するところにある（序章、一三頁）。確かに邦子は、科学戦の非情な「殺し合い」を歌に詠んだ。また、高木は〈歴史小説〉の「北方の星座」で、戦争の相手側に立って、〈差別〉による苦悩を描こうとした。しかし、それ以上に、戦争の本質に踏み込むことはなかった。

五人の「愛国短歌」「愛国詩」、児童向け愛国史話・物語はもちろん、それ以外の創作・評論においても、戦う相手の影は薄い。日露戦争下に「親は刃《やいば》をにぎらせて／人を殺せと教へしや、／人を殺して死ねよとて／廿四《にじふし》までをそだてしや。」（「君死にたまふことなかれ」）と歌った晶子も、上海事変以後は、「殺人」を歌うことはなかった。また、中国国民の心情を理解しようともしなかった。

妄信的な〈愛国心〉は、自分が一体化している共同体以外の「敵」に対する激しい憎悪と排除をもたらす（鈴木邦男『〈愛国心〉に気をつけろ！』など）。憎悪と排除の熱狂を逃れるためには、殺そうとしている相手は一体どのような「人間」なのか、なぜ殺すのか、護ろうとしているものは何なのかを、忍耐強く問い質《ただ》し続けることが不可欠である。

軍人である瀏も、五人の文学者たちもその姿勢をとることはなかった。相手側についての情報が少なかったことや、強力な言論統制のもとで自分の生命を守らねばならなかったこともあろう。しかし、それ以上に、知識人として厳しい姿勢をとることよりも、文学による〈報国〉という誘惑に勝てなかったのである。

［注］

（1）北園の妻栄子（本名、栄）のことばが参考になる。ジョン・ソルトの、なぜ北園は戦争中に「愛国詩」を書いたのかという質問に対して、次のように答えている（傍線は引用者）。

克衛は恐怖で一杯でした。彼は確かに進んで残忍極まりない当局に立ち向かおうとは思っていませんでした。また私たちは戦争の現状認識については誤った情報に負うことが多く、たとえば、植民地での現地人に対する日本の処遇のひどさ（満州での７３１部隊が行った人体実験といった残虐行為も含む）については気づきませんでした。克衛が、日本国の無敵神話を信じることを、特に一九〇五年の日露戦争の勝利以後に私たち全員に教え込んだ日本の教育制度の落とし子だったということは忘れてはいけません。さらに言えば、アメリカが勝ったならば、あいつらは我々を最後の一人まで殺すだろうと教えられたときに、「汝の敵を愛する」というのは容易なことではなかったのです。

（一九八六年七月一二日のインタビュー、『北園克衛の詩と詩学』二九九頁）

（2）瀏の〈殉国〉も、瀏個人の天皇への忠誠にとどまらず、二・二六事件の青年将校たちの「志」を継ぐという面を持っている。また、天皇・国土・国民が「帰一不二《きいつふじ》」という瀏の考え方（同様の考え方は、晶子にも認められる）は、「個人」がそれぞれに天皇に忠誠を誓う、というのとは異なる。単純に「孤忠」と捉えることはできない。

（3）「国」の多様な意味については、市川昭午の論に基づき、私に整理した。また、市川によれば、二〇〇六年の改正教育基本法第二条第五号の「伝統と文化を尊重し、それらをはぐくんできた我が国と郷土を愛するとともに、他国を尊重し、国際社会の平和と発展に寄与する態度を養うこと」の「我が国を愛する」について、当時の首相・安倍晋三《あべしんぞう》は第１６５回参議院本会議（一一月一七日）で「歴史的に形成されてきた国民、国土、伝統、文化などから成る歴史的、文化的な共同体としての我が国を愛するという趣旨であります」（「国会会議録検索システム」に拠る〈第12号015〉）と説明し、改正に携わった文部官僚も教育基本法研究会編『逐条解説 改正教育基本法』においてこの見解を踏襲している。しかし、改正教育基本法のその他の条項の「国」はすべて法人格を有する統治機構を指している（『愛国心』）。

（4）思想史研究者の米原謙《よねはらけん》は、戦前において、「国体」があらゆる言説に一定の方向を与える「磁場」として機能していたことを指摘した。それと同時に、米原は「国体」が「知的にはあまりにも空疎で千篇一律の内容」しかなく、曖昧模糊としており、人々の秩序意識に確信を与えられなかったことも指摘している（『国体論はなぜ生まれたか』）。

（5）北園が児童向け「愛国詩」を、高木が児童向け史話・物語を執筆し、「国」を護るために「敵」と戦うよう児童に促したことが、特に悔やまれる。自分自身が戦場に行かない罪悪感や、執筆を断ることによって言論統制のターゲットとなる恐怖感も、執筆動機の中にあったと思われる。しかし、それ以上に、戦争下の日本社会において、児童の人権が著しく軽視されていたために、彼らは容易に執筆に向かうことができたのであろう。戦争下の児童の社会的位置と文学者の関係については、今後さらに考察してゆきたい。

# あとがき

戦争は終わったのか――。

私は二〇一三年から、日中戦争・太平洋戦争下における『萬葉集』の受容の研究を進めている。その原動力となってきたのは、この問いである。

戦争下に大日本帝国政府と軍は『萬葉集』を戦意高揚のために利用した。しかし、戦争下の「国民」はそれを強要されたというだけではない。『萬葉集』を「好戦」的表現の典拠として積極的に享受すると同時に、『萬葉集』に戦争を「運命」として受け容れざるを得ぬ苦しみと諦《あきら》めという「厭戦《えんせん》」的心情を託していた。

一九四五年、一五歳の旧制中学生として敗戦を迎えた私の父は、私が大学での専攻を『萬葉集』に決めたとき、決して大伴家持《おおとものやかもち》は研究しないようにと強く求めた。戦時中、「海ゆかば」を始めとして、家持が天皇への忠誠と戦意高揚とのシンボル的存在となっていたからであろう。一方で、その父が、敗戦後に映画館で、日本海軍の歴史的敗北であるミッドウェー海戦の映画を見たとき、航空母艦「飛龍」が沈む場面で「海ゆかば」が流れ、観客の一人があたり構わず声を上げて泣いたことを、感動的に語っていた。そのことも心に強く残っている。戦争下に少年であった父にさえも、『萬葉集』は複雑な影を落としていた。

しかし、敗戦後の『萬葉集』研究は、戦争下の受容を丁寧に、歴史的に検討せぬまま、「民族」の拠《よ》り所として、あるいは戦前とは〈断絶〉したという解放感の中で出発した。このような敗戦後の『萬葉集』の研究方法を習得するところから、私の研究は始まった。

一九九三年に、私は〈萬葉学史の研究〉に取り組み始めた。〈萬葉学史の研究〉は、平安時代以来の『萬葉集』の研究と受容を、現代の高みに至る〝発展〟の歴史として描くのではなく、その時代の歴史と文化の中で捉え直すものである。現代の眼からは、〝誤読〟や〝改竄《かいざん》〟と見える研究や受容にも、創造的意味を見出してゆくのである。

平安・鎌倉・室町時代を中心に〈萬葉学史の研究〉を進めてゆく中で、戦争下の『萬葉集』の受容を歴史的に明らかにしない限り、〈萬葉学史の研究〉が完結しないことを痛烈に意識するようになった。歴史上、『萬葉集』が最も政治的・社会的影響力を持ち、これを読む人々の心に大きな刻印を残したのが、日中戦争・太平洋戦争の時代であった。その受容を、戦争下の〝一時的狂乱〟と突き放すのではなく、時代の中で、その多様なありよう全体を総括したとき初めて、『萬葉集』受容史における「戦争」が終わり、真の意味で新たな研究のスタートラインに立つことできると思われた。それはまた、日中戦争・太平洋戦争下のような『萬葉集』の政治利用を二度と繰り返さないために、必要不可欠なことであった。

私は資料の収集から始め、その分析結果を論文にまとめるとともに、二〇一六年に、古典文学、近代文学、日本語教育学などの主に若手研究者に呼びかけ、「戦争と萬葉集研究会」を立ち上げた。二〇一八年には研究誌「戦争と萬葉集」を創刊した。現在も継続して、研究会での成果を広く公開している。この研究を進めてゆく過程で出合った疑問が、本書のモチーフとなっている。

『萬葉集』と深く関わり、優れた知性を持っていた、与謝野晶子《よさのあきこ》、齋藤瀏《さいとうりゅう》、半田良平《はんだりょうへい》、今井邦子《いまいくにこ》、北園《きたぞの》克衛《かつえ》、高木卓《たかぎたく》ら文学者たちが、一様に戦争遂行に加担していった。なぜ彼らはその道を選んでしまったのか、と悔しい思いを抱かずにはいられなかった。それというのも、日中戦争・太平洋戦争下に、戦争遂行に一切加担しなかった文学者の存在があったからである。

その文学者は堀辰雄《ほりたつお》（一九〇四〈明治三七〉～一九五三〈昭和二八〉）である。堀は、戦意高揚のための「時局」的小説に手を染めることがなかった。それのみならず、独自の萬葉小説さえ制作しようとした。その小説は、魂の原郷である「妣《はは》の国」を求めて止まぬ少年防人《さきもり》を主人公とする物語であった。堀の防人像は、政府と軍、そして「国文学者」が普及に努めた、〟私事を一切顧みず、命を天皇に捧げて尽忠に努める〟という防人像に対する強烈なアンチテーゼとなっていた（詳細は、私の論文「もう一つの防人像―堀辰雄のノオト「（出帆）」をめぐって〈戦争と萬葉集〉―」〈『文学』第16巻第3号、二〇一五・五〉を参照されたい）。堀は戦争に対して距離を保ち続けたのである。

堀と、戦争遂行に加担した文学者たちとは、どこで道を分かったのかをいつか明らかにしたい――。そう思っていたところ、新元号「令和」の発表があった。二〇一九年四月のことである。「令和」は『萬葉集』の「梅花の歌三十二首」（巻五・八一五～八四六）の漢文で書かれた序を〟典拠〟としていた。漢籍ではなく〟国書〟を典拠にしたいという当時の首相の強い意向のもと、『萬葉集』の政治利用が行われてしまったのである。

私はメディアの取材に応じて、戦争下に戦意高揚のために『萬葉集』が政治利用された歴史を忘れてはならないことを訴えた。しかし、その訴えは祝福ムードにかき消され、さらにはその歴史を〟克服する〟ためにも、「令和」の〟うるわしい和の精神〟を目標とすべきだという意見さえ現れた。

このとき、私は自分の発言が、メディアによって変形されてしまう体験もした。掲載された記事を、読者は私の考えとして受け止める。変形されているとはいえ、その核にあるものは私の発言であることには間違いない。そして、一度発信されてしまった発言を、「真意」ではない、と取り消すことは容易ではない。メディアを通じて発言することの難しさと責任の重さを痛感した。

この新元号発表とそれに関わる体験によって、本書に取り上げた六人の文学者たちがなぜ戦争遂行に加担する道を選んだのか、早急に解明しておく必要があると感じた。ナショナリズムの高まりの中で、『萬葉集』が再び政治利用されてゆくとき、『萬葉集』を研究する者として自分の姿勢を確固たるものとする手懸かりも、そこにあると思われた。

二〇二〇年度に、本務校の青山学院大学、非常勤講師を務める昭和女子大学大学院の講義で、六人の文学者たちを取り上げた。彼らの作品や発言を、「本心」とは異なる戦争下の〝やむをえざるもの〟とバイアスをかけることなく、そのものとして受け取りながら、彼らの軌跡を歴史的に捉え直すことを試みた。与謝野晶子と北園克衛以外の四人は、今日では馴染みの薄い文学者である。しかし、講義を通して、それぞれの軌跡が、等量の重さと苦しさを伴っていることを知った。そして、戦争下に彼らを強力に引き寄せていった〈報国〉の誘惑に、戦慄を覚えずにはいられなかった。そのような中で、『萬葉集』が彼らの理性を支えるものとなっていたことに一縷《いちる》の救いも感じた。本書は、この講義に基づいている。

本書では、戦争を今もなお続いているものとして捉えることを心がけた。今日、日本においては、戦争は〝過去の出来事〟と捉えられがちである。しかし、世界を見渡せば、第二次世界大戦後も戦争の連鎖が続き、今この瞬間も戦禍に苦しんでいる人々がいる。

二〇一七年にロンドンで在外研究を行っていた折、古い共同住宅であるグレンフェル・タワーで火災が起きた。火は三日間燃え続け、死者は七〇名を超える大惨事となった。鎮火後まもなく、その現場近くの壁には行方不明者を探す多くの紙が貼り出された。その中の一枚に、シリア難民の青年モハメド・アルハジャリ氏（当時二三歳）の顔写真があったことが強烈に印象に残っている。アルハジャリ氏は、シリア内戦を逃れ、シリア再建のためにウエスト・ロンドン大学で土木工学を学んでいたという。戦争がこの世界で未だ終わっていないことを痛切に感じた。

本書は日中戦争・太平洋戦争という過去の戦争を生きた文学者たちを論じたものであるが、特に若い読者に、この過去の歴史が、現在も続いている戦争について考えるきっかけとなることを強く願っている。

本書をまとめるにあたり、月刊「維新」掲載の阿部國治《あべくにはる》の評論について木下宏一氏から、土屋文明《つちやぶんめい》の『萬葉集』論について榎戸渉吾氏から、金璟麟《キムギョンリン》の北園克衛に関する発言について講義受講者のハンミンヒーさんから、それぞれ貴重な情報を得た。新型コロナウイルス感染拡大防止のため、オンライン授業であったにもかかわらず、青山学院大学、昭和女子大学大学院の学生の皆さんは、この重いテーマに自分の問題として向き合い、多くの重要な意見を述べてくれた。青山学院大学の講義のティーチング・アシスタントを務めてくれた西澤駿介氏からは毎回有益な助言をもらった。戦争についての中国、韓国、ベトナムでの呼称は、留学生や知友から教えられた。

本書の図版掲載には、読売新聞社の御厚情を賜った。また、本書カバーおよび本文中の図版は、イラクの美術家のメイサルーン・ファラジ氏の格別の御厚意による。在外研究の折、ロンドンにイラク美術の展示室があることを知った。メールで連絡をとったところ、今は一般公開しておらず、ファラジ氏のアトリエになっているが、見学に来てもよいとの返信があった。訪ねてみると、ファラジ氏の作品の、中東とヨーロッパが融合した鮮烈な造形や際立った色使い、そして戦争に対する強いメッセージに圧倒された。カバーには、二〇二〇年に、新型コロナウイルス感染拡大防止のためのロックダウン下のロンドンで制作された絵の一枚を使わせていただいた。抑えた色彩によるストイックな表現が本書にふさわしいと考えたからである。ファラジ氏の作品が、日本で多くの人々に知られることを願っている。

英文要旨は、私の草案を小松郁文が英文として論理的なものに仕上げ、それをニーナ・サイディ（Nina Saeidi）さんにネイティヴ・チェックをしてもらった。

本書の編集は花鳥社の橋本孝氏にお願いした。〈戦後〉について強い問題意識を持つ橋本氏は、各章の原稿を送るたびに、それ自体が詩的作品とも言えるコメントを寄せてくださった。また、本書に託した思いが伝わるよう、細部に亙る工夫を凝らしてくださった。記して、心より謝意を表したい。

二〇二一年七月四日

小松靖彦

# 依拠したテキスト

**＊序　章**

山中恒監修・構成・解説『音声資料による実録大東亜戦争史』コロムビアミュージックエンタテインメント、一九九七
石井庄司『古典の探究』第一書房、一九四三・一一
吉田嘉七著、大木惇夫編『ガダルカナル戦詩集』毎日新聞社、一九四五・二

**＊第　一　章**

与謝野晶子『一隅より』金尾文淵堂、一九一一・七
与謝野晶子『若き友へ』白水社、一九一八・五
与謝野晶子『晶子歌話』天佑社、一九一九・一〇
与謝野寛・晶子『満蒙遊記』大阪屋号書店、一九三〇・三
与謝野晶子『街頭に送る』大日本雄弁会講談社、一九三一・二
与謝野晶子「悲しき記念」「冬柏」第3巻第8号、一九三二・七
与謝野晶子『優勝者となれ』天来書房、一九三三・一〇
与謝野晶子「自由の復活」「読売新聞」一九三六・五・五付朝刊
与謝野晶子「峰の雲」「冬柏」第13巻第2号、一九四二・二
大政翼賛会文化部編『大東亜戦争　愛国詩歌集』目黒書店、一九四二・三
『定本與謝野晶子全集』第九巻〈詩集一〉、講談社、一九八〇
『定本與謝野晶子全集』第一二巻〈童話　美文他〉、講談社、一九八一
『定本與謝野晶子全集』第一三巻〈短歌評論〉、講談社、一九八〇
『定本與謝野晶子全集』第一四巻〈評論　感想集一〉、講談社、一九八〇
『定本與謝野晶子全集』第一六巻〈評論　感想集三〉、講談社、一九八〇
『定本與謝野晶子全集』第二〇巻〈評論　感想集七〉、講談社、一九八一
『與謝野晶子評論著作集』第一九巻［一九二四（大正一三）年〜一九二八（昭和三）年］、龍溪書舎、二〇〇二
『與謝野晶子評論著作集』第二〇巻［一九二九（昭和四）〜

一九三三（昭和八）年」、龍溪書舎、二〇〇二
『與謝野晶子評論著作集』第二一巻［一九三四（昭和九）年〜一九四二（昭和一七）年］、龍溪書舎、二〇〇二
読売新聞データベース「ヨミダス歴史館」

★

佐佐木信綱著者代表『歌集新日本頌』八雲書林、一九四二・一一
三井甲之「伝統主義の任務」「早稲田文学」第１３９号、一九一七・六
三井甲之「古事記論」「早稲田文学」第１４０号、一九一七・七
外務省編『日本外交年表竝主要文書』上、明治百年史叢書、原書房、一九六五
蔡廷锴『蔡廷锴自传』人民出版社、二〇二〇

＊第 二 章

齋藤瀏『萬葉名歌鑑賞』人文書院、一九三五・六
齋藤瀏『悪童記』三省堂、一九四〇・六
齋藤瀏『獄中の記』東京堂、一九四〇・一二
齋藤瀏『わが悲懐』那珂書店、一九四二・二
齋藤瀏『改訂増補 萬葉名歌鑑賞』人文書院、一九四二・五
齋藤瀏『萬葉のこゝろ』朝日新聞社、一九四二・五
齋藤瀏『防人の歌』東京堂、一九四二・六
齋藤瀏『無縫録』那珂書店、一九四三・二
齋藤瀏『二・二六』改造社、一九五一・四
齋藤瀏『慟哭』短歌人長野編輯部、一九五二・二

★

佐佐木信綱『和歌入門』博文館、一九一一
『新萬葉集』第五巻、改造社、一九三八・五
『昭和萬葉集』巻三、講談社、一九七九
磯部浅一『獄中手記』中公文庫、中央公論新社、二〇一六
池田俊彦編『二・二六事件裁判記録—蹶起将校公判廷—』原書房、一九九八

＊第 三 章

半田良平『短歌新考』国民文学叢書第四編、紅玉堂書店、一九二四・一
半田良平『短歌詞章』人文書院、一九三七・五
半田良平「下野国防人歌」「文学」第10巻第8号、一九四二・八
半田良平「萬葉集語彙考」「短歌研究」第1巻第1号〜第2巻第4号、一九四四・一一〜一九四五・四
半田良平『幸木』沃野社発行・西郊書房発売、一九四八・一二
半田良平『半田良平全歌集』国民文学社、一九五八・二
「空襲下の日記」小林邦子『半田良平の生涯』ＫＡＤＯＫＡ

WA、二〇一四

★

佐佐木信綱・今井福治郎『萬葉集防人歌の鑑賞』有精堂、一九四二・四

齋藤瀏『防人の歌』東京堂、一九四二・六

相磯貞三『防人文学の研究』厚生閣、一九四三・一一

文部省社会教育局・財団法人社会教育会著、久松潜一校訂解説『萬葉集』日本思想叢書、大日本教化図書、一九三二・一二

土屋文明「萬葉歌人の研究」『日本文学講座』第七巻〈和歌文学篇下〉、改造社、一九三四・一〇

佐佐木信綱『萬葉読本』日本評論社、一九三五・一一

賀茂真淵『歌意考』藤平春男他校注・訳『歌論集』新編日本古典文学全集、小学館、二〇〇二

荻原井泉水「自由律短歌と自由律俳句との差別」「短歌研究」第4巻第1号、一九三五・一

齋藤瀏『萬葉名歌鑑賞』人文書院、一九三五・六

昇曙夢『偉人トルストイ伯』春陽堂、一九一一・一

中沢臨川『トルストイ』東亜堂書房、一九一三・四

レフ・トルストイ『芸術論』有馬祐政訳、博文館、一九〇六・一〇

**＊第四章**

今井邦子『茜草』アララギ叢書第六〇編、古今書院、一九三三・一

今井邦子『秋鳥集』信正社、一九三六・一一

今井邦子『女性短歌読本』むらさき出版部、一九三七・九

今井邦子『萬葉読本』第一書房、一九四〇・六

今井邦子編『鏡光』明日香叢書第六篇、青梧堂、一九四三・七

今井邦子『こぼれ梅』明日香書房、一九四八・八

今井邦子『歌と随想』鮎沢書店、一九四八・一二〔第一書房版（一九三九・六）の再版〕

今井邦子著、長谷川節子編『今井邦子短歌全集』短歌新聞社、一九七〇

★

鶴彬著、一叩人編、澤地久枝復刻責任者『鶴彬全集（増補改訂復刻版）』有限会社久枝、一九九八

齋藤瀏『萬葉名歌鑑賞』人文書院、一九三五・六

齋藤瀏『萬葉のこゝろ』朝日新聞社、一九四二・五

明石博隆・松浦総三編『昭和特高弾圧史』1、大平出版社、一九七五

**＊第五章**

「VOU」30号、一九四〇・一〇

「新詩論」第57号、一九四二・二

「新詩論」第59号、一九四二・四
北園克衛「大東亜文学者大会に寄せる詩」「日本学芸新聞」第143号、一九四二・一一・一〇付
北園克衛『風土』昭森社、一九四三・一
北園克衛『郷土詩論』昭森社、一九四四・九
北園克衛「紀元節」「週刊少国民」朝日新聞社、一九四五年二月四日号
北園克衛『詩集 黒い火』昭森社、一九五一・七
『現代日本詩人全集』全詩集大成、第一三巻、創元社、一九五五・一
鶴岡善久編『北園克衛全評論集』沖積舎、一九八八
藤富保男編『北園克衛全詩集』沖積舎、一九九二
藤富保男編『北園克衛エッセイ集』沖積舎、二〇〇四
北園克衛『白のアルバム 詩・散文』現代の芸術と批評叢書6、ゆまに書房、一九九四〔厚生閣書店版（一九二九・六）の復刻〕
野田尚稔「北園克衛「昭和19年日記」」「世田谷美術館紀要」第20号、二〇一九・三
野田尚稔「北園克衛「昭和20年日記」」「世田谷美術館紀要」第21号、二〇二〇・三
★
久松潜一『増訂萬葉集の新研究』至文堂、一九二九・一一
大西克禮『萬葉集の自然感情』岩波書店、一九四三・四
文部省『郷土の観察 教師用』文部省、一九四二・三
岸田國士「地方文化の新建設」「知性」第4巻第7号、一九四一・七〔『岸田國士全集』第25巻（岩波書店、一九九一）所収〕

**＊第 六 章**

高木卓『歌と門の盾』三笠書房、一九四〇・九
高木卓『北方の星座』大観堂、一九四一・一〇
高木卓『聖徳太子』青少年日本文学、至文堂、一九四三・三
高木卓『太平記物語』小学館、一九四四・六
高木卓『安南ものがたり』東京出版、一九四五・四
高木卓『ヴァーグナー』音楽之友社、一九六六・六
高木卓「残光の門 大伴家持」「太陽」№73、一九六九・六
高木卓「芥川賞拝辞の弁」「日本学芸新聞」第91号、一九四〇・八・一〇
高木卓「歴史物に就いて」「文芸通信」第5巻第1号、一九三七・一
高木卓「歴史物語雑論」「作家精神」第2巻第3号、一九三七・一〇

高木卓「歴史小説と史実」「形成」第2号、一九四〇・一

高木卓「歴史小説について」『現代文章講座』第六巻、三笠書房、一九四〇・九

高木卓「歴史小説の新しい方向」「帝国大学新聞」第826号、一九四〇・一〇・九付

高木卓「歴史小説の制約」「新潮」第37年第12号、一九四〇・一二〔『北方の星座』所収〕

高木卓「史実の使用不能について」「文芸世紀」第3巻第2号、一九四一・一

高木卓「歴史小説について—その課題の側から—」「文芸」第9巻第4号、一九四一・四〔『北方の星座』所収（「歴史小説の課題」に改題）〕

高木卓「歴史小説について」「読売新聞」一九四一・五・三〇付夕刊、五・三一付夕刊、六・一付夕刊

高木卓「「歴史はくりかへす」—それと歴史小説」「現代文学」第4巻第6号、一九四一・七

〈対談〉高木卓・秋山謙蔵「歴史と文学」「文庫」第1巻第5号、一九四一・七

高木卓「物差し」「現代文学」第5巻第1号、一九四一・一二

高木卓「歴史小説私感」「現代文学」第5巻第2号、一九四二・一

高木卓「歴史小説・私小説」「文芸」第10巻第5号、一九四二・五

高木卓「伝記小説について」「文学界」第10巻第11号、一九四三・一一

高木卓「モデル小説と実録、記録文学との限界」「国文学 解釈と鑑賞」第15巻第7号、一九五〇・七

高木卓「★独ソ開戦の報を、何時、何所で、どんな風に聞きましたか？ ★そして、どんな感想を持ちましたか？（回答）」「文芸」第9巻第8号、一九四一・八

高木卓「萬葉集の好きな歌（回答）」「新潮」第38年第12号、一九四一・一二

高木卓「わが文学的交友」「現代文学」第5巻第10号、一九四二・九

高木卓「影響について」「現代文学」第6巻第4号、一九四三・三

高木卓「一億国民戦闘配置につけ！（回答）」「新潮」第40巻第9号、一九四三・一一

高木卓「倫理の徽章—こんにちの文学の倫理について—」「文学界」第11巻第4号、一九四四・四

★

菊池寛「話の屑籠」「文芸春秋」第16巻第12号、一九四〇・

九〔『菊池寛文学全集』第七巻（文芸春秋、一九六〇）所収〕
「芥川龍之介賞経緯」「文芸春秋」第16巻第12号、一九四〇・九
菊池寛「二千六百年史抄」内閣情報部編「週報」第173号～第191号、一九四〇・二・七～六・一二〔『菊池寛全集』第一八巻（高松市菊池寛記念館、一九九五）所収〕
岩倉政治『大伴家持』六興出版部、一九四八・四
久松潜一『増訂萬葉集の新研究』至文堂、一九二九・一一
久松潜一『萬葉集に現れたる日本精神』至文堂、一九三七・一
岩上順一「新人論(二)」「知性」第4巻第12号、一九四一・一二
岩上順一『新文学の想念』昭森社、一九四三・二
岩上順一「歴史と寓意」「知性」第4巻第7号、一九四一・七
岩上順一「礼法外のもの」「朝日新聞（東京版）」一九四一・五・三付朝刊
赤木俊「歴史文学の主題―「北方の星座」のなかから―」「現代文学」第4巻第2号、一九四一・三
田辺幸雄『萬葉の地盤』育英書院、一九四三・九
野口富士男「高木卓著「歌と門の盾」」「文学者」第2巻第12号、一九四〇・一二
三上秀吉「「歌と門の盾」」「新潮」第38年第1号、一九四一・一
文部省思想局「日本精神論の調査」思想調査資料集成刊行会編『文部省思想局思想調査資料集成』第一一巻、日本図書センター、一九八一
保田與重郎『萬葉集の精神』筑摩書房、一九四二・六
『国体の本義』文部省、一九三七・三
鴻巣盛広『萬葉精神』日本精神叢書二七、教学局編、一九三八・六
東條英機「官民に告ぐ」「週報」第363号、一九四三・九・二九
『戦時下少年小説集』少年小説大系第一〇巻、三一書房、一九九〇

**＊終　章**

高木卓「一億国民戦闘配置につけ！（回答）」「新潮」第40巻第9号、一九四三・一一

# 参考文献（引用文献と主なもの）

**＊序　章**

西谷修『戦争とは何だろうか』ちくまプリマー新書、筑摩書房、二〇一六

富永健一『近代化の理論』講談社学術文庫、講談社、一九九六

ロバート・N・ベラー「近代日本における価値意識と社会変革」武田清子編『比較近代化論―外国人のアプローチ』未来社、一九七〇

子安宣邦『江戸思想史講義』岩波現代文庫、岩波書店、二〇一〇〔単行本は一九九八〕

品田悦一『万葉集の発明　新装版』新曜社、二〇一九〔初版は二〇〇一〕

小川（新姓、小松）靖彦『万葉集　隠された歴史のメッセージ』角川選書、KADOKAWA、二〇一〇

トークィル・ダシー『『万葉集』における帝国的世界と「感動」』笠間書院、二〇一七

アンドレ・ヴィオリス『1932年の大日本帝国　あるフランス人記者の記録』大橋尚泰訳、草思社、二〇二〇

小川（新姓、小松）「陸軍教育における『萬葉集』―陸軍幼年学校・陸軍予科士官学校の「国語教程」と学習資料から〈戦争と萬葉集〉―」「緑岡詞林　青山学院大学大学院日本語文論考」第40号、二〇一四・三

小川（新姓、小松）靖彦「日中戦争下における「醜の御楯」の意識―聖戦短歌を通じて〈戦争と萬葉集〉―」「日本文学」第64巻第5号、二〇一五・五

小松（小川）靖彦「戦争下の歌人たちと『萬葉集』―『歌集新日本頌』を通じて〈戦争と萬葉集〉―」「青山語文」第47号、二〇一七・三

小松（小川）靖彦「大伴氏の言立て「海行かば」の成立と戦争下における受容―その表現および戦争短歌を通じて〈戦争と萬葉集〉―」「国語と国文学」第95巻第7号、二〇一八・七

水口文乃『知覧からの手紙』新潮文庫、新潮社、二〇一〇〔単行本は二〇〇七〕

**＊第　一　章**

吉田精一編『与謝野晶子歌集』旺文社文庫、旺文社、一九六

九
昭和女子大学近代文学研究室『近代文学研究叢書』第四九巻、「與謝野晶子」、第五〇巻（與謝野晶子補遺）、昭和女子大学近代文化研究所、一九七九、一九八〇
山本藤枝『黄金の釘を打った人』講談社、一九八六
山本千恵『山の動く日きたる―評伝 与謝野晶子』大月書店、一九八六
香内信子『与謝野晶子―昭和期を中心に』ドメス出版、一九九三
逸見久美『新版 評伝 与謝野寛晶子 昭和篇』八木書店、二〇一二
中村ともえ「与謝野晶子―『源氏物語』と短歌」今井久代・中野貴文・和田博文編『女学生とジェンダー―女性教養誌『むらさき』を鏡として』笠間書院、二〇一九
篠弘「与謝野晶子の時代認識」『戦争と歌人たち ここにも抵抗があった』本阿弥書店、二〇二〇

★

小松靖彦「《ますらを》の内在化―『萬葉集』の「ますらを」と戦争短歌におけるその受容〈戦争と萬葉集〉―」「戦争と萬葉集」創刊号、二〇一八・一二
三枝昂之『昭和短歌の精神史』、第Ⅱ部・一・国難来る、国難は来る―歌人たちの大東亜戦争、角川ソフィア文庫、角川学芸出版、二〇一二〔単行本は二〇〇五〕
今村冬三『幻影解「大東亜戦争」 戦争に向き合わされた詩人たち』葦書房、一九八九
徐載坤「「荒地」派と戦争―戦後詩研究のためのエスキス―」「四季派学会論集」第16集、二〇一一・一二
勺禰子「「荒鷲の雛」晶子が詠んだ戦争短歌 昭和七年～十三年「読売新聞 婦人短歌」を中心に」「与謝野晶子の世界」第13号、二〇一六・一一
山根巴「与謝野晶子と万葉集」「相模女子大学紀要」50、一九八七・三
新間進一「茂吉と晶子」「解釈」第19巻第8号、一九七三・五
村田裕和『近代思想社と大正期ナショナリズムの時代』双文社、二〇一一
木下宏一『国文学とナショナリズム 沼波瓊音、三井甲之、久松潜一、政治的文学者たちの学問と思想』三元社、二〇一八
エズラ・F・ヴォーゲル『日中関係史―1500年の交流から読むアジアの未来』益尾知佐子訳、日本経済新聞出版社、二〇一九〔本章に関わる第7章・政治的混乱と戦争への道―一九一一～一九三七年は、リチャード・ダイクとの共同執筆〕

川崎キヌ子『満州の歌と風土—与謝野寛・晶子合著『満蒙遊記』を訪ねて—』おうふう、二〇〇六
吉田啓子「与謝野晶子の戦争言説—浪漫主義と現実主義の行きつくところ—」『比較文化研究（名古屋経済大学）』第29号、二〇一〇・三
菊池一隆「満洲事変と第一次上海事変—十九路軍と東北義勇軍の対日抵抗の実態と特質—」『人間文化（愛知学院大学人間文化研究所）』第32号、二〇一七・九
「中国僑網」(https://www.chinaqw.com/zgqj/qsgc/200609/19/45507.shtml〈二〇二一年三月二一日、七月二一日閲覧〉)
アンドレ・ヴィオリス『1932年の大日本帝国　あるフランス人記者の記録』大橋尚泰訳、草思社、二〇二〇
北山康夫「抗日軍政大学について」『東洋史研究』第30巻第4号、一九七二・三
野田宇太郎「晶子における戦争と死」『定本與謝野晶子全集月報』5（第一三巻）、講談社、一九八〇・四
近藤晋平「與謝野晶子の戦争」『近代文学論集』第22号、一九九六・一〇
ルカ・カッポンチェッリ「与謝野晶子の欧州旅行とその後の展開について—国際精神と帝国主義—」『國學院雑誌』第118巻第1号、二〇一七・一
成田龍一『大正デモクラシー』シリーズ日本近現代史、岩波新書、岩波書店、二〇〇七

## ＊第 二 章

斎藤史「斎藤瀏」『短歌研究』第34巻第11号、一九七七・一一
依田仁美・矢沢陽子「短歌人年表」『短歌人』第41巻第4号、一九七九・四
齋藤史「おやじとわたし—二・二六事件余談」『遠景近景』大和書房、一九八〇〔『齋藤史歌文集』（講談社文芸文庫、講談社、二〇〇一）に再録〕
武下奈々子「斎藤瀏とその時代」『短歌人』第53巻第7号〜第54巻第12号、一九九一・七〜一九九二・一二
昭和女子大学近代文学研究室『近代文学研究叢書』第七四巻、「齋藤瀏」（「生涯」「業績」「遺族遺跡」は槍田良枝執筆）、第七五巻（齋藤瀏補遺）、昭和女子大学近代文化研究所、一九九八、一九九九

★

冷水茂太『大日本歌人協会』短歌新聞社、一九六五
篠弘「軍国主義者の斎藤瀏」「中河与一による誣告」「太田水穂の愛国主義」「大日本歌人協会の解散」『戦争と歌人たち　ここにも抵抗があった』本阿弥書店、二〇二〇・一〇
米田利昭「一軍国主義者と短歌—斎藤瀏・史父娘のこと—」『文学』第29巻第6号、一九六一・五

『日本近代文学大事典』第二巻、「斎藤瀏」の項（米田利昭執筆）、講談社、一九七五
小池光「斎藤瀏、歌人将軍の昭和」小池光・三枝昂之・島田修三・永田和宏・山田富士郎『昭和短歌の再検討』砂子屋書房、二〇〇一
工藤美代子『昭和維新の朝　二・二六事件を生きた将軍と娘』ちくま文庫、筑摩書房、二〇一〇
児島襄『日中戦争』1、文春文庫、文藝春秋、一九八八
小川（新姓、小松）靖彦「齋藤瀏『萬葉名歌鑑賞』をめぐって―近代的萬葉集研究における「鑑賞」の行方―」「青山学院大学文学部紀要」第55号、二〇一四・三
佐佐木幸綱「短歌のひびき説」『佐佐木幸綱の世界』8〈極北の声・評論篇3〉、河出書房新社、一九九九
小川（新姓、小松）靖彦『万葉集と日本人』角川選書、KADOKAWA、二〇一四
太平洋戦争研究会編・平塚柾緒『二・二六事件』河出文庫、河出書房新社、二〇〇六
高橋正衛『二・二六事件（増補改版）』中公新書、中央公論新社、一九九四
河野司『私の二・二六事件』河出文庫、河出書房新社、一九八九
半藤一利『昭和史 1926-1945』平凡社ライブラリー、平凡社、二〇〇九
太平洋戦争研究会編・森山康平『図説 日中戦争』ふくろうの本、河出書房新社、二〇〇〇
安永武人「天皇・戦争・国民―戦時下・短歌にみる十五年戦争の位相―」「同志社国文学」第35号、一九九一・三
筒井清忠『二・二六事件と青年将校』敗者の日本史、吉川弘文館、二〇一四
有馬学『帝国の昭和』日本の歴史、講談社学術文庫、二〇一〇
小松靖彦「佐佐木信綱の「新た世」の歴史観―戦争期と戦後を繋いだ論理　付、「日本叢書」一覧―」「戦争と萬葉集」第2号、二〇二〇・二

## ＊第三章

「半田良平年譜」半田良平『幸木』沃野社発行・西郊書房発売、一九四八・一二
「半田良平年譜」半田良平『半田良平全歌集』国民文学社、一九五八・二
阿部豊三郎『半田良平の歌と生涯』短歌新聞社、一九七〇
昭和女子大学近代文学研究室『近代文学研究叢書』第五五巻、「半田良平」、第五六巻（半田良平補遺）、昭和女子大学近代文化研究所、一九八三、一九八四
小林邦子『半田良平の生涯』角川学芸出版、二〇一四

三枝昂之『昭和短歌の精神史』、第Ⅱ部・三・幾世し積まば国は栄えむ―歌人たちの敗戦、角川ソフィア文庫、角川学芸出版、二〇一二〔単行本は二〇〇八〕
篠弘「国に絶望した半田良平」『戦争と歌人たち　ここにも抵抗があった』本阿弥書店、二〇二〇

★

石川準吉『国家総動員史』資料編第四、国家総動員史刊行会、一九七六
岸俊男「防人考―東国と西国―」『日本古代政治史研究』塙書房、一九六六
小川（新姓、小松）靖彦「日中戦争下における「醜の御楯」の意識―聖戦短歌を通じて〈戦争と萬葉集〉―」「日本文学」第64巻第5号、二〇一五・五
小川（新姓、小松）靖彦「もう一つの防人像―堀辰雄のノオト「（出帆）」をめぐって〈戦争と萬葉集〉―」「文学」第16巻第3号、二〇一五・五
西郷信綱『貴族文学として萬葉集』学芸新書、丹波書林、一九四六
吉川宏志「〈個〉を守るということ―半田良平と昭和の戦争―」「日本現代詩歌研究」第9号、二〇一〇・三
窪田章一郎「半田良平の歌論」「沃野」第31号、一九四九・一〇
東京大学百年史編集委員会編『東京大学百年史』部局一、東京大学、一九八六
土岐善麿「半田良平の一生」『歌と人』広済堂出版、一九六七
簗瀬一雄「半田良平研究」『近代短歌研究』（簗瀬一雄著作集六）、加藤中道館、一九八二
富士川義之「〝魂〟の出番―アーサー・シモンズの現代性」アーサー・シモンズ『エスター・カーン　アーサー・シモンズ短編集『心の冒険』より』工藤好美訳、平凡社ライブラリー、平凡社、二〇〇一
ロマン・ロラン『トルストイの生涯』蛯原徳夫訳、岩波文庫、岩波書店、一九六〇
中村融「解説（トルストイズムと「芸術とはなにか」について）」トルストイ『芸術とはなにか』中村融訳、角川文庫、角川書店、一九五二
渡辺久義「現代における創作の問題―T・S・エリオットとジョイス―」「英文学評論」第19号、一九六六・三
阿部豊三郎「半田先生のふるさと」「沃野」第31号、一九四九・一〇
鏑木賢一「半田良平の戦争歌」「まひる野」第5巻2号、一九五一・二
川口常孝編「半田良平の「終焉日記」」「短歌」第10巻第2号

～第8号、一九六三・二～八
古川清彦「半田良平の病床日記」「学苑」第517号、一九八三・一
吉川宏志「予備兵われは―半田良平と徴兵制―」「歌壇」第24巻第7号、二〇一〇・七
小林邦子「半田良平はどう戦争に処したか つはものの親は悲しと」「短歌」第62巻第9号、二〇一五・七

## *第 四 章

「明日香」第13巻第8号（今井邦子追悼号）、一九四八・一一
生田花世「今井邦子」「国文学解釈と鑑賞」第15巻第10号、一九五〇・一〇
大塚文野「歌人今井邦子」「明日香路」第8巻第8号、第9号、第10号、第11号、第12号、第9巻第2号、第3号、第4号、第6号、第7号、第8号、第10巻第4号、第5号、第6号、第7号、第8号、第9号、第11号、第11巻第2号、第4号、第6号、一九五六・九、一〇、一一、一二、一九五七・二、三、四、六、七、八、一九五八・四、五、六、七、八、九、一一、一九五九・二、四、六
吉屋信子「ある女人像 今井邦子」『ある女人像 近代女流歌人伝』朝日文庫、朝日新聞社、一九七九〔初版は新潮社、一九六五〕
野々山三枝「評伝 今井邦子―初期作品まで―」「学苑」第541号、一九八五・一
川合千鶴子『今井邦子の秀歌』現代短歌鑑賞シリーズ、短歌新聞社、一九八五
野々山三枝「女流歌人今井邦子―「アララギ」における活躍を中心にして―」「学苑」第579号、一九八八・三
野々山三枝「今井邦子と「明日香」」「学苑」第615号、一九九一・一
昭和女子大学近代文学研究室『近代文学研究叢書』第六四巻、「今井邦子」、第六五巻（今井邦子補遺）、昭和女子大学近代文化研究所、一九九一、一九九一
堀江玲子『今井邦子の短歌と生涯』樹木叢書、短歌新聞社、一九九八
高橋由貴「今井邦子―成長への伸ぶる苦しみ」今井久代・中野貴文・和田博文編『女学生とジェンダー―女性教養誌『むらさき』を鏡として』笠間書院、二〇一九

★

『新萬葉集』第一巻、改造社、一九三八・一
『新萬葉集』第四巻、改造社、一九三八・四
臼井敦子『枇杷の花―臼井敦子遺歌集』明日香叢書、臼井昭夫、一九七八
井上つや『風紋』明日香叢書、明日香社、一九七一
『昭和萬葉集』巻一、講談社、一九八〇

『昭和萬葉集』巻七、講談社、一九七九
『マスメディア統制』2、みすず書房、一九七五
田中綾『権力と抒情詩』ながらみ書房、二〇〇一
高崎隆治『戦争詩歌集事典』日本図書センター、一九八七
島崎敏樹『感情の世界』岩波新書、岩波書店、一九五二
武川忠一「邦子の出発期」「短歌」第41巻第6号、一九九四・六
川合千鶴子「邦子の見た自然観―変遷を尋ねて」「短歌」第40巻第9号、一九九三・九
日置英剛編『年表 太平洋戦争全史』国書刊行会、二〇〇五
塚本邦雄「今井邦子論 狼のごとし」「短歌」第41巻第6号、一九九四・六

**＊第　五　章**

藤富保男『近代詩人評伝 北園克衛』有精堂、一九八三
藤富保男『評伝 北園克衛』沖積舎、二〇〇三
金澤一志『北園克衛の詩』思潮社、二〇一〇
『橋本平八と北園克衛展 図録』財団法人三重県立美術協力会・世田谷美術館、二〇一〇
ジョン・ソルト『北園克衛の詩と詩学―意味のタペストリーを細断《シュレッド》する』田口哲也監訳、思潮社、二〇一〇〈原書＝一九九九〉
ジョン・ソルト「平和な時代に振り返って鏡をのぞき込むと、後ろに小さく北園克衛像が見える」「戦争と萬葉集」第2号、二〇二〇・二
現代詩誌総覧 編集委員会編『現代詩誌総覧④―レスプリ・ヌーボーの展開』日外アソシエーツ、一九九六
澤正宏編『コレクション・都市モダニズム詩誌』第一五巻〈VOUクラブと十五年戦争〉、ゆまに書房、二〇一一

★

徐載坤「『荒地』派と戦争―戦後詩研究のためのエスキス―」「四季派学会論集」第16集、二〇一一・一二
福島鑄郎「内閣情報委員会設立とその背景（戦時言論統制機関の再検証「情報局」への道程1）」「総合ジャーナリズム研究」冬季号、一九八六・一
福島鑄郎「内閣情報部の時代（戦時言論統制機関の再検証「情報局」への道程2）」「総合ジャーナリズム研究」春季号、一九八六・四
福島鑄郎「君臨する情報局とその崩壊（戦時言論統制機関の再検証「情報局」への道程3）」「総合ジャーナリズム」夏季号、一九八六・七
今村冬三『幻影解「大東亜戦争」 戦争に向き合わされた詩人たち』葦書房、一九八九
櫻本富雄『詩人と戦争』小林印刷株式会社出版部、一九七八

櫻本富雄『空白と責任　戦時下の詩人たち』未来社、一九八三
猪熊雄治「戦時下の詩誌『新詩論』」「学苑」第９５３号、二〇二〇・三
瀬尾育生『戦争詩論 1910－1945』平凡社、二〇〇六
小松（小川）靖彦「少国民の萬葉集―戦争下の児童書における『萬葉集』の受容〈戦争と萬葉集〉―」『萬葉集研究』第38集、二〇一八
山本明「一五年戦争末期の雑誌㈠―朝日新聞社刊『週刊少国民』―」「評論・社会科学（同志社大学）」第23号、一九八四・一
坪井秀人「北園克衛の郷土詩と戦争」「現代詩手帖」第45巻第11号、二〇〇二・一
藤富保男・金澤一志「センチメンタルな反詩　北園克衛の全体像」「現代詩手帖」第45巻第11号、二〇〇二・一
奥成達「『郷土詩論』を読み進む」「彷書月刊」第18巻第12号、二〇〇二・二
小国喜弘「１９３０年代郷土教育運動における歴史の再構築」「研究室紀要（東京大学大学院教育学研究科基礎教育学研究室）」第38号、二〇一二・六
沈正輔「文部省と朝鮮総督府の国民学校国民科地理に特設された「郷土の観察」と「環境の観察」の比較」「新地理」第51巻第2号、二〇〇三・九
中見真理『柳宗悦　時代と思想』東京大学出版会、二〇〇三
「郷土」研究会編『郷土―表象と実践―』嵯峨野書院、二〇〇三
依岡隆児「日本の近代とハイマート（郷土／故郷）概念」鈴木貞美、劉建輝編『東アジア近代における概念と知の再編成』（国際シンポジウム35）、国際日本文化研究センター、二〇一〇
大川内夏樹「北園克衛の「郷土詩」と「民族の伝統」―詩集『風土』・評論集『郷土詩論』を中心に―」「横光利一研究」第11号、二〇一三・三
北河賢三「戦時下の文化運動」「歴史評論」№４６５、一九八九・一
北河賢三「戦時下の地方文化運動―北方文化連盟を中心に―」赤澤史朗・北河賢三編『文化とファシズム―戦時期日本における文化の光芒―』日本経済評論社、一九九三
諏訪優「日本的なるもの、をめぐって」「現代詩手帖」第33巻第11号、一九九〇・一一
山口明穂『国語の論理』東京大学出版会、一九八九
小松靖彦「佐佐木信綱の「新た世」の歴史観―戦争期と戦後を繋いだ論理　付、「日本叢書」一覧―」「戦争と萬葉集」第2号、二〇二〇・二

大久保由理「「大東亜共栄圏」研究における「南方・南洋」の可能性―南方国策移民の研究史整理として―」『日本女子大学人間社会学部紀要』第28号、二〇一八・三
チェホソク共編『証言からの文学史』、깊은샘、二〇〇三


## ＊第 六 章

安藤嵩編「年譜」「碑」第28集、一九七五・九
竹内勝巳『卓さんの文人楽―芥川賞を蹴った男―』栄光出版社、二〇一八

★

「高木卓の芥川賞辞退」読売新聞社文化部編『文壇事件史』読売新聞社、一九六八
井上弘「第十一回 歌と門の盾」「国文学 解釈と鑑賞」第42巻第2号、一九七七・一
『芥川賞全集』第二巻、文芸春秋、一九八二
小田切進編『芥川賞小事典』文藝春秋、一九八三
ブログ「芥川賞のすべて・のようなもの」(https://prizesworld.com/akutagawa/〈二〇二一年一月二〇日閲覧〉)
川口則弘『芥川賞物語』文春文庫、文芸春秋、二〇一七
松本和也『太平洋開戦後の文学場』神奈川大学出版会、二〇二〇
〔内閣記録保存部作成〕『紀元二千六百年祝典記録・第一冊』一九四〇（国立公文書館デジタルアーカイブ https://www.digital.archives.go.jp/DAS/meta/Fonds_F2005031709455203105〈二〇二一年一月二〇日閲覧〉)
内村文紀「菊池寛「話の屑籠」における『萬葉集』関連表現」「戦争と萬葉集」創刊号、二〇一八・一二
Foster, E. M. *Aspects of the Novel.* Edward Arnold, 1927. Penguin Classics, 2002, Reprintd 2005.〔『小説の諸相』田中西二郎訳、新潮文庫、新潮社、一九五八。『E・M・フォスター著作集』8、中野康司訳、みすず書房、一九九四〕
小川（新姓、小松）靖彦「近江荒都歌」「国文学」第43巻第9号、一九九八・八
平野謙『昭和文学史』筑摩叢書、筑摩書房、一九六三〔『平野謙全集』第五巻（新潮社、一九七五）所収〕
紅野敏郎「昭和十年代の歴史小説」「国文学」第11巻第2号、一九六六・二
副田賢二「「歴史」という名の欲望―昭和十年代の「歴史小説」をめぐる言説について」「防衛大学校紀要（人文科学）」第88輯、二〇〇四・三
大原祐治『文学的記憶・一九四〇年前後―昭和期文学と戦争の記憶』翰林書房、二〇〇六
松本和也「昭和一〇年代後半の歴史小説／私小説をめぐる言説」「日本文学」第61巻第9号、二〇一二・九
小松（小川）靖彦「〈浪曼主義〉と『萬葉集』―保田與重郎

『萬葉集の精神』をめぐって〈戦争と萬葉集〉―」「緑岡詞林 青山学院大学大学院日本語文論考」第42号、二〇一八・三
レナーテ・ベンスン『トラーとカイザー　ドイツ表現主義演劇』小笠原豊樹訳、草思社、一九八六
大久保由理「「大東亜共栄圏」研究における「南方・南洋」の可能性―南方国策移民の研究史整理として―」「日本女子大学人間社会学部紀要」第28号、二〇一八・三
東京大学百年史編集委員会編『東京大学百年史』部局一、東京大学、一九八六

**＊終　章**

山本千恵『山の動く日きたる―評伝　与謝野晶子』大月書店、一九八六
三枝昂之『昭和短歌の精神史』角川ソフィア文庫、角川学芸出版、二〇一二〔単行本は二〇〇八〕
ジョン・ソルト『北園克衛の詩と詩学―意味のタペストリーを細断《シュレッド》する』田口哲也監訳、思潮社、二〇一〇〔原書＝一九九九〕
冷水茂太『大日本歌人協会』短歌新聞社、一九六五
小林邦子『半田良平の生涯』ＫＡＤＯＫＡＷＡ、二〇一四
テッサ・モーリス－スズキ『愛国心を考える』岩波ブックレット、伊藤茂訳、岩波書店、二〇〇七
子安宣邦『日本ナショナリズムの解読』白澤社、二〇〇七
市川昭午『愛国心　国家・国民・教育をめぐって』学術叢書、学術出版会、二〇一一
嘉戸一将「「忠君」と「愛国」―明治憲法体制における「明治の精神」」鈴木徳男・嘉戸一将編『明治国家の精神史的研究』以文社、二〇〇八
清水幾太郎『愛国心』ちくま学芸文庫、筑摩書房、二〇一三〔原典は『愛国心』（岩波新書、岩波書店、一九五〇）など〕
将基面貴巳『愛国の構造』岩波書店、二〇一九
将基面貴巳『日本国民のための愛国の教科書』百万年書房、二〇一九
国立国会図書館ホームページ「国会会議録検索システム」の第１６５回国会参議院本会議第一二号（https//kokkai.ndl.go.jp/#/detail?minId=116515254X01220061117&current=2〈二〇二一年六月一〇日閲覧〉）
教育基本法研究会編『逐条解説　改正教育基本法』第一法規、二〇〇七
米原謙『国体論はなぜ生まれたか―明治国家の知の地形図―』ＭＩＮＥＲＶＡ歴史・文化ライブラリー、ミネルヴァ書房、二〇一五
昆野伸幸『増補改訂　近代日本の国体論〈皇国史観〉再考―』ぺりかん社、二〇一九

鈴木邦男『〈愛国心〉に気をつけろ！』岩波ブックレット、岩波書店、二〇一六

## 文学者肖像出典一覧

【与謝野晶子】与謝野晶子『街頭に送る』大日本雄弁会講談社、一九三一
【齋藤瀏】齋藤瀏『わが悲懐』那珂書店、一九四一
【半田良平】冷水茂太『大日本歌人協会』短歌新聞社、一九六五
【今井邦子】今井邦子著、長谷川節子編『今井邦子短歌全集』短歌新聞社、一九七〇
【北園克衛】藤富保男編『北園克衛全詩集』沖積舎、一九九二
【高木卓】『戦時下少年小説集』少年小説大系第一〇巻、三一書房、一九九〇

## The Intellectuals in Wartime: Poets and a Novelist who lived with the *Man'yoshu*

### *Summary*

#### Introduction

Why did Japanese intellectuals cooperate with the Imperial Japanese Government to encourage people to support the war effort during the Sino-Japanese War (1937-1945) and the Pacific War (1940-1945)?

There are numerous definitions of war. In this book, I specifically focus on the role of war in relation to the literature during the aforementioned two wars. For this reason, I define *'war'* in this book as below:

War is an armed conflict over power and wealth between different groups. It is a political means to achieve the goals, and in this process, murder is justified and legitimized. The wellbeing and rights of individuals are trampled and neglected in preference for achieving the objective.

This asymmetrical power dynamics between groups and individuals took an extreme shape in the 20th century. Even intellectuals who were supposed to have ethical and moralistic judgement, who valued the freedom of individuals, could not escape from the domination of authority. Yet, I think that it is an essential role of intellectuals, especially literary writers, to have critical attitudes and take action against war.

Japanese intellectuals experienced two great wars, the Sino-Japanese War and the Pacific War in the 20th century. Most of them cooperated with the Imperial Japanese Government conducting the wars. In this book, I focus on six prominent writers, Yosano Akiko, Saito Ryu, Handa Ryohei, Kitazono Katsue and Takagi Taku. All of them loved the *Man'yoshu*, the earliest extant anthology of waka poems.

The Imperial Japanese Government and Army used the *Man'yoshu* as a symbol of *Nippon seishin* (the traditional spirit of Japan) to encourage citizen participation in the wars. *Nippon seishin* describes the highly idealized relationship between the Emperor and the people, which is often compared to the parent-child relationship. The *Man'yoshu* is considered to be an embodiment of loyalty to the Emperors. The Imperial Japanese Government laid emphasis on loyalty in order to mobilize Japanese

people's sentiment. The *Man'yoshu* also contains the poems of brave soldiers, and they were used to fuel the fighting spirits of the people. Yet, at the same time, people could find solace in love songs and poems about nature in the *Man'yoshu*.

The six intellectuals that I will be writing of also found a source of comfort and inspiration in the *Man'yoshu* during wartime. I explore the reasons for their cooperation with the Government by analyzing their reception and interpretation of the *Man'yoshu*. The ultimate goal of this book is to reflect on their mistakes and reconsider the role of literature in the world today.

**Chapter 1**

Yosano Akiko (1878-1942) was a poet and a journalist, famous for her anti-war poem "Kimi shini tamou koto nakare" [Thou Shalt Not Die] published during the Russo-Japanese War (1904-1905). She had loved the the *Man'yoshu* since her teenage years. She opposed the blind praise of the traditionalists for the *Man'yoshu*, which was popular in the 1910s. On the contrary, her interpretation of the *Man'yoshu* was not limited to the narrow scope of Japanese literature. She recognized the unique qualities that the *Man'yoshu* possesses, arguing that it can contribute to universal humanity.

However, after the First Shanghai Incident (1932), she changed her liberal and pacifistic attitude and approved of the Japanese military intervention in China. She could not understand why Chinese citizens, even young university students, rallied with the Chinese National Revolutionary Army and fiercely resisted the Japanese Army. In her eyes, the ones to blame for the disastrous outcome of the resistance were the Chinese leaders. Later, she composed chauvinistic *tanka* poems (*Aikoku tanka*) during the Sino-Japanese War and the Pacific War. She believed that Imperial Japan established the best governance system, which the Japanese people united under the supreme leader, the Emperor of Japan. She hoped that China would develop a similar system. Yet, at the same time, she argued that if China failed to do so, military intervention by foreign powers should be necessary to "free innocent Chinese citizens" from "the evil Chinese leaders."

In this chapter, I explore the reason for the drastic shift of her view on warfare. I conclude that when she faced the changing reality of China, she chose to turn blind eyes to the facts, which were incomprehensible to her, and held on to a biased political view stemming from her fierce loyalty to the Emperor of Japan. It does not mean that

she completely disregarded universal human rights and freedom, yet, her emphasis on humanitarian values was eventually replaced by approval of militaristic intervention under the name of "liberation."

**Chapter 2**

Saito Ryu (1879-1953) was a general of the Imperial Japanese Army. After he retired from the Army under the orders of the Government in 1930, he concentrated on composing *tanka* poems and studying the *Man'yoshu*. He published *Man'yo meika kansho* (1935), which is a literary criticism of the *Man'yoshu*. In this book, he suggested that it is essential to analyze the relationship between the meanings of the poems and their rhythmic structure for a deeper understanding.

In the 2.26 Incident (1936), he assisted a group of young Imperial Japanese Army officers who attempted to carry out a coup d'état aiming for the reorganization of Japan. All of the officers were arrested, and most of them were executed. Ryu was arrested for being an accessory to insurrection and sentenced to 5 years in prison. One of the reasons for the coup d'état was to establish a strong national defence system for the potential war between Japan and the Soviet Union in China. Ryu heard the outbreak of the Sino-Japanese War in prison. He was convinced that the young officers' prediction was exactly "correct." Rather than relying on violence, he determined to embrace and express their will in pragmatic ways.

After provisional release from prison in 1938, he started publishing chauvinistic books about the *Man'yoshu*. This time, he took a nationalistic approach towards the poems and abandoned his literary theory. However, Japan's defeat in WWII (1945) destroyed his determination. After the war, he chose to live a solitary life and never came back to the center stage of literature.

**Chapter 3**

Handa Ryohei (1887-1945) was a *tanka* poet, a disciple of Kubota Utsubo (1877-1967). His research on the *Man'yoshu* is remarkable. He upheld his academic attitude towards the *Man'yoshu* with stoic consistency and pursued the true meanings of the poems.

His intellectual approach was influenced by Lev Nikolayevich Tolstoy's humanitarianism. His empathy towards socially vulnerable people is a good example.

Interestingly, European Symbolism also inspired him as a poet. He was very much aware of his role as an artist and decided to step back from socialist movements. However, it does not mean that his interests were limited to the field of art. He criticized Government policies and expressed anger against injustice through *Jiji uta* (political *tanka* poetry dealing with social topics) from 1936 until he died in 1945. His deep love for nature and the people of Japan is notable. He was especially attached to the land as he grew up on a farm, and his adoration is reflected in several poems.

However, he composed many chauvinistic *tanka* poems during the Pacific War. Just like other poets, he had unshaken loyalty to the Emperor. Yet, the main reason for this is that he could not distinguish his patriotism from nationalism propagated by the Government when the Pacific War broke out. As the war progressed and the situation worsened, his deep love and care for the land and people of Japan were tragically swallowed up by more aggressive nationalism. Regrettably, he never defined his *'love'* for the *'land'* in his life and passed away without knowing the defeat of Japan.

**Chapter 4**

Imai Kuniko (1890-1948) was a *tanka* poet, a disciple of Shimaki Akahiko (1876-1926). She had loved the *Man'youshu* since her teenagerhood, like Yosano Akiko. She found solace and inspiration in the *Man'yoshu* during the difficult times of her life.

As a young woman with ambition, she wanted to pursue an education in literature. However, her conservative father refused her wishes, and as a result, she ran away from home and headed to Tokyo. After her marriage, she left home again for Kyoto since she could not tolerate traditional family values. She devoted her time to religious service and mendicancy in 1922. After returning home, she endeavored to support young women who aspired to literature.

Her *Man'yo dokuhon* (1940) is a unique literary criticism of the *Man'yoshu*. In this book, she emphasized the purity of *Man'yo* poetry, revealing deep meaning and rich emotion in seemingly unremarkable poems. She extended her limitless affection to the smallest of creatures. Also, she had a remarkable ability to find beauty in the most subtle phenomena and express it in her poems. Not surprisingly, she and her disciples composed some notable *tanka* poems which highlighted the inhumanity of modern warfare in the anthology of her *tanka* circle called *Kyoko* [Light of the Mirror].

Yet, the anthology itself was made to express a chauvinistic message to the public. This ostensibly controversial attitude is attributed to the change of the nature of Kuniko's empathy. She was deeply concerned about the Japanese soldiers fighting in the harsh environments overseas, and women killed themselves with their children on the battlefield of Saipan Island. Sadly, she was not aware of the reality that it was the Japanese Government that inflicted great pain and suffering on them. She believed that her top priority in wartime was to defend the Emperor and *Kuni* (country) and blinded herself through loyalty to the Emperor.

**Chapter 5**

Kitazono Katsue (1902-1978) was a poet. His unique works were influenced by Dadaism and Surrealism, and had a significant impact on modern Japanese poetry. He exchanged letters with foreign poets such as Ezra Pound, James Laughlin and others before WWII. He was a true avant-garde poet who unceasingly pursued freedom.

He underwent interrogation by *Tokubetsu koto keisatsu* (Special Higher Police) in 1940. He was suspected of being a communist for his Surrealist poems. It was a false accusation, yet this experience traumatized him, which caused a change in his attitude towards literature and politics. After the interrogation, he declared support for the Government in his literary journal called *VOU*. He insisted that he had been pursuing the "ancient spirit of civilization" in the *Man'yoshu* through *VOU*, justifying his experimental writing style. He saw the ideal of poetry in the *Man'yoshu* since he thought that the poems captured the very essence of the world. According to him, thoughts and emotions must be "evoked" by vivid visual images rather than "explained." He carefully avoided descriptions of emotions, sentiments and similes so that the poems could speak to the readers directly.

He composed chauvinistic poems (*Aikoku shi*) like other poets. However, against his intentions, his poems gave off an impression of emptiness and obscurity due to the highly experimental mode of writing.

He also created a style of poetry called *Kyodo shi* (poetry which expresses the ideal Japanese homeland) to promote local chauvinism (*Kyodo ai*) following Government policy. However, the euphoric images of the homeland expressed in the poems were extremely abstract, making it difficult for readers to grasp the chauvinistic message.

Just like other intellectuals in this book, he was blinded by the loyalty to *Kuni*, unable to criticize the Government. Moreover, he strongly opposed urbanization brought by the West since it caused the destruction of nature and the ideal homeland.

His relentless attempts to support the Government and protect the homeland was not appreciated as his approach was too unconventional. In fact, the nature of his *Kyodo ai* and that of Government promoted local chauvinism were quite different. Tragically, he was not aware of it.

**Chapter 6**

Takagi Taku (1907-1974) was a novelist, music critic, and scholar of German literature. He published "Uta to mon no tate" [Waka Poetry and Shield of the Clan] (1940), a historical novel of a *Man'yo* poet Otomo no Yakamochi, whose life was full of turbulence.

Kikuchi Kan (1888-1948), a president of the publishing company Bungeishunju, strongly recommended this novel for the Akutagawa Prize in 1940. Kikuchi intended to celebrate the *'2600th year anniversary'* of the founding of Japan with the *Man'yo* novel. However, Takagi declined the offer because he was not satisfied with the quality of his work.

Before looking into this specific novel in detail, I'd like to present Takagi's literary theory. He had three basic principles in writing historical novels:

1) First and foremost, an author should pursue the poetic truth. Creative imagination and poetical metaphor are essential, and they carry more weight than historical accuracy. It also should be noted that he was deeply inspired by Wagner's "Der Ring des Nibelungen." He found his ideal model in the epic style of story-telling.

2) Historical novels should serve the purpose of constructive social criticism. Takagi's theory is based on the concept of *'entsprechen,'* the German term for *'correspond.'* Stories may take place in the past, yet the central themes of the stories must speak up to the present world.

3) An author should focus on the dynamic flow and change of space and time rather than the dramas of individual characters. In other words, space and time are not a mere background for human dramas but essentially the main *'characters'* of historical novels.

He wrote some outstanding historical novels such as "Hoppo no seiza" [Northern Constellation] (1940), which described the vicious cycle of discrimination between conquerors and the conquered, and aggravating divisions within the conquered. The story was set in the Heian period (9th to 12th century) when the central authority of Japan tried to control the land of *Ezo*, whom the authority deemed to be barbarians. However, his intention behind this novel was to criticize the Sino-Japanese War. His sharp analysis of the structure of discrimination and its tragic consequence can be seen in this novel.

"Uta to mon no tate," on the contrary, had some weaknesses. The protagonist Otomo no Yakamochi was not only a poet but also an editor of the *Man'yoshu*. Hence, Yakamochi became a popular figure during wartime as a symbol of loyalty to the Emperor. Takagi found this situation alarming and decided to stay away from the enthusiastic admiration for Yakamochi. However, his apparent detachment from the protagonist made it difficult for the readers to empathize with the character. In addition, Takagi left the position of Yakamochi in literature and politics ambiguous. The lack of clarity and emotional detachment from the main character weakened the novel as a whole, and the author himself considered it a failure.

As a novelist, he was extremely cautious about what he wrote and tried to stay away from enthusiastic chauvinism. Yet, regrettably, he published two chauvinistic books for children in 1944 and 1945, unaware of the critical situation of the Pacific War. His solid loyalty to the Emperor and *Kuni*, which were not expressed in his works for adult readers, had a strong presence in the children's books.

It is possible to argue that he let his guard down when he wrote books for children because obviously, he didn't need to defend his position from the young readers. This tendency can be seen among other intellectuals as well.

**Conclusion**

These six intellectuals had their own perspectives on politics and society. Also, they could evaluate the *Man'yoshu* as a literary work.

Except for Saito Ryu, who was a general, they were influenced by Western culture, art and literature. They understood the value of freedom and appreciated other cultures. However, all of them gradually changed their attitudes as the war progressed. WWI (1914-1918), the Jinan Incident (1928), the First Shanghai Incident

(1932), the New Order Movement (aiming to establish a strong national defense system), and *'2600th Anniversary'* Ceremony of the founding of Japan played pivotal roles in their lives. Through those events, their loyalty toward the Emperor and *Kuni* was strengthened. Saito Ryu decided to dedicate his life to the Emperor and *Kuni* (*Junkoku*), and the rest chose to show their loyalty to the Emperor and *Kuni* through actions, such as composing chauvinistic poems (*Hokoku*).

However, here is an important question. What is *Kuni* ? *Kuni* is a highly ambiguous term to define. Depending on context, it can be the land, the nation, the historical and cultural identity, and the state. Furthermore, it means *Kokutai* (national body) before the Constitution of Japan was created in 1946. *Kuni* and *Kokutai* were interchangeable to some extent during wartime. However, *Kokutai* entails not only *Kuni* but also the mythicized unbroken lineage of the Emperor. It was believed that a single line of emperors ruled Japan ever since the creation of the country.

Ultimately, the intellectuals who appeared in this book could not identify what they truly wanted to protect, except for Saito Ryu, who attempted to defend *Kokutai*. The five intellectuals were attracted by the magic word *Kuni*, and cooperated with the Government.

Lessons can be learned from their lives. It is essential to keep asking what causes war without being overwhelmed by the emotions and the atmosphere of society. What makes us *'enemies'* and *'allies,'* and why do those terms trample humanity? Those issues must not be buried in the past and forgotten as there are still many ongoing wars razing the world at this very moment.

【著者紹介】

小松靖彦（こまつ　やすひこ）

1961年生まれ。東京大学文学部卒業。東京大学大学院人文科学研究科博士課程修了。
青山学院大学教授。博士（文学）。

著書に『萬葉学史の研究』（おうふう、上代文学会賞、全国大学国語国文学会賞受賞）、『万葉集　隠された歴史のメッセージ』（角川選書）、『万葉集と日本人　読み継がれる千二百年の歴史』（角川選書、古代歴史文化賞受賞）など。

戦争下の文学者たち
——『萬葉集』と生きた歌人・詩人・小説家

二〇二一年十一月十五日　初版第一刷発行

著者……小松靖彦　*Komatsu Yasuhiko*
装幀……佐藤香織
発行者……橋本 孝
発行所……株式会社花鳥社
https://kachosha.com/
〒一五三-〇〇六四　東京都目黒区下目黒四-十一-十八-四一〇
電 話〇三-六三〇三-二五〇五
ファクス〇三-三七九二-二三二三
ISBN978-4-909832-46-7
組版……キャップス
印刷・製本……モリモト印刷
乱丁本・落丁本はお取り替えいたします。